BRUCK-MÖLLER

Kommentar zum

# Versicherungsvertragsgesetz

und zu den

## Allgemeinen Versicherungsbedingungen

unter Einschluß des

## Versicherungsvermittlerrechtes

Begründet von

Prof. Dr. jur. ERNST BRUCK †

Neubearbeitet von

Prof. Dr. jur. HANS MÖLLER

8. Auflage

2. Lieferung: §§ 16—42 VVG

Berlin 1954

**WALTER DE GRUYTER & CO.**

vormals G. J. Göschen'sche Verlagshandlung — J. Guttentag, Verlagsbuchhandlung
Georg Reimer — Karl J. Trübner — Veit & Comp.

## Inhalt der 2. Lieferung



## Abkürzungen

Die Abkürzungen für die gebräuchlichsten Allgemeinen Versicherungsbedingungen (AVB) sind eingeführt in der Einleitung Anm. 20 (Lieferung 1).

Das wichtigste Schrifttum ist mit der benutzten Zitierweise angeführt in der Einleitung Anm. 39 (Lieferung 1). — Ist ein Werk mit dem Zusatz a. a. O. zitiert, so ist der genaue Fundort aus den Schrifttumsangaben des betreffenden Abschnitts zu entnehmen.

Ferner bedeuten: V = Versicherung, Ver = Versicherer, Vmer = Versicherungsnehmer, Vter = Versicherter.

Ein ausführliches Abkürzungsverzeichnis wird der letzten Lieferung beigefügt sein.

## Zwingende Vorschriften.

**Gliederung:**



[1] **Entstehung:** § 15a ist durch die VO vom 9. XII. 1939 eingefügt worden in dem Bestreben, jeweils am Ende eines Gesetzestitels die zwingenden Normen übersichtlich zusammenzustellen. — Begr. III S. 7.

[2] **Schrifttum:** Vgl. Einl. Anm. 40.

[3] **I. Arten zwingender Vorschriften.**

Man muß relativ und absolut zwingende Normen unterscheiden (Einl. Anm. 45—50). Der § 15a beschränkt sich auf die Zusammenstellung relativ zwingender Vorschriften, aber gerade der Erste Titel enthält auch mehrere absolut zwingende Bestimmungen.

Alle Beschränkungen der Vertragsfreiheit gelten nicht nur für endgültige Vsverträge, sondern auch für vorläufige Deckungszusagen (Anm. 94 zu § 1).

[4] **II. Relativ zwingende Vorschriften.**

Der Ver kann sich nicht auf eine Vereinbarung berufen, durch welche von gewissen, in § 15a genannten Vorschriften zum Nachteile des Vmers abgewichen wird. Die Vereinbarung ist aber durchaus juristisch existent, sie ist nicht nichtig. Das zeigt sich darin, daß der Vmer, ein Vter, ein Bezugsberechtigter, überhaupt jede Person außer dem Ver (oder seinem Rechtsnachfolger) sich auf die Vereinbarung berufen kann. Das hat besonders dann praktische Bedeutung, falls eine Vereinbarung den Vmer usw. im Vergleich zur gesetzlichen Rechtslage teils schlechter, teils besser stellt. Hinsichtlich der Besserstellungen wird der Vmer sich regelmäßig auf das Vereinbarte stützen. Näheres Einl. Anm. 49.

Den Abweichungen zum Nachteile des Vmers stehen regelmäßig solche zum Nachteile des Vten, Bezugsberechtigten, Zessionars usw. gleich. Auch eine Umgehung stellt sich als Abweichung dar.

Im Einzelnen wird auf die Ausführungen zu den in § 15a genannten Normen verwiesen, nämlich zu

§ 3 III auf Anm. 38 zu § 3,
§ 5 I—III auf Anm. 26 zu § 5,
§ 6 I—III auf Anm. 110 zu § 6,
§ 8 II auf Anm. 17 zu § 8,
§ 11 II auf Anm. 31 zu § 11,
§ 12 auf Anm. 54—57 zu § 12,
§ 14 auf Anm. 6, 20, 24 zu § 14.

Alle Bestimmungen sind nur relativ zwingend im Bereich der Beschränkungen der Vertragsfreiheit; dazu Einl. Anm. 41.

[5] **III. Absolut zwingende Vorschriften.**

Die absolut zwingenden Bestimmungen sind durchweg schwieriger zu ermitteln als die relativ zwingenden. Sie können weder zum Nachteil noch zum Vorteil des Vmers oder Vers wegbedungen werden. Sie setzen sich auch im Bereich der Beschränkungen der Vertragsfreiheit durch. Näheres Einl. Anm. 42.

Das Gesetz selbst läßt den absolut unabdingbaren Charakter folgender Vorschriften erkennen:

§ 5 IV, dazu Anm. 23, 26 zu § 5,
§ 6 IV, dazu Anm. 20, 110 zu § 6,
§ 8 I, dazu Anm. 5—7 zu § 8,
§ 11 IV, dazu Anm. 27 zu § 11.

Im Wege der Auslegung muß man zu dem Ergebnis kommen, daß auch folgende

Vorschriften absolut zwingende Normen enthalten:

§ 1 I 1 (vsrechtliches Bereicherungsverbot), vgl. Einl. Anm. 42, Anm. 26 zu § 1,
§ 4 I (Vsschein kein Inhaberwertpapier), vgl. Anm. 32 zu § 3, Anm. 10 zu § 4,
§ 13 (Vertragsbeendigung durch Verkonkurs), vgl. Anm. 21 zu § 13,
§ 15 (Abtretungsverbot bei V unpfändbarer Sachen), vgl. Anm. 29 zu § 15.

In gewissem Sinne sind auch zu nennen:

§ 1 II (Gleichstellung von Prämien und Beiträgen im Rahmen zwingender Bestimmungen z. B. §§ 38, 39, vgl. Anm. 36, 39 zu § 1),

§ 9 (Höchstdauer der Vsperiode im Rahmen zwingender Bestimmungen,vgl. Anm. 7 zu § 9).

[6] **IV. Nicht zwingende Vorschriften.**

Abdingbar sind z. B. § 2 (Anm. 43 zu § 2), § 3 I, II, IV (Anm. 14, 35 zu § 3), § 4 II, § 7 (Anm. 5 zu § 7), § 9 (Anm. 4, 7 zu § 9, vgl. aber auch oben Anm. 5), § 10 (Anm. 21 zu § 10), § 11 I, III (Anm. 10—12 zu § 11).

Als abdingbar kann auch § 1 I 2 bezeichnet werden, da eine Personenv nicht nur als Summenv, sondern auch als Schadensv betrieben werden kann (Anm. 26 zu § 1).

Zweiter Titel.

## Anzeigepflicht. Gefahrerhöhung.

# § 16

**(1) Der Versicherungsnehmer hat bei der Schließung des Vertrags alle ihm bekannten Umstände, die für die Übernahme der Gefahr erheblich sind, dem Versicherer anzuzeigen. Erheblich sind die Gefahrumstände, die geeignet sind, auf den Entschluß des Versicherers, den Vertrag überhaupt oder zu dem vereinbarten Inhalt abzuschließen, einen Einfluß auszuüben. Ein Umstand, nach welchem der Versicherer ausdrücklich und schriftlich gefragt hat, gilt im Zweifel als erheblich.**

**[2] Ist dieser Vorschrift zuwider die Anzeige eines erheblichen Umstandes unterblieben, so kann der Versicherer von dem Vertrage zurücktreten. Das Gleiche gilt, wenn die Anzeige eines erheblichen Umstandes deshalb unterblieben ist, weil sich der Versicherungsnehmer der Kenntnis des Umstandes arglistig entzogen hat.**

**[3] Der Rücktritt ist ausgeschlossen, wenn der Versicherer den nicht angezeigten Umstand kannte oder wenn die Anzeige ohne Verschulden des Versicherungsnehmers unterblieben ist.**

### Vorvertragliche Anzeigepflicht.
### Nichtanzeige.

**Gliederung:**

[1] **Entstehung:** Die §§ 16—21, welche die vorvertragliche Anzeigepflicht betreffen, sind sachlich unverändert geblieben. § 16 I 2,3 beruhen zwar auf der VO vom 19. XII. 1939, aber § 16 I 2 bringt nur die bis dahin fehlende Begriffsbestimmung des gefahrerheblichen Umstandes, § 16 I 3 deckt sich inhaltlich mit dem weggefallenen § 18 I a. F. — Begr. I S. 30—36, III S. 7—8.

[2] **Schrifttum:** Bruck S. 178—215 m. w. N., Ehrenzweig S. 79—101, Firmery, Die Verletzung der vorvertraglichen Anzeigepflicht im Vsvertrag, Kölner Diss. 1934, von Gierke II S. 159—164, Haasen VersR 1951 S. 249—252, Haymann JRPV 1934 S. 177 —185, VersArch Bd 4 S. 945—982, 1061—1088, Kisch II S. 172—445, Koops, Die vorvertragliche Anzeigepflicht des Vmers, Hamburg 1934, Künneth, Die Anzeigepflicht des Vmers bei Schließung des Vertrages, Erlanger Diss. 1912, Mathey, Die Anzeigepflicht beim Abschluß des Vsvertrages nach dem Schweizerischen Bundesgesetz über den Vsvertrag, Züricher Diss. 1945, Möller HansRGZ 1929 A Sp. 549—562, 1931 A Sp. 19—28, ÖffrV 1934 S. 81—85, Neumann, Die Rechtsnatur der vorvertraglichen Anzeige über gefahrerhebliche Umstände, Kölner Diss. 1934, Rynert, Über die Anzeigepflicht des Vmers beim Abschluß des Vsvertrages, Züricher Diss. 1908, Schmidt S. 132—145, Süss VersR 1952 S. 185—188, Voigt, Die Anzeigepflicht des Vmers, Göttinger Diss. 1933.

[3] **I. Stoffgliederung.**

Tatbestand und Verletzungsfolgen sind für die vorvertragliche Anzeigepflicht (vvAnzPfl) in § 16 behandelt, die Verletzungsfolgen allerdings nur für den Fall der Nichterfüllung, während § 17 die Schlechterfüllung — überflüssigerweise — gesondert erörtert. Die § 18—21 bringen lediglich gewisse Ergänzungen: § 18 betrifft (ebenso wie § 16 I 3) die Bedeutung eines Fragebogens, § 19 die Kenntnis und Verschuldenszurechnung bei Mitwirkung eines Vertreters des Vers. Mit der Verletzungsfolge, dem Rücktritt, befassen sich die §§ 20—21.

Die genannten Vorschriften finden eine Ergänzung in § 30 I, II hinsichtlich des Teilrücktrittes, in § 34a zur Frage der Abdingbarkeit. Das in § 20 II 2 anklingende Problem des Prämienschicksals bei Rücktritt ist in §§ 40 I 1, 42 abschließend geregelt. Während die §§ 16—21 Verschulden und Kenntnis des Vmers voraussetzen, ist die unverschuldet oder kraft mangelnder Kenntnis erfolgende Verletzung der vvAnzPfl in den §§ 41, 42 behandelt. Eine Sonderregelung für die Lebensv bringen §§ 162—163.

[4] **II. Rechtsnatur.**

Aus vstechnischen Gründen muß der Ver genaueste Kenntnis von der Beschaffenheit der individuellen gefahrerheblichen Umstände haben, andernfalls kann er die Einordnung eines von ihm zu tragenden Risikos in eine Gefahrengruppe nicht vornehmen. An und für sich hätte der Ver sich um diese Kenntnis selbst zu bemühen, hätte er die Gefahrslage zu erforschen. Aber die der Eigenart der V folgende Rechtsentwicklung hat nicht dem Ver eine Erkundigungspflicht, sondern im Interesse der Gefahrengemeinschaft (Anm. 4 zu § 6) dem Vmer die vvAnzPfl auferlegt (Schmidt S. 133).

[5] **Rechtsgrundlage** der vvAnzPfl kann nicht der bei ihrer Erfüllung noch gar nicht existierende Vsvertrag, sondern nur das Gesetz sein (Raiser Anm. 1 zu § 5, S. 164). Jedoch ergeben sich Rechtsfolgen aus der Verletzung nur, wenn der Vsvertrag zustandekommt, denn andernfalls ist der in §§ 16 II, 17 I vorgesehene Rücktritt undenkbar. Über die Behandlung der vvAnzPfl in AVB vgl. VA 1910 S. 87.

Die vvAnzPfl ist eine gesetzliche Obliegenheit (Anm. 5—11 zu § 6), deren Verletzungsfolgen im Gesetz vollständig geregelt sind. Es handelt sich nicht um eine echte Rechtspflicht, wie Haymann VersArch Bd 4 S. 945—982, 1061—1088 unter Berufung auf den Gesichtspunkt der culpa in contrahendo meint. Das Gesetz bringt bewußt eine Sonderregelung, die dem Ver insbesondere einen Schadensersatzanspruch wegen culpa in contrahendo versagt (Anm. 55). Sie hat Wissenserklärungen (Anzeigen) zum Gegenstand und ist vor Eintritt des Vsfalles zu erfüllen. Zur Rechtsnatur auch Schmidt S. 137—143 mit Widerlegung verschiedener Theorien, die der Obliegenheitsauffassung entgegenstehen, und mit Darlegungen darüber, daß es sich handle um einen „Sondertatbestand der in ihrem Grundtypus in § 254 I BGB geregelten Schadensfernhaltungsobliegenheit"; das „Prinzip des Verbots eines widerspruchsvollen Verhaltens" stelle den „leitenden Rechtsgedanken" dar (S. 143).

**[6] III. Tatbestand.**

**1. Anzeigepflichtiger.**

Die vvAnzPfl trifft nach § 16 I 1 den Vmer (genauer, da der Vsvertrag noch nicht zustandegekommen ist: den Antragsteller). Neben diesen tritt bei der V für fremde Rechnung der Vte (§§ 79 I, 179 II), den jedoch kein Verschulden treffen kann, falls er von der Antragstellung nichts weiß. Bei der Fremdpersonenv gilt Entsprechendes hinsichtlich der Person, in der das vte Risiko läuft (§§ 161, 179 IV, für die Krankenv müssen die Bestimmungen analog angewendet werden, falls der Vmer auch bei Heilbehandlung anderer vter Personen Ersatzansprüche besitzt: vgl. § 4 I 1 GrundBed). Bei juristischen Personen trifft die vvAnzPfl jedes einzelne Mitglied der Vertretungsorgane, bei einer V mehrerer Personen regelmäßig jede von ihnen (Genaueres: Anm. 57—67 zu § 6 und Anm. 3—4, 9, 10 zu § 19).

Ist der Antragsteller eine natürliche Person, so hat bei seinem Tode der Erbe die vvAnzPfl zu erfüllen (vgl. § 130 II BGB). Von vornherein im Antrag vorgesehene Abtretungen, Verpfändungen, Bezugsberechtigungen machen Zessionar, Pfandgläubiger, Bezugsberechtigte nicht anzeigepflichtig.

Bei Vorhandensein eines gesetzlichen Vertreters der natürlichen Person ist nur dieser mit der vvAnzPfl belastet, desgleichen der gesetzliche Verwalter (Genaueres: Anm. 7, 8 zu § 19). Bei Bevollmächtigung und Vertretung ohne Vertretungsmacht sind nebeneinander der Vertreter und der Vertretene anzeigepflichtig (Genaueres: Anm. 5, 6 zu § 19).

Weitere Personen als die genannten können auch vertraglich nicht mit der vvAnzPfl belastet werden (§ 34a[1]).

Sind sonach mehrere Anzeigepflichtige vorhanden, so genügt, sofern alle dieselbe Anzeige zu erstatten haben, Anzeige durch einen von ihnen, wenn sie dem Ver zugeht. Die von einem nicht Anzeigepflichtigen erstattete richtige Anzeige ist gleichfalls bedeutsam, weil sie dem Ver Kenntnis verschafft (Anm. 36, 53).

Zu der Frage, ob die Anzeigepflichtigen für das Verhalten Dritter einzustehen haben und ob ihrer Kenntnis die Kenntnis Dritter zuzurechnen ist, vgl. Anm. 11—13 zu § 19.

**[7] 2. Anzeigeempfänger.**

Die Anzeige ist an den Ver, bei mehreren Vern an einen jeden von ihnen zu richten, jedoch reicht bei Vorhandensein einer Führungsklausel häufig die Anzeige an den führenden Ver aus. Bei einem Vspool genügt die Kenntnis des einzubringenden Vers. Bemüht sich ein Ver um einen Abschluß, beteiligt er aber nachträglich andere Ver, so genügt gleichfalls die Erfüllung der vvAnzPfl gegenüber dem ersten Ver (Prölss[8] Anm. 4 zu §§ 16, 17, S. 103). Empfangsbevollmächtigt ist neben dem Abschlußagenten auch der Vermittlungsagent. Zwar spricht § 43 Ziff. 1 nur vom Antrag, § 43 Ziff. 2 nur von nachvertraglichen Anzeigen, aber mit der Antragstellung ist die Erfüllung der vvAnzPfl so eng verbunden, daß sich eine unterschiedliche Behandlung nicht rechtfertigen läßt (Begr. I S. 54, Möller Vsvermittlung S. 131). Die Vertretungsmacht kann nach § 47 beschränkt werden. Der Makler ist kein Vertreter des Vers. Vgl. auch Anm. 13 zu § 34 a.

[8] 3. Zeit.

a) Allgemeines.

Die vvAnzPfl ist „bei Schließung des Vertrags" zu erfüllen, d. h. vom Beginn der Vertragsverhandlungen bis zum formellen Vsbeginn (Zugang der Annahme des Antrages: Anm. 79 zu § 1). Infolgedessen muß der Vmer auch alle gefahrerheblichen Umstände anzeigen, von denen er erst nach Antragstellung Kenntnis erlangt oder die erst nach diesem Zeitpunkt eintreten (RG 17. III. 1908 VA 1908 Anh. S. 53 Nr. 383, 10. XI. 1931 RGZ Bd 134 S. 152 [Ausw 2], OLG Celle 2. XII. 1941 JRPV 1942 S. 159 = HansRGZ 1942 A Sp. 96, OLG München 6. I. 1941 HRR 1941 Nr. 692), vor allem in der Zwischenzeit aufgetretene Krankheiten in der Kranken- oder Lebensv (§ 1 I 3, 4 ALB; RG 30. VI. 1916 VA 1917 Anh. S. 8—9 Nr. 973 = LZ 1916 Sp. 1246, KG 7. VII. 1928 JRPV 1928 S. 311—312), Schadensereignisse in der Haftpflichtv (RG 25. XI. 1932 JRPV 1933 S. 7, KG 21. XII. 1938 VA 1939 S. 213 Nr. 3101 = JRPV 1939 S. 57). Dabei ist es gleichgültig, ob die erste Anzeige unrichtig war oder geworden ist. Nach der Antragstellung konkurriert zugunsten des Vers die vvAnzPfl mit der Gefahrstandspflicht (§ 29a), allerdings nur, soweit die Gefahr sich tatsächlich erhöht hat, was nicht zutrifft, sofern der Vmer lediglich erfährt, daß ein bestimmter Umstand schon bei Antragstellung vorhanden war (Anm. 7 zu § 23).

Wann die Anzeige dem Anzeigeempfänger zugeht, ist belanglos, sofern sie nur ordnungsmäßig vor dem formellen Vsbeginn abgesendet ist (Anm. 12). Die Absendung muß auch dann geschehen, wenn der Entschluß des Vers nicht mehr beeinflußt werden kann (Prölss[8] Anm. 3 zu §§ 16, 17, S. 103). Geht die Anzeige erst mit oder nach dem formellen Vsbeginn dem Ver zu, so können an und für sich die Folgen weder verschuldeter noch unverschuldeter Verletzung der vvAnzPfl eintreten, aber zur Ausgleichung der beiderseitigen Interessenlage ist § 41 entsprechend anzuwenden (Anm. 6 zu § 41), wenn nicht die Bestimmungen über die Gefahrerhöhung eingreifen.

Nach dem formellen Vsbeginn braucht die vvAnzPfl nicht mehr erfüllt zu werden (Begr. I S. 33), von nun an kommt nur noch die Anzeige von Gefahrerhöhungen in Frage (§§ 23 II, 27 II).

[9] b) Sonderfälle.

Schließung des Vertrages ist bei der laufenden V nur der Abschluß des Gesamtvertrages, nicht der Zeitpunkt der Entstehung der einzelnen Interessen oder der Deklaration (Ritter Anm. 9 zu § 97, S. 1143—1144). Entsprechendes gilt für eine Gruppenv mit Zugang. Im Falle der vorläufigen Deckungszusage ist — auch nach der Einheitstheorie (Anm 94 zu § 1) — die vvAnzPfl sowohl beim vorläufigen als auch beim endgültigen Abschluß zu erfüllen, und zwar beim vorläufigen, weil es sich auch hier selbstverständlich um einen Vsvertrag handelt (a. A. LG Osnabrück 22. XII. 1933 Praxis 1934 S. 72), beim endgültigen Abschluß, weil auch hier eine Willenserklärung von Ver abgegeben wird (vgl. Anm. 102 zu § 1).

Über die Rechtslage im Falle nachträglicher Änderungen (Wiederinkraftsetzungen) des Vsvertrages kraft Vereinbarung vgl. Anm. 126 zu § 1. Nach einem Ruhen der V ist die vvAnzPfl nicht erneut zu erfüllen (Anm. 10 zu § 2). Was die Verlängerung anlangt, so entfällt die vvAnzPfl bei stillschweigender Verlängerung kraft der Verlängerungsklausel (§ 8 I, Anm. 9 zu § 8), desgleichen bei stillschweigender oder ausdrücklicher Verlängerung ohne Verlängerungsklausel (Anm. 10, 11 zu § 8), nicht aber bei einem Anschlußvertrag, der erst längere Zeit nach Beendigung des ursprünglichen Vertrages vereinbart wird oder bei dem grundlegende Veränderungen des Vertragsinhalts verabredet werden; denn hier handelt es sich um eine ganz neue Willenserklärung des Vers (Anm. 12 zu § 8).

[10] Ist der Ver Antragsteller, so wird er regelmäßig den Antrag nicht stellen, bevor die vvAnzPfl vom Vmer erfüllt ist. Jedenfalls muß der Vmer die vvAnzPfl erfüllen, bevor er den Antrag annimmt. Die Obliegenheit ist sogar zu erfüllen, bis die Annahme dem Ver zugegangen ist. Ändert sich bis dahin die Gefahrslage oder erlangt der Vmer neue Kenntnisse, so muß er dem Ver hiervon Anzeige erstatten. Allerdings ist es zweifelhaft, ob der Ver nunmehr seinen Antrag widerrufen oder sonstwie die Annahme des Antrages ver-

hindern kann (hierzu Bruck HansRZ 1925 Sp. 181, Ritter Anm. 17 zu § 19, S. 342—343). Verneinendenfalls ist § 41 analog anzuwenden (Anm. 6 zu § 41.)

**[11] c) Umgehungen.**

Es kann wegen § 34a[1] nicht rechtswirksam vereinbart werden, daß ein nicht angezeigter Umstand, der bis zum formellen Vsbeginn entstanden ist, aus der Gefahrtragung des Vers herausfalle (objektive Gefahrbegrenzung) oder daß die Gefahrtragung überhaupt nicht beginne, falls der Vmer „seit der Antragstellung erheblich erkrankt ist oder verletzt worden ist" (zu dieser überholten Bestimmung des Lebensvsrechtes Bruck 7. Aufl. S. 79, Bruck-Dörstling Anm. 19 zu § 2, S. 55) oder daß „Vertragsbestand oder Haftung an die objektive Richtigkeit der Gefahrangaben oder -antworten" gebunden sein sollen (Ehrenzweig S. 83). Vgl. auch Anm. 59.

**[12] 4. Ort.**

Die vvAnzPfl ist vom Vmer so zu erfüllen, daß die Anzeigen als Wissenserklärungen dem Ver oder seinem Vertreter zugehen (dazu Anm. 2—7 zu § 10), es handelt sich um eine Art von „Schickschuld". Deshalb kommt es auch darauf an, ob vor dem formellen Vsbeginn die Anzeige abgesendet ist (Anm. 8). Die Gefahr, daß ein Brief verlorengeht, geht allerdings zu Lasten des Vmers, jedoch kann ein Verschulden solchenfalls entfallen (Anm. 34 zu § 6).

**[13] 5. Form.**

§ 16 I 1 sieht für die Anzeigen keine Form vor, jedoch kann gemäß § 34a[2] die schriftliche Form bedungen werden. Es muß also eine entsprechende vorvertragliche Vereinbarung zwischen Antragsteller und Ver zustandekommen, z. B. dadurch, daß der Antrag nach Maßgabe der AVB gestellt wird und diese die Schriftform auch für vorvertragliche Anzeigen vorschreiben (so § 19 AFB, § 6 I a GrundBed). Auch ein entsprechender Hinweis auf dem Antragsvordruck dürfte ausreichen. Nach § 14 III ALB braucht der Lebensver Anzeigen nur dann als wirksam anzusehen, wenn sie ihm schriftlich zugegangen sind (vgl. über den „Vexiercharakter" dieser Vorschrift analog Anm. 32 zu § 8).

Ist Schriftform vereinbart, so ist nicht erforderlich, daß in einer Urkunde, z. B. auf dem Fragebogen, sämtliche Anzeigen gemacht werden. Es ist denkbar, daß der Vmer den Fragebogen ausfüllt und in einem Begleitbrief dem Agenten gewisse Angaben macht.

Die Verletzung der vorgeschriebenen Schriftform ist oft deshalb unerheblich, weil kraft der mündlichen Anzeige der Ver den Umstand kennt (Anm. 36).

Im einzelnen vgl. Anm. 6—13 zu § 34a.

**[14] 6. Inhalt.**

Die vvAnzPfl bezieht sich nach § 16 I auf gewisse Gefahrumstände (Anm. 15—24), die gefahrerheblich sind (Anm. 25—30) und die dem Vmer bekannt, dem Ver unbekannt sind (Anm. 31—37).

**[15] a) Gefahrumstände.**

Der Ver trägt die vte Gefahr, die im Vertrage abstrakt umschrieben ist, z. B. die Gefahr des Brandes oder Unfalles. Im konkreten Fall kann die Gefahrslage eine sehr verschiedene sein; sie ergibt sich aus der Summe der einzelnen Gefahrumstände. Verwirklicht sich die vte Gefahr, so führt eine Kausalreihe von einem oder mehreren Gefahrumständen zur Gefahrverwirklichung, in der Schadensv auch zum Schaden. Dabei kann man noch darauf abstellen, ob der betreffende Gefahrumstand den Eintritt des Vsfalles dem Grunde nach beeinflußt oder nur für Art und Umfang des Schadens bedeutsam ist (Ehrenzweig S. 79 unterscheidet dementsprechend die „Grundgefahr" und die „Schadenauswirkungsgefahr").

**[16] aa) Kausale und indizierende Umstände.**

Die Gefahrumstände sind regelmäßig Tatsachen, von denen eine Kausalreihe hin zum Vsfall führen kann, so die Beschaffenheit der vten Person oder Sache, aber auch die Art der Verwendung der vten Sache, ihre Umwelt. Oft hängt das Risiko auch von der Person des Benutzers einer vten Sache ab. Daher können Rechtstatsachen Gefahrumstände sein, z. B. die Eigentumsverhältnisse an der vten Sache (RG 27. XI. 1934 JRPV 1935 S. 12, verneint von OLG Köln 31. XII. 1930 VA 1931 S. 34—35 Nr. 2263) oder die Tatsache, wer die Vergütungsgefahr trägt (bei einer V für Rechnung, wen es angeht, bleibt diese Frage allerdings bewußt in der Schwebe, ist also nicht gefahrerheblich: RG 11. XII. 1928 HansRGZ 1929 A Sp. 210—211).

Gefahrumstände sind auch solche Tatsachen, die nur einen mehr oder minder sicheren Rückschluß darauf zulassen, wie die Gefahrslage beschaffen ist (indizierende Umstände), so frühere Schadensfälle in der Schadensv (RG 23. XII. 1904 VA 1905 Anh. S. 21—22 Nr. 100), Symptome in der Personenv (Prölss VersR 1954 S. 154), frühere Krankheiten oder Unfälle in der Personenv (KG 2. V. 1934 VA 1934 S. 213 Nr. 2713), die Ablehnung früher beantragter Ven, die Kündigung früherer Vsverträge durch den Ver, das Bestehen oder die Beantragung einer anderweitigen V (dazu OLG Naumburg 30. I. 1931 VA 1931 S. 25—26 Nr. 2253, OLG München 6. I. 1941 HRR 1941 Nr. 692). Das OLG Hamburg 13. II. 1953 VersR 1953 S. 191 meint, eine frühere Mitgliedschaft beim Ver sei kein Gefahrumstand (bedenklich, denn es könnten sich aus der alten Akte Rückschlüsse ergeben).

**[17] bb) Versicherungsgefahr- und Vertragsgefahrumstände.**

Oft ist die vte Gefahr durch Ausschlüsse eingeschränkt, z. B. haftet der Schadensver nach § 61 nicht für vorsätzlich oder grobfahrlässig herbeigeführte Vsfälle. Trotzdem ist für den Ver nicht nur bedeutsam, was die getragene Vsgefahr beeinflußt, sondern er interessiert sich für alles, wodurch die Gefahr, aus der V in Anspruch genommen zu werden, berührt wird, mag auch die Inanspruchnahme eine unrechtmäßige, vielleicht sogar betrügerische sein (man denke an fingierte Vsfälle, arglistige Täuschung bei der Schadensermittlung, wiederholte Erhebung unberechtigter Forderungen [LG Berlin 26. X. 1953 VersR 1953 S. 446]). Deshalb sind Kriegsverwundungen auch dann als Gefahrumstände anzusehen, wenn eine Krankenv jene Krankheiten ausschließt, die auf Kampfhandlungen im Kriege zurückzuführen sind (OLG Hamburg 13. II. 1953 VersR 1953 S. 191). So tritt neben die Vsgefahr die Vertragsgefahr (der Ausdruck wird seit Möller ÖffrV 1934 S. 81—85 allgemein benutzt), und es ist heute — durch § 16 I 2 — anerkannt, daß auch die vertragsgefährlichen Umstände, z. B. Brandstiftungsstrafen für die vvAnzPfl bedeutsam sind (Nachweise Anm. 27). Zur sog. Prämiengefahr vgl. jedoch Anm. 27. Zu eng: KG 6. XII. 1930 JRPV 1931 S. 42.

**[18] cc) Positive und negative Umstände.**

Ausgehend davon, daß eine gewisse Gefahrslage die normale ist, kann man von negativen Umständen sprechen, wenn z. B. eine Blitzableiteranlage, eine Türsicherung fehlt. Die meisten Umstände sind dagegen positive.

**[19] dd) Objektive und subjektive Umstände.**

Subjektive Umstände lagern im Seinszentrum (Willenszentrum) des Vmers, bei der V für fremde Rechnung auch des Vten, bei der Fremdpersonenv auch der Gefahrsperson. Ist also der Vmer gewohnheitsmäßiger Brandstifter, hat er in der Unfallv die Absicht, Rennfahrer zu werden, in der Lebensv die Absicht, Selbstmord zu verüben, so handelt es sich um subjektive Umstände. Objektive Umstände liegen dagegen außerhalb des Seinszentrums derjenigen Personen, die am Vsverhältnis beteiligt sind: Ein objektiver Umstand ist also gegeben, wenn der Lebensvmer schwer krank ist oder ein Dritter (Mörder) die Absicht hat, ihn zu töten. Absichten können je nach ihrem Träger subjektive oder objektive Umstände sein (Möller HansRGZ 1929 A Sp. 553—554, 1931 A Sp. 19—28).

**[20] ee) Verschuldete und unverschuldete Umstände.**

Subjektive Umstände (Anm. 19) können subjektiv verschuldete oder unverschuldete sein (Möller HansRGZ 1929 A Sp. 553—554). § 61 nimmt z. B. solche subjektiven Umstände aus der Gefahrtragung des Vers heraus, bei denen sich ein Verschulden des Vmers (und zwar mindestens grobe Fahrlässigkeit) auf die Herbeiführung des Vsfalles bezieht.

**[21] ff) Vergangene, gegenwärtige und künftige Umstände.**

Vom Zeitpunkt der Beurteilung aus gesehen sind die gegenwärtigen Umstände primär bedeutungsvoll. Jedoch können vergangene Tatsachen, z. B. frühere Schadensfälle, noch eine indizierende Bedeutung haben (Anm. 16) und künftige Tatsachen können z. B. als Absichten (Anm. 19) schon gegenwärtige sein.

Bei der Rückwärtsv (§ 2) sind auch vergangene Tatsachen, soweit sie in die vorgesehene zurückliegende materielle Vsdauer fallen, wichtig. Handelt es sich um die Tatsache des bereits eingetretenen Vsfalles, so greift neben der vvAnzPfl die Sonderregelung des § 2 II 2, III Platz (dazu Anm. 25, 31, 41—43 zu § 2).

**[22] gg) Allgemeine und besondere Umstände.**

Es gibt Umstände, die bestimmten Risikogruppen so eigentümlich sind, daß von ihrem Vorhandensein auszugehen ist. Daß Menschen älter werden, die Todes- oder Erkrankungswahrscheinlichkeit bestimmten Gesetzen unterworfen ist, gehört ebenso zu den allgemeinen (generellen) Umständen wie die Tatsache, daß gewisse Fabrikationsbetriebe stärkerer Brandgefahr, gewisse Landstriche stärkerer Hagelgefahr ausgesetzt sind als andere. Besondere (individuelle) Umstände sind dagegen grade dem speziellen Risiko eigentümlich.

**[23] hh) Günstige und ungünstige Umstände.**

Tatsachen, welche die Gefahrslage verbessern, z. B. das Vorhandensein einer Sprinkleranlage, Nachbarschaft der Feuerwehr, stehen solchen Tatsachen gegenüber, welche das Risiko verschlechtern, z. B. Lagerung feuergefährlicher Stoffe, Nachbarschaft einer Sprengstoffabrik.

**[24] ii) Bekannte und unbekannte Umstände.**

Juristisch ist es bedeutungsvoll, ob ein Umstand dem Vmer oder Ver bekannt ist (Anm. 31—37).

**[25] b) Gefahrerheblichkeit.**

Nach dem Wortlaut und Sinn und Zweck des § 16 I kommen nicht alle in Anm. 15 bis 24 aufgezählten Gruppen von Gefahrumständen für die vvAnzPfl in Betracht. Vorauszusetzen ist vielmehr, daß ein Umstand geeignet ist, den Entschluß des Vers zu beeinflussen, den Vertrag überhaupt oder mit dem vereinbarten Inhalt abzuschließen. Die Vorschrift des § 16 I 2 ist durch VO vom 19. XII. 1939 nach seevsrechtlichem (§ 806 I HGB) und österreichischem Vorbild eingefügt.

Es kommt auf den Standpunkt des einzelnen Vers an: Ein Ver mit vorsichtiger Risikoauslesepraxis wird eher einen Vertragsabschluß scheitern lassen oder einen Prämienzuschlag oder eine Risikobeschränkung vereinbaren als ein „großzügiger" Ver. Eine rein objektive Beurteilung der Erheblichkeit ist nach der Einfügung des § 16 I 2 nicht mehr möglich (für das frühere Recht Begr. I S. 30—31, für das geltende Recht a. M. OGH 27. IV. 1950 VersR 1950 S. 101, Ehrenzweig S. 81, Prölss[8] Anm. 2 zu §§ 16, 17, S. 102, Schmidt S. 135, Süss VersR 1952 S. 185, zur Gefahrerhöhung: Anm. 14 zu § 23). Richtig ist nur, daß Umstände, die — objektiv betrachtet — ganz indifferent sind, auch dann nicht berücksichtigt werden, wenn unverständlicherweise ein Ver auf sie Gewicht legt (RG 3. V. 1888 RGZ Bd 13 S. 109—111). Auch Ehrenzweig S. 81 Anm. 3 räumt immerhin ein, daß ein Ver sich nicht auf einen Gefahrumstand berufen kann, „wenn grade er einen Gefahrumstand in seiner Geschäftsführung bisher als unerheblich behandelt hat".

Um geringfügige Umstände wird sich kein Ver kümmern (vgl. § 29[1] für die Gefahrerhöhung). Geringfügig können insbesondere Umstände sein, die nur vorübergehend vorhanden sind (vgl. LG Essen 14. II. 1952 VersR 1952 S. 144—145).

Es ist aber nicht der einzelne Umstand isoliert zu betrachten, sondern die Gesamtheit aller Umstände, und eine Mehrzahl geringfügiger Umstände kann doch in ihrer Summe den Entschluß des Vers beeinflussen. Solche zusammenfassende Betrachtung ist angesichts des Zweckes der vvAnzpfl geboten, obgleich §§ 16 II, 17 I von der Nicht- und Falschanzeige einzelner Umstände sprechen.

Für die Frage, ob zur gleichen Prämie abgeschlossen wäre, können die Tarife, in der Feuerv die Richtlinien für die Prämienbestimmung herangezogen werden. Umstände, welche für den Vmer einen günstigeren Vertragsinhalt erwirken können, sind nicht gefahrerheblich. Es ist nicht erforderlich, daß der Ver den Vertrag tatsächlich abgelehnt usw. hätte, sondern es reicht aus, daß der Umstand „geeignet" ist, solchen Entschluß zu motivieren (OLG Hamburg 7. XI. 1934 HansRGZ 1934 B Sp. 715). — Dabei ist nur die Vertragsentschließung gegenüber dem Vmer zu überprüfen. Belanglos ist also, ob der Ver in Kenntnis der wahren Gefahrslage Rückv oder weitergehende Rückv genommen hätte (Ehrenzweig S. 81). — Die Frage nach der Gefahrerheblichkeit ist eine Rechtsfrage, ein diesbezüglicher Irrtum ein Rechtsirrtum (Anm. 18 zu § 11).

Im Einzelnen gilt folgendes:

**[26] aa) Negative Abgrenzung.**

Auszuscheiden, also nicht anzeigepflichtig, sind zunächst vergangene und künftige Umstände (Anm. 21), sofern sie nicht z. B. als indizierende Umstände oder z. B. als Absichten Gegenwartsbedeutung haben. Es kommt für die vvAnzPfl auf den Zeitpunkt der Schließung des Vertrags an (Anm. 8—9), später eintretende Umstände sind als Gefahrerhöhungen nach den §§ 23—29 bedeutungsvoll. Auszuscheiden sind ferner allgemeine Umstände (Anm. 22); denn ein Ver, dessen Betrieb auf Risikentragung gerichtet ist, muß sachverständig über jene generellen Tatsachen unterrichtet sein, die das Risiko bestimmen (klarstellend in dieser Richtung § 11 I 1 GüterTB, zur Abgrenzung RG 3. II. 1925 VA 1925 S. 153—154 Nr. 1502 = HansRZ 1925 Sp. 395—397 für die Aufruhrv; Anwendungsfall RG 8. XII. 1928 JW 1929 S. 931: Gewichtsverlust von Kopra durch Eintrocknen). Ferner unterfallen günstige Umstände (Anm. 23) nicht der vvAnzPfl, da diese Obliegenheit die Gefahrengemeinschaft vor schlechten Risiken schützen soll. Wird aber ein günstiger Umstand nicht angezeigt, so gereicht das nicht zum Nachteil der Gefahrengemeinschaft. Man kann es also dem Vmer überlassen, im eigenen Interesse — ohne entsprechende Verhaltensnorm — auf günstige Umstände hinzuweisen, schon um dadurch u. U. eine mäßigere Prämie zu erreichen. Darüber, daß prämiengefährliche Umstände nicht anzuzeigen sind, vgl. Anm. 27. Darüber, daß dem Vmer unbekannte Umstände (außer im Falle des § 16 II 2) und dem Ver bekannte Umstände nicht anzuzeigen sind, vgl. Anm. 31—37.

Nicht gefahrerheblich ist auch z. B. der Umstand, wieviel Prämien im Rahmen einer vorangehenden laufenden V gezahlt sind (OLG Hamm 2. II. 1931 HansRGZ 1931 A Sp. 663) oder ein Umstand, der wohl für einen anderen, nicht aber für den in Frage stehenden Vsvertrag bedeutsam ist (RG 6. X. 1903 VA 1904 S. 148—149) oder in der Einbruchdiebstahlsv die Zahl der Fenster und ob diese durch Rolljalousien oder eiserne Vorläden gesichert sind (OLG Breslau 17. XII. 1930 VA 1930 S. 268—269 Nr. 2225).

**[27] bb) Positive Abgrenzung.**

Alle übrigen Gefahrumstände sind „für die Übernahme der Gefahr erheblich" (§ 16 I 1) und deshalb anzuzeigen. Hierher gehören außer den kausalen auch die indizierenden Umstände (Anm. 16), außer den für die Vsgefahr wesentlichen Umständen auch die für die Vertragsgefahr bedeutsamen (Anm. 17); Begr. III S. 8 spricht von der besonderen Gefahr, „daß der Ver leisten muß, obgleich tatsächlich ein Anspruch nicht besteht." Beispiel: Der Vmer verschweigt bei Abschluß einer Feuerv eine ins Gewicht fallende Verurteilung wegen Betrugs (übrigens zugleich ein Beispiel für einen nur indizierenden Umstand). Aus der Rechtsprechung: RG 2. XII. 1925 RGZ Bd 112 S. 156 (Seev, generell), 15. V. 1931 RGZ Bd 132 S. 388—391 (Ausw 1; Zuchthausstrafe in der Unfallv), 12. XI. 1937 JW 1938 S. 589 = VA 1937 S. 232 Nr. 3025 (generell), OLG Hamburg 7. XI. 1934 HansRGZ 1934 B Sp. 714—715 (Zuchthausstrafe in der Seev), OLG München 6. I. 1941 HRR 1941 Nr. 692 (generell), OLG Celle 22. VI. 1934 HansRGZ 1935 A Sp. 176 (generell), LG Kiel 25. IV. 1951 VersR 1951 S. 197 mit OLG Schleswig 14. VII. 1951 VersR 1951 S. 261 (Vorstrafen in der V von Hunden), vgl. auch Prölss VersR 1954 S. 153. Nicht anzuzeigen ist der bloße Verdacht der Brandstiftung: OLG Kiel 30. VI. 1928 JRPV 1928 S. 281. Nicht zur Vertragsgefahr gehören Umstände, welche nicht die Frage einer Inanspruchnahme des Vers berühren, sondern im Gegenteil die Frage, ob er seine eigene Prämienforderung wird realisieren können („Prämiengefahr": Möller ÖffrV 1934 S. 81—85). Insoweit ist § 16 I 2 restriktiv auszulegen, die Formulierung der Begr. III S. 8 ist genauer.

Im übrigen sind positive und negative, objektive und subjektive, verschuldete und unverschuldete Umstände (Anm. 18—20) anzeigepflichtig, auch kommt es nicht darauf an, ob die Umstände die „Grundgefahr" oder die „Schadenauswirkungsgefahr" (Anm. 15) betreffen. Über anzuzeigende Absichten z. B. RG 18. XII. 1934 HansRGZ 1935 A Sp. 257 (Selbstmordabsicht), OLG Hamburg 4. XII. 1924 HansRZ 1925 Sp. 193—194 = JRPV 1925 S. 112 (beabsichtigter Alkoholschmuggel).

Daß sich die vvAnzPfl auf gegenwärtige, besondere, ungünstige, dem Vmer bekannte und dem Ver unbekannte Umstände beschränkt, wurde indirekt bereits dargelegt (Anm. 26).

**[28] cc) Widerlegbare Vermutung.**

**aaa) Beweislage.**

Der Ver muß im Bestreitensfalle beweisen, daß die vvAnzPfl objektiv verletzt worden ist. Dazu gehört, daß er die Gefahrerheblichkeit des nicht oder unrichtig angezeigten Umstandes dartut (Anm. 43; KG 2. V. 1934 VA 1934 S. 212 Nr. 2713), eine Beweisführung, die besonders bei indizierenden oder nur die Vertragsgefahr betreffenden Umständen schwierig sein kann.

Die Beweislage wird für den Ver erleichtert durch § 16 I 3: Ein Umstand, nach welchem der Ver ausdrücklich und schriftlich gefragt hat, gilt als erheblich, aber nicht im Wege einer unwiderlegbaren Vermutung oder Fiktion, sondern nur im Zweifel. Der Vmer kann also seinerseits dartun, daß der betreffende Umstand den Entschluß des Vers nicht zu beeinflussen geeignet war (§ 16 I 2): KG 14. XI. 1928 JRPV 1929 S. 18, etwa weil er für Vs- und Vertragsgefahr ganz indifferent ist, weil er zur „Prämiengefahr" (Anm. 27) zählt, oder weil er ein vergangener, künftiger, allgemeiner oder günstiger ist (Anm. 26). Beispiele: RG 18. III. 1927 VA 1927 S. 235—236 Nr. 1743b = Praxis 1927 S. 91 (Fragen nach ärztlicher Behandlung), KG 6. XII. 1930 JRPV 1931 S. 42 (kleine Differenz der Baujahrangabe).

**[29] bbb) Fragestellung.**

Die widerlegbare Vermutung setzt eine Frage des Vers oder seines Vertreters voraus, daran fehlt es, wenn der Antragsteller lediglich eine vorgedruckte Erklärung unterschreibt (RG 18. X. 1927 RGZ Bd 118 S. 217—218 [Ausw 1]). Es muß sich handeln um eine ausdrückliche Frage, d. h. eine solche, die deutlich auf den betreffenden Umstand hinzielt. Eine ausdrückliche Frage ist nicht gestellt, wenn nach einem Umstand überhaupt nicht gefragt ist oder wenn ganz generell gefragt ist, z. B. mit der Frage: „Sind sonstige gefahrerhebliche Umstände bekannt?", „Sind Umstände vorhanden, welche die .... Tiere erheblich gefährden?" (OLG Dresden 17. V. 1918 VA 1918 Anh. S. 63—64 Nr. 1051, dazu Ehrenzweig S. 82 Anm. 5: „Die Fragestellung darf nicht so gefaßt sein, daß die Antwort ein Werturteil erfordert"). Die Grenze zwischen generellen und speziellen (ausdrücklichen) Fragen ist flüssig. Sinn des § 16 I 3 ist es zu fordern, daß der Antragsteller auf den Umstand gleichsam hingestoßen sein muß. Deshalb fehlt es an einer ausdrücklichen Frage, falls im Anschluß an Fragen nach vielen aufgeführten Krankheiten gefragt wird: „Leiden Sie unter sonstigen Krankheiten?" Ferner muß es sich handeln um eine schriftliche Frage, besonders vermittels eines Fragebogens. Dabei ist eigenhändige Unterschrift, ja überhaupt eine Unterschrift des Vers nicht vorauszusetzen, § 126 I BGB kann nicht angewendet werden (so auch Ehrenzweig S. 82, Prölss[8] Anm. 1 zu §§ 16, 17, S. 102, KG 23. II. 1929 VA 1929 S. 201—202 Nr. 1971 = JRPV 1929 S. 122). Die schriftliche Fragestellung bringt dem Ver nicht nur den Vorteil des § 16 I 3, sondern auch den Nachteil des § 18.

**[30] ccc) Beantwortungsmängel.**

Sind gestellte Fragen nicht oder erkennbar mißverständlich beantwortet schließt aber dennoch der Ver den Vertrag, so gibt er damit kund, daß er auf die unmißverständliche Fragenbeantwortung kein Gewicht lege, kann sich also auf die Gefahrerheblichkeit nach Treu und Glauben nicht mehr berufen (Anm. 53).

**[31] c) Kenntnisfrage.**

Es liegt im Wesen der Anzeigepflicht, daß sie einerseits Kenntnis des Anzeigepflichtigen, andererseits Unkenntnis des Anzeigeempfängers voraussetzt. Zur Beweislast: Anm. 43.

**[32] aa) Kenntnis des Versicherungsnehmers.**

**aaa) Wesen der Kenntnis.**

Der Vmer hat nach § 16 I 1 nur die „ihm bekannten Umstände" anzuzeigen. Die Kenntnis setzt voraus, daß bei der Schließung des Vertrages der fragliche Umstand dem Vmer „zum Bewußtsein gekommen ist" (KG 25. IX. 1926 JRPV 1926 S. 311), daß der Vmer sich seiner „Leiden bewußt war" (KG 20. VI. 1928 JRPV 1928 S. 294). Ein Umstand, den der Vmer nie erfahren hat oder der seinem Gedächtnis entfallen ist, ist dem Vmer nicht bekannt. Jedoch muß der Vmer bei der Erfüllung der vvAnzPfl nicht unbedacht verfahren, er muß sein Gedächtnis prüfen. Immerhin trifft ihn eine Erkundigungspflicht grundsätzlich nicht, Kennenmüssen reicht nicht aus (Begr. I S. 31, RG 26. X. 1881 RGZ Bd 7 S. 3—5, OLG Dresden 17. V. 1918 VA 1918 Anh. S. 64 Nr. 1051). Die unsichere Kenntnis, z. B. diejenige eines Gerüchtes, kann Kenntnis eines indizierenden Umstandes (Anm. 16) sein; nach § 11 I 2 GüterTB soll der Vmer auch Nachrichten weitergeben, die er für unbegründet oder unzuverlässig hält.

**[33] bbb) Arglist bei Nichtkenntnis.**

Aber § 16 II 2 stellt dem wissenden Vmer denjenigen gleich, der sich „der Kenntnis des Umstandes arglistig entzogen hat". Arglist ist eine besonders qualifizierte Form des Vorsatzes: Der Vmer weiß, daß er etwas über gefahrerhebliche Umstände erfahren könnte, aber sein Wille ist darauf gerichtet, die Kenntnis nicht zu erlangen. Dieser Wille darf nicht auf bloßer Gleichgültigkeit beruhen, sondern muß von dem Bewußtsein getragen sein, sonst müsse möglicherweise die vvAnzPfl so erfüllt werden, daß Vertragsabschluß oder -bedingungen gefährdet werden. Beispiele: Der Vmer öffnet einen Brief absichtlich nicht (Begr. I S. 31), er fragt nicht nach, ob Bestrahlungen, die er erhielt, Röntgenbestrahlungen waren (OLG Celle 13. IV. 1953 VersR 1953 S. 235, allerdings § 16 II 2 nicht erwähnend). Zum Begriff der Arglist auch Anm. 13—14 zu § 22.

**[34] ccc) Inhalt der Kenntnis.**

Die Kenntnis des Vmers muß sich erstens auf den Umstand als solchen beziehen und zweitens auf seine Gefahrerheblichkeit. Wer als Lagerhalter nicht weiß, daß die von ihm eingelagerte Chemikalie feuergefährlich ist, verletzt bei Nichtanzeige schon objektiv die vvAnzPfl nicht (RG 15. VI. 1928 JW 1928 S. 2128 = JRPV 1928 S. 218, auch LG Hagen 2. VII. 1952 VA 1952 S. 145—146 = VersR 1952 S. 347, a. A. Prölss[8] Anm. 5 zu §§ 16, 17, S. 103—104, Raiser Anm. 9 zu § 5, S. 170). Ist allerdings nach dem Umstand ausdrücklich und schriftlich gefragt, so ist in analoger Anwendung des § 16 I 3 im Zweifel anzunehmen, daß dem Vmer die Gefahrerheblichkeit bekannt sei (ähnlich RG 15. VI. 1928 JW 1928 S. 2128 = JRPV 1928 S. 214, verfehlt RG 20. IX. 1927 JW 1928 S. 553 mit kritischer Anm. Ehrenzweig, unentschieden LG Köln 11. XII. 1953 VersR 1954 S. 73). Ansonsten muß der Ver die Kenntnis des Vmers von der Gefahrerheblichkeit beweisen (a. M. wohl Ehrenzweig S. 84—85).

**[35] ddd) Träger der Kenntnis.**

Außer auf die Kenntnis des Vmers kommt es auch auf diejenige der anderen Anzeigepflichtigen (Anm. 6) an. Zum Problem der Kenntniszurechnung Anm. 13 zu § 19.

Über die Rechtsfolgen einer Nichtanzeige infolge mangelnder Kenntnis: § 41 I 2.

**[36] bb) Unkenntnis des Versicherers.**

**aaa) Erfordernis der Unkenntnis.**

Anzeigen sollen ein Wissen übermitteln. Deshalb entfällt die vvAnzPfl insoweit, als der Ver Umstände bereits kennt (vgl. §§ 16 III, 17 II). Hier entfällt nicht nur das Rücktrittsrecht des Vers, wie das Gesetz es normiert, sondern es fehlt an einer objektiven Tatbestandsvoraussetzung der Obliegenheit (Schmidt S. 135, vgl. auch Anm. 24 zu § 6). Selbst Vorsatz des Vmers bei Verletzung der vvAnzPfl führt also nicht zur „Bestrafung" seiner Unehrlichkeit, und zwar deshalb, weil hier die Verletzung den Vertragsschluß nicht beeinflußt hat. Auf welchem Wege der Ver die Kenntnis erlangt, ist gleichgültig, insbesondere kommen auch mündliche Anzeigen des Vmers in Betracht (Anm. 13), Mitteilungen von Vermittlungsagenten, Vertrauensärzten, Mitteilungsverbänden. Kennenmüssen steht der Kenntnis des Vers nicht gleich (OLG Hamburg 20. II. 1904 VA 1904 S. 154 Nr. 72, bedenklich KG 13. III. 1926 JRPV 1926 S. 183, OLG Celle 15. VI. 1932 JRPV 1932 S. 269), wohl aber in Analogie zu § 16 II 2 die arglistige Nichtkenntnisnahme. Maßgebend für die Kenntnis ist der formelle Vsbeginn (Anm. 8). Erlangt der Ver die Kenntnis später, so bleibt er zum Rücktritt berechtigt innerhalb der Frist des § 20 I. Erlangt der Ver die Kenntnis zwar vor dem formellen Vsbeginn, aber so spät, daß der Vertragsabschluß nicht mehr aufgehalten werden kann (der Agent kann nicht mehr unterrichtet werden, ein vom Ver gestellter Antrag wird vom Vmer angenommen: Anm. 10), so ist § 41 entsprechend anzuwenden, sofern nicht die Vorschriften über Gefahrerhöhung helfen (Anm. 6 zu § 41).

**[37] bbb) Träger der Unkenntnis.**

Welche Stelle beim Ver kommt in Frage? Kenntnis des Abschlußagenten genügt (§ 166 I BGB; RG 22. XII. 1906 VA 1907 Anh. S. 77—78 Nr. 328, bedenklich OLG Köln 2. II. 1927 JRPV 1927 S. 99—100, auch OLG Hamm 26. X. 1950 VersR 1951 S. 39, wonach die Kenntnis des Angestellten eines Abschlußagenten nicht ausreichen soll), diejenige des Vermittlungsagenten jedoch wegen § 44 regelmäßig nicht (obgleich er Anzeigen in Vertretung des Vers entgegennehmen kann: Anm. 7). Jedoch kann dem Vermittlungsagenten die spezielle Aufgabe der Risikoprüfung übertragen sein; dann reicht seine Kenntnis aus; desgleichen, wenn er den Rechtsschein erweckt, Abschlußagent zu sein. Der Leiter einer Bezirksverwaltung ist einem Abschlußagenten gleichzuachten (OLG Hamburg 13. II. 1953 VersR 1953 S. 191). Auf die Kenntnis des Vers selbst kommt es bei Mitwirkung eines Abschlußagenten im Falle des § 166 II 1 BGB an.

Schwierig ist die Frage, ob die Kenntnis des Vertrauensarztes in der Lebensv jener des Vers gleichsteht. Ist ein Vertrauensarzt einem gewöhnlichen Vermittlungsagenten zu vergleichen? Haasen VersR 1951 S. 249 nimmt dies an, er kann sich darauf stützen, daß als Vertrauensarzt oft der Hausarzt des Vmers, also jemand aus dessen Sphäre wirkt. Ist man anderer Auffassung, weil sich der Ver des Vertrauensarztes zur Risikoprüfung bedient, so entscheidet die Kenntnis des Vertrauensarztes. Es kommt dann auch auf die Schriftlichkeit der Anzeigen des Vmers nicht an, denn es geht gar nicht um die Anzeigen, sondern darum, ob der Ver eine Kenntnis besitzt, welche die Anzeigen überflüssig macht.

Beim Ver ist bekannt, was aktenkundig ist. Handelt es sich um mehrere Vszweige, die nicht in unmittelbarem Zusammenhang stehen, so würde es lebensfremd sein anzunehmen, daß alles, was in der Feuervsakte steht, auch zur Haftpflichtv bekannt ist (KG 23. IV. 1932 VA 1932 S. 270 Nr. 2461 = JRPV 1932 S. 232, OLG Hamm 15. VI. 1953 VA 1953 S. 271, vgl. jedoch auch RG 15. I. 1907 LZ 1907 Sp. 357, 6. XII. 1910 JW 1911 S. 225 = VA 1911 Anh. S. 55 Nr. 598). Erst recht sind verschiedene Konzerngesellschaften zu unterscheiden (OLG Celle 18. XII. 1936 VA 1937 S. 142 Nr. 2964 = JRPV 1937 S. 224, OLG Düsseldorf 1. XII. 1932 JRPV 1933 S. 305, LG Landshut 5. V. 1953 VersR 1953 S. 394). Es kommt nicht auf die Kenntnis eines Vorstandsmitgliedes des Vers an, überhaupt handelt es sich bei der Kenntnis nicht um einen Akt der äußeren Vertretung, sondern der internen Geschäftsführung. Ausreichend ist also die Kenntnis desjenigen Sachbearbeiters (auch Gesellschaftsarztes), der an Hand der vorvertraglichen Anzeigen das Risiko prüft (Haasen VersR 1951 S. 249; OLG Düsseldorf 19. V. 1953 VersR 1953 S. 315, OLG Hamm 15. VI. 1953 VA 1953 S. 271, beide zu § 20 I). Der Betrieb muß so organisiert sein, daß wesentliche Tatsachen, die ein unzuständiger Mitarbeiter erfährt, dem zuständigen Sachbearbeiter bekannt werden. Soweit solche Organisation vorauszusetzen ist, steht die Kenntnis des unzuständigen Mitarbeiters jener des zuständigen Sachbearbeiters gleich.

Grade bei den Problemen der Kenntniszurechnung spielen Treu und Glauben sowie betriebswirtschaftliche Möglichkeiten und Erwägungen eine Rolle.

Bei Mitwirkung mehrerer Ver pflegt einem von ihnen, etwa dem führenden oder — bei einem Vspool — dem einbringenden Ver die Risikoprüfung übertragen zu werden. Die Kenntnis dieses Vers geht zu Lasten aller anderen Ver. Das gilt auch, wenn sich zunächst nur ein Ver um einen Abschluß bemüht, dann aber andere Ver beteiligt. Im übrigen aber kommt es auf die Kenntnis jedes einzelnen Vers an.

**[38] 7. Anzeige.**

Die Anzeigen sind Wissenserklärungen, also „ein Ergebnis des kognitiven, nicht des volitiven Denkens“ (Schmidt S. 134). Die Anzeigen sind aber äußerlich regelmäßig verbunden mit einer Willenserklärung, der Antragsstellung. Der „Antragsschein“ hat demnach juristisch durchweg eine Doppelbedeutung, er enthält den eigentlichen Antrag und die Anzeigen in Erfüllung der vvAnzPfl (OLG Kiel 21. IX. 1936 VA 1937 S. 243 Nr. 3033). Beide Bedeutungen muß man unterscheiden, z. B. kann aus der Anzeige, ein Risiko werde bewacht, nicht der Antrag auf Einfügung einer Bewachungsobliegenheit hergeleitet werden (Anm. 16 zu § 6, vgl. auch Anm. 4 zu § 32).

Wissenserklärungen eines nicht Anzeigepflichtigen sind insofern rechtserheblich, als sie dem Ver eine Kenntnis verschaffen und damit die Erfüllung der Obliegenheit durch den Anzeigepflichtigen überflüssig machen (Anm. 36). Auch ein beschränkt Geschäftsfähiger oder ein Geschäftsunfähiger kann die Anzeige erstatten (Schmidt S. 136). Ob er aber für unrichtige oder unterlassene Anzeigen verantwortlich ist, ist nach den Grundsätzen über die Schuldfähigkeit zu entscheiden (Anm. 44).

Eine Anfechtung von Anzeigen, insbesondere wegen Irrtums gibt es nicht. Häufig wird jedoch den Irrenden kein Verschulden treffen (Kisch II S. 275—276). Bemerkt der Anzeigepflichtige den Irrtum vor dem Vertragsabschluß, so kann und muß er seine Anzeige berichtigen oder widerrufen (Schmidt S. 135).

**[39] IV. Obliegenheitsverletzung.**

**1. Objektiver Verletzungstatbestand.**

**a) Formen der Verletzung.**

§ 16 II 1, 17 I gehen nicht von der Unterscheidung aus, ob die vvAnzPfl als ganze nicht oder schlecht erfüllt ist, sondern betrachten die einzelnen Anzeigen der erheblichen Umstände und fragen, ob solche einzelne Anzeige unterblieben oder unrichtig gemacht worden ist. Da Nicht- und Falschanzeige gleich behandelt werden, ist die systematische Trennung der §§ 16 und 17 überflüssig.

Bezieht sich die V auf mehrere Gegenstände oder Personen, so kann die Nicht- oder Falschanzeige sich entweder auf alle beziehen oder auf einen Teil. Bei solcher Teilversetzung greift § 30 I, II ein.

**[40] b) Zweifel der Auslegung.**

Bei der Beurteilung des Problems, ob der Anzeigepflichtige objektiv die vvAnzPfl verletzt hat, ist zu berücksichtigen, daß Fragen (§§ 16 I 3, 18) oft auslegungsbedürftig sind und daß auch die Antworten, also Anzeigen (sowie die in Fragen und Anzeigen vorkommenden Begriffe) eine Auslegung erheischen. Sie sind nicht wörtlich, sondern sinngemäß zu verstehen: KG 6. II. 1912 VA 1912 Anh. S. 110—111 Nr. 697, 19. IX. 1925 VA 1926 S. 55—56 Nr. 1565 (beide für Antworten und Anzeigen). Beispiele: OLG Stettin 1. II. 1909 VA 1909 Anh. S. 50 Nr. 454 (Aufsichtsführung in der Unfallv), KG 10. III. 1928 VA 1928 S. 246—247 Nr. 1900 = JRPV 1928 S. 121—122, 6. VII. 1929 JRPV 1929 S. 319 (massive Bauart in der Feuerv).

Unklare Fragen bewirken, daß schon objektiv oft eine Obliegenheitsverletzung nicht angenommen werden kann: OLG Düsseldorf 19. VI. 1933 JRPV 1934 S. 108 (Kraftfahrzeugverwendung), LG Mannheim 30. XII. 1950 VersR 1951 S. 70—71 (Wochenendhaus). Wird z. B. nach dem Gesundsein gefragt, so kommen nach OLG Jena 14. VII. 1909 LZ 1909 Sp. 957, KG 17. X. 1928 VA 1929 S. 15—16 Nr. 1929 nur dauernde Leiden von einiger Bedeutung für die vvAnzPfl in Betracht, keine kleineren Leiden, ähnlich für den Begriff „erhebliche Krankheit“: RG 23. IV. 1912 LZ 1912 Sp. 703, wo betont wird, daß beim Antragsteller weder vstechnische noch medizinische Kenntnisse vorauszusetzen, Fragen also nach dem gewöhnlichen Sprachgebrauch zu verstehen seien. Ist nach Krankheitsbehandlung gefragt, so sind bloße Untersuchungen nach OLG Düsseldorf 10. II. 1948 VW 1949 S. 40 nicht anzuzeigen. Ist nach bestehenden Gebrechen gefragt, so braucht ein 8 Jahre zurückliegender verheilter Schlüsselbeinbruch nach OLG Hamburg 13. II. 1953 VersR 1953 S. 191 nicht angegeben zu werden. — Die Grundsätze, welche für die Auslegung unklarer AVB gelten, besonders die Unklarheitenregel, können herangezogen werden (Anm. 5 zu § 18). — Ist eine Frage auslegungsbedürftig und wird sie vom Vsvertreter in bestimmter Weise ausgelegt, so ist diese Auslegung maßgebend (vgl. Anm. 49). — Bei mehreren Fragen und Antworten ist deren logischer Zusammenhang dafür bedeutsam, ob objektiv die vvAnzPfl verletzt ist: RG 6. XII. 1910 VA 1911 Anh. S. 54—55 Nr. 598, 5. V. 1911 VA 1912 Anh. S. 7 Nr. 644 = LZ 1911 Sp. 943, 3. I. 1913 VA 1913 Anh. S. 53—54 Nr. 735. — Nicht selten sind Grenzfälle, bei denen man entweder sagen kann, es fehle an einer objektiven Obliegenheitsverletzung, oder feststellen kann, es fehle an einem Verschulden des Vmers (Anm. 46, vgl. z. B. KG 10. III. 1928 VA 1928 S. 246—247 Nr. 1900 = JRPV 1928 S. 121—122, 6. VII. 1929 JRPV 1929 S. 319).

Sind Antworten des Vmers mehrdeutig, so ist der Ver gehalten, „die Zweifel durch Rückfrage aufzuklären" (RG 18. III. 1927 VA 1927 S. 235 Nr. 1743b = Praxis 1927 S. 90). Dem Vmer ist also eine Verletzung der vvAnzPfl schon objektiv nicht zur Last zu legen, wenn eine der Deutungen eine richtige Fragenbeantwortung darstellt.

**[41] c) Bedeutung von Anzeigenlücken.**

Wird eine Frage nicht beantwortet, so kann darin nur unter besonderen Verhältnissen eine Verneinung gesehen werden (OLG Hamburg 23. X. 1930 VA 1930 S. 271 Nr. 2227 = HansRGZ 1931 A Sp. 27—29), Beispiel: OLG Kolmar 22. VI. 1911 LZ 1911 Sp. 877.

Nur aus dem Zusammenhang kann auch beurteilt werden, welche Bedeutung einem Strich zukommt, in der Regel bedeutet er — auch wenn dies nicht ausdrücklich klargestellt wird — Verneinung (so RG 21. II. 1883 RGZ Bd 9 S. 239, 5. IV. 1907 LZ 1907 Sp. 598, 31. I. 1941 DR 1941 S. 1211 = JRPV 1941 S. 59, OLG Hamburg 10. X. 1921 HansRZ 1922 Sp. 62, LG Wuppertal 15. X. 1953 VersR 1953 S. 473), nicht nur Unbeantwortetlassen (so Prölss[8] Anm. 6 zu §§ 16, 17, S. 104, KG 9. VII. 1919 VA 1920 Anh. S. 5 Nr. 1116, auch RG 5. IV. 1907 LZ 1907 Sp. 598 für den Fall, daß Striche im Antragsformular für unzulässig erklärt sind).

Nach RG 17. XI. 1885 SeuffArch Bd 41 S. 209—210 ist im Zweifel zugunsten des Vmers, also im Sinne des Unbeantwortetseins zu entscheiden. Kommt man zu dem Ergebnis, eine Frage sei als unbeantwortet anzusehen, so gewinnt die in Anm. 30, 53 geschilderte Rechtsprechung Bedeutung.

**[42] d) Abgrenzung des Verletzungstatbestandes.**

Eine Nichtanzeige kann nicht nur darin liegen, daß der Anzeigepflichtige einen Umstand nicht oder quantitativ nicht vollständig anzeigt, sondern u. U. auch darin, daß er einen Umstand nicht genügend deutlich anzeigt. Vgl. jedoch Anm. 30, 53. Zur Abgrenzung von Nicht- und Falschanzeigen Anm. 4 zu § 17. Beantwortet der Vmer Fragen in Gestalt eines Urteils, so kann ein unzutreffendes Urteil sich als objektive Verletzung der vvAnzPfl darstellen (RG 23. X. 1908 LZ 1909 Sp. 78—79).

Ändert oder ergänzt ein Vsvertreter einen vom Vmer unterschriebenen Antragsschein, so ist dies für die Frage, ob der Vmer die vvAnzPfl verletzt hat, irrelevant (KG 26. IV. 1907 VA 1907 Anh. S. 62—63 Nr. 318). Ist die Hinzufügung unrichtig, so geht dies nicht zu Lasten des Vmers. Ist sie richtig, so verschafft sie dem Ver eine Kenntnis, welche wegen §§ 16 III, 17 II bedeutsam ist.

**[43] e) Beweis des Verletzungstatbestandes.**

Der Ver ist dafür beweispflichtig, daß die vvAnzPfl objektiv verletzt ist (RG 13. XI. 1903 VA 1904 S. 71 Nr. 48, 31. I. 1936 VA 1936 S. 173 Nr. 2867, 13. X. 1944 DR 1945 S. 59, OLG Jena 14. VII. 1909 LZ 1909 Sp. 956). Demzufolge muß der Ver auch die Kenntnis des Anzeigepflichtigen beweisen (Kisch II S. 251, RG 28. III. 1930 RGZ Bd 128 S. 120 [Ausw 1], OLG Dresden 17. V 1918 VA 1918 Anh. S. 64 Nr. 1051, OLG

Hamm 20. X. 1930 JRPV 1931 S. 134, a. A. Prölss[8] Anm. 9 zu §§ 16, 17, S. 105—106, Raiser Anm. 9 zu § 5, S. 170, unterscheidend zwischen Nicht- und Falschanzeige Ehrenzweig S. 84), während es wegen § 16 III dem Vmer obliegt, die Kenntnis des Vers darzutun (Prölss[8] Anm. 9 zu §§ 16, 17, S. 105—106, Süss VersR 1952 S. 186, OLG Schleswig 4. VIII. 1953 VersR 1953 S. 395). Speziell zum Beweis der Gefahrerheblichkeit § 16 I 3, Anm. 28 und der Kenntnis des Vmers von der Gefahrerheblichkeit Anm. 34.

Über die Beweisbedeutung der „Krankengeschichte" bedenklich: OLG Düsseldorf 19. V. 1953 VersR 1953 S. 315—316 mit kritischer Anm. Buchner.

**[44] 2. Subjektiver Verletzungstatbestand.**

**a) Voraussetzung des Verschuldens.**

Schuldhafte und schuldlose Verletzung der vvAnzPfl sind zu unterscheiden, der Rücktritt des Vers setzt nach §§ 16 III, 17 II Verschulden des Anzeigepflichtigen voraus. Im Sonderfall des § 16 II 2 ist sogar Arglist des Vmers erforderlich (Anm. 33), desgleichen nach § 18. Über die Folgen schuldloser Verletzung: §§ 41, 42.

Verschulden des Anzeigepflichtigen (Anm. 6) oder des ihm gleichzustellenden Dritten (Anm. 4, 12, 13 zu § 19) setzt Schuldfähigkeit voraus (Anm. 69 zu § 6). Insbesondere sind Kinder vor Vollendung des 7. Lebensjahres nicht schuldfähig, desgleichen nicht Jugendliche vor Vollendung des 18. Lebensjahres und Taubstumme, wenn sie nicht die zur Erkenntnis der Verantwortlichkeit erforderliche Einsicht haben (§ 828 BGB).

Für den Gedanken eines mitwirkenden Verschuldens des Vers (§ 254 I BGB) ist (entgegen Haasen VersR 1951 S. 250, Hagen I S. 407) kein Raum. Denn es geht nur um das Verschulden des Vmers, das allerdings durch das Verhalten des Vers sowie der Vsvertreter und Vertrauensärzte beeinflußt werden kann (Anm. 46, 49).

**[45] b) Vorsatz oder Fahrlässigkeit.**

Vorsatz (auch dolus eventualis) und Fahrlässigkeit (auch leichte) werden von der Judikatur in einer gewissen Ver-Feindlichkeit oft zu Unrecht verneint, worauf Prölss[8] Anm. 8 zu §§ 16, 17, S. 105 hinweist; sehr milde auch Ehrenzweig S. 92—93, der die seelischen Hemmungen des Vmers betont. Näheres über die Begriffe Vorsatz und Fahrlässigkeit Anm. 27—30 zu § 6, besonders über die Bedeutung von Alter, Bildung, Lebensstellung, Lebenstätigkeit.

Selbst ehrenhafte Motive (Schonung von Familienangehörigen) schließen vorsätzliches Handeln nicht aus (anders wohl Ehrenzweig Logik S. 20). Klare Fragen erheischen eine eindeutig-richtige Antwort (RG 18. X. 1904 JW 1904 S. 576—577), hat der Vmer doch noch Zweifel, so muß er sich über die Bedeutung erkundigen (OLG Düsseldorf 12. XI. 1931 VA 1931 S. 274 Nr. 2331, OLG Köln 2. II. 1927 JRPV 1927 S. 99). An die Sorgfalt des Antragstellers sind nicht ganz unerhebliche Anforderungen zu stellen: „Das heutige Rechts-, Wirtschafts- und Gemeinschaftsleben überhaupt stellt an jeden erwachsenen Volksgenossen im Hinblick auf die Notwendigkeit, auch nicht einfache Vordrucke zu lesen, zu beachten, auszufüllen usw., mannigfaltige .... Anforderungen" (RG 31. I. 1941 DR 1941 S. 1213 = JRPV 1941 S. 61). Das LG Duisburg 23. X. 1952 VersR 1953 S. 490 betont, daß der Ver „besonderen Wert auf die richtige Beantwortung" legen könne, sofern es sich um vom Ver zu übernehmende hohe Risiken handle (Rennpferdev). Nach LG Wiesbaden 23. IV. 1954 VerR 1954 S. 350 sind die „zu stellenden Anforderungen keineswegs zu gering zu veranschlagen".

**[46] c) Einzelheiten zum Verschulden.**

**aa) Fragenunklarheit und Verspätung.**

Jedoch sind unklare Fragen und der Zusammenhang mehrerer Fragen oft auch für die Verschuldensfrage von Bedeutung (vgl. über die Problematik der objektiven Verletzung der vvAnzPfl und der Grenzfälle schon Anm. 40). Hat der Ver nach früheren Brandschäden gefragt, so kann der Vmer dies ohne Verschulden dahin verstehen, daß nur Brände auf dem Vsgrundstück gemeint seien (KG 9. VII. 1919 VA 1920 Anh. S. 4 Nr. 1116). Als frühere „ernstliche Erkrankungen" sind zwei Lungenentzündungen schuldlos nicht angezeigt (KG 18. II. 1928 JRPV 1928 S. 139—140), ebenso Gallensteinbeschwerden, Grippe, Brustfellreizung (KG 30. XI. 1927 JRPV 1928 S. 106—107), als Gebrechen ist ein Buckel ohne Verschulden verschwiegen (KG 14. IV. 1931 JRPV 1931 S. 213—214). Ist z. B. nach Gelenkrheuma gefragt, so darf der Vmer — trotz der Frage nach „sonstigen Krankheiten" — ohne Fahrlässigkeit annehmen, daß es auf anderweitige rheumatische Beschwerden nicht ankomme (OLG Marienwerder 15. X. 1909 VA 1910 Anh. S. 17 Nr. 501). Zum Verschulden bei Beantwortung der Fragen: „Ist Ihr Sehvermögen normal?, evtl. welche Brille tragen Sie?", vgl. RG 26. IX. 1913 VA 1914 Anh. S. 6—7 Nr. 783.

Ein Verschulden kann auch in einer Verspätung der Erfüllung der vvAnzPfl liegen (Anm. 34 zu § 6), so darin, daß der Vmer sich nicht genügend beeilt, einen Umstand nachträglich auzuzeigen, der ihm nach der Antragstellung bekannt geworden ist oder hinsichtlich dessen er sich zunächst schuldlos geirrt hatte (Anm. 8).

[47] **bb) Nichterkennen der Gefahrerheblichkeit.**

Nimmt man an, daß die Kenntnis von der Gefahrerheblichkeit eines Umstandes nicht zu den Voraussetzungen der vvAnzPfl gehört (Anm. 34), so kann ein Sonderfall des Verschuldens darin liegen, daß der Vmer die Gefahrerheblichkeit eines Umstandes nicht erkennt (so Prölss[8] Anm. 5 zu §§ 16, 17, S. 103—104). Entschuldbarkeit ist angenommen, falls ein vor $1^1/_2$ Jahren überstandener Rheumaanfall nur unerheblich, von kurzer Dauer und ohne Folgen gewesen ist (RG 5. III. 1907 VA 1907 Anh. S. 91 Nr. 337) und falls der Vmer eine Krankheit für ein vorübergehendes und bedeutungsloses Unwohlsein gehalten hat (OLG Hamburg 15. III. 1918 VA 1918 Anh. S. 52 Nr. 1044). Generell kann gesagt werden, daß ein Vmer entschuldigt ist, falls er einen an sich erheblichen Umstand für unerheblich zu halten berechtigt erscheint (RG 27. XI. 1934 JRPV 1935 S. 13). Bei ausdrücklich erfragten Umständen wird es nur in seltenen Fällen an einem Verschulden des Vmers fehlen (zu weitgehend Prölss[8] Anm. 2 zu §§ 16, 17, S. 102).

Ist ein Fachwerkbau verputzt, so daß auch ein Maurer ihn für einen Massivbau hält, so ist eine entsprechende Anzeige nicht schuldhaft (OLG Hamm 21. III. 1929 JRPV 1929 S. 384).

[48] **cc) Zahlen- und Gesundheitsangaben.**

Bei Zahlen- und Wertangaben können geringere Abweichungen entschuldbar sein: OLG Zweibrücken 2. II. 1932 JW 1932 S. 1582 = VA 1932 S. 263 Nr. 2454.

Im Zusammenhang mit Gesundheitsstörungen in der Personenv ist kein Verschulden außer in den bereits (in Anm. 46, 47) aufgeführten Fällen angenommen von: KG 18. II. 1928 JRPV 1928 S. 106, 3. XI. 1928 JRPV 1928 S. 388, OLG Bremen 8. V. 1953 VersR 1953 S. 361—362, OLG Düsseldorf 31. X. 1929 JRPV 1930 S. 256, 10. II. 1948 VW 1949 S. 40, OLG Köln 7. III. 1928 VA 1928 S. 222—223 Nr. 1876, LG Bremen 24. X. 1951 VersR 1952 S. 34—35, LG Düsseldorf 25. V. 1950 VersR 1953 S. 21. Verschulden dagegen ist angenommen von: RG 4. III. 1910 VA 1911 Anh. S. 14—15 Nr. 573, 22. XI. 1912 JW 1913 S. 218—219 = VA 1913 Anh. S. 105—107 Nr. 762, KG 19. V. 1928 JRPV 1928 S. 217, OLG Hamburg 13. II. 1953 VersR 1953 S. 190—191, OLG Stuttgart 5. II. 1952 VersR 1952 S. 348, LG Köln 5. IV. 1950 VersR 1950 S. 83, LG Lübeck 13. V. 1953 VersR 1953 S. 395, LG München 1. VII. 1950 VersR 1951 S. 33, AG Berlin 11. V. 1950 VersR 1950 S. 113.

[49] **dd) Mitwirkung von Versicherungsvertretern.**

Die Frage, inwieweit die Mitwirkung eines Vsvertreters das Verschulden des Vmers aufzuheben geeignet ist, wird primär zu § 43 behandelt. Hier sollen nur — ohne dogmatische Begründung — die Ergebnisse der Rechtsprechung des ROHG, RG, OGH und BGH geschildert werden (über frühere Urteile Malss ZHR Bd 13 S. 68—77, OAG Berlin 17. XII. 1869 SeuffArch Bd 24 S. 51—53). Es handelt sich um eine praktisch außerordentlich bedeutungsvolle schöpferische Judikatur, die zu durchweg billigenswerten Resultaten führt, während allerdings die Untergerichte zum Teil die Belange der Ver völlig vernachlässigen.

Dabei ist generell hervorzuheben, daß das Folgende auch bei Mitwirkung von unselbständigen Vsvertretern, bloßen Vermittlungsagenten, Untervertretern, nebenberuflichen Vsvertretern und Angestellten von Vsvertretern gilt (vgl. RG 3. VII. 1883 RGZ Bd 9 S. 198, 2. XII. 1890 RGZ Bd 27 S. 151—153, 30. III. 1900 RGZ Bd 46 S. 185, 19. V. 1922 RGZ Bd 104 S. 346, 2. X. 1925 RGZ Bd 111 S. 314, verfehlt RG 22. IX. 1903 JW 1903 S. 402 = VA 1904 S. 60—61 Nr. 39).

Dem Vsvertreter steht der Vertrauensarzt des Vers gleich (RG 9. V. 1902 JW 1902 S. 364, auch RG 5. I. 1906 VA 1906 Anh. S. 9 Nr. 177), letzterer hat sogar noch weitergehende Befugnisse als der Agent (RG 11. VI. 1912 LZ 1912 Sp. 778—780).

In Einzelfällen kann die Mitwirkung von Vsvertretern bewirken, daß es bereits an einer objektiven Verletzung der vvAnzPfl fehlt (Anm. 40). — Über Inhalt und Umfang einer Aufklärungspflicht, die den Agenten als Rechtspflicht gelegentlich der Ausfüllung des Antrages trifft und die mit der vvAnzPfl nichts zu schaffen hat, vgl. RG 31. I. 1941 DR 1941 S. 1213 = JRPV 1941 S. 59 und Anm. 90 zu § 1.

Hinsichtlich der Verschuldensfrage ist in vielfältiger Hinsicht zu differenzieren (Leitentscheidung: RG 30. III. 1900 RGZ Bd 46 S. 184—192), insbesondere kommt es darauf an, ob die Fragen im Rahmen der vvAnzPfl vom Vmer oder vom Vsvertreter beantwortet werden:

**aaa) Fragenbeantwortung durch Versicherungsnehmer.**

Der Vmer kann entschuldigt sein, „wenn er durch die von dem sachkundigen Agenten gegebene Erklärung und Auskunft über das, was in den Antrag aufzunehmen ist, unrichtig unterrichtet und durch ihn veranlaßt wird, die gestellten Fragen nicht vollständig oder überhaupt anders, als es hätte geschehen sollen, zu beantworten" (RG 30. III. 1900 RGZ Bd 46 S. 190). Erforderlich ist es jedoch, daß entweder die Fragen unklar sind oder daß sich im Einzelfalle (bei klaren Fragen) Beantwortungszweifel ergeben (vgl. z. B. RG 6. XII. 1912 JW 1913 S. 275—276). Der Agent überschreitet „seine Befugnisse, wenn er den Antragsteller zu einer mit Wortlaut und Sinn der Frage unvereinbaren, also unrichtigen Antwort durch Erklärungen veranlaßt, die eine Umdeutung der Frage durch nicht in ihr liegende Einschränkungen enthalten" (RG 7. XI. 1911 JW 1912 S. 84 = VA 1912 Anh. S. 6 Nr. 643). Unklarheiten oder Beantwortungszweifel müssen für den Vmer bestehen, so daß es auf dessen Verständnismöglichkeiten ankommt, insbesondere seinen Bildungsgrad (RG 2. IV. 1935 RGZ Bd 147 S. 188—189 [Ausw 1], auch schon RG 7. II. 1911 VA 1912 Anh. S. 13 Nr. 646). Nur ausnahmsweise kann auch bei klaren Fragen eine unrichtige Belehrung den Vmer entschuldigen, z. B. dann, wenn der Vmer der Sprache nicht genügend kundig ist, in welcher die Fragen abgefaßt sind (RG 16. I. 1906 JW 1906 S. 146 = VA 1906 Anh. S. 22 Nr. 189).

Im Einzelnen ist eine Exkulpation in folgenden Fällen angenommen worden: RG 22. V. 1896 JW 1896 S. 376 (Beinbruch vor 18 Jahren sei unerheblich), RG 11. III. 1902 Gruchot Bd 46 S. 987 (zurückgenommener Antrag sei nicht als früherer Antrag anzuzeigen), RG 5. I. 1906 VA 1906 Anh. S. 8—9 Nr. 177 (Katarrh sei keine Krankheit), RG 7. II. 1911 VA 1912 Anh. S. 11 Nr. 646 (kurze Mitgliedschaft bei einer Krankenkasse sei für Unfallvsantrag nach 7 Jahren unerheblich), RG 27. VI. 1911 VA 1911 Anh. S. 120—121 Nr. 635 (Vorbrand vor 17 Jahren sei unerheblich), RG 10. VI. 1913 VA 1913 Anh. S. 109—111 Nr. 763 (Unfall vor 28 Jahren sei unerheblich), RG 28. II. 1913 LZ 1914 Sp. 481—482 und RG 26. IV. 1918 VA 1918 Anh. S. 70—71 Nr. 1056 (Mühle auf anderer Straßenseite sei nicht brandbegünstigend). Offen gelassen ist die Verschuldensfrage von RG 22. IX. 1903 JW 1903 S. 402 = VA 1904 S. 60—61 Nr. 39, 16. I. 1906 JW 1906 S. 145—146 = VA 1906 Anh. S. 21—22 Nr. 189 (Vorbrände in anderen Grundstücken seien unerheblich).

Dagegen ist in folgenden Fällen trotz der Mitwirkung des Vsvertreters ein Verschulden des Vmers angenommen worden: RG 23. X. 1903 Gerhard Prax Bd 2 S. 114—115 (vielbehandelter Husten nicht als behandelte Krankheit angezeigt), RG 25. I. 1907 VA 1907 Anh. S. 46—47 Nr. 303 (Verkrümmung der Wirbelsäule nicht als anomale Körperbeschaffenheit angegeben), RG 2. VII. 1909 JW 1909 S. 504—505 (Beinleiden bei Unfallv verschwiegen), RG 7. XI. 1911 JW 1912 S. 84 = VA 1912 Anh. S. 5—6 Nr. 643 (mehr als 5 Jahre zurückliegende Krankheit auf Grund Belehrung nicht angezeigt trotz uneingeschränkter Fragestellung), RG 6. XII. 1912 JW 1913 S. 275—276 (Vorbrand in anderem Grundstück verschwiegen), RG 2. IV. 1935 RGZ Bd 147 S. 188—189 (Ausw 1, falsche Eigentümerbezeichnung).

**bbb) Fragenbeantwortung durch Versicherungsvertreter.**

**α) Unterscheidungen.**

Schreibt der Agent die Antworten nieder, so kann es Bedeutung gewinnen, ob der Vmer den Antragschein vorher in blanko unterzeichnet oder nachträglich (gelesen oder ungelesen) unterschrieben hat. (Über einen Fall des Unterschreibens durch den Agenten als Vertreter des Vmers: RG 3. VII. 1883 RGZ Bd 9 S. 196—198). Wichtig ist es auch, ob der Vsvertreter die Beantwortung selbständig vornimmt, oder ob er auf Grund von Angaben des Vmers die Antworten niederschreibt. Besonders aber hebt die Judikatur darauf ab, welcher Art die anzuzeigenden Tatsachen sind, insbesondere darauf, ob „es sich um Fragen handelt, die nicht aus den persönlichen Verhältnissen und dem eigenen besonderen Wissen des Vmers zu beantworten sind, sondern die von jedem Dritten und daher auch von dem Agenten ebenso gut beantwortet werden können, da die Wahrnehmung und Feststellung der betreffenden Thatsachen ohne weiteres für jedermann möglich ist. Das gilt namentlich für Fragen hinsichtlich der Örtlichkeit“ (RG 30. III. 1900 RGZ Bd 46 S. 189, für die Zeit nach Erlaß des VVG RG 6. III. 1914 VA 1914 Anh. S. 50 Nr. 810). Man kann also schlagwortartig Individual- und Wahrnehmungstatsachen unterscheiden. Zu letzteren gehört nicht die dem Agenten zufällig bekannte Ablehnung eines früheren Antrages bei einer Konkurrenzgesellschaft (RG 30. III. 1900 RGZ Bd 46 S. 191).

**β) Individualtatsachen.**

Bei Individualtatsachen liegt ein Verschulden des Vmers darin, daß er den selbständig vom Agenten unvollständig oder unrichtig beantworteten Antrag „ungeprüft aus seinen Händen läßt“ (RG 30. III. 1900 RGZ Bd 46 S. 188). Das gilt besonders für Fälle der Blankounterzeichnung (RG 27. V. 1910 VA 1910 Anh. S. 110 Nr. 561). Fälle, in welchen anscheinend nachträglich unterschrieben ist, aber der Vmer den Antrag nicht durchgelesen hat, behandeln als schuldhafte Verletzungen der vvAnzPfl: RG 6. XI. 1903 VA 1904 S. 33 Nr. 28, 18. X. 1904 JW 1904 S. 576—577 = VA 1905 Anh. S. 21 Nr. 99, 13. XI. 1906 VA 1907 Anh. S. 40 Nr. 299, 7. II. 1911 JW 1911 S. 411 = VA 1912 Anh. S. 12 Nr. 646, 6. III. 1917 VA 1918 Anh. S. 38—39 Nr. 1035 = S. 64—65 Nr. 1052, 18. III. 1927 VA 1927 S. 235 Nr. 1743b = Praxis 1927 S. 91, 30. XI. 1928 VA 1929 S. 22 Nr. 1934.

Auch bei Individualtatsachen kann aber ein Verschulden des Vmers entfallen, wenn dieser nicht lesen kann. Solcher Vmer braucht sich den Fragebogen und die Antworten nicht vom Agenten vorlesen zu lassen (RG 26. II. 1907 RGZ Bd 66 S. 275—277). Weiterer Fall: RG 12. III. 1918 Annalen 1918 S. 90—91 (Vmer „von geringer Bildung“ hatte dem Vsagenten frühere Polize übergeben in der Annahme, diese habe „alles Wissenswerte enthalten“; der in Eile befindliche Agent hatte auf schnelles Unterschreiben gedrängt, so daß eine Überprüfung unmöglich war).

Bei Individualtatsachen hat es eine gewisse Berechtigung, den Agenten als Beauftragten des Vmers anzusehen (ROHG 19. XI. 1872 ROHG Bd 8 S. 57—58, 16. III. 1875 ROHG Bd 17 S. 23, RG 29. VI. 1897 RGZ Bd 39 S. 180, vgl. aber auch die im Ergebnis bedenkliche Entscheidung RG 3. VII. 1883 RGZ Bd 9 S. 197—198 und RG 30. III. 1900 RGZ Bd 46 S. 187—188).

**γ) Wahrnehmungstatsachen.**

Bei Wahrnehmungstatsachen kommt es leichter zu einer Entschuldigung des Vmers. Hier darf sich der Vmer darauf verlassen, daß der Agent, sofern er die selbständige Beantwortung der einschlägigen Fragen übernimmt, „sich die erforderliche Kenntnis, falls er sie nicht schon besitzt, verschaffen und die entsprechenden Angaben richtig und vollständig machen werde“ (RG 27. V. 1910 VA 1910 Anh. S. 110—111 Nr. 561: Blankounterschrift; auch schon RG 27. VI. 1885 Bolze Bd 1 S. 248 Nr. 1117, 9. XI. 1888 RGZ Bd 22 S. 207—208, 2. XII. 1890 RGZ Bd 27 S. 152—153, 30. III. 1900 RGZ Bd 46 S. 189—190, 25. I. 1907 VA 1907 Anh. S. 46—47 Nr. 303, ferner RG

6. III. 1914 LZ 1914 Sp. 1625—1626 = VA 1914 Anh. S. 50—51 Nr. 810, 29. XI. 1921 HansRZ 1922 Sp. 773—774).

RG 25. I. 1907 VA 1907 Anh. S. 46—47 Nr. 303 hebt hervor: „Die unrichtige Antwort gelangt . . . ohne Wissen und Willen des Vmers an die Gesellschaft; er ist der irrigen Meinung, der Agent habe die Frage richtig beantwortet, und sein Verschulden" (besser: Verhalten) „besteht nur darin, daß er es unterlassen hat, die vom Agenten niedergeschriebene Antwort nachzuprüfen und gegebenenfalls richtigzustellen. Daß eine derartige Nachlässigkeit stets entschuldbar sei, wird sich rechtsgrundsätzlich zwar nicht sagen lassen . . . ; wohl aber kann im einzelnen Falle . . . das Verschulden des Agenten dem Antragsteller zur Entlastung gereichen." In Wahrheit dürften es Ausnahmefälle sein, in denen keine Exkulpation des Vmers anzunehmen ist. RG 6. III. 1914 VA 1914 Anh. S. 51 Nr. 810 = LZ 1914 Sp. 1626 nennt solchen Ausnahmefall: „Es mag sein, daß der Vmer im einzelnen Falle, wenn er ganz besondere und schwerwiegende Gründe zum Mißtrauen gegen den Agenten hat, diesem die Beantwortung auch der die Örtlichkeit betreffenden Fragen nicht völlig überlassen darf." RG 5. I. 1904 VA 1904 S. 62 Nr. 41 betont, es gereiche dem Antragsteller nicht zum Verschulden, wenn er eine Nachprüfung der vom Agenten niedergeschriebenen Angaben unterlasse; wenn aber der Vmer die Antworten des Agenten durchgelesen habe, so komme eine Exkulpation nur in Betracht, wenn die Fragen unklar und nicht leicht verständlich seien. (Bei klaren Fragen steht sich nach dieser Judikatur der Vmer besser, wenn er die Antworten über Wahrnehmungstatsachen überhaupt nicht durchliest.) Für eine Nachprüfungspflicht des Vmers auch bei Wahrnehmungstatsachen Bronisch VersR 1950 S. 22—23.

**δ) Sondertatbestände.**

Die Unterscheidung von Individual- und Wahrnehmungstatsachen tritt zurück falls der Agent sich auf (richtige) mündliche Angaben des Vmers stützen kann. Der Vmer kann darauf vertrauen, „die in Betracht kommenden Antworten seien seiner mündlichen Angabe entsprechend niedergeschrieben" (RG 2. VII. 1909 JW 1909 S. 504—505: Nachträgliche Unterschrift).

Wenn allerdings die dem Agenten vom Vmer gemachten Angaben unrichtig sind, so trifft den Vmer Verschulden (RG 18. X. 1904 JW 1904 S. 576). Der Agent ist hier ja lediglich der Schreiber des Vmers (RG 2. XII. 1890 RGZ Bd 27 S. 153).

Sind vom Ver — z. B. bei einer Hochwasserv — Fragen überhaupt nicht gestellt, so gilt das bisher Gesagte entsprechend: Der Vmer kann ohne Verschulden bei den Wahrnehmungstatsachen auf die Kenntnis des Agenten vertrauen und sich darauf verlassen, der Agent werde als Vsfachmann seine Kenntnis dem Ver übermitteln und sich nach ihm etwa nicht bekannten Umständen in sachgemäßer Weise erkundigen; der Vmer braucht sich nicht darum zu kümmern, welche Angaben der Agent seinerseits dem Ver gemacht hat (RG 7. I. 1930 JW 1930 S. 3618—3619 = VA 1929 S. 336—338 Nr. 2086).

**ccc) Rechtslageänderung durch Vertragsabreden.**

Durch Klauseln auf dem Antragschein kann die Rechtslage kaum geändert werden, z. B. nicht durch den Hinweis, daß der Vmer bei Ausfüllung durch den Agenten allein verantwortlich bleibe (Prölss[8] Anm. 8 zu §§ 16, 17, S. 105, vgl. allerdings auch RG 29. VI. 1897 RGZ Bd 39 S. 178—180). Denn es kommt im Rahmen der vvAnzPfl auf das Verschulden des Vmers an, die Sorgfaltsanforderungen an den Vmer dürfen aber wegen § 34a nicht über das (durch die Judikatur umrissene) Normalmaß hinaus erhöht werden. Die Klausel über die Unverbindlichkeit von Nebenabreden hat in diesem Zusammenhang keine Bedeutung, weil es sich nicht um Vertragsvereinbarungen handelt (a. M. LG Köln 5. IV. 1950 VersR 1950 S. 83).

**[50] ee) Verschweigen und Wissentlichkeit.**

Fordern AVB, daß der Vmer einen Umstand „verschwiegen" hat, so soll darin nach KG 25. IX. 1926 VA 1927 S. 232—234 Nr. 1743a = JRPV 1926 S. 312 das Erfordernis bewußten Verschweigens, also vorsätzlicher Verletzung der vvAnzPfl liegen (dagegen RG 18. III. 1927 VA 1927 S. 235 Nr. 1743b). „Wissentlich" falsche Angaben setzen jedoch Vorsatz voraus: OLG Hamburg 21. VI. 1911 LZ 1912 Sp. 248.

**[51] d) Beweis des Verschuldens.**

Der Vmer ist dafür beweispflichtig, daß er die vvAnzPfl nicht schuldhaft verletzt habe (Begr. I S. 33; RG 13. XI. 1903 VA 1904 S. 71 Nr. 48, 31. I. 1936 VA 1936 S. 173 Nr. 2867, 13. X. 1944 DR 1945 S. 59—60; unrichtig: OLG Hamburg 21. VI. 1911 LZ 1912 Sp. 248, KG 2. V. 1934 VA 1934 S. 213 Nr. 2713).

**[52] 3. Verletzungsfolge: Rücktritt.**

**a) Rechtsbehelf des Rücktritts.**

Bei schuldhafter Verletzung der vvAnzPfl — sowie im Falle des § 16 II 2 (Vmer entzieht sich der Kenntnis arglistig) — kann der Ver nach §§ 16 II 1, 17 I zurücktreten. Andere Rechte, z. B. ein Recht zur Leistungsverweigerung hat der Ver nicht (KG 9. VII. 1919 VA 1920 Anh. S. 4 Nr. 1116, LG Bremen 28. VI. 1951 VersR 1951 S. 267, AG Bremen 9. III. 1951 VersR 1951 S. 267), ebensowenig einen Schadensersatzanspruch (KG 28. XI. 1928 JRPV 1928 S. 52, von Gierke II S. 162—163, Prölss[8] Anm. 10 zu §§ 16. 17, S. 106); auch die Einrede der Arglist wegen eines möglichen, aber nicht ausgeübten Rücktritts steht dem Ver nicht zur Seite (OLG Bremen 23. VI. 1953 VersR 1953 S. 451). Der Vmer kann sich auf die Verletzung nicht berufen.

Über die Rücktrittsfrist § 20 I, die Rücktrittserklärung § 20 II 1, die Rücktrittswirkungen §§ 20 II 2, 21, 40 I 1.

**[53] b) Ausschluß des Rücktritts.**

Negativ ist hervorzuheben, daß der Rücktritt — trotz des Annahmezwanges — nicht ausgeschlossen ist bei einer Pflichthaftpflichtv (unrichtig Prölss VersR 1951 S. 59); denn § 3 II b PflichtVDVO weist ausdrücklich auf die Rücktrittsmöglichkeit hin. Der Rücktritt ist dagegen ausgeschlossen:

**aa) bei Kenntnis des Versicherers** (§ 16 III). Es handelt sich hierbei nicht um einen echten Ausschlußtatbestand, sondern die Unkenntnis des Vers ist objektive Voraussetzung der Obliegenheitsverletzung (Anm. 36). Eine Kenntnis, die der Ver erst nach der Schließung des Vertrages erlangt, schließt den Rücktritt nicht aus.

**bb) bei Schuldlosigkeit des Versicherungsnehmers** (§ 16 III). Auch hier liegt kein echter Ausschlußtatbestand vor, vielmehr ist Verschulden subjektive Voraussetzung des Rücktritts (Anm. 44).

**cc) in der Lebensversicherung** bei falscher Altersangabe und nach Ablauf von 10 Jahren seit Vertragsabschluß unter den Voraussetzungen der §§ 162, 163.

**dd) bei Vorliegen einer Ausschlußvereinbarung,** z B. kraft der Klausel „Die vorvertragliche Anzeigepflicht gilt als erfüllt". In der Vereinbarung einer V für Rechnung, wen es angeht, liegt die Abrede, daß die Eigentums -und Gefahrtragungsverhältnisse nicht gefahrerheblich sein sollen (RG 11. XII. 1928 HansRGZ 1929 A Sp. 210—211). Ehrenzweig S. 80 nimmt — sehr weitgehend — an, die vvAnzPfl. entfalle, wenn der Ver nicht „kennbar macht, daß er . . . eine Risikobeschreibung erwartet".

**ee) bei einseitigem Verzicht** des Vers (dazu generell: Anm. 45—48 zu § 6), der nicht ausdrücklich erklärt zu werden braucht (Begr. I S. 34) und z. B. in der Entgegennahme der Prämie trotz Kenntnis der Obliegenheitsverletzung liegen kann (RG 7. I. 1908 VA 1908 Anh. S. 43—44 Nr. 377 = LZ 1908 Sp. 463—465, vgl. aber auch OLG Frankfurt 9. II. 1910 LZ 1910 Sp. 877—878), evtl. auch in der Entschädigungsauszahlung (OLG Celle 2. XII. 1941 JRPV 1942 S. 159 = HansRGZ 1942 A Sp. 96, OLG Hamburg 13. II. 1953 VersR 1953 S. 191).

**ff) nach Treu und Glauben** (dazu generell: Anm. 49—51 zu § 6) aus dem Gesichtspunkt der Verwirkung oder des venire contra factum proprium, falls der Ver nicht darauf gedrungen hat, daß eine unbeantwortet gelassene Frage beantwortet werde (RG 21. II. 1883 RGZ Bd 9 S 240—241, 5. IV. 1907 LZ 1907 Sp. 598, 23. X. 1908 LZ 1909 Sp. 78—79, 20. III. 1923 VA 1923 Anh. S. 80 Nr. 1335, 18. III. 1927 VA 1927 S. 235 Nr. 1743b, KG 9. VII. 1919 VA 1920 Anh. S. 5 Nr. 1116, 14. XI. 1928 JRPV 1929 S. 18, OLG Düsseldorf 10. II. 1948 VW 1949 S. 40, OLG Hamburg 23. X. 1930 VA 1930 S. 271 Nr. 2227 = HansRGZ 1931 A Sp. 27—29, OLG Köln 1. III. 1934 VA 1934 S. 39—40 Nr. 2690 = JRPV 1934 S. 300, OLG Stettin 1. II. 1909 VA 1909 Anh. S. 51 Nr. 454,

Prölss[8] Anm. 2 zu §§ 16, 17, S. 102, auch oben Anm. 30). Einen Fall ungenauer Beantwortung behandelt entsprechend: KG 6. II. 1912 VA 1912 Anh. S. 111 Nr. 697.

[54] c) **Beweis beim Rücktritt.**

Der Ver muß beweisen, daß er den Rücktritt erklärt habe. In allen Fällen des Ausschlusses des Rücktritts trifft den Anspruchsberechtigten die Beweislast (OLG Hamburg 13. II. 1953 VersR 1953 S. 191). Für die Fälle der Kenntnis des Vers vgl. Anm. 43, der Schuldlosigkeit des Vmers vgl. Anm. 51, des Verzichts und der Verwirkung vgl. Anm. 52 zu § 6.

[55] **4. Sonstige Verletzungsfolgen.**

**a) Keine culpa in contrahendo.**

Soweit der objektive und subjektive Tatbestand einer Verletzung der vvAnzPfl erfüllt ist, kann der Ver nicht unter dem Gesichtspunkt der culpa in contrahendo des Vmers Schadensersatz fordern (Anm. 90 zu § 1 m.w.N.). Denn bei der vvAnzPfl handelt es sich um einen gesetzlich speziell (also abweichend von den allgemeinen Grundsätzen) geregelten Fall der culpa in contrahendo (Schmidt S. 133). Dieser Gesichtspunkt ist ungeprüft gelassen in dem grausigen Brudermordfalle RG 16. VI. 1942 DR 1942 S. 1514 bis 1515 = JRPV 1942 S. 106.

Culpa in contrahendo kommt jedoch in Frage, wenn der Vsvertrag gar nicht zustandekommt, vielleicht auch, wenn die Regeln über die vvAnzPfl im Einzelfall nicht eingreifen, z. B. weil nur ein neuer Ver in ein bestehendes Vertragsverhältnis eintritt (Anm. 126 zu § 1, RG 6. IX. 1935 VA 1935 S. 279—280 Nr. 2844 [bedenklich]).

[56] **b) Keine Irrtumsanfechtung des Versicherers.**

Auch die Anfechtung seitens des Vers wegen Irrtums über Gefahrumstände ist durch die Spezialregelung der §§ 16—21 ausgeschlossen (Anm. 6 zu § 22). Dabei kommt es nicht auf die Verschuldensfrage an: Würden unverschuldet vom Vmer vorgenommene Nicht- oder Falschanzeigen die Irrtumsanfechtung seitens des Vers ermöglichen, so würde dadurch der Schutz des Vmers durch das Verschuldenserfordernis der §§ 16 III, 17 II illusorisch. Die Anfechtung wegen arglistiger Täuschung bleibt möglich, wie § 22 klarstellt.

[57] **c) Konkurrenz zur Gefahrerhöhung.**

Konkurrieren kann eine Verletzung der vvAnzPfl mit einer Verletzung der Gefahrstandspflicht, und zwar bei Gefahrumständen, die erst nach der Stellung des Vsantrages auftreten und dem Vmer bekannt werden, vgl. § 29a.

[58] **d) Konkurrenz zum Deliktsrecht.**

Ferner kann eine vorsätzliche Verletzung der vvAnzPfl zugleich eine unerlaubte Handlung darstellen, z. B. bei Betrug oder Sittenwidrigkeit (§§ 823 II 1, 826 BGB, so auch RG 17. XI. 1933 VA 1933 S. 406 Nr. 2627, zu Unrecht einschränkend: Josef JRPV 1927 S. 254). Im Falle der Nichtanzeige (Unterlassung) ist bedeutungsvoll, daß (strafrechtlich gesehen) die vvAnzPfl für den Vmer eine Pflicht zum Tun begründet. Zur Frage, ob die vvAnzPfl selbst auf einem Schutzgesetz beruht, so daß stets § 823 II 1 BGB eingreifen würde, vgl. Ehrenzweig Logik S. 53.

[59] **V. Unabdingbarkeit.**

**1. Beschränkungen der Vertragsfreiheit.**

Nach § 34a kann der Ver sich nicht auf eine Vereinbarung berufen, durch welche von § 16 zum Nachteile des Vmers abgewichen wird (ausgenommen: Vereinbarung der Schriftform Anm. 13).

§ 16 ist also relativ zwingend zugunsten des Vmers, dem andere Anspruchsberechtigte gleichzustellen sind. Dabei liegt eine ungünstige Abweichung auch vor, wenn die aus § 16 zu entnehmende Beweislastverteilung zu Lasten des Vmers geändert wird (deshalb bedenklich Prölss[8] Anm. 2 zu §§ 16, 17, S. 102).

Besonders aber sind die Schaffung objektiver Gefahrbegrenzungen (Anm. 11) und die Beseitigung oder Beschränkung des Verschuldensprinzips verwehrt. — Eine Klausel im Antragsformular: „Nicht vsfähig sind Personen, welche an Blindheit, hochgradiger Kurzsichtigkeit ... oder andauernder Erkrankung der Atmungsorgane ... leiden oder gelitten haben", kann nur eine programmatische Erklärung des Vers darstellen (so auch RG 26. IX. 1913 VA 1914 Anh. S. 6—7 Nr. 783). Denn sonst würden die zwingenden Vorschriften über die vvAnzPfl umgangen. Wird also eine Person vert, die mangels Kenntnis oder unverschuldet eine Erkrankung der Atmungsorgane nicht angezeigt hat, so ist der Vertrag wirksam. Zum Begriff der Vsfähigkeit (Aufnahmefähigkeit) auch Anm. 69 zu § 1, speziell Möller JRPV 1937 S. 209—213. — Unzulässig sind auch § 3 Ziff. 7[1] AUnfallB, § 17 IV AKB (dazu Anm. 14 zu § 6). — Zu der in der Krankenv vorkommenden Klausel, wonach „Krankheiten, die vor Vertragsabschluß bestanden haben, keinen Rechtsanspruch auf Leistungen zulassen, auch wenn die Erkrankung oder das Gebrechen im Antrag angegeben wurde", vgl. VA 1950 S. 38—39, Geithe VW 1954 S. 12. Die Klausel dürfte zivilrechtlich wirksam sein, weil sie grundsätzlich nicht auf die vvAnzPfl abstellt. Ähnlich § 1 Ziff. 4h ATierB, wonach der Vsschutz sich nicht auf Schäden erstreckt „durch Mängel oder Krankheiten, die bei Beginn des Vsschutzes ... bereits vorhanden waren". Zum Problem auch Prölss[8] Anm. 10 zu §§ 16, 17, S. 106, der darauf abstellt, ob „alle oder nahezu alle gefahrerheblichen, nicht deklarierten Umstände zum Gegenstand von Risikoausschlüssen gemacht werden"; dagegen Ehrenzweig VersR 1954 S. 335. — Die Frage des Verschuldens spielt insofern eine Rolle, als die Sorgfaltsanforderungen an den Vmer bei Mitwirkung von Vsvertretern vertraglich nicht verschärft werden können (Anm. 49).

Auch Vereinbarungen, durch welche die vvAnzPfl auf andere als gefahrerhebliche Umstände erstreckt wird oder durch welche die vvAnzPfl weitere Personen belasten soll (Anm. 6, auch Anm. 14 zu § 19), unterfallen § 34a[1]. Bei Abänderungsvereinbarungen (Anm. 126 zu § 1, Anm. 9) kann nicht — wie in § 8 I 1 ALB — die vvAnzPfl einschränkungslos für anwendbar erklärt werden (Prölss[8] S. 558 für die Krankenv). Eine zeitliche Erstreckung der vvAnzPfl ist unzulässig (Ehrenzweig S. 84 mit Anm. 14).

Dagegen ist eine günstigere Gestaltung der Rechtslage des Vmers zulässig, so wenn der Ver statt des Rücktritts- ein Kündigungsrecht erhält. Bei Gegenseitigkeitsvereinen kann an die Stelle des Rücktritts — aber nicht daneben — der Ausschluß treten (KG 8. III. 1930 JRPV 1930 S 207—208, OLG Hamburg 17. II. 1937 HansRGZ 1937 A Sp. 339). Ferner wäre es zulässig, wenn nur bei Vorsatz oder bei Vorsatz und grober Fahrlässigkeit des Vmers der Rücktritt statthaft sein soll (Anm. 50; OLG Hamburg 17. II. 1937 HansRGZ 1937 A Sp. 339) oder wenn sonst der Rücktritt auch in anderen als den in § 16 III aufgeführten Fällen ausgeschlossen sein soll (Anm. 53).

**[60] 2. Bereich der Abdingbarkeit.**

Da besonders für die Transportv von Gütern § 16 nicht zwingend ist (§ 187 I), bestehen keine Bedenken dagegen, daß § 11 IV 1 GüterTB in Erweiterung des § 16 I 3 eine unwiderlegbare Vermutung der Gefahrerheblichkeit z. B. für absichtlich verschwiegene Umstände aufstellt und daß § 12 II GüterTB der Kenntnis des Vmers die grobfahrlässige Unkenntnis gleichstellt. Neben den §§ 11, 12 GüterTB sollen nach § 33 GüterTB die Vorschriften des VVG überhaupt nicht gelten.

# § 17

**[1] Der Versicherer kann von dem Vertrag auch dann zurücktreten, wenn über einen erheblichen Umstand eine unrichtige Anzeige gemacht worden ist.**

**[2] Der Rücktritt ist ausgeschlossen, wenn die Unrichtigkeit dem Versicherer bekannt war oder die Anzeige ohne Verschulden des Versicherungsnehmers unrichtig gemacht worden ist.**

**Falschanzeige.**

**Gliederung:**

[1] **Entstehung:** Die Vorschrift ist unverändert. — Begr. I S. 30—36.

[2] **Schrifttum:** Anm. 2 zu § 16.

[3] **I. Objektiver Tatbestand.**

**1. Erheblicher Umstand.**

Wenn § 17 I von einem „erheblichen Umstand" spricht, so ist dieser Begriff § 16 I zu entnehmen; die Merkmale des Gefahrumstandes, der Gefahrerheblichkeit und der Kenntnis des Vmers sind also entsprechend Anm. 14—35 zu § 16 anzuwenden. Im Anschluß an den Begriff der Gefahrerheblichkeit fordert Ehrenzweig S. 85 Anm. 1 eine erhebliche Unrichtigkeit. In der Tat würde eine kleine Ungenauigkeit den Entschluß des Vers nicht zu beeinflussen vermögen. Das Erfordernis der Kenntnis des Vmers hebt RG 28. III. 1930 RGZ Bd 128 S. 118—119 (Ausw 1) hervor, dagegen Schreiber JR 1930 S. 247—248. Bedenklich ist es, wenn Ehrenzweig S. 84 annimmt, bei Falschanzeigen müsse der Vmer beweisen, er habe die Wahrheit nicht gekannt (vgl. Anm. 43 zu § 16). Hinsichtlich der vorauszusetzenden Unkenntnis des Vers vgl. § 17 II (dem Ver ist die Unrichtigkeit bekannt) und Anm. 36—37 zu § 16.

Einer Analogie zu § 16 II 2 ist zu entnehmen, daß der Ver auch zurücktreten kann, wenn eine unrichtige Anzeige deshalb gemacht wird, weil sich der Vmer der Kenntnis der Wahrheit arglistig entzogen hat.

[4] **2. Unrichtige Anzeige.**

Sieht man auf den einzelnen anzeigepflichtigen Umstand, so läßt sich der Nichtanzeige die Falschanzeige, die unrichtige Anzeige gegenüberstellen. Nichterfüllung und Schlechterfüllung sind die in Betracht kommenden Kategorien. Während bei der Nichtanzeige über den betreffenden bekannten Umstand nichts gesagt wird, wird bei der unrichtigen Anzeige zwar etwas gesagt, aber etwas von der Kenntnis des Vmers Abweichendes. Vergleichsobjekt hat nicht die objektive Wahrheit zu sein (so Bruck 7. Aufl. S. 88), sondern das dem Vmer Bekannte (dazu RG 28. III. 1930 RGZ Bd 128 S. 118—119 [Ausw 1]).

Die Grenzziehung zwischen Nicht- und Falschanzeige kann im Einzelfall zweifelhaft sein. Ist z. B. die Frage nach früheren Vsfällen wahrheitswidrig verneint oder ist von drei Bränden nur einer angegeben, so kann man sowohl von dem Unterbleiben einer Anzeige als auch von deren Unrichtigkeit sprechen. Will man nicht dazu kommen, bei erfolgter Fragestellung als Verletzungsform ausschließlich Falschanzeigen zu konstruieren, so kann man dazu gelangen, bei Verneinung einer in Wahrheit zu bejahenden Frage eine Nichtanzeige anzunehmen. Da man üblicherweise die quantitative Schlechterfüllung als teilweise Nichterfüllung behandelt (Möller Schuldrecht S. 57), so kann man es auch als (teilweise) Nichtanzeige betrachten, wenn von drei Bränden nur einer angegeben ist. Eine nicht genügend deutliche Anzeige kann je nach dem objektiv zu beurteilenden Grad der Undeutlichkeit Nichtanzeige oder Falschanzeige sein.

Aber die von den §§ 16 II 1, 17 I an und für sich geforderte Unterscheidung von unterbliebener und unrichtiger Anzeige ist wegen der Gleichheit der Rechtsfolgen von mehr theoretischem als praktischem Interesse. Deshalb sind in Anm. 39—43 zu § 16 bereits Beispiele auch für Falschanzeigen gebracht. Erscheint infolge der Falschanzeige die Gefahr größer, als sie tatsächlich ist, so kann eine derartige Falschanzeige nicht die Wirkungen einer Verletzung der vvAnzPfl auslösen.

Ein Sonderfall der Falschanzeige (unrichtige Altersangabe) ist in § 162 für die Lebensv besonders behandelt.

[5] **II. Subjektiver Tatbestand.**

Wie die Nicht- muß auch die Falschanzeige verschuldet sein: § 17 II (Anm. 44—51 zu § 16 mit Beispielen auch für Verschulden und Nichtverschulden bei Falschanzeigen). Geringfügige Ungenauigkeiten werden oft entschuldbar sein.

[6] **III. Rechtsfolge: Rücktritt.**

Wegen des Rücktrittsrechtes des Vers bei schuldhafter Falschanzeige (§ 17 I) vgl. Anm. 52 zu § 16. Der Rücktritt ist nach § 17 II in denselben Fällen ausgeschlossen, die auch § 16 III aufführt, deshalb vgl. Anm. 53—54 zu § 16. Der Gesichtspunkt von Treu und Glauben, also der Verwirkung kommt bei Falschanzeigen seltener zu Lasten des Vers in Betracht als bei Nichtanzeigen. Denn wenn eine Frage — wenngleich falsch — beantwortet ist, besteht regelmäßig für den Ver kein Anlaß, auf eine richtige Beantwortung zu dringen; er kann sich — auch bei Zweifeln — bei der Anzeige des Vmers beruhigen. Erkennt der Ver die Unrichtigkeit, so greift § 20 I 2 ein

[7] **IV. Zwingender Charakter.**
Auch § 17 ist nach § 34a[1] relativ zwingend (vgl. Anm. 59—60 zu § 16).

# § 18

**Hatte der Versicherungsnehmer die Gefahrumstände an der Hand schriftlicher von dem Versicherer gestellter Fragen anzuzeigen, so kann der Versicherer wegen unterbliebener Anzeige eines Umstandes, nach welchem nicht ausdrücklich gefragt worden ist, nur im Falle arglistiger Verschweigung zurücktreten.**

**Fragebogen.**

**Gliederung:**



[1] **Entstehung:** § 18 entspricht wörtlich dem früheren § 18 II, während durch die VO vom 19. XII. 1939 der frühere § 18 I als § 16 I 3 zu jenen Vorschriften gestellt ist, die sich mit der Gefahrerheblichkeit befassen. — Begr. I S. 30—36, III S. 8.

[2] **Schrifttum:** Anm. 2 zu § 16.

[3] **I. Erscheinungsformen der Fragestellung.**

**1. Fragebogen.**

Der Anzeigepflichtige hat alle gefahrerheblichen Umstände anzuzeigen. Welche Umstände gefahrerheblich sind, ist bei der in das Feinste entwickelten Technik der V ohne Sachkunde nicht leicht zu bestimmen. Die Ver helfen dem Anzeigepflichtigen in der überwiegenden Mehrzahl aller Vszweige, indem sie schriftliche Fragen stellen. Hierzu dient der Fragebogen. Auf ihn wird häufig in der Transportv verzichtet, da der Vmer über genügende Sachkunde zu verfügen pflegt und auch vielfach helfend Makler eingreifen.

Die Benutzung eines Fragebogens hat für den Ver — juristisch gesehen — Vor- und Nachteile. — Vorteilhaft wirkt es, daß nach § 16 I 3 eine widerlegbare Vermutung für die Gefahrerheblichkeit ausdrücklich und schriftlich erfragter Umstände spricht (Anm. 28—29 zu § 16). Entsprechend ist anzunehmen, daß die Kenntnis des Vmers hinsichtlich der Gefahrerheblichkeit im Zweifel gegeben ist (Anm. 34 zu § 16). Auch ein Verschulden des Vmers bei Verletzung der vvAnzPfl wird sich leichter feststellen lassen, wenn ein Umstand schriftlich erfragt ist (Anm. 47 zu § 16). — Andererseits bringt die Benutzung eines Fragebogens für den Ver auch Nachteile mit sich: Bleiben Fragen unbeantwortet und dringt der Ver nicht auf eine Beantwortung, so kann er sich nach Treu und Glauben auf die Verletzung der vvAnzPfl nicht berufen (Anm. 30, 53 zu § 16). Unklare Fragen können die Feststellung ermöglichen, daß objektiv (Anm. 40 zu § 16) oder subjektiv verschuldet (Anm. 46, 49 zu § 16) eine Verletzung der vvAnzPfl nicht gegeben ist. Die Fragestellung im Rahmen der vvAnzPfl kann ferner für den Ver ungünstige Rückwirkungen zeitigen für das Problem, ob der Vmer eine Gefahrerhöhung anzuzeigen hat (Anm. 10 zu § 29). Zu diesen nachteiligen Wirkungen des Fragebogens fügt § 18 eine weitere hinzu: Wegen unterbliebener Anzeige eines Umstandes, nach welchem nicht ausdrücklich gefragt worden ist, kann der Ver nur im Falle arglistiger Verschweigung zurücktreten.

**[4] 2. Sonderformen.**

Die Fragestellung kann nicht nur so erfolgen, daß echte Fragen gestellt werden, sondern auch so, daß ein Formular mit Spalten, Rubriken und Kästen auszufüllen ist (KG 1. VI. 1931 JRPV 1931 S. 214). Dagegen handelt es sich nicht um eine Fragestellung, falls der Vmer eine vorgedruckte Erklärung unterschreibt (RG 18. X. 1927 RGZ Bd 118 S. 217—218 [Ausw 1]). Dem üblichen Fragebogen steht der vom Vmer auszufüllende vertrauensärztliche Fragebogen gleich (KG 28. VI. 1930 JRPV 1930 S. 419—420).

**[5] 3. Antragschein.**

Der Antragschein läßt sich, soweit er den eigentlichen Antrag des Vmers enthält, in seinem generell formulierten Teil zu den AVB, also zum Geschäftsplan (§ 5 III Ziff. 2 VAG) rechnen (Einl. Anm. 19) und ist deshalb in beaufsichtigten Vszweigen aufsichtsbehördlich zu genehmigen. Soweit jedoch der Antragschein zugleich der vvAnzPfl dient, gehört er nicht zu den AVB und zum Geschäftsplan, die Aufsichtsbehörden können sich aber z. B. nach § 81 II 1 VAG auch mit den eigentlichen Fragebogen befassen. Über die rechtliche Doppelbedeutung des Antragscheins vgl. auch Anm. 72 zu § 1, Anm. 38 zu § 16.

Einseitig vom Ver aufgestellt, ist der Fragebogen nach denselben Grundsätzen auszulegen, die für die Auslegung von AVB (und Antragscheinen) maßgebend sind (Einl. Anm. 69—75, Einzelfälle unklarer Fragen: Anm. 40, 46, 49 zu § 16). Insbesondere gilt der Satz: „Die Fragen des Antrags sind von der Beklagten (Ver) aufgestellt, hat sie die Frage . . . anders gemeint, als sie nach der Auslegung . . . zu verstehen ist, so fällt ihr zur Last, daß sie sich bei der Fragestellung nicht deutlicher ausgedrückt hat" (RG 25. I. 1918 VA 1918 Anh. S. 33 Nr. 1031). „Nach ständiger Rechtsprechung . . . sind . . . bei der Prüfung, ob der Vmer eine unrichtige Angabe gemacht hat, unklare Antragsfragen zu seinen Gunsten auszulegen" (LG Mannheim 30. XII. 1950 VersR 1951 S. 71).

Insoweit als standardisierte Fragen in Betracht kommen, ist auch Revisibilität anzunehmen: RG 16. II. 1932 JRPV 1932 S. 85 (die übrigen bei Prölss[8] Anm. 1 zu § 18, S. 106 zitierten Urteile betreffen denjenigen Inhalt des Antragscheins, der zum echten Antrag gehört; dazu Einl. Anm. 34).

Dem Antragschein nebst Fragebogen steht in der Viehv die Aufstellung der nach Beschreibung zu versichernden Tiere gleich (KG 1. IV. 1931 JRPV 1931 S. 214), nicht aber in der Hagelv der Jahresantrag, der bei einer mehrjährigen V im zweiten und in späteren Vsjahren zu stellen ist.

**[6] II. Nichtanzeige erfragter Umstände.**

§ 18 befaßt sich mit einer der für den Ver nachteiligen Wirkungen der Benutzung eines Fragebogens (vgl. Anm. 3).

**1. Tatbestand.**

Vorauszusetzen ist, daß nach einem Gefahrumstand nicht ausdrücklich und schriftlich gefragt ist, also der dem § 16 I 3 entgegengesetzte Tatbestand. Zum Begriff der Ausdrücklichkeit und Schriftlichkeit Anm. 29 zu § 16. Es ist durchaus nicht so, daß nach vertragsgefahrerheblichen Umständen (Anm. 17, 27 zu § 16) nie oder selten gefragt wird (irreführend Prölss[8] Anm. 1 zu §§ 16, 17, S. 101—102).

Außerdem ist vonnöten, daß ein solcher nicht erfragter Umstand nicht angezeigt, also die Anzeige unterblieben ist (Fall des § 16 II 1). Im Falle der Falschanzeige (Fall des § 17 I) gilt also § 18 nicht. Hier hat der Antragsteller die Bedeutung des Umstandes erkannt, obgleich keine Frage gestellt war. Wenn er nunmehr fahrlässig eine Falschanzeige macht, ist er nicht schutzbedürftig. Wird dem Ver über einen Umstand eine Anzeige gemacht, so darf er „im allgemeinen voraussetzen, daß sie richtig ist" (Begr. I S. 32).

Prölss[8] Anm. 2 zu § 18, S. 107 fordert weiterhin, daß die Nichtanzeige bei der Antragsausfüllung erfolgte: „Treten solche (nicht erfragten) Umstände nach Absendung des Antrages aber vor Vertragsschluß neu ein oder werden sie erst dann bekannt, so sind sie anzuzeigen ... Die Verletzung dieser Pflicht ist ohne Anwendung von § 18 nur nach § 16 zu beurteilen" (vgl. auch Prölss[8] Anm. 1 zu §§ 16, 17, S. 102). Dieser Standpunkt ist abzulehnen. Auch für nachträglich entstehende oder bekanntwerdende Umstände (Anm. 8 zu § 16) muß der Fragebogen Bedeutung behalten. Regelmäßig wird der Antragsteller die Fragen im Gedächtnis haben. Ist es sowieso schon für ihn eine zusätzliche Mühe, Nachtragsanzeigen zu machen, so können dabei die Anforderungen nicht noch gegenüber der Ausfüllung des Fragebogens verschärft werden.

[7] **2. Rechtsfolgen.**

Wird nach einem Umstand nicht ausdrücklich und schriftlich gefragt, so hat das nicht zur Folge, daß der Umstand aus der vvAnzPfl ganz herausfällt. Der Anzeigepflichtige hat nicht restlos der Anzeigepflicht genügt, wenn er nur die schriftlich an ihn gerichteten Fragen beantwortet, er muß alle gefahrerheblichen Umstände anzeigen, auch solche, nach denen nicht ausdrücklich und schriftlich gefragt ist. Aus der Anzeigepflicht wird also keine bloße Auskunftspflicht. Es besteht auch keine widerlegliche Vermutung für die mangelnde Gefahrerheblichkeit (OGH 27. IV. 1950 VA 1953 S. 52 = VersR 1950 S. 101; Ehrenzweig S. 82).

[8] **a) Rücktritt bei Arglist.**

Jedoch zeitigt eine Nichtanzeige nur dann die Rücktrittsfolge, falls der nicht angezeigte Umstand arglistig verschwiegen ist. Zum Wesen der Arglist, die qualifizierten Vorsatz voraussetzt, Anm. 13—14 zu § 22; die Begriffe der Arglist sind in § 18 und § 22 identisch: RG 7. III. 1930 JRPV 1930 S. 131. Bei Fahrlässigkeit, auch grober, kann keine Arglist gegeben sein: RG 22. X. 1920 JW 1921 S. 110, KG 6. II. 1912 VA 1912 Anh. S. 111 Nr. 697. Der Vmer muß wissen, daß ein bestimmter Umstand vorhanden und gefahrerheblich ist, und trotzdem diesen Umstand willentlich nicht anzeigen in dem Bewußtsein, daß die Anzeige Vertragsabschluß und -bedingungen negativ beeinflussen könnte (KG 6. II. 1912 VA 1912 Anh. S. 111 Nr. 697). Den Mangel der Arglist muß der Vmer beweisen.

[9] **b) Rechtsfolgen bei Nichtarglist.**

Kann der Ver nicht zurücktreten, weil der Vmer nicht arglistig, sondern z. B. fahrlässig gehandelt hat, so muß im Interesse der Gefahrengemeinschaft § 41 analog angewendet werden. Denn wenn schon bei fehlendem Verschulden des Vmers der Ver nach § 41 I 1 eine höhere Prämie verlangen und evtl. kündigen kann, so muß dies erst recht bei Verschulden des Vmers gelten. Der Gesichtspunkt, daß der Ver nach dem Umstand nicht gefragt hatte, kann demgegenüber nicht in Betracht kommen. Näheres Anm. 6 zu § 41.

[10] **III. Unabdingbarkeit der Vorschrift.**

§ 18 ist nach § 34a[1] relativ zwingend.

# § 19

**Wird der Vertrag von einem Bevollmächtigten oder von einem Vertreter ohne Vertretungsmacht geschlossen, so kommt für das Rücktrittsrecht des Versicherers nicht nur die Kenntnis und die Arglist des Vertreters, sondern auch die Kenntnis und die Arglist des Versicherungsnehmers in Betracht. Der Versicherungsnehmer kann sich darauf, daß die Anzeige eines erheblichen Umstandes ohne Verschulden unterblieben oder unrichtig gemacht ist, nur berufen, wenn weder dem Vertreter noch ihm selbst ein Verschulden zur Last fällt.**

**Mitwirkung Drittbeteiligter.**

**Gliederung:**



[1] **Entstehung:** § 19 ist unverändert geblieben. — Begr. I S. 33—34.

[2] **Schrifttum:** Anm. 2 zu § 16, Küpper-Fahrenberg, Die Verletzung der vvAnzPfl durch Dritte im Vsrecht, Kölner Diss. 1937.

[3] **I. Problemstellung.**

Wird der Vsvertrag nicht durch den Vmer selbst beantragt, sondern wirkt bei der Schließung auf seiner Seite ein Vertreter mit, so taucht die Frage auf, ob hinsichtlich der vvAnzPfl die Person des Vmers und/oder diejenige des Vertreters in Betracht kommt, und zwar für das objektive Verhalten (Anzeige, Nicht- und Falschanzeige), für die Kenntnis und für das Verschulden, insbesondere die Arglist.

§ 19 beantwortet diese Fragen — unter Beschränkung auf die vvAnzPfl — bei Mitwirkung eines Bevollmächtigten des Vmers oder eines Vertreters ohne Vertretungsmacht, unbehandelt ist besonders der Fall der gesetzlichen Vertretung. § 19[1] spricht von der Kenntnis (Parallelbestimmung für die Rückwärtsv: § 2 III) und von der Arglist, § 19[2] vom Verschulden; unbehandelt ist das objektive Verhalten, aber da Kenntnis und Verschulden sich stets auf ein objektives Verhalten beziehen, ist auch das Verhalten desjenigen bedeutsam, dessen Kenntnis oder Verschulden beachtlich ist. § 19 gilt nicht für die Anfechtung wegen arglistiger Täuschung (RG 28. III. 1930 RGZ Bd 128 S. 121 [Ausw 1], Anm. 12 zu § 22).

[4] Im Zusammenhang mit § 19 soll hier auch das Problem der gesetzlichen Vertreter natürlicher Personen behandelt werden, wobei weiterhin Bedeutung gewinnt, daß gesetzliche Verwalter den gesetzlichen Vertretern nahestehen und daß Organe juristischer Personen die Stellung eines gesetzlichen Vertreters haben (vgl. § 26 II 1 BGB).

Eine gesetzliche Sonderregelung — über die vvAnzPfl hinausgreifend — hat die Frage gefunden, ob Verhalten, Kenntnis, Kennenmüssen und Verschulden des Vten bei der V für fremde Rechnung in Betracht kommen (§§ 79, 179 II), zur Fremdpersonenv vgl. § 161, 179 IV. Die letztgenannten Vorschriften führen zu dem Problem, ob Personen, deren Zustimmung zur V erforderlich ist, dem Vmer gleichzusteilen sind.

Während alle bisher genannten Personen als Anzeigepflichtige in Betracht kommen (Anm. 6 zu § 16), fragt es sich, ob daneben noch weitere Fälle der Wissenserklärungsvertretung und Wissenszurechnung vorzukommen vermögen. Die für sonstige Obliegenheiten maßgebenden Rechtsgrundsätze sind nicht ohne weiteres auf die vvAnzPfl anzuwenden, da letztere mit dem Vertragsabschluß eng verknüpft ist.

[5] **II. Bevollmächtigter.**

Bei der durch Rechtsgeschäft erteilten Vertretungsmacht (Vollmacht) würde es nach § 166 I BGB regelmäßig nur auf die Kenntnis des Bevollmächtigten ankommen. Lediglich bei Weisungsgebundenheit des Bevollmächtigten würde nach § 166 II 1 der Vollmachtgeber sich bei eigener Kenntnis nicht auf die Unkenntnis des Bevollmächtigten berufen können. Diese Regelung bietet für den Ver keinen genügenden Schutz: Allzu leicht könnten die Regeln über die vvAnzPfl umgangen werden, indem man z. B. einen unwissenden Generalbevollmächtigten beim Vertragsabschluß vorschiebt.

Deshalb stellt § 19 dem Bevollmächtigten den Vmer gleich, und zwar nicht nur hinsichtlich der Kenntnis, sondern auch hinsichtlich des Verschuldens und — wie in Anm. 3 dargetan — des objektiven Verhaltens. Neben dem Bevollmächtigten muß also der Vmer selbst die vvAnzPfl erfüllen. Der Ver kann also zurücktreten, wenn der Vertreter und der Vmer oder nur einer von beiden einen gefahrerheblichen Umstand kennt und ihn schuldhaft nicht oder nicht richtig anzeigt, oder wenn der Vmer und sein Vertreter oder nur einer von beiden die Anzeige eines gefahrerheblichen Umstandes unterläßt, weil er sich der Kenntnis des Umstandes arglistig entzogen hat, oder wenn der Vmer und sein Vertreter oder nur einer von beiden einen Umstand, nach dem nicht ausdrücklich und schriftlich gefragt ist, arglistig verschweigt. Soweit der Bevollmächtigte eine richtige Anzeige erstattet, erübrigt sich selbstverständlich eine ergänzende Anzeige des Vmers, aber was der Bevollmächtigte mangels Kenntnis oder aus sonstigen Gründen nicht anzeigt, muß der Vmer anzeigen; was der Bevollmächtigte falsch anzeigt, muß der Vmer berichtigen; und umgekehrt. Es genügt also die Kenntnis eines von beiden (RG 28. III. 1930 RGZ Bd 128 S. 120 [Ausw 1]). Ein dem Bevollmächtigten übergebener Fragebogen wirkt zugleich gegen und für den Vmer. Verletzt einer von beiden schuldhaft die vvAnzPfl, so kann der Ver zurücktreten, auch wenn den anderen kein Verschulden trifft (§ 19², Begr. I S. 34).

Jedoch erfolgt keine Kenntniszurechnung dergestalt, daß alles, was der Vmer weiß, zugleich als dem Bevollmächtigten bekannt gilt, oder umgekehrt. Schließt also ein Generalbevollmächtigter ohne Wissen des Vmers einen Vertrag, so „wird sich der Vmer zu seiner Entlastung insbesondere darauf berufen können, daß der Vertrag ohne sein Wissen geschlossen worden“ ist (Begr. I S. 34). Der Vmer kann sich auch dadurch exkulpieren, daß er rechtzeitig die von ihm anzuzeigende Tatsache dem Bevollmächtigten mitgeteilt habe; ist solchenfalls — etwa weil der Brief verlorengegangen ist — auch der Bevollmächtigte exkulpiert, so kann der Ver nicht zurücktreten. Allzu weit geht es, wenn KG 4. XII. 1929 JRPV 1930 S. 80—81 in einem Falle, in dem die Ehefrau als Bevollmächtigte des Ehemannes gehandelt hat, meint: „Für ein Verschulden des Ehemannes liegt kein Anhalt vor; denn der Ehemann war bei der Aufnahme nicht dabei; er konnte also gar nicht wissen, ob die Frau etwas über seinen Gesundheitszustand angegeben hatte“. Richtig dagegen OLG Kolmar 22. VI. 1911 LZ 1911 Sp. 876—879, wonach der Ehemann nicht durch die Erklärung entlastet werden kann, „daß er keine Zeit mehr gehabt habe, seine Frau bezgl. der in den Antworten zu behandelnden Tatsachen, die natürlich für sie facta aliena gewesen seien, zu unterrichten“.

Auf einer Verkennung des Begriffes Vertreter beruht LG Hamburg 9. I. 1951 VersR 951 S. 46, wo der Vsvertreter mit einem Bevollmächtigten des Vmers verwechselt ist.

**[6] III. Vertreter ohne Vertretungsmacht.**

Der Fall ist genau so zu behandeln wie derjenige der Bevollmächtigung (Anm. 5). Nebeneinander sind also der Vertreter und der Vmer anzeigepflichtig. Nur kann es hier natürlich öfter vorkommen, daß der Vmer zunächst von dem Kontrahieren des falsus procurator nichts weiß, den Vmer also kein Verschulden trifft. Da jedoch gemäß § 177 I BGB die Wirksamkeit des Vertrages von der Genehmigung durch den Vertretenen abhängt, dauert die vvAnzPfl bis zu diesem Zeitpunkt. Vor der Genehmigung muß der Vmer dem Ver Umstände anzeigen, die dem Vertreter ohne Vertretungsmacht unbekannt waren oder die aus sonstigen Gründen von ihm nicht oder nicht richtig angezeigt sind. Es ist dann allerdings zweifelhaft, ob der Ver das Wirksamwerden des Vertrages noch verhindern kann (vgl. den ähnlichen Fall: Anm. 10 zu § 16). Beispiel für Handeln einer Ehefrau als Vertreterin ohne Vertretungsmacht: KG 29. V. 1929 JRPV 1929 S. 284.

**[7] IV. Gesetzlicher Vertreter.**

Die Fälle der gesetzlichen Vertretung einer natürlichen Person behandelt § 19 nicht, zu ihnen gehört es, wenn eine Ehefrau im Rahmen ihrer Schlüsselgewalt (§ 1357 I BGB) einen Vsvertrag abschließt (von Tuhr II 2 S. 417). Es ist also allein von § 166 I BGB auszugehen (Prölss⁸ Anm. 1 zu § 19, S. 107, Süss VersR 1952 S. 187; § 166 II BGB setzt eine Vollmacht voraus). Danach kommt nicht die Person des Vertretenen, sondern nur die des gesetzlichen Vertreters in Betracht, wenn letzterer den Vsvertrag abschließt (a. A. Bruck 7. Aufl. S. 92, Ehrenzweig Logik S. 62). Auch wenn der Sohn schuldfähig ist (Anm. 44 zu § 16), also z. B. das 18. Lebensjahr vollendet hat, belastet ihn nicht die vvAnzPfl, falls der Vater als gesetzlicher Vertreter kontrahiert. Über die Belastung mit anderen Obliegenheiten Anm. 69 zu § 6. Schließt dagegen der Sohn selbst ab, etwa mit Zustimmung des gesetzlichen Vertreters, so muß der Sohn die vvAnzPfl erfüllen und er kann sie schuldhaft verletzen, falls er schuldfähig ist. Darüber, ob es solchenfalls auch auf den zustimmenden Vater ankommt, vgl. Anm. 11.

**[8] V. Gesetzlicher Verwalter.**

Schließt ein Konkurs-, Nachlaß-, Zwangsverwalter oder Testamentsvollstrecker einen Vsvertrag, so gilt das hinsichtlich der gesetzlichen Vertreter Gesagte (Anm. 7). Es kommt also nur die Person des gesetzlichen Verwalters in Betracht, anders als bei anderen Obliegenheiten (Anm. 70 zu § 6).

Schließen dagegen der Gemeinschuldner, Erbe, Eigentümer selbst ab, so müssen sie selbst die vvAnzPfl erfüllen. Wegen der Zustimmung der gesetzlichen Vertreter vgl. Anm. 11.

**[9] VI. Organ juristischer Personen.**

Eine juristische Person muß durch ihre Organe handeln, wobei es hinsichtlich des Vertragsschlusses auf die Vertretungsmacht ankommt. Ist nur ein Vorstandsmitglied vorhanden, so entscheidet dessen Verhalten, Kenntnis, Verschulden (vgl. §§ 26 II 1, 166 I BGB). Bei mehreren Vorstandsmitgliedern ist es für die vvAnzPfl unerheblich, ob Allein- oder Gesamtvertretung in Frage kommt: In jedem Falle belastet die Obliegenheit alle Vertretungsberechtigten einzeln, es reicht aus, wenn einer von ihnen schuldhaft bekannte Umstände nicht oder falsch angezeigt hat (Anm. 62 zu § 6).

**[10] VII. Versicherter, Gefahrsperson.**

Bei der V für fremde Rechnung gilt die Sondernorm des § 79 I, welche von Verhalten und Kenntnis spricht, aber für das Verschulden entsprechend anzuwenden ist. Auf die Unfallfremdv für fremde Rechnung findet § 79 I Anwendung (§ 179 II 2). Einzelheiten: Anm. 57—60 zu § 6. Neben dem Vmer ist der Vte mit der vvAnzPfl belastet.

Bei der Fremdpersonenv ist nach den §§ 161, 179 IV in gleicher Weise neben dem Vmer die Gefahrsperson anzeigepflichtig. Dazu: Anm. 61 zu § 6, Magnusson VersR 1953 S. 300 (nicht widerspruchsfrei). Die Gefahrsperson erfährt vom Vertragsabschluß regelmäßig dadurch, daß sie in den Fällen der §§ 159 II 1, 179 III 1 ihre schriftliche Einwilligung zur Vsnahme geben muß, die Einwilligung ist zur Gültigkeit des Vertrags erforderlich. Vor der Einwilligung muß die Gefahrsperson dem Ver Umstände anzeigen, die vom Vmer nicht oder nicht richtig angezeigt sind (vgl. Anm. 10 zu § 16, Anm. 6).

**[11] VIII. Zustimmungsberechtigter.**

In Erweiterung des Grundgedankens der §§ 161, 179 IV sowie des § 19 (Vertretung ohne Vertretungsmacht) wird man annehmen müssen, daß alle diejenigen die vvAnzPfl erfüllen müssen, welche ihre spezielle Zustimmung zum Vsvertrag zu geben haben, damit dieser wirksam bleibt. Dies gilt in erster Linie dann, wenn der Vmer selbst zuzustimmen hat (wie im Falle des § 19), weiterhin aber auch dann, wenn ein Dritter zuzustimmen hat (wie im Falle der §§ 161, 179 IV), z. B. der Konkursverwalter zu einem Abschluß des Gemeinschuldners, der Vater zu einem Abschluß seines Sohnes. Es muß sich jedoch um eine spezielle Zustimmung handeln, also z. B. nicht darum, daß der gesetzliche Vertreter zum Betrieb eines Erwerbsgeschäftes ermächtigt (§ 112 I 1 BGB).

**[12] IX. Wissenserklärungsvertreter.**

Wenn ein Vmer einen Bevollmächtigten mit dem Vertragsabschluß betraut, so wird der Bevollmächtigte regelmäßig auch die vvAnzPfl erfüllen, zumal auf dem Antragschein Willenserklärung (Antrag) und Wissenserklärung (Anzeigen) miteinander verbunden zu sein pflegen (Anm. 72 zu § 1, Anm. 38 zu § 16, Anm. 5 zu § 18). Hiervon geht § 19 aus. Ausnahmsweise kann aber die Person des Bevollmächtigten und diejenige des mit den Anzeigen Betrauten auseinanderfallen, sei es daß der Vmer, sei es daß der Bevollmächtigte einen Dritten mit der Erfüllung der vvAnzPfl beauftragt. Hier ist neben dem Bevollmächtigten ein besonderer Wissenserklärungsvertreter vorhanden, der — anders als ein Bote (Anm. 88—89 zu § 6) — eine eigene Erklärung abgibt. Seine Kenntnis, sein Verhalten, sein Verschulden, seine Arglist steht denjenigen des Vmers und des Bevollmächtigten gleich (Anm. 87 zu § 6). Es müssen also drei Personen als anzeigepflichtig angesehen werden.

Die Grundsätze der Wissenserklärungsvertretung (nicht § 19) sind auch anzuwenden, wenn der Vmer zwar den Antrag selbst stellt, aber für die Erfüllung der vvAnzPfl einen Vertreter einsetzt. Das geschieht z. B. dadurch, daß der Vmer den Vertreter weitgehende Vorverhandlungen führen läßt, ein Fall, den Prölss[8] Anm. 1 zu § 19, S. 107 anscheinend § 19 subsumieren will, während RG 16. VI. 1942 DR 1942 S. 1514—1515 = JRPV 1942 S. 106 bedenklicherweise Grundsätze der culpa in contrahendo und § 278[1] BGB anwendet (Anm. 55 zu § 16).

**[13] X. Wissenszurechnung.**

§ 19 bestimmt nicht, daß die Kenntnis des Vertreters jener des Vmers zuzurechnen ist oder umgekehrt (Anm. 5). Jedoch kann sich im Einzelfall ergeben, daß das Wissen eines Vertreters oder Verwalters oder einer sonstigen Person jenem des Vers zuzurechnen ist, nämlich dann, wenn der Vmer seinen Innenbetrieb in der Weise geregelt hat, daß gewisse Tatsachen, die im Rahmen der vvAnzPfl anzuzeigen sind, nicht von ihm, sondern von der dritten Person zur Kenntnis genommen werden. Näheres Anm. 81—82 zu § 6.

**[14] XI. Unabdingbarkeit.**

Wegen § 34a[1] ist § 19 relativ zwingend. Der Kreis der Anzeigepflichtigen kann also nicht über § 19 hinaus erstreckt werden (s. schon Anm. 6, 59 zu § 16), es kann also z. B. nicht bestimmt werden, daß neben dem gesetzlichen Vertreter der Vertretene anzeigepflichtig sein solle. Um eine Erstreckung handelt es sich nicht, soweit die hier entwickelten Grundsätze für gesetzliche Vertreter und Verwalter, Organe, Zustimmungsberechtigte und Wissenserklärungsvertreter oder die Prinzipien der Wissenszurechnung zur Anwendung kommen.

# § 20

**[1] Der Rücktritt kann nur innerhalb eines Monats erfolgen. Die Frist beginnt mit dem Zeitpunkt, in welchem der Versicherer von der Verletzung der Anzeigepflicht Kenntnis erlangt.**

**[2] Der Rücktritt erfolgt durch Erklärung gegenüber dem Versicherungsnehmer. Im Falle des Rücktritts sind, soweit dieses Gesetz nicht in Ansehung der Prämie ein anderes bestimmt, beide Teile verpflichtet, einander die empfangenen Leistungen zurückzugewähren; eine Geldsumme ist von der Zeit des Empfanges an zu verzinsen.**

**Rücktritt: Frist, Erklärung, Wirkungen.**

**Gliederung:**

[1] **Entstehung:** § 20 ist unverändert geblieben. — Begr. I S. 34.

[2] **Schrifttum:** Anm. 2 zu § 16, Blum, Die Auflösungsgründe des Vsvertragsverhältnisses, Erlanger Diss., München 1933, Hahn, Rücktritt und Kündigung im Vsvertrage, Kölner Diss., Düsseldorf 1936, Knickenberg, Die Voraussetzungen des Rücktrittsrechts, der Anfechtung und der Kündigung im VVG, Kölner Diss. 1936, Pfeiffer JRPV 1931 S. 1—4, 17—22.

[3] **I. Rücktrittsfunktion.**

Als einzige Folge der schuldhaften (oder sogar arglistigen) Verletzung der vvAnzPfl sehen §§ 16 II, 17 I, 18 den Rücktritt des Vers vor. Über die Folgen schuldloser Verletzung § 41.

Bei einem Dauerschuldverhältnis, wie es der Vsvertrag ist, kommt für die Auflösung in erster Linie die Kündigung in Betracht (Anm. 46 zu § 1), aber im Falle der Verletzung der vvAnzPfl hat — ähnlich wie bei Nichtzahlung der Erstprämie (§ 38 I) — das Vsverhältnis gleichsam einen Geburtsfehler, deshalb ist hier der Rücktritt vom Gesetz vorgesehen, mag es auch sonst diesem Rechtsbehelf ablehnend gegenüberstehen (vgl. § 6 IV). Der Rücktritt dient als Korrektivrecht, dient zur Befestigung einer von vornherein bestehenden Spannung zwischen Vorstellung des Vers über die Gefahrslage und wirklicher Gefahrslage (Remé, Die Gestaltungsrechte im Privatvsrecht, Hamburger Diss. 1927, S. 26—28, 31—37). Zuweilen läßt sich die Korrektur mit einem Teilrücktritt erreichen: § 30 I, II.

§ 20 I befaßt sich mit der Rücktrittsfrist, § 20 II 1 mit der Rücktrittserklärung, § 20 II 2 (nebst §§ 21, 40 I 1) mit den Rücktrittswirkungen.

[4] **II. Rücktrittsfrist.**

Der Ver kann nach Feststellung einer Verletzung der vvAnzPfl seinen Rechtsbehelf nicht „auf Eis legen“, sondern muß nach § 20 I eine gesetzliche Ausschlußfrist wahren, die der Klarstellung der Rechtslage dient (Anm. 40 zu § 6). Der Rücktritt muß also rechtzeitig erfolgen, wirkt dann aber sofort (während eine Kündigung u. U. erst nach Ablauf einer Kündigungsfrist wirkt: Anm. 29 zu § 8, oder auf einen späteren Zeitpunkt: Anm. 37 zu § 8). Der § 7 gilt nicht (Anm. 9 zu § 7). Der Vmer muß die Verspätung des Rücktritts beweisen (RG 28. III. 1930 RGZ Bd 128 S. 120 [Ausw 1]).

[5] **1. Beginn.**

Die Rücktrittsfrist beträgt einen Monat, sie beginnt mit dem Zeitpunkt, in welchem der Ver von der Verletzung der vvAnzPfl Kenntnis erlangt.

Die Kenntnis muß von dem Ver erst nach dem formellen Vsbeginn erlangt sein; hat er schon bis zum Vertragsabschluß den nicht oder falsch angezeigten Umstand erfahren, so „entfällt“ das Rücktrittsrecht (Anm. 36 zu § 16). Auf welchem Wege der Ver die Kenntnis erlangt, ist unerheblich.

Zur Frage, welche Stelle beim Ver für die Kenntnis in Betracht kommt und wie die Rechtslage bei Mitwirkung mehrerer Ver ist, vgl. Anm. 37 zu § 16. Durchweg übereinstimmend Prölss[8] Anm. 2 zu § 20, S. 108. Über Kenntniserlangung des Regulierungsbeauftragten OLG Hamm 15. VI. 1953 VA 1953 S. 271.

Die Kenntniserlangung des Vers „von der Verletzung der Anzeigepflicht“ (§ 20 I) muß derart sein, daß es ihm möglich ist, den Rücktritt zu erklären. Deshalb muß der Ver „zuverlässige Kunde“ von den Umständen erhalten, aus denen sich die Verletzung der vvAnzPfl ergibt, „eine bloße Vermutung des Vers genügt nicht“ (Begr. I S. 34). Die erlangte Kenntnis — Kennenmüssen genügt nicht (Guckenheimer JRPV 1930 S. 110) — muß sich erstens auf das beziehen, wofür der Ver beweispflichtig ist (Anm. 43 zu § 16), also auf die objektive Nicht- oder Falschanzeige sowie darauf, daß der Vmer den nicht oder falsch angezeigten Umstand kannte (RG 28. III. 1930 RGZ Bd 128 S. 119 [Ausw 1] stellt darauf ab, daß der Ver „zuverlässige Anhaltspunkte“ dafür hatte, daß der Vmer die verschwiegene luetische Erkrankung gekannt habe). Bestritten ist die Frage, ob die Kenntniserlangung sich zweitens auch auf das Verschulden des Vmers und der ihm gleichstehenden Personen erstrecken muß. Zwar muß der Vmer sich exkulpieren (Anm. 51 zu § 16), aber andererseits würde es dem Ansehen des Vers schaden, wenn er sogleich den Rücktritt ohne Rücksicht auf die Verschuldensfrage erklärt. Reicht die Monatsfrist aber in allen Fällen aus, um notwendige Ermittlungen zur Verschuldensfrage abzuschließen? RG 28. III. 1930 RGZ Bd 128 S. 116—121 [Ausw 1] behandelt dieses Problem nicht. Ehrenzweig S. 90 Anm. 5, Prölss[8] Anm. 2 zu § 20, S. 108, OLG Jena 3. I. 1941 JRPV 1941 S. 64 leugnen, daß die Kenntnis sich auch auf das Verschulden erstrecken müsse, dagegen KG 14. XII. 1929 JRPV 1930 S. 80, OLG Hamm 2. VII. 1931 VA 1931 S. 227 Nr. 2302. Mit der klarstellenden Funktion der Rücktrittsfrist (Anm. 4) erscheint es unvereinbar, daß der Ver geltendmachen kann, er habe hinsichtlich des Verschuldens seine Ermittlungen noch nicht abgeschlossen. Die Ansicht des KG und des OLG Hamm legt es in die Hand des Vers, den Rücktritt zu verzögern und läßt eine große Rechtsunsicherheit entstehen. Auf die Kenntnis der Person des Kündigungsempfängers — z. B. nach Tod des Vmers — kommt es wegen der Möglichkeit öffentlicher Zustellung (Anm. 9 zu § 10) nicht an (vgl. Magnusson VersR 1954 S. 332).

**[6] 2. Ende.**

Die Monatsfrist ist nach den §§ 187 I, 188 II, III, 193 BGB zu berechnen. Hat also am 31. März der Ver die Kenntnis erlangt, so muß er (da es keinen 31. April gibt) spätestens am 30. April zurücktreten, ist dies ein Sonntag, so spätestens am 2. Mai (vorausgesetzt, daß der 1. Mai Feiertag ist). Bis zum Fristablauf muß die Rücktrittserklärung dem Vmer zugehen (dazu Anm. 2—7 zu § 10). Der Eintritt des Vsfalles schließt den Rücktritt nicht aus (vgl. § 21); auch hier ist die Frist zu wahren (Ehrenzweig S. 90—91). Eine verspätet zugehende Rücktrittserklärung ist nicht mehr ordnungsgemäß, auch eine geringfügige Verspätung schadet (dazu Anm. 28 zu § 8). Jedoch kann der Ver u. U. noch wegen arglistiger Täuschung anfechten (§ 22). Bei einer Mitv müssen alle Ver rechtzeitig zurücktreten (§ 356[2] BGB).

**[7] 3. Mehrzahl.**

Sind einzelne Umstände schon isoliert betrachtet gefahrerheblich, so ist die Rücktrittsfrist für jeden Umstand einzeln zu berechnen: Ein nachträglich bekanntgewordener Umstand berechtigt also zum Rücktritt, selbst wenn im übrigen die Monatsfrist versäumt ist. Die Kenntnis von der Verletzung der vvAnzPfl setzt von neuem die Rücktrittsfrist in Lauf; es kann daher eine Reihe verschiedener Rücktrittsfristen laufen. Jedoch kann es Treu und Glauben widerstreiten, wenn ein Ver, der gewisse schwerwiegende Umstände erfährt, von einem rechtzeitigen Rücktritt zunächst absieht in der Erwägung, er werde wohl noch weitere Verletzungen der vvAnzPfl ermitteln, wenn ein Vsfall eintrete. Ein Rücktritt nach Eintritt des Vsfalles würde solchenfalls unzulässig sein.

Sind erst mehrere Umstände in ihrer Summierung geeignet, den Entschluß des Vers zu beeinflussen (Anm. 25 zu § 16), so beginnt die Rücktrittsfrist erst zu laufen, sobald der Ver von der Verletzung der vvAnzPfl hinsichtlich jenes Umstandes Kenntnis erlangt, der die Summe voll macht.

**[8] 4. Lebensversicherung.**

Nach § 163 läuft in der Lebensv neben der Monatsfrist noch eine Zehnjahresfrist, die vom Vertragsabschluß, also nicht von der Kenntniserlangung des Vers an rechnet, jedoch bei Arglistfällen nicht in Betracht kommt. § 8 II d ALB hat die Frist auf drei Jahre verkürzt.

**[9] III. Rücktrittserklärung.**

Der Rücktritt ist eine einseitige empfangsbedürftige rechtsgestaltende Willenserklärung des Vers (Anm. 10), der im Bestreitensfalle beweisen muß, daß er den Rücktritt dem richtigen Empfänger (Anm. 11) unzweideutig (Anm. 12) und formgerecht (Anm. 13) erklärt hat.

**[10] 1. Erklärender.**

Rücktrittsberechtigt ist der Ver, der bei Abgabe der Willenserklärung durch seine Organe oder Bevollmächtigten handelt. Nach § 45 kann auch ein Abschlußagent den

Ver vertreten (vgl. aber § 47), nicht aber — ohne besondere Bevollmächtigung — der Vermittlungsagent. — Bei der Mitv gilt § 356[1] BGB, es gibt nur einen einheitlichen Rücktritt aller Ver. Der führende Ver kann die mitbeteiligten Ver zuweilen vertreten, jedoch nicht nach Feuerklauseln D 6/27.

**[11] 2. Empfänger.**

Das hinsichtlich des Kündigungsempfängers bei Kündigung durch den Ver in Anm. 32 zu § 8 Gesagte gilt entsprechend, jedoch kann bei Beteiligung mehrerer Vmer das Rücktrittsrecht nur gegen alle ausgeübt werden (§ 356[1] BGB), wenn nicht § 30 I, II eingreift. Beispiele für Notwendigkeit des Rücktritts gegenüber Erben (dazu auch Magnusson VersR 1954 S. 331—334, von Waldstein VersR 1953 S. 225): OLG Köln 14. X. 1931 JW 1932 S. 2556, KG 19. V. 1928 JRPV 1928 S. 217, gegenüber Erwerbern: OLG Bremen 23. VI. 1953 VersR 1953 S. 450. Beispiele für Unzulässigkeit des Rücktritts gegenüber Vsmaklern: KG 20. IV. 1932 VA 1932 S. 269 Nr. 2460 = JRPV 1932 S. 198, Zessionaren: OLG Köln 14. X. 1931 JW 1932 S. 2556, Bezugsberechtigten: KG 19. V. 1928 JRPV 1928 S. 217 (dazu auch Ehrenzweig S. 91).

**[12] 3. Inhalt.**

Die Rücktrittserklärung muß unzweideutig erkennen lassen, daß der Vsvertrag wirtschaftlich ex tunc (Anm. 15) aufgehoben werden soll (OLG Bremen 23. VI. 1953 VersR 1953 S. 450, OLG Düsseldorf 5. VI. 1951 VersR 1951 S. 201), der Ausdruck Rücktritt braucht aber nicht benutzt zu werden (Ehrenzweig S. 90). Die Worte Anfechtung (KG 17. X. 1928 JRPV 1928 S. 374, 25. I. 1941 JRPV 1941 S. 52—53, a. M. LG Berlin 27. I. 1926 JRPV 1926 S. 352, LG Kiel 25. IV. 1951 VersR 1951 S. 197) und Kündigung (RG 20. VI. 1930 JRPV 1930 S. 249 = Praxis 1930 S. 54, KG 8. II. 1933 JRPV 1933 S. 156) haben so spezielle Bedeutung, daß eine Umdeutung in einen Rücktritt nicht erfolgen kann. Ebensowenig liegt Leistungsfreiheit im rechtstechnischen Sinn vor (Prölss[8] Anm. 3 zu § 20, S. 108). Die Rechtsprechung läßt weiterhin nicht genügen: Ablehnung des Schadensersatzes oder der Leistung der Vssumme (KG 9. VII. 1919 VA 1920 Anh. S. 4 Nr. 1116, 14. VII. 1926 JRPV 1926 S. 246, 20. IV. 1932 VA 1932 S. 269 Nr. 2460 = JRPV 1932 S. 198—199, 2. III. 1938 JRPV 1938 S. 171—172, OLG Düsseldorf 5. VI. 1951 VersR 1951 S. 201, OLG Bremen 23. VI. 1953 VersR 1953 S. 450), Verweigerung der Leistung (OLG Köln 14. X. 1931 JW 1932 S. 2556 = VA 1931 S. 273 Nr. 2329), Zurückhaltung des Schadensbetrages (KG 28. IX. 1932 VA 1932 S. 323 Nr. 2501). Nach KG 4. XII. 1929 JRPV 1930 S. 80 soll es jedoch genügen, wenn der Ver schreibt, daß er seine „Leistungspflicht nicht anerkenne und die eingezahlten Beiträge als verfallen betrachte".

Zulässig ist es, daß Rücktritt und Anfechtung wegen arglistiger Täuschung nebeneinander erklärt werden. Auch von einem durch Kündigung oder Zeitablauf beendeten Vsvertrag kann der Ver noch zurücktreten (Ehrenzweig S. 89). Außerdem kann bei mehreren Nicht- oder Falschanzeigen, die nacheinander entdeckt werden, der Rücktritt mehrfach erklärt werden. Alle Formen der Häufung haben wegen §§ 20 II 2, 21 Bedeutung. Wie die Kündigung ist auch der Rücktritt bedingungsfeindlich (vgl. Anm. 33 zu § 8).

Eine Begründung braucht die Rücktrittserklärung nicht zu enthalten (OLG Köln 14. X. 1931 JW 1932 S. 2556 = VA 1931 S. 273 Nr. 2329, bedenklich Ehrenzweig S. 90, KG 2. III. 1938 JRPV 1938 S. 172). Ist eine Begründung angegeben, so lassen sich später andere Gründe nachschieben (KG 3. II. 1934 JRPV 1934 S. 234).

Die Erklärung muß dem Vmer zugehen (dazu Anm. 2—7 zu § 10), wobei § 10 Bedeutung gewinnen kann. Ein Widerruf durch den Ver ist bis zum Zugang möglich (§ 130 I 2 BGB). Die Kosten des Rücktritts belasten den Ver.

**[13] 4. Form.**

Nach dem Gesetz ist der Rücktritt formfrei, jedoch wirkt ein mündlicher Rücktritt eines Schalterbeamten dann nicht, wenn dabei gesagt wird, eine schriftliche Bestätigung werde folgen, und wenn diese nicht folgt (KG 2. III. 1938 JRPV 1938 S. 171 bis 172).

Da eine Formabrede den Vmer begünstigt, ist sie durch § 34a[1] nicht verwehrt. Bei vereinbarter Schriftform reicht telegrafischer Rücktritt (§ 127[2] BGB) oder faksimilierte Unterschrift des Vers (gedruckt oder gestempelt) aus (vgl. Anm. 34 zu § 8): RG 25. VI. 1929 RGZ Bd 125 S. 73—75 (generell). Anders für gedrucktes Faksimile: OLG Köln 21. I. 1927 VA 1927 S. 220—221 Nr. 1734 = HansRZ 1927 Sp. 278—279. Eine Unterschrift in Druckbuchstaben genügt nicht. Rücktritt durch eingeschriebenen Brief schreibt dem Krankenver § 6 I b GrundBed vor.

Wird die erforderliche Form nicht gewahrt, so ist der Rücktritt nicht ordnungsgemäß. Dies gilt auch dann, wenn der Ver einen gewöhnlichen statt eines eingeschriebenen Briefes sendet (a. A. RG 23. IX. 1911 RGZ Bd 77 S. 70—71 für die Kündigung einer Vereinsmitgliedschaft, KG 3. X. 1905 VA 1905 Anh. S. 89 Nr. 152 für eine Kündigung des Vmers, Prölss[8] Anm. 4 zu § 34a, S. 133). Die Rechtslage ist anders als bei Wissenserklärungen, bei denen die Kenntnisverschaffung entscheidet (Anm. 24 zu § 6, Anm. 13, 36 zu § 16).

**[14] 5. Mitteilung.**

§§ 103 I 1, 107b sehen eine Mitteilung über den erfolgten Rücktritt seitens des Vers an den Realgläubiger vor, § 34 II 1 SchiffsG dasselbe an den Schiffshypothekengläubiger.

**[15] IV. Rücktrittswirkungen.**

**1. Grundsätze.**

**a) Allgemeines Zivilrecht.**

Der Rücktritt wirkt juristisch ex nunc, wirtschaftlich ex tunc (Möller Schuldrecht S. 41), während die Anfechtung juristisch und wirtschaftlich ex tunc, die Kündigung wirtschaftlich und juristisch ex nunc wirken. Der Rücktritt läßt — darin liegt seine rechtsgestaltende Wirkung — für die Zukunft den Vsvertrag (wie eine Kündigung) erlöschen und für die Vergangenheit ein gesetzliches Rückgewährschuldverhältnis entstehen (§ 20 II 2; § 346[1] BGB), und zwar nicht nur kraft ungerechtfertigter Bereicherung (wie bei Anfechtung).

**[16] b) Versicherungsrechtliche Anwendung.**

Da der Rücktritt juristisch nur ex nunc wirkt, hat der Ver die Gefahr bis zum Zugang der Rücktrittserklärung getragen, z. B. Rückvsprämien bezahlt. Diese Leistung kann der Vmer nicht zurückgewähren, er ist kein Ver. Deshalb hat der Vmer — wie in den Fällen des § 346[2] BGB — die Gegenleistung zu erbringen, dem Ver gebührt die Prämie, sei sie bezahlt, sei sie unbezahlt, und zwar in Anwendung der Unteilbarkeit bis zum Ende der Vsperiode, in welcher der Ver von der Verletzung der vvAnzPfl Kenntnis erlangt hat. So erklärt sich § 40 I 1 aus dem Wesen der Gefahrtragungsleistung (Anm. 43 zu § 1) und der Unteilbarkeit der Prämie.

Erhaltene Geldleistungen — aus vor dem Rücktritt eingetretenen Vsfällen — muß der Vmer zurückgewähren und er hat dies zu tun, auch wenn er um die Geldleistung nicht mehr bereichert ist. Das wäre aber hart, wenn der Umstand, hinsichtlich dessen die vvAnzPfl verletzt ist, keinen Einfluß auf den Eintritt des Vsfalles oder auf den Umfang des Leistung des Vers gehabt hat. Deshalb ist § 21 eine Ausnahme von der Rückgewährpflicht zu entnehmen. Um so mehr ist es gerechtfertigt, daß der Ver die Prämie erhält.

In Durchbrechung des Grundsatzes, daß der Ver Verpflichtungen aus dem Vsvertrage vom Rücktritt an nicht mehr zu erfüllen braucht (Begr. I S. 34), bestimmt § 21, daß er die Verpflichtung aus vorher eingetretenen Vsfällen noch erfüllen muß, wenn der Umstand, in Ansehung dessen die vvAnzPfl verletzt ist, den Eintritt des Vsfalles und den Umfang der vom Ver zu erbringenden Leistung nicht beeinflußt hat.

Von den üblichen Rücktrittswirkungen bleibt also beim Vsvertrage nicht viel übrig, trotzdem stellt § 20 II 2 das Ausgangsprinzip heraus. (Insofern hat RG 21. XI. 1930 RGZ Bd 130 S. 273 [Ausw 2] recht mit der Feststellung, auch im Vsrecht habe der Rücktritt rückwirkende Kraft.) Der Gesetzgeber hätte mit ähnlichem Ergebnis ein fristloses Kündigungsrecht des Vers in Verbindung mit einer gesetzlichen Gefahrumstands-

Ausschlußklausel normieren können: Bis zur Kündigung trägt der Ver die Gefahr unter Ausschluß der schuldhaft nicht oder falsch angezeigten Umstände.

[17] c) **Unzulässiger Rücktritt.**

Tritt der Ver zu Unrecht zurück, so kann darin eine schuldhafte Verletzung der Gefahrtragungspflicht liegen (Prölss[8] Anm. 5 zu § 20, S. 109 spricht von positiver Vertragsverletzung). Ein Verschulden des Vers liegt aber nicht stets dann vor, wenn der Vmer sein mangelndes Verschulden dartun kann. Evtl. kommt Kündigung seitens des Vmers in Betracht (Anm. 24 zu § 8).

[18] 2. **Einzelheiten.**

a) **Prämienzahlungen.**

Hierzu vgl. § 40 I 1. Hat der Vmer Prämie über das Ende jener Vsperiode hinaus bezahlt, in welcher der Ver von der Verletzung der vvAnzPfl Kenntnis erlangt hat, so hat der Vmer einen Rückzahlungsanspruch aus § 20 II 2; § 346[1] BGB. Läuft die Vsperiode entsprechend dem Kalenderjahr und hat der Ver am 25. XII. 1950 Kenntnis erlangt, ist er aber erst am 20. I. 1951 zurückgetreten, so gebührt dem Ver doch nach § 40 I 1 Prämie nur bis zum 31. XII. 1950, obgleich er unter den Voraussetzungen des § 21 einen am 19. I. eingetretenen Vsfall entschädigen muß. (Der Ver hätte sich eher zum Rücktritt entschließen können!) Der Rückzahlungsanspruch bezieht sich auf das, was der Ver tatsächlich erhalten hat, ein Prämienrabatt fällt also dem Vmer zur Last. War ein „Freijahr" gewährt, so kann ein Vmer, der die vvAnzPfl verletzt hat, daraus keinen Vorteil gewinnen; auf die Zeit, für welche die Prämie vom Vmer zu zahlen ist, kann das Freijahr demnach nicht anteilig verrechnet werden.

Der Ver hat nach § 20 II 2; § 347[3] BGB die Rückprämie zu verzinsen, und zwar ohne Rücksicht auf Verzug in Höhe der gesetzlichen Zinsen (vgl. § 288 I 1 BGB: 4%, bei beiderseitigen Handelsgeschäften nach § 352 I 1 HGB: 5%).

Das Schicksal der nach § 40 I 1 dem Ver gebührenden Vsprämie teilen die Nebengebühren, insbesondere die Aufnahmegebühr. Eine Rückforderung kommt also nicht in Betracht. Über die Verjährung der Ansprüche des Vmers: Anm. 9 zu § 12.

[19] b) **Versichererleistungen.**

aa) **Gefahrtragung.**

Eine Rückgewähr kommt nur für Leistungen in Frage, die nach Eintritt eines Vsfalles vor dem Rücktritt erbracht sind. Nach § 20 II 2; § 346[1] BGB ist der Vmer zur Rückgabe der erhaltenen Geld- oder Naturalleistungen verpflichtet (bei Fehlen der Rückgewährbarkeit, z. B. in der Glasv oder in der Haftpflichtv käme auch eine analoge Anwendung des § 346[2] BGB in Frage). § 21 scheint nicht einzugreifen; denn er spricht nur davon, daß eine (unerfüllte) „Verpflichtung zur Leistung" für den Ver u. U. bestehen bleibt, handelt also nicht vom Schicksal bereits erfüllter Verpflichtungen, erbrachter Leistungen.

Aber anerkanntermaßen ist auch § 21 auf bereits erbrachte Leistungen (analog) anzuwenden (Kisch II S. 333). Hat also in der Krankenv das verschwiegene Herzleiden entschädigte Kosten für Erkältungen oder Zahnbehandlung nicht beeinflußt, so behält der Vmer die Entschädigungen. Über die den Vmer treffende Beweislast Anm. 11 zu § 21.

[20] bb) **Sonstige Leistungen.**

Aufwendungen für Abwendung und Minderung, Schadensfeststellungskosten usw. teilen das Schicksal der zugehörigen Hauptleistung des Vers. Verbleibt letztere dem Vmer, so auch der Aufwendungs- oder Kostenersatzbetrag.

Problematisch ist das Schicksal von verteilten Überschüssen, Prämienrückgewährungen, Prämienrückvergütungen, Vtendividenden. Sofern es sich wirtschaftlich um Prämienkorrekturen handelt, braucht der Vmer die ihm gezahlten Beträge nicht herauszugeben, da andererseits dem Ver die Prämie gebührt.

Rückgewährpflichtig ist nicht notwendig der Vmer, sondern derjenige, der die Leistung des Vers als Berechtigter empfangen hat, z. B. der Vte bei V für fremde Rechnung, der Bezugsberechtigte, der Zessionar (vgl. Anm. 27 zu § 22).

Auch der Vmer hat die zurückzugewährenden Leistungen zu verzinsen: Anm. 18. Über die Verjährung der Ansprüche des Vers: Anm. 9 zu § 12, über die Klagefrist: Anm. 23 zu § 12.

[21] c) **Privilegierungen.**

In der Feuerv sind die Realgläubiger in doppelter Weise hinsichtlich der Rücktrittswirkungen begünstigt: Tritt der Ver nach Eintritt des Vsfalles zurück, so „bleibt gleichwohl seine Verpflichtung gegenüber einem Hypothekengläubiger bestehen" (§ 102 I in Ausweitung des § 21). Tritt der Ver vor Eintritt des Vsfalles zurück, so bewirkt § 103 I, daß ein Rücktritt gegenüber dem Hypothekengläubiger erst nach Ablauf von drei Monaten nach Kenntniserlangung wirkt. Für die Kaskov ähnlich §§ 36 I 2, 34 II 1 SchiffsG zugunsten des Schiffshypothekengläubigers.

Wegen des Schutzes der geschädigten Dritten in der Pflichthaftpflichtv vgl. § 158c II 1.

[22] d) **Lebensversicherung.**

Über die besonderen Wirkungen des Rücktritts in der Kapitalv für den Todesfall mit unbedingter Leistungspflicht: § 176 I, III, IV.

[23] **V. Unabdingbarkeit.**

Nach § 34a[1] ist § 20 im Bereich der Beschränkungen der Vertragsfreiheit relativ zwingend zugunsten des Vmers. Es kann also insbesondere die Rücktrittsfrist nicht verlängert werden, auch kann nach Ablauf der Frist kein Leistungsverweigerungsrecht des Vers bestehen (OLG Hamm 15. VI. 1953 VA 1953 S. 271, AG Bremen 9. III. 1951 VersR 1951 S. 267). Zur Frage, ob gültig vereinbart werden kann, der Inhaber des Lebensvsscheins solle Zustellungsbevollmächtigter des Vmers und seiner Erben sein, vgl. bejahend Magnusson VersR 1954 S. 332—334 gegen VA 1930 S. 112. Dagegen begünstigt es den Vmer, wenn für die Rücktrittserklärung eine Form vereinbart wird (Anm. 13). Die gesetzlich bestehenden Rückgewähransprüche des Vmers können vertraglich nicht beschnitten werden. Eine Vereinbarung, wonach ein Rücktritt nicht auf sofort, sondern auf einen späteren Zeitpunkt wirken solle, ist für den Vmer teils günstig, teils ungünstig. Der Vmer kann sich also, wenn es ihm paßt, auf die Vereinbarung berufen, kann aber andererseits auch den Verstoß gegen § 34a[1] geltend machen.

# § 21

**Tritt der Versicherer zurück, nachdem der Versicherungsfall eingetreten ist, so bleibt seine Verpflichtung zur Leistung gleichwohl bestehen, wenn der Umstand, in Ansehung dessen die Anzeigepflicht verletzt ist, keinen Einfluß auf den Eintritt des Versicherungsfalls und auf den Umfang der Leistung des Versicherers gehabt hat.**

**Rücktritt: Einschränkung der Wirkungen.**

**Gliederung.**



[1] **Entstehung:** § 21 ist unverändert geblieben. — Begr. I S. 34—35.

[2] **Schrifttum:** Anm. 2 zu § 16.

[3] **I. Grundgedanke.**

Vor Eintritt des Vsfalles kommt der Ver äußerst selten in die Lage, von dem Rücktrittsrecht Gebrauch zu machen, denn es bietet sich ihm kaum eine Gelegenheit, und es besteht auch für ihn keine Notwendigkeit, in eine Nachprüfung der bei Erfüllung der vvAnzPfl gemachten Anzeigen einzutreten. Erst die Schadensanzeige pflegt ihm Veranlassung hierzu zu sein. Dem Gesetzgeber erscheint es — im Gegensatz zu der vorgesetzlichen Rechtsauffassung (Bruck 7. Aufl. S. 95) — als unbillig, den Vmer für sein schuldhaftes Verhalten büßen zu lassen, wenn der Umstand, in Ansehung dessen die Anzeigepflicht verletzt ist, auf den Eintritt des Vsfalles und auf den Umfang der Leistung des Vers keinen Einfluß gehabt hat. Damit verliert das Rücktrittsrecht praktisch stark an Bedeutung. Der Ver wird dahin gedrängt, dem Vmer Arglist vorzuwerfen und das Anfechtungsrecht wegen arglistiger Täuschung (§ 22) auszuüben.

[4] § 21 schließt jedoch den Rücktritt des Vers nach Eintritt des Vsfalles nicht aus. Solcher Rücktritt entfaltet unbeschränkt seine Wirkungen für die künftige Gefahrtragung und damit künftige Vsfälle und hinsichtlich der Prämie (§ 40 I 1).

Nur bezüglich des schon eingetretenen Vsfalles (der schon eingetretenen Vsfälle) sind die Wirkungen des Rücktritts eingeschränkt, wobei es gleichgültig ist, ob der Ver die durch den Vsfall ausgelösten Leistungen noch nicht erbracht hat (§ 21: Verpflichtung bleibt u. U. bestehen) oder erbracht hat (§ 21 analog, Anm. 19 zu § 20).

§ 21 ist eine Ausnahmevorschrift. Regelmäßig wird der Ver kraft seines Rücktritts unerfüllter Verpflichtungen ledig, hinsichtlich erbrachter Leistungen hat er einen Rückforderungsanspruch (Anm. 15—16, 19 zu § 20). § 21 beraubt den Ver dieser Vorteile unter der Voraussetzung, daß erstens der Ver erst nach dem Vsfall zurücktritt (Anm. 5) und es zweitens an einem bestimmten Kausalzusammenhang fehlt (Anm. 6—10). Beweispflichtig hierfür ist der Vmer (Anm. 11). Gelingt der Beweis, so bleibt der Ver verpflichtet bzw. er erlangt keinen Rückforderungsanspruch (Anm. 12).

**[5] II. Rücktrittszeitpunkt.**

§ 21 setzt den Rücktritt des Vers, „nachdem der Vsfall eingetreten ist", voraus. Entscheidend ist der Zugang der Rücktrittserklärung. Tritt der Ver vor Eintritt des Vsfalles zurück, so ist er in einer besseren Situation. Bei gedehnten Vsfällen (Anm. 49 zu § 1) kann der Zeitpunkt des Eintritts des Vsfalles zweifelhaft sein. Fraglos kommt es auf einen Zeitpunkt zu Beginn des Vsfalles an; denn Zweck des § 21 ist es, solchen Vmern eine gesichertere Stellung zu verschaffen, bei denen der latente Gefahrtragungsanspruch sich verfestigt zu einem akuten Geldanspruch. Der Begriff Vsfall ist hier ebenso auszulegen wie zu § 6 III 1: Anm. 19 zu § 6. Tritt bei einem tagelangen Brand der Ver am zweiten Tag, ja überhaupt nach Beginn des Brandes (Übergreifen auf die vten Sachen) zurück, so ist das zu spät, § 21 findet Anwendung. § 5 Ia GrundBed bringt für die Krankenv eine Definition des Vsfalles. Ist diese im Rahmen des zwingenden § 21 entscheidend? Nach der Definition beginnt der Vsfall mit dem Eintritt in die Heilbehandlung. Tritt der Ver nach objektivem und subjektivem Krankheitsbeginn, aber vor Eintritt in die Heilbehandlung zurück, so wird man dennoch § 21 anwenden müssen, § 5a Ia GrundBed konnte den zwingenden § 21 nicht ändern, die Frage des Eintritts des Vsfalles ist unabhängig von den vertraglichen Vereinbarungen zu untersuchen. Im übrigen ist auch in der Krankenv der gedehnte Vsfall als einheitlicher zu behandeln (OLG Hamburg 13. II. 1953 VersR 1953 S. 191, dazu Köppen VersR 1953 S. 353—355 und Anm. 13). In der Haftpflichtv wählt die Definition des § 5 I AHaftpflB einen früheren Zeitpunkt, der im Rahmen des § 21 zugrundegelegt werden kann („Schadensereignis, das Haftpflichtansprüche gegen den Vmer zur Folge haben könnte").

**[6] III. Kausalität.**

Tritt der Ver nach Eintritt des Vsfalles zurück, so nützt ihm das nicht, wenn „der Umstand, in Ansehung dessen die Anzeigepflicht verletzt ist, keinen Einfluß auf den Eintritt des Vsfalles und auf den Umfang der Leistung des Vers gehabt hat". Es kommt also auf einen Kausalzusammenhang zwischen nicht oder falsch angezeigtem Gefahrumstand einerseits und Eintritt des Vsfalles oder Umfang der Leistung des Vers andererseits an. Ist die vvAnzPfl in mehrfacher Richtung, hinsichtlich mehrerer Gefahrumstände schuldhaft verletzt, so nützt dem Ver sein Rücktritt, wenn nur bei einem der

Umstände der Kausalzusammenhang besteht. Das Kausalerfordernis bezweckt den Schutz des Vmers. Rechtslogisch ist es mit dem Wesen des Rücktritts nicht vereinbar. Wirtschaftlich ist § 21 deshalb für den Ver etwas erträglicher, weil ihm trotz Rücktritts die Prämie gebührt, und zwar für die ganze Vsperiode (Anm. 16 zu § 20, vgl. allerdings auch das Beispiel in Anm. 13 und in Anm. 18 zu § 20).

[7] **1. Unwesentliche Kausalität.**

§ 21 stellt nicht darauf ab, ob durch die Nicht- oder Falschanzeige der Vertragsabschluß oder der Vertragsinhalt beeinflußt wurde: RG 20. IX. 1927 RGZ Bd 118 S. 57—59 [Ausw 2], 15. VI. 1928 JW 1928 S. 2129 = JRPV 1928 S. 214, 15. XI. 1929 VA 1929 S. 311 Nr. 2063 = JRPV 1929 S. 419, 18. X. 1932 JW 1933 S. 763—764 = VA 1932 S. 321 Nr. 2500, 17. XI. 1933 VA 1933 S. 405 Nr. 2627 = JRPV 1934 S. 6, 31. I. 1936 VA 1936 S. 172—173 Nr. 2867 = JRPV 1936 S. 74, 10. III. 1936 JW 1936 S. 2403, KG 20. III. 1918 VA 1918 Anh. S. 62 Nr. 1050, 21. V. 1930 JRPV 1930 S. 352, 14. VI. 1933 VA 1933 S. 331 Nr. 2574, OLG Dresden 23. IX. 1914 VA 1914 Anh. S. 112—113 Nr. 850, 14. XI. 1928 VA 1929 S. 33 Nr. 1945, 4. VI. 1930 Praxis 1930 S. 68, OLG Hamm 8. X. 1931 VA 1931 S. 285 Nr. 2340, 4. I. 1932 VA 1932 S. 227 Nr. 2425, OLG Kiel 30. IV. 1927 VA 1927 S. 251—252 Nr. 1756, OLG Köln 1. III. 1934 VA 1934 S. 39 Nr. 2690, OLG Stuttgart 26. VI. oder IX. 1929 JW 1929 S. 3320 = VA 1929 S. 324 Nr. 2075, OLG Zweibrücken 2. II. 1932 JW 1932 S. 1582 = VA 1932 S. 263 Nr. 2454. Unrichtig: Gottschalk NeumannsZ 1916 S. 43—44, LZ 1917 Sp. 1297—1303, JRPV 1927 S. 3—6, 38—39, Weil JW 1933 S. 762—764, OLG Frankfurt 10. II. 1926 JRPV 1926 S. 138—139, OLG Hamburg 15. III. 1918 VA 1918 Anh. S. 52—53 Nr. 1044, OLG Hamm 23. III. 1931 VA 1931 S. 43 Nr. 2270, OLG Köln 23. XI. 1921 VA 1922 Anh. S. 61 Nr. 1284, OLG München 26. II. 1918 VA 1918 Anh. S. 60—61 Nr. 1049, KG 21. II. 1920 VA 1920 Anh. S. 53—54 Nr. 1148. Der Kausalzusammenhang zwischen Verletzung der vvAnzPfl und Zustandekommen des Vsvertrages wird schon in § 16 I 1 vorausgesetzt, allerdings in der abgeschwächten Form, daß der Umstand nur „geeignet" sein muß, den Entschluß des Vers zu beeinflussen (Anm. 25 zu § 16). Bei den nicht oder falsch angezeigten Umständen muß im Falle des § 21 zusätzlich gefragt werden, ob sie (nicht die Nicht- oder Falschanzeige) obendrein den Eintritt des Vsfalles oder den Umfang der Leistung des Vers beeinflußt haben.

[8] **2. Wesentliche Kausalität.**

§ 21 spricht von dem mangelnden Einfluß des nicht oder falsch angezeigten Umstandes „auf den Eintritt des Vsfalles und auf den Umfang der Leistung des Vers". Positiv gesprochen genügt es also, wenn e n t w e d e r der Eintritt des Vsfalles o d e r der Leistungsumfang beeinflußt ist. Maßgebend ist die Lehre von der adäquaten Verursachung (RG 17. XI. 1933 VA 1933 S. 405 Nr. 2627 = JRPV 1934 S. 6; dazu zu § 49), d. h. es muß erstens der Umstand conditio sine qua non des erfolgten Eintritts des Vsfalles oder des vorliegenden Leistungsumfanges sein, und es darf zweitens der Umstand seiner allgemeinen Natur nach für den Eintritt dieser Wirkung nicht ganz indifferent und nur infolge außergewöhnlicher Verhältnisse zur conditio sine qua non geworden sein. Eine Alleinursache braucht der Umstand nicht zu bilden, er braucht auch nicht die „unmittelbare" Ursache zu sein (LG München 1. VIII. 1950 VersR 1951 S. 33).

[9] **a) Eintritt des Versicherungsfalles.**

Wohl in allen Vszweigen können anzuzeigende, aber nicht oder falsch angezeigte Umstände den Eintritt des Vsfalles (bei gedehnten Vsfällen: den Beginn des gedehnten Vsfalles) beeinflussen, auch bei der V gegen Naturereignisse wie Hagel: Es ist nicht angezeigt, daß das bei Treibhäusern verwendete Glas kriegsbedingt außerordentlich dünn ist, dickeres Glas hätte dem in Betracht kommenden Hagelschlag standgehalten.

Viele nach § 16 I anzuzeigende Umstände können nun aber zwar Vertragsabschluß und Vertragsbedingungen beeinflussen, nicht aber den Eintritt des Vsfalles bewirken. Hier liegt wohl der größte Anwendungsbereich des § 21. Begrifflich ausgeschlossen ist es insbesondere, daß nur i n d i z i e r e n d e U m s t ä n d e (Anm. 16 zu § 16) den Eintritt des Vsfalles verursachen, z. B. frühere Schadensfälle, Krankheiten oder Unfälle, Ablehnungen, Kündigungen früherer Verträge, das Bestehen oder die Beantragung einer anderen V: RG 19. VI. 1917 VA 1917 Anh. S. 69 Nr. 1009, 8. XII. 1931 JRPV 1932 S. 44, 18. X. 1932 JW 1933 S. 762—764 = VA 1932 S. 321 Nr. 2500, 10. III. 1936 JW 1936 S. 2403, KG 3. III. 1934 JRPV 1934 S. 200, OLG Hamm 8. X. 1931 VA 1931 S. 285 Nr. 2340, 4. I. 1932 VA 1932 S. 227 Nr. 2425, OLG München 23. XII. 1936 VA 1937 S. 152—153 Nr. 2971, LG Berlin 26. X. 1953 VersR 1953 S. 445, auch KG 11. I. 1930 VA 1929 S. 329—330 Nr. 2080 = JRPV 1930 S. 97 (vgl. aber LG Berlin 12. II. 1953 VersR 1953 S 254: Wäre ein früherer Einbruch angezeigt, so hätte der Ver Sicherungsmaßnahmen vorgeschrieben und diese hätten den Vsfall verhindert). Verschwiegene ärztliche Beratungen können den Tod in der Lebensv nicht verursacht haben (RG 15. VI. 1928 JW 1928 S. 2129 = JRPV 1928 S. 214).

Prölss VersR 1954 S. 154—155 vertritt eine abweichende Auffassung, insonderheit für Symptome, die auf Krankheiten hindeuten. Er meint: „Es muß .... so angesehen werden, als wäre .... mit dem Symptom .... zugleich die Krankheit .... angezeigt, mit dem Symptom die Krankheit verschwiegen worden“. Das ist nach beiden Richtungen hin nicht überzeugend. Ein Vmer, der von einer schweren Erkrankung weiß, darf sich der vvAnzPfl nicht dadurch entledigen, daß er dem Ver nur ein kleines Symptom anzeigt, welches auf die Erkrankung hinweist. Die Gleichstellung von Symptom und Krankheit bei Anzeigepflichtverletzungen ist deshalb bedenklich, weil es in der Medizin fast niemals eindeutige Symptome gibt. Z. B. weisen beileibe nicht alle Magenbeschwerden auf Magenkrebs hin. Nur bei völlig eindeutigen Symptomen läßt sich die Meinung von Prölss rechtfertigen. Hier kann man sagen: Wer das (eindeutige) Symptom nicht anzeigt, zeigt die Krankheit selbst nicht an. Bei mehrdeutigen Symptomen führt jedoch die Auffassung von Prölss zu einer Vereitelung des Schutzgedankens von § 21, und es reicht nicht aus, wenn Prölss dem Anspruchерhebenden den Beweis offenläßt, der Ver hätte erfahrungsgemäß „aus den zutreffend angegebenen Symptomen (Anzeichen) nicht auf mögliche gefahrerhebliche Umstände geschlossen“. Da es auf den Zusammenhang mit Vertragsabschluß und Vertragsinhalt bei § 21 nicht ankommt (Anm. 7), kann man auch nicht den Ausweg wählen, darauf abzustellen, ob der Ver auf Grund der Anzeige des mehrdeutigen Symptoms schon eine Ausschlußklausel vereinbart hätte. Vielmehr erweist sich gerade bei Nichtanzeige von mehrdeutigen Symptomen, daß § 21 den Vmer stark begünstigt. Aus der Judikatur richtig KG 14. VI. 1933 VA 1933 S. 331 Nr. 2574 = JRPV 1933 S. 321—322, bedenklich die bei Prölss zitierten Urteile KG 27. II. 1929 VA 1929 S. 212 Nr. 1980, LG Lübeck 13. V. 1953 VersR 1953 S. 395 (nicht OLG Düsseldorf), AG Bottrop 25. VI. 1952 VersR 1953 S. 154.

Ferner können nur die Vertragsgefahr berührende Umstände (Anm. 17, 27 zu § 16) den Eintritt des Vsfalles nicht bewirken, z. B. nicht Zuchthausstrafen des Vmers. Umstände, die bis zum Eintritt des Vsfalles weggefallen sind, können einen Einfluß begriffsnotwendig nicht mehr ausüben. Nicht kausal sind meistens auch falsche Angaben über Rechtsverhältnisse, z. B. das Eigentum an der vten Sache (Beispiele: RG 8. VII. 1932 Praxis 1933 S. 12, OLG Celle 15. VII. 1953 VersR 1953 S. 388, OLG Hamburg 24. III. 1931 JW 1931 S. 3226, vgl. aber auch OLG Kiel 24. VI. 1915 LZ 1915 Sp. 1400).

Ist das Baujahr des vten Autos falsch angegeben und hat der Schadenseintritt mit dem Alter nichts zu tun, so ist auch der Umfang der Verleistung nicht beeinflußt, denn dieser richtet sich nicht nach dem angegebenen, sondern dem tatsächlichen Baujahr (OLG Hamm 23. III. 1931 VA 1931 S. 42—44 Nr. 2270 und Köhler JRPV 1930 S. 367—368). Ähnlich für unrichtige Angabe des Wertes des vten Pferdes: OLG Zweibrücken 2. II. 1932 JW 1932 S. 1582 = JRPV 1932 S. 263 Nr. 2454, falsch KG 21. II. 1920 VA 1920 Anh. S. 53—54 Nr. 1148, OLG Naumburg 21. I. 1938 JRPV 1938 S. 255 (vgl. Anm. 10). Über das Alter des vten Schiffes: KG 10. I. 1925 JRPV 1926 S. 76.

Wohl aber kommen im Rahmen des § 21 auch negative Umstände (fehlender Blitzableiter), subjektive und verschuldete Umstände (Absichten) in Betracht, wobei allerdings zu beachten ist, daß § 61 für gewisse subjektiv-verschuldete Umstände eine Ausschlußklausel bringt. Ist also eine später verwirklichte Brandstiftungsabsicht verschwiegen, so kann der Ver sich auf § 61 stützen, er braucht sich nicht auf den Rücktritt wegen Verletzung der vvAnzPfl zu berufen

**[10] b) Umfang der Leistung des Versicherers.**

Selbst wenn gleichsam dem Grunde nach der Vsfall durch den nicht oder falsch angezeigten Umstand nicht beeinflußt ist, so nützt dem Ver sein nachträglicher Rücktritt doch noch, falls der Höhe nach der „Umfang der Leistung des Vers" durch den Umstand beeinflußt wurde.

Solche Beeinflussung kommt allerdings in solchen Vszweigen nicht in Frage, in denen der Leistungsumfang nicht variabel ist, also regelmäßig bei abstrakter Bedarfsdeckung in der Summenv, man denke an die Kapitallebensv. Bei einer Todesfallv kann somit nur in Betracht kommen, ob der nicht oder der unrichtig angezeigte Umstand auf den Tod Einfluß ausgeübt hat (RG 20. IX. 1927 RGZ Bd 118 S. 59 [Ausw 2], 17. XI. 1933 VA 1933 S. 405 Nr. 2627 = JRPV 1934 S. 6, KG 14. VI. 1933 VA 1933 S. 331 Nr. 2574). Eine Ausnahme bildet aber z. B. u. U. die Rentenlebensv oder bei der Unfallv das Eingreifen der Gliedertaxe. Ferner können die in Anm. 9 ausgeschiedenen (indizierenden, vertragsgefährlichen) Umstände auch den Umfang der Verleistung nicht beeinflussen, a. A. Prölss VersR 1954 S. 153: Wenn aber ein Vsbetrüger frühere Betrügereien verschwiegen hat und bei einem neuen echten Vsfall über die Höhe des Schadens arglistig täuscht, so beeinflußt diese Täuschung den Umfang der vom Ver wirklich zu erbringenden Leistung nicht (auf eine rechtsgrundlos erbrachte Leistung kommt es hier nicht an); Entsprechendes gilt bei fingierten Vsfällen. Falls der Ver eine höhere Prämie berechnet hätte, so betrifft das nicht die Leistung des Vers, sondern jene des Vmers (RG 20. IX. 1927 RGZ Bd 118 S. 58 [Ausw 2], 18. X. 1932 JW 1933 S. 763—764 = VA 1932 S. 321 Nr. 2500, OLG Augsburg 14. II. 1929 JRPV 1929 S. 290, OLG Köln 1. III. 1934 VA 1934 S. 39 Nr. 2690).

Zweifelhaft ist die Rechtslage, falls der Ver geltend macht, er hätte bei richtiger Anzeige dem Vmer einen Selbstbehalt auferlegt. Hier liegt Kausalität i. S. des § 16 I 2 vor, nach dem Normzweck aber keine Kausalität i. S. des § 21. Denn was der Ver bei richtiger Anzeige getan hätte, ist im Rahmen des § 21 nicht zu berücksichtigen (ebenso im Ergebnis Ehrenzweig S. 95, Prölss[8] Anm. 1 zu § 21, S. 109, dagegen Gottschalk NeumannsZ 1916 S. 43—44, RG 6. III. 1914 VA 1914 Anh. S. 51 Nr. 810, OLG Köln 23. XI. 1921 VA 1922 Anh. S. 61 Nr. 1284, OLG München 26. II. 1918 VA 1918 Anh. S. 60—61 Nr. 1049). Deshalb ist es auch belanglos, wenn der Ver behauptet, er versichere Pferde, die erst kürzlich vom Vmer gekauft sind, stets höchstens mit dem (fälschlich zu hoch angezeigten) Ankaufspreis (a. A. OLG Naumburg 21. I. 1938 JRPV 1938 S. 255).

Liegt im Einzelfall ein Einfluß vor, so kommt es auf dessen Tragweite nicht an (Prölss[8] Anm. 3 zu § 21, S. 110, a. A. Kisch II S. 336, der die Leistungspflicht des Vers „insoweit bestehen" lassen will, als der Kausalzusammenhang mangelt, ebenso Bruck 7. Aufl. S. 97). Lagert im Keller eines großen Hauses ein verschwiegenes Benzinfaß, so wäre der Ver völlig leistungsfrei, auch wenn ein Dachstuhlbrand ausgebrochen war, allmählich in den Keller vorgedrungen ist und erst zuletzt der Schaden durch Explosion des Benzinfasses etwas vergrößert ist gegenüber dem sonst sich ergebenden Schadensumfang. Ob in solchen krassen Fällen § 242 BGB dem Vmer helfen kann, ist zweifelhaft.

**[11] IV. Beweislast.**

Das Eingreifen des § 21 ist von Amts wegen zu prüfen (RG 18. X. 1932 JW 1933 S. 763 = VA 1932 S. 321 Nr. 2500, dagegen Ehrenzweig S. 95 Anm. 16).

Da § 21 eine Ausnahme von den normalen Rücktrittswirkungen vorsieht, muß derjenige, der sich auf die Vorschrift beruft, also regelmäßig der Vmer, beweisen, daß der Ver nach dem Vsfall zurückgetreten sei und daß es an dem doppelten Kausalzusammenhang zwischen nicht oder falsch angezeigtem Umstand einerseits und Eintritt des Vsfalles und Umfang der Verleistung andererseits fehle: RG 31. I. 1936 VA 1936 S. 172 bis 173 Nr. 2867 = JRPV 1936 S. 74, KG 27. II. 1929 VA 1929 S. 212 Nr. 1980, OLG Hamm 23. III. 1931 VA 1931 S. 43 Nr. 2270, OLG Kiel 24. VI. 1915 LZ 1915 Sp. 1400, OLG Köln 23. XI. 1921 VA 1922 Anh. S. 61 Nr. 1284, OLG Naumburg 21. I. 1938 JRPV 1938 S. 255, OLG Rostock 27. X. 1931 VA 1931 S. 273 Nr. 2330, OLG Schleswig 4. VIII. 1953 VersR 1953 S. 395, LG Lübeck 13. V. 1953 VersR 1953 S. 395. Das gilt auch dann, wenn der Ver erst zurücktritt, nachdem er bereits geleistet hatte, und die erbrachte Leistung zurückfordert. Es reicht nicht aus, daß der Vmer dartut, möglicherweise könne auch ein anderer Umstand kausal gewesen sein. Vielmehr ist Beweis dafür zu erbringen, daß der nicht oder falsch angezeigte Umstand nicht kausal war, der Vsfall also auch ohnedem eingetreten wäre, mit gleichem Umfang der Leistung des Vers. Dabei sind die Beweisanforderungen an den Vmer nicht zu überspannen (allzu streng Prölss[8] Anm. 4 zu § 21, S. 110: „voller Beweis", „mit aller Bestimmtheit", auch LG Lübeck 13. V. 1953 VersR 1953 S. 395, LG Wiesbaden 23. IV. 1954 VersR 1954 S. 350).

Zweifel, ob der Kausalzusammenhang gegeben ist oder nicht, wirken zugunsten des Vers (KG 2. II. 1918 VA 1918 Anh. S. 16 Nr. 1023, OLG Augsburg 14. II. 1929 JRPV 1929 S. 289—290, OLG Düsseldorf 12. XI. 1931 VA 1931 S. 275 Nr. 2331, OLG Kiel 24. VI. 1915 LZ 1915 Sp. 1400, LG Lübeck 13. V. 1953 VersR 1953 S. 395). Ist allerdings irgendein Kausalzusammenhang nicht erkennbar, so ist es Aufgabe des Vers darzulegen, daß doch die konkrete Möglichkeit eines solchen bestehe (LG Berlin 26. X. 1953 VersR 1953 S. 445).

**[12] V. Rechtsfolge.**

Gelingt dem Vmer oder sonstigen Berechtigten der Beweis, so ist trotz des Rücktritts der Ver weiterhin verpflichtet, es „bleibt seine Verpflichtung zur Leistung gleichwohl bestehen" (§ 21), und zwar für den konkreten einheitlichen Vsfall. Die Verpflichtung ist eine solche aus dem Vsvertrage, hinsichtlich Verjährung gilt also z. B. § 12 I. Anders als die Anfechtung beseitigt der Rücktritt den Vsvertrag ja sowieso nicht völlig (Anm. 15, 16 zu § 20). Auch Aufwendungsersatz (§ 63), Ermittlungs- und Feststellungskosten usw. (§ 66) sind zu leisten.

Erfolgt der Rücktritt nach erbrachter Leistung, so entfällt im Falle des § 21 der Rückforderungsanspruch des Vers (Anm. 16, 19 zu § 20).

**[13] VI. Unabdingbarkeit.**

§ 21 ist zugunsten des Vmers im Bereich der Beschränkungen der Vertragsfreiheit zwingend (§ 34 a[1]). Es kann also z. B. nicht vereinbart werden, daß § 21 nicht gelten solle (OLG Dresden 14. XI. 1928 VA 1929 S. 33 Nr. 1945, OLG Hamburg 10. X. 1921 HansRZ 1922 Sp. 63, OLG Zweibrücken 2. II. 1932 JW 1932 S. 1582 = VA 1932 S. 263 Nr. 2454).

Ergibt sich aus § 21 die Leistungspflicht des Vers, so kann es bei gedehnten Vsfällen doch zweifelhaft sein, für welche Zeit die Leistungspflicht fortdauert. Der gedehnte Vsfall bildet eine Einheit, in der Krankenv währt er (mindestens) vom Eintritt in die Heilbehandlung bis zu deren Abschluß, wenn nach ärztlichem Befund Behandlungsbedürftigkeit nicht mehr besteht (so § 5 I a 1 GrundBed). Ist der Ver wegen eines verschwiegenen Herzleidens zurückgetreten, nachdem ein Gemütsleiden aufgetreten ist, muß sodann der Ver wegen des Gemütsleidens — vielleicht noch jahrelang — die „überhängenden" Schäden ersetzen oder greift § 4 XI 1, 2 GrundBed ein, wonach die Leistungspflicht des Vers mit Beendigung des Vsvertrages erlischt und für schwebende Vsfälle nur die Aufwendungen ersetzt werden, die bis zu diesem Zeitpunkt entstanden sind (so Köppen VersR 1953 S. 353—355)? Ein schwieriges und schwerwiegendes Problem! Obgleich es zweifellos richtig ist, daß der Rücktritt prinzipiell eine „Beendigung des Vsvertrages" mit sich bringt, so muß doch der zwingende Charakter des § 21 voll beachtet werden. Die AVB können — auch durch eine generell gefaßte — Vorschrift die zwingenden Rechtsfolgen des § 21 nicht beseitigen. Da aber objektiv der Vsfall in der Krankenv ein einheitlicher ist, bleibt keine andere Lösung möglich, als die, den Ver — der nach § 40 I 1 bald keine Prämie mehr erhält — noch mit den überhängenden Krankheitskosten für das Gemütsleiden zu belasten. (Tritt der Ver nicht zurück, so muß er obendrein auch noch wegen des Herzleidens entschädigen). Eine Kritik am OLG Hamburg 13. II. 1953 VersR 1953 S. 291 ist demnach de lege lata nicht zu rechtfertigen. Vgl. auch Prölss[8] Anm. 5 zu § 21, S. 110, Ehrenzweig VersR 1954 S. 335.

Auf andere Obliegenheiten, auch auf andere Rücktrittsfälle ist die Ausnahmevorschrift des § 21 nicht analog anwendbar (RG 27. IV. 1934 VA 1934 S. 223 Nr. 2720, 12. IX. 1939 JRPV 1939 S. 325).

# § 22

**Das Recht des Versicherers, den Vertrag wegen arglistiger Täuschung über Gefahrumstände anzufechten, bleibt unberührt.**

## Anfechtung, Nichtigkeit des Vertrages.

**Gliederung:**

[1] **Entstehung:** § 22 ist unverändert geblieben. — Begr. I S. 35—36.

[2] **Schrifttum:** Börger, Die Anfechtung des Vsvertrages wegen Verletzung der vorvertraglichen Anzeigepflicht, Göttinger Diss. 1935, Bruck S. 210—213, von Gierke WuRdVers 1935 Nr. 1 S. 1—46, Heckhausen, Die Anfechtung des Vsvertrages, Kölner Diss. 1937, Lenhard, Die Wirkung der Anfechtung des Vsvertrages wegen Willensmängeln auf die Prämienschuld, Kölner Diss. 1935, von Schatteburg, Rechtsstellung des Vmers, der durch arglistiges oder sonst schuldhaftes Verhalten des Agenten zum Vertragsabschluß verleitet worden ist, Frankfurter Diss. 1933, Süss VersR 1952 S. 185 bis 188, Wagner, Die Anfechtung von Vsverträgen, Kölner Diss. 1937.

[3] **I. Übersicht über sämtliche Anfechtungsfälle.**

**1. Anfechtung durch Versicherungsnehmer.**

**a) Voraussetzungen.**

Hier bestehen keine Sondervorschriften (Begr. I S. 36), wenn man von § 41 a II absieht (dazu Anm. 10 zu § 41 a). Unter den Voraussetzungen der §§ 119, 120, 123 I BGB kann also der Vmer wegen Irrtums, Täuschung oder Drohung anfechten.

Beispiele: OLG Frankfurt 10. XI. 1920 VA 1921 Anh. S. 67—70 Nr. 1222 (Irrtum über Zulassung und Solvenz des Vers), OLG Frankfurt 7. IV. 1933 JRPV 1933 S. 306 bis 307 (Verwechslung von zwei Binnenschiffen), OLG Stuttgart 23. II. 1906 VA 1906 Anh. S. 84—85 Nr. 234 (Irrtum über Möglichkeit der Rückgängigmachung einer Lebensv), KG 20. XI. 1926 VA 1927 S. 24—25 Nr. 1677 = JRPV 1927 S. 15—16, OLG Stuttgart 27. IV. 1931 VA 1931 S. 268 Nr. 2327 = HRR 1932 Nr. 1 (Irrtum über Prämienhöhe), RG 1. II. 1910 VA 1910 Anh. S. 74—75 Nr. 537, KG 29. X. 1915 VA 1917 Anh. S. 7 Nr. 972, 3. III. 1916 VA 1916 Anh. S. 7—8 Nr. 911, 12. VI. 1918 VA 1919 Anh. S. 28—30 Nr. 1080 (Täuschung und Irrtum über Nachschüsse bei Gegenseitigkeitsverein), RG 23. II. 1928 JW 1928 S. 1740—1742 = VA 1928 S. 189—191 Nr. 1849 (Täuschung über Verschaffung eines Hypothekendarlehns, weitere Urteile Anm. 84 zu § 1), OLG Hamburg 27. II. 1931 VA 1931 S. 18—19 Nr. 2247 (Täuschung über Bestellung zum Vertrauensarzt).

Die Anfechtung ist nicht durchgedrungen bei: KG 20. IV. 1929 JRPV 1929 S. 248 bis 249 (Nachschuß), KG 27. VI. 1942 JRPV 1942 S. 136 (Prämienhöhe), OLG Köln 17. V. 1909 GerhardPrax Bd 3 S. 4—9 (Sicherheit und Zuverlässigkeit), OLG Naumburg 29. IX. 1933 VA 1933 S. 407 Nr. 2628 (Prämienhöhe), OLG Posen 6. VI. 1904 VA 1904 S. 170—171 Nr. 76 (Prämienhöhe), AG Liebenburg 20. IV. 1950 VersR 1951 S. 122 mit Anm. Bronisch (Zulänglichkeit einer Handwerkerlebensv).

Die Anfechtung kann insbesondere nicht darauf gestützt werden, daß der Vmer die ausdrücklich oder stillschweigend vereinbarten AVB nicht erhalten oder gelesen und sich demzufolge über ihren Inhalt geirrt habe; hier liegt vielmehr eine „Risikoerklärung" des Vmers vor (dazu RG 22. XII. 1905 RGZ Bd 62 S. 205, KG 12. VI. 1918 VA 1919 Anh. S. 29 Nr. 1080, OLG Posen 28. IV. 1904 VA 1904 S. 171 Nr. 77; 9. V. 1904 VA 1904 S. 170 Nr. 75; Einl. Anm. 25, 26). Gelten die AVB kraft Verkehrssitte (Einl. Anm. 27), so berechtigt ein Irrtum über letztere nicht zur Anfechtung (vgl. zu alledem Raiser, Das Recht der Allgemeinen Geschäftsbedingungen, Hamburg [1935], S. 243 bis 250). Auch dann, wenn der Vmer ein Antragsformular ungelesen unterzeichnet, ist Irrtumsanfechtung ausgeschlossen (OLG Hamburg 6. II. 1908 VA 1908 Anh. S. 67—69 Nr. 394, LG Hamburg 23. V. 1952 VersR 1952 S. 419). Diese Grundsätze sind anscheinend verkannt von AG München 20. X. 1952 VersR 1953 S. 202 (mit Anm. Weber).

Hat ein Vsvertreter den Vmer arglistig getäuscht, so hat kein Dritter i. S. des § 123 II 1 BGB die Täuschung verübt: Ehrenzweig S. 46, Prölss[8] Anm. 7 zu § 43, S. 162, weitere Nachweise bei Möller Vsvermittlung S. 135 Anm. 135, aus der höchstrichterlichen Rechtsprechung: RG 15. III. 1904 JW 1904 S. 232 = VA 1904 S. 170 Nr. 74, 23. II. 1928 JW 1928 S. 1741 = VA 1928 S. 189—190 Nr. 1849, 9. III. 1934 VA 1934 S. 20 Nr. 2675, bedenklich RG 19. I. 1921 JW 1921 S. 623—624 mit Anm. Titze. Weitere Urteile zu § 43. Auch bei unselbständigen Vsvertretern, bloßen Vermittlungsagenten, nebenberuflichen Vsvertretern und Angestellten von Vsvertretern ist die Rechtslage so, als ob der Ver selbst die Täuschung verübt habe (vgl. Anm. 49 zu § 16).

Die Anfechtung kann nach § 43 Ziff. 2 auch gegenüber einem Vermittlungsagenten erklärt werden: KG 20. XI. 1926 VA 1927 S. 25 Nr. 1677 = JRPV 1927 S. 16.

Über die Anfechtung wegen Irrtums nach § 5 IV vgl. Anm. 23—25 zu § 5.

**[4] b) Rechtsfolgen.**

Hinsichtlich der Rechtsfolgen der Anfechtung durch den Vmer ist die Rechtslage verwickelt. Soweit Leistungen schon erbracht sind, ergibt sich deren Schicksal aus Bereicherungsgrundsätzen (§ 812 I 1 BGB). Hierbei gilt die Saldotheorie (RG 30. I. 1940 RGZ Bd 163 S. 360—361). Die §§ 818 II, III, 819 I BGB sind zu beachten.

Fordert der Vmer geleistete Prämien zurück, so wird der Ver sich darauf berufen, daß er die Gefahr getragen habe und daß die Prämie unteilbar sei. Jedoch kann von Unteilbarkeit der Prämie hier mangels ausdrücklicher Vorschrift und angesichts der Nichtigkeit des Vsvertrages nicht die Rede sein (Anm. 18 zu § 40).

Im übrigen kann bei Irrtumsanfechtung in der Tat der Ver geltend machen, er habe die Gefahr bis zur Anfechtung getragen (insoweit richtig OLG Stuttgart 27. IV. 1931 VA 1931 S. 267—270 Nr. 2327; wäre ein Schaden eingetreten, so hätte der Vmer wahrscheinlich nicht angefochten). Die Gefahrtragung kann der Vmer wegen ihrer Beschaffenheit nicht herausgeben, er hat also den Wert (normalerweise die vereinbarte Prämie) zu ersetzen (§ 818 II BGB), und er kann auch nicht anführen, er sei nicht mehr bereichert (§ 818 III BGB), denn er hat die anderweitige Vsnahme erspart. So kann bei Irrtumsanfechtung der Vmer nur die auf die Zeit nach Zugang der Anfechtungserklärung entfallende Prämie zurückfordern. Bei Irrtumsanfechtung hilft dem Ver außerdem § 122 BGB (Ersatz des Vertrauensschadens, entstanden z. B. durch Aufwendung von Provisionen, Rückvsprämien, die vom Empfänger nicht zurückzuerstatten oder zurückzuverlangen sind.

Bei Anfechtung wegen Täuschung oder Drohung kann sich der Ver nicht darauf berufen, er habe die Gefahr getragen. Man kann dieses Ergebnis auf § 819 I BGB (Kenntnis von der Anfechtbarkeit des Vertrages) sowie darauf stützen, daß es Treu und Glauben widerstreiten würde, falls der Ver im wirtschaftlichen Endergebnis Prämienansprüche aus einem Vertrage herleiten würde, der durch Täuschung oder Drohung zustandegebracht ist (im Ergebnis ebenso OLG Hamburg 27. II. 1931 VA 1931 S. 19 Nr. 2247). Zum Problemkreis auch RG 23. II. 1928 JW 1928 S. 1740—1742 = VA 1928 S. 189—191 Nr. 1849.

Über die Frage der Bestätigung nach Anfechtung seitens des Vmers: LG Köln 12. VI. 1951 VersR 1951 S. 294.

**[5] 2. Anfechtung durch Versicherer.**

Hier greift § 22 ein, der das allgemeine bürgerliche Recht umgestaltet, allerdings nur für die Irrtumsanfechtung.

**[6] a) Irrtumsanfechtung.**

Im Wege eines Gegenschlusses ist § 22 zu entnehmen, daß das Recht des Vers, den Vertrag wegen Irrtums über Gefahrumstände anzufechten, berührt, d. h. beseitigt wird. Soweit die vorvertragliche Anzeigepflicht reicht, ist Irrtumsanfechtung nach § 119 I, II BGB ausgeschlossen: Begr. I S. 35; RG 21. XII. 1909 JW 1910 S. 155—157 = VA 1910 Anh. S. 7—9 Nr. 494, 15. V. 1931 RGZ Bd 132 S. 389 [Ausw 1], 12. XI. 1937 JW 1938 S. 589 = VA 1937 S. 232 Nr. 3025. Wäre es anders, so könnte — besonders nach § 119 II BGB — der Ver oft und ohne Rücksicht auf ein Verschulden des Vmers anfechten, wenn ein gefahrerheblicher Umstand nicht oder falsch angezeigt und dadurch beim Ver ein Irrtum entstanden ist. Der Schutzzweck der zwingenden Normen über das Verschuldens- und Kausalitätserfordernis (§§ 16 III, 17 II, 21) wäre vereitelt. Deshalb schieben die Spezialregeln des Vsrechtes die allgemeinen Normen der Irrtumsanfechtung beiseite.

Das gilt jedoch nur, soweit die vorvertragliche Anzeigepflicht reicht, im übrigen gelten die §§ 119—122 BGB (Begr. I S. 35—36). Beispiel: Der Ver irrt sich hinsichtlich der Solvenz des Vmers (§ 119 II BGB; Prämiengefahr: Anm. 27 zu § 16, auch Anm. 3 zu § 14), vgl. ferner OLG Düsseldorf 22. III. 1928 VA 1928 S. 263 Nr. 1916 (Schreibfehler), OLG Hamburg 23. VII. 1937 HansRGZ 1938 A Sp. 92—93 (Irrtum hinsichtlich Fälligkeit der Lebensvssumme: 1936 statt 1939), RG 9. XI. 1915 JW 1916 S. 420—421 (Irrtum eines Gegenseitigkeitsvereins über Mitgliedschaft des Kontrahenten), RG 8. VI. 1920 JW 1920 S. 896—897 = VA 1920 Anh. S. 37—38 Nr. 1138 (Irrtum hinsichtlich Fälligkeit der Lebensvssumme und der Prämienzahlungsdauer). Bedenklich (hilfsweise) OLG Düsseldorf 7. XII. 1933 JRPV 1934 S. 154 = HansRGZ 1934 A Sp. 175 (Agent hat Antrag hinsichtlich Vorschäden verfälscht). Keine Irrtumsanfechtung bei Motivirrtum: KG 14. XI. 1942 JRPV 1943 S. 43—44 = HansRGZ 1943 A Sp. 46—48 (Ver hat gemeint, eine Vorv sei erloschen), LG Berlin 15. XII. 1952 VersR 1953 S. 57—58 (Ver hat sich bei Nachtrag über Höhe umgestellter Vssumme geirrt, hierzu vgl. auch LG Stuttgart 12. XII. 1953 VersR 1954 S. 74—75).

Je weiter der Begriff der gefahrerheblichen Umstände ausgedehnt wird, desto kleiner wird der Restbereich für die Irrtumsanfechtung seitens des Vers. Unter diesem Gesichtspunkt ist insbesondere die Einbeziehung der vertragsgefährlichen Umstände in die vorvertragliche Anzeigepflicht zu würdigen (Anm. 17 zu § 16), nach denen oft in den Fragebogen nicht gefragt wird, für die also obendrein § 18 gilt. Beispiel: RG 15. V. 1931 RGZ Bd 132 S. 389 [Ausw 1], 12. XI. 1937 JW 1938 S. 589 = VA 1937 S. 232 Nr. 3025.

Ist ein Umstand einerseits Gefahrumstand, hat er aber darüber hinaus auch anderweitige Bedeutung, z. B. für die Prämiengefahr, so ist dennoch die Irrtumsanfechtung ausgeschlossen, da sonst die vsrechtlichen Schutzvorschriften umgangen würden. Deshalb berechtigt ein Irrtum über die persönliche Zuverlässigkeit des Vmers in der Einbruchdiebstahlv nicht zur Irrtumsanfechtung, da die Unzuverlässigkeit für die Vertragsgefahr erheblich ist, mag sie auch außerdem für die Beitreibbarkeit der Prämie bedeutsam sein.

Kann ausnahmsweise der Ver wegen Irrtums anfechten, so hilft dem Vmer § 122 BGB (Beispiel: OLG Hamburg 23. VII. 1937 HansRGZ 1938 A Sp. 93—96 mit Anm. Möller). Hätte der Vmer sich anderweitig vert, so muß auf dem Wege über den Vertrauensschadensersatz der Ver praktisch Vsschutz gewähren (KG 17. XII. 1927 VA 1928 S. 231 Nr. 1886, wonach sogar dritte Vte den Anspruch aus § 122 BGB erheben können). Das Prämienschicksal regelt seit 1939 auch für diesen Fall § 40 I 1 (Anm. 10 zu § 40).

Über beiderseitigen Irrtum und Erschütterung der Geschäftsgrundlage: LG Berlin 15. XII. 1952 VersR 1953 S. 57—58, auch KG 14. XI. 1942 JRPV 1943 S. 44 = HansRGZ 1943 A Sp. 48.

**[7] b) Täuschungsanfechtung.**

Ein Vmer, der den Ver arglistig getäuscht hat, verdient keine Schonung. Deshalb bleibt hier nach § 22 das Anfechtungsrecht des Vers aus § 123 I BGB unberührt, auch wenn die Täuschung sich auf Gefahrumstände bezieht. Das Prämienschicksal regelt grade im Hinblick auf diesen Fall § 40 I 1. Selbstverständlich berechtigt auch eine arglistige Täuschung über andere als Gefahrumstände zur Anfechtung: KG 21. V. 1930 JRPV 1930 S. 352. Im Einzelnen vgl. Anm. 9—30.

Über arglistige Täuschung bei Deckungszusagen Anm. 107 zu § 1, bei Vertragsänderungen Anm. 125 zu § 1, bei der Schadensermittlung Anm. 45-60 zu § 34, bei Erfüllung von Deklarationspflichten RG 10. I. 1928 JRPV 1928 S. 41—42.

**[8] c) Drohungsanfechtung.**

§ 22 erwähnt den seltenen Fall, daß der Ver widerechtlich durch Drohung zum Vertragsabschluß bestimmt worden ist (§ 123 I BGB), nicht. Trotzdem ist er nicht wie die ebenfalls unerwähnten Irrtumsfälle zu behandeln, sondern in Analogie zum Täuschungsfall. Denn ebensowenig wie ein Täuschender verdient ein Drohender Schonung. Auch hier gilt § 40 I 1.

**[9.] II. Anfechtung wegen arglistiger Täuschung.**

**1. Konkurrenzen.**

§ 22 betrifft nur die Anfechtung durch den Ver, nicht jene durch den Vmer (dazu Anm. 3—4). Hat ein Vmer arglistig über Gefahrumstände getäuscht, so kann der Ver erstens wegen Verletzung der vorvertraglichen Anzeigepflicht zurücktreten, zweitens anfechten. Voraussetzungen und Folgen beider Rechtsbehelfe sind gesondert zu beurteilen. Bezieht sich die Täuschung nicht auf Gefahrumstände, so kommt die vorvertragliche Anzeigepflicht nicht zum Zuge. Hat der Vmer nur fahrlässig oder zwar vorsätzlich, aber nicht arglistig gehandelt, so scheidet die Arglistanfechtung aus. (Im Falle des § 18 wird allerdings auch bei der vorvertraglichen Anzeigepflicht Arglist vorausgesetzt.) Die Anfechtungsfrist (§ 124 BGB) ist viel länger als die Rücktrittsfrist (§ 20). Die Wirkungen der Anfechtung sind für den Vmer dadurch viel schwerer wiegend, daß § 21 ihn nur bei Rücktritt schützt. Statt § 30 I, II gilt bei Teilanfechtung § 139 BGB.

[10] Was das Verhältnis von Anfechtungs- und Rücktrittserklärung angeht, so kann logischerweise von einem durch Anfechtung bereits vernichteten Vertrag nicht mehr zurückgetreten werden, während umgekehrt Anfechtung nach einem juristisch nur ex nunc wirkenden Rücktritt noch erfolgen kann: OLG Celle 21. X. 1913 VA 1914 Anh. S. 59 Nr. 816. Statthaft ist jedoch, daß Anfechtung und Rücktritt gleichzeitig erklärt werden (OLG Breslau 17. X. 1933 VA 1933 S. 396—397 Nr. 2622 = JRPV 1934 S. 254 bis 255, LG Regensburg 24. IX. 1951 VersR 1952 S. 49), auch eine vorsorgliche Anfechtung für den Fall, daß der Rücktritt nicht durchgreift, ist trotz der grundsätzlichen Bedingungsfeindlichkeit der Anfechtungserklärung möglich (vgl. RG 17. V. 1907 RGZ Bd 66 S. 153—154 zum Verhältnis der dem Rücktritt verwandten Wandlung zur Anfechtung) oder — umgekehrt und wohl häufiger — ein vorsorglicher Rücktritt neben der Anfechtung.

Die arglistige Täuschung verstößt gegen die guten Sitten (§ 826 BGB); infolgedessen kann der Ver vollen Ersatz seines Schadens verlangen: KG 20. I. 1934 VA 1934 S. 10 Nr. 2667, OLG Hamm 25. VI. 1928 Praxis 1928 S. 140, OLG Regensburg 24. IX. 1951 VersR 1952 S. 49. Selbst wenn er noch keine geldliche oder geldeswerte Leistung bewirkt hat, kann ihm ein Schaden erwachsen sein, der durch die nach § 40 I 1 dem Ver gebührende Prämie nicht gedeckt ist (hohe, nicht zurückerlangbare Provision für mehrjährigen Abschluß; Sektionskosten). Das LG Duisburg 23. X. 1952 VersR 1953 S. 491 konstruiert einen Schadensersatzanspruch aus § 823 II BGB, übersieht jedoch die Existenz des § 40 I 1.

Über Anfechtung und Ausschließung beim Gegenseitigkeitsverein: KG 25. VI. 1938 JRPV 1938 S. 264—265.

Über die Strafbarkeit der arglistigen Täuschung wegen Betruges: Licht, Betrügerisches Verhalten des Vmers gegenüber dem Ver, ungedruckte Hamburger Diss. 1951, S. 4—38.

**[11] 2. Anfechtungsvoraussetzungen.**

**a) Täuschung.**

**aa) Begriff.**

Eine Täuschung setzt das Hervorrufen oder Aufrechterhalten eines Irrtums durch Vorspiegelung falscher oder durch Entstellung oder Unterdrückung wahrer Tatsachen voraus (vgl. § 263 I StGB). Dabei ist gleichgültig, ob das Verhalten des Täuschenden in einem Tun besteht (z. B. Falschanzeige im Rahmen der vorvertraglichen Anzeigepflicht) oder in einem Unterlassen. Letzteres ist allerdings nur bei Bestehen einer Pflicht zum Tun beachtlich. Solche Pflicht begründet die vorvertragliche Anzeigepflicht, so daß auch eine Nichtanzeige eine Fälschung bewirken kann (RG 12. XI. 1929 VA 1929 S. 301 Nr. 2054, KG 10. VII. 1935 JRPV 1935 S. 314 = Praxis 1935 S. 78), und zwar auch dann, wenn nach dem verschwiegenen Umstand im Fragebogen nicht gefragt war (vgl. § 18; OLG Posen 6. VII. 1917 NeumannsZ 1917 S. 360), oder wenn sich erst nach der Abgabe des Fragebogens Umstände herausstellten (RG 11. III. 1932 JRPV 1932 S. 117 = HansRGZ 1932 A Sp. 415). Außerhalb der vorvertraglichen Anzeigepflicht kann sich aus Treu und Glauben (§ 242 BGB) eine Rechtspflicht zur Offenbarung ergeben, z. B. zur Aufklärung über die mißliche Vermögenslage bei Vereinbarung laufender Prämienzahlung. Ein Ver, der bereits den Sachverhalt kennt, kann nicht getäuscht werden, aber Kenntnis der Vermittlungsagenten genügt regelmäßig nicht (§ 44; Anm. 36—37 zu § 16).

**[12] bb) Täuschender.**

Als Täuschender kommt der Vmer in Betracht.

Handelt dieser durch einen gesetzlichen oder rechtsgeschäftlichen Vertreter, so ist der Vertreter kein Dritter i. S. des § 123 II 1 BGB. Es findet auch nicht § 19[1] Anwendung (Anm. 3 zu § 19), sondern § 166 I, II 1 BGB (analog): RG 19. VI. 1917 VA 1917 Anh. S. 70 Nr. 1009 = LZ 1918 Sp. 48, 28. III. 1930 RGZ Bd 128 S. 120—121 [Ausw 1], KG 13. IV. 1938 JRPV 1938 S. 234, Süss VersR 1952 S. 187. Es kommt also nur auf das arglistige Verhalten des Vertreters an, es sei denn, daß letzterer auf Weisung des arglistigen Vmers gehandelt hat, oder daß der Vmer dem Vertreter eine wichtige Tatsache vorsätzlich nicht mitgeteilt hat (RG 19. VI. 1917 VA 1917 Anh. S. 70 Nr. 1009 = LZ 1918 Sp. 48, OLG Posen 6. VII. 1917 NeumannsZ 1917 S. 360). Zu weit geht es, wenn KG 24. VI. 1933 JRPV 1933 S. 337 = Praxis 1933 S. 68 anscheinend stets die Täuschung durch den Ehemann der Ehefrau zurechnen will. Bedenklich ist es auch, wenn KG 9. XI. 1932 JRPV 1933 S. 136—137 einen Vsvermittler, dem ein Antrag mit Blankounterschrift des Vmers überlassen wurde, als Vertreter des Vmers ansieht; ähnlich KG 1. X. 1938 JRPV 1938 S. 378—379 (dazu Anm. 13). Über Vertretung ohne Vertretungsmacht: RG 28. III. 1930 RGZ Bd 128 S. 120—121 [Ausw 1].

Organe einer juristischen Person haben die Stellung eines gesetzlichen Vertreters. Bei der V für fremde Rechnung kommt auch die Täuschung durch den Vten in Betracht (§§ 79 I, 179 II: Prölss[8] Anm. 1 zu § 79, S. 240, Süss VersR 1952 S. 187), bei der Fremdpersonenv auch jene durch eine Person, in der das vte Risiko läuft (§§ 161, 179 IV), man denke auch an Täuschungen durch mitvte Personen in der Krankenv (a. A. Süss VersR 1952 S. 188). Diese Gefahrspersonen sind keine völlig vertragsfremden Dritten, weil auch ihnen das Gesetz die Obliegenheiten des Vmers auferlegt. Täuschen die Gefahrspersonen den Ver über Gefahrumstände, so liegt darin zugleich eine Verletzung der ihnen auferlegten vorvertraglichen Anzeigepflicht, sie können nicht bei der Täuschung Dritte, bei der Obliegenheitsverletzung dem Vmer gleichzustellende Personen sein (a. A. Magnusson VersR 1953 S. 300—301). Bei mehreren Vmern genügt regelmäßig die arglistige Täuschung durch einen von ihnen: KG 11. II. 1931 JRPV 1931 S. 148, Süss VersR 1952 S. 188.

Über die Täuschung durch Dritte vgl. § 123 II 1 BGB und dazu erweiternd Süss VersR 1952 S. 187. Einen Fall, in dem die Ehefrau Dritte war, behandelt LG Köln 31. VII. 1952 VersR 1952 S. 364. Hat ein Dritter die Täuschung verübt, so kann der Ver nur anfechten, wenn der Vmer die Täuschung kannte oder kennen mußte, also fahrlässigerweise nicht kannte. Dritte sind auch Bezugsberechtigte, vgl. aber Anm. 20.

**[13] b) Arglist.**

**aa) Negative Umgrenzung.**

Arglist ist ein qualifizierter Vorsatz (vgl. schon Anm. 33 zu § 16, Anm. 8 zu § 18). Fahrlässiges Verhalten begründet niemals die Anfechtbarkeit: RG 12. XI. 1929 VA 1929 S. 301 Nr. 2054, KG 6. II. 1912 VA 1912 Anh. S. 111 Nr. 697, 8. V. 1953 VersR 1953 S. 421.

Klärt ein Vsvertreter den Vmer — fälschlich — dahin auf, daß der Fragebogen in bestimmter Weise ausgefüllt werden könne, so wird zwar möglicherweise eine Fahrlässigkeit des Vmers bestehen bleiben, aber eine Arglist wird solchenfalls regelmäßig ausgeschlossen sein: RG 8. VI. 1917 LZ 1918 Sp. 48—49, KG 22. II. 1930 JRPV 1930 S. 154, 25. III. 1933 JRPV 1933 S. 209, 14. X. 1933 JRPV 1934 S. 46, 25. III. 1939 JRPV 1939 S. 188, OLG Düsseldorf 30. III. 1935 JRPV 1935 Zus. S. 44, OLG Königsberg 9. VII. 1940 JRPV 1940 S. 158—159, 9. III. 1944 DeutscheV 1944 S. 102, AG Düsseldorf 27. IV. 1950 VersR 1950 S. 127, Möller Vsvermittlung S. 136—137. Jedoch kann bei Fragen, die auch für den Vmer unzweideutig sind, trotz der Aufklärung Arglist des Vmers bestehen bleiben: KG 27. VII. 1940 JRPV 1940 S. 150—151, OLG Celle 18. XII. 1936 VA 1937 S. 142 Nr. 2964 = JRPV 1937 S. 223—224, OLG Königsberg 19. V. 1933 JRPV 1934 S. 175, LG Berlin 26. I. 1953 VersR 1953 S. 73, LG Hamburg 3. IV. 1952 VersR 1952 S. 197—198, LG Landshut 5. V. 1953 VersR 1953 S. 394, LG Oldenburg 22. II. 1952 VersR 1952 S. 268. Überläßt der Vmer dem Agenten die Fragebogenausfüllung, so entfällt regelmäßig Arglist des Vmers: RG 30. XI. 1928 VA 1929 S. 22 Nr. 1934 = JRPV 1929 S. 9—10, 17. VII. 1936 ÖffrechtlV 1938 S. 87—88, 20. VIII. 1943 SeuffArch Bd 97 S. 186, KG 30. I. 1935 VA 1935 S. 228 Nr. 2801 = JRPV 1935 S. 158, OLG Düsseldorf 4. III. 1952 VersR 1952 S. 258, OLG Hamm 9. IV. 1953 VA 1953 S. 192, LG Hamburg 12. XI. 1951 VersR 1952 S. 10, bedenklich KG 9. XI. 1932 JRPV 1933 S. 136—137, 1. X. 1938 JRPV 1938 S. 378 (Anm. 12), LG Oldenburg 22. II. 1952 VersR 1952 S. 268. Vgl. auch Anm. 49 zu § 16.

Nimmt der Vmer fahrlässig an, ein Umstand sei dem Ver bekannt, so kann die Nichtanzeige des Umstandes nicht arglistig sein (zur Arglist bei Kenntnis eines Vermittlungsagenten: Süss VersR 1952 S. 187).

**[14] bb) Positive Begriffsbestimmung.**

**Arglist** erfordert zunächst, daß der Vmer **vorsätzlich** (dolos) handelt, also den Ver willentlich und bewußt täuscht; RG 28. III. 1930 RGZ Bd 128 S. 119 [Ausw 1], 19. II. 1932 VA 1932 S. 57 Nr. 2413 sprechen von der Absicht, den Ver zu täuschen. Hinzukommen muß zu dem Willen und Bewußtsein der Irrtumserregung oder -aufrechterhaltung der **Wille** und das **Bewußtsein, auf** den **Erklärungswillen** des Vers **einzuwirken,** d. h. die Vorstellung, der Ver würde bei Kenntnis des wahren Sachverhalts nicht oder zu ungünstigeren Bedingungen abschließen: RG 22. XI. 1912 RGZ Bd 81 S. 16, 4. X. 1918 VA 1919 Anh. S. 13 Nr. 1071 = LZ 1919 Sp. 196, 15. XI. 1929 VA 1929 S. 311 Nr. 2063 = JRPV 1929 S. 419, 20. VIII. 1943 SeuffArch Bd 97 S. 185—186, KG 2. V. 1934 VA 1934 S. 213—214 Nr. 2713, 8. V. 1953 VersR 1953 S. 421, OLG Hamm 9. IV. 1953 VA 1953 S. 192.

**Dolus eventualis** und die Eventualform des zusätzlichen Willens und Bewußtseins genügen, also z. B. die vom Vmer in Kauf genommene Vorstellung, eine Anzeige könne möglicherweise falsch sein oder sie könne eventuell geeignet sein, auf den Erklärungswillen des Vers einzuwirken: RG 22. XI. 1912 RGZ Bd 81 S. 16—17, 30. XI. 1928 VA 1929 S. 22 Nr. 1934 = JRPV 1929 S. 9, 12. XI. 1929 VA 1929 S. 301 Nr. 2054, 20. XI. 1931 VA 1932 S. 1 Nr. 2366 = JRPV 1931 S. 383, 11. III. 1932 JRPV 1932 S. 116—117 = HansRGZ 1932 A Sp. 413—414, KG 17. VI. 1931 VA 1931 S. 210 Nr. 2287, 8. V. 1953 VersR 1953 S. 421, OLG Celle 8. XII. 1933 VA 1934 S. 12 Nr. 2669 = JRPV 1934 S. 251, OLG Köln 4. I. 1928 JRPV 1928 S. 62, OLG München 6. I. 1941 HRR 1941 Nr. 692, OLG Naumburg 18. XII. 1936 JRPV 1937 S. 282; im Ausdruck sich vergreifend: KG 21. V. 1930 JRPV 1930 S. 352 (Vmer „mußte . . . erkennen").

Auch wenn der Vmer Umstände als objektiv unerheblich für die Vsgefahr und den Ver erachtet, kann er gleichwohl mit der Möglichkeit rechnen, daß der Ver von seinem Standpunkt aus den Fall anders beurteilt und bei Kenntnis der verschwiegenen Umstände sich auf die V nicht einlassen würde: RG 22. XI. 1912 RGZ Bd 81 S. 17. Arglist liegt nicht bereits vor, wenn der Vmer mit der Möglichkeit rechnet, daß seine Angaben nicht der Wahrheit entsprechen (falsch LG Berlin 6. VII. 1950 VersR 1951 S. 265); denn hinzutreten müssen Wille und Bewußtsein, auf den Erklärungswillen des Vers einzuwirken.

Nicht erforderlich ist (neben dem Willen, einen Irrtum zu erregen oder aufrechtzuerhalten) der Wille oder die Absicht des Vmers, sich selbst zu **bereichern** oder den Ver zu **schädigen** (RG 20. XI. 1931 VA 1932 S. 1—2 Nr. 2366 = JRPV 1931 S. 383, KG 6. II. 1912 VA 1912 Anh. S. 111 Nr. 697, 8. V. 1953 VersR 1953 S. 421, OLG Celle 8. XII. 1933 VA 1934 S. 12 Nr. 2669 = JRPV 1934 S. 251, OLG Köln 4. I. 1928 JRPV 1928 S. 62, OLG München 6. I. 1941 HRR 1941 Nr. 692).

Die Arglist muß bei derjenigen Person festgestellt werden, die den Ver getäuscht hat (Anm. 12).

**[15] c) Kausalität.**

Durch die arglistige Täuschung muß der Ver zu der Willenserklärung, wie er sie abgegeben hat, bestimmt sein. Mit anderen Worten: Ohne die Täuschung hätte der Ver den Vsvertrag nicht oder nicht zu dieser Zeit oder mit anderem Inhalt geschlossen: RG 22. XI. 1912 RGZ Bd 81 S. 16. Daß auch die Beeinflussung des Vertragsinhalts genügt, betont KG 17. VI. 1931 VA 1931 S. 209 Nr. 2287. Entscheidend ist die subjektive Haltung des individuellen Vers (Süss VersR 1952 S. 185). Es ist nicht erforderlich, daß allein die Täuschung bestimmend war, ein Mitverschulden des getäuschten Vers, z. B. dessen Leichtgläubigkeit steht also der Anfechtung nicht entgegen. An einer Kausalität fehlt es nicht, wenn der Vmer erst bei Annahme seines Antrages dem Boten des Vers ergänzende Aufklärungen gibt: OLG Stuttgart 1. II. 1935 JRPV 1935 Zus. S. 49—50. Durch eine vertrauensärztliche Untersuchung wird der Kausalzusammenhang nicht unterbrochen: RG 7. III. 1930 JRPV 1930 S. 131. Auf den Kausalzusammenhang des § 21 kommt es nicht an: OLG Posen 6. VII. 1917 NeumannsZ 1917 S. 360, AG Aschaffenburg 20. VI. 1952 VersR 1952 S. 366.

**[16] d) Bestätigung.**

Die Anfechtung ist nach § 144 I BGB ausgeschlossen, falls der Ver das anfechtbare Geschäft bestätigt hat. Da „in der Bestätigung der Wille liegt, bei dem Rechtsgeschäft . . . stehen zu bleiben, und da die Bestätigung sachlich einem Verzicht auf das Anfechtungsrecht gleichkommt, so erfordert sie, daß der Bestätigende sein Anfechtungsrecht kennt oder zum mindesten doch aus der Vorstellung heraus handelt, es könne ihm ein solches Recht zustehen" (RG 28. III. 1930 RGZ Bd 128 S. 119 [Ausw 1]). Der bestätigende Ver muß also wissen oder mindestens für möglich halten, daß dem Vmer eine verschwiegene Erkrankung bekannt war. Ein Verzicht auf die Anfechtung kann nie darin gesehen werden, daß ein Ver aus menschlichen Erwägungen zunächst nur zurücktritt, also noch keine arglistige Täuschung behauptet: KG 20. I. 1934 VA 1934 S. 11 Nr. 2667. Dagegen ist ein Verzicht auf die Anfechtung angenommen worden, wenn der Ver in Kenntnis der Sachlage nur gekündigt und noch Prämien entgegengenommen hat: KG 8. VIII. 1936 JRPV 1937 S. 47. Generell über Verzicht und Verwirkung (bei Obliegenheitsverletzungen): Anm. 44—51 zu § 6. Über eine Anfechtung trotz Anerkenntnisses: OLG Köln 16. XI. 1934 HansRGZ 1935 B Sp. 507.

**[17] e) Beweislast.**

Der anfechtende Ver muß Täuschung, Arglist und Kausalität beweisen: RG 8. VI. 1917 LZ 1918 Sp. 49, 8. XII. 1931 VA 1932 S. 21—23 Nr. 2382 = JRPV 1932 S. 44—45, 20. VIII. 1943 SeuffArch Bd 97 S. 186, OLG Stettin 24. IX. 1928 VA 1929 S. 17 Nr. 1931.

Der Beweis ist für den Ver hinsichtlich der Arglist besonders schwierig. Prölss[8] Anm. 2 zu § 22, S. 111 will es anscheinend genügen lassen, wenn der Ver dartut, „daß Antragsfragen wissentlich falsch .... beantwortet sind" (Beweis des Vorsatzes). Es läge sodann dem Vmer ob darzutun, daß er nicht die Vorstellung gehabt habe, auf den Erklärungswillen des Vers einzuwirken (Exkulpation hinsichtlich der besonderen Merkmale der Arglist).

Jedoch findet diese Auffassung im Gesetz keine Stütze. Das ist besonders ausführlich dargetan und überzeugend begründet vom KG 8. V. 1953 VersR 1953 S. 421 bis 422 (mit Anm. Dörstling). Die Beweisführung hinsichtlich der Arglist sei „für den Ver nicht schwieriger als für jeden anderen angeblich oder wirklich arglistig Getäuschten auch." Es handle sich, „wenn der Ver Anfechtung wegen arglistiger Täuschung geltend macht, nur darum, inwieweit der Ver im Einzelfall Tatsachen beweisen muß, oder ob allein oder mit bewiesenen Tatsachen zusammen die Umstände des Falles auch unter Berücksichtigung der Lebenserfahrung den Beweis erbringen, daß eine arglistige Täuschung vorliegt. Wenn im Einzelfall die Gerichte den Beweis des Vers für arglistige Täuschung dadurch als geführt angesehen haben, daß der Vmer wissentlich falsche Angaben im Antrag gemacht hat, so haben sie ausdrücklich oder stillschweigend aus dieser Tatsache zusammen mit den Umständen des Falles und der Lebenserfahrung zugleich den Schluß gezogen, daß der Vmer sich auch bewußt gewesen sei, daß sein Antrag bei wahrheitsgemäßer Angabe möglicherweise nicht angenommen werde. Darin liegt eine tatsächliche Feststellung, die an dem Begriff der arglistigen Täuschung und daran, daß der Ver die arglistige Täuschung in vollem Umfange beweisen muß, nichts ändert. Auch das RG hat in seinen Entscheidungen wiederholt darauf hingewiesen, daß es sich um eine Tatfrage im Einzelfall handele, ob arglistige Täuschung vorliege. Eine allgemeine Beweisregel — wie Prölss will — dahin, daß stets zur Annahme einer arglistigen Täuschung ausreiche, daß Antragsfragen wissentlich falsch beantwortet seien, kann aber nicht aufgestellt werden. Damit würde der feststehende Begriff der arglistigen Täuschung aufgegeben werden. Noch weiter geht jetzt Süss VersR 1952 S. 186, der aber verkennt, daß für die betrügerische Absicht nicht die Regeln des Beweises des ersten Anscheins in Betracht kommen, da es sich insofern nicht um einen typischen Geschehensablauf handelt... Bei der Beurteilung der Umstände des Falles und der Lebenserfahrung kommt es aber wesentlich auf die Versicherungsart und die übernommenen Gefahren an. Ferner ist in jedem Fall zu berücksichtigen, daß gemäß § 286 ZPO wie stets, so auch von dem Ver, nur ein Beweis verlangt werden kann, der einen so hohen Grad von Wahrscheinlichkeit erbringt, daß das Gericht einen für das praktische Leben brauchbaren Grad von Gewißheit erlangt... Verschweigt beispielsweise der Vmer im Antrag einen erheblichen Unfall, dessen Folgen bei Antragstellung auf Abschluß einer Unfallv noch nicht beseitigt waren (KG 9. XI. 1932 JRPV 1933 S. 136—137), oder gibt er bei einer Autokaskov von einer größeren Zahl von Vorschäden, die er sämtlich kennt, nur einen Teil dieser Schäden im Vsantrag an (KG 24. VI. 1933 JRPV 1933 S. 337 = Praxis 1933 S. 68), oder verschweigt er bei einer Einbruchdiebstahlv eine frühere V und bereits zweimaligen Schadensfall (KG 9. XI. 1932 HRR 1933 Nr. 499, OLG Königsberg 19. V. 1933 JRPV 1934 S.175), so kann nach der Lebenserfahrung zumeist auch als bewiesen angesehen werden, daß der Vmer sich bewußt gewesen ist, der Ver werde bei wahrheitsgemäßer Angabe — zumindest möglicherweise — die V nicht abschließen" (Urteilszitate ergänzt). Dem KG folgt das OLG Hamburg 4. III. 1954 VA 1954 S. 85 = VersR 1954 S. 251, LG Berlin 26. X. 1953 VersR 1953 S. 445—446, Ehrenzweig VersR 1954 S. 335. Nach OLG Hamm 9. IV. 1953 VA 1953 S. 193—194 können im Einzelfall besondere Umstände vorliegen, die „ein böswilliges und arglistiges Handeln in hohem Maße wahrscheinlich machen, z. B. wenn ein Vmer zuvor mit einem anderen Ver verhandelt hat und ... sein Antrag damals gerade wegen der nunmehr verschwiegenen ... Erkrankungen abgelehnt worden ist. Auch mündliche oder schriftliche Äußerungen gegenüber Dritten können hierzu wesentliche Anhaltspunkte liefern." Richtig auch KG 25. III. 1933 JRPV 1933 S. 209, OLG München 6. I. 1941 HRR 1941 Nr. 692, AG Düsseldorf 27. IV. 1950 VersR 1950 S. 127. Was den Primafaciebeweis anlangt, so läßt sich kein allgemeiner Erfahrungssatz feststellen, wonach demjenigen, der vorsätzlich handelt, zugleich auch Arglist zur Last fällt.

Immerhin kann sich aber Prölss auf gewisse Vorentscheidungen berufen, bei denen übrigens die Gesichtspunkte des Wahrscheinlichkeitsbeweises und des Primafaciebeweises vielfach nicht auseinandergehalten werden, vgl. etwa KG 24. VI. 1933 JRPV 1933 S. 337 = Praxis 1933 S. 68, 16. IX. 1933 JRPV 1934 S. 45, 14. X. 1933 JRPV 1934 S. 46, 2. III. 1935 JRPV 1935 S. 185, OLG Düsseldorf 1. XII. 1932 JRPV 1933 S. 304, OLG Naumburg 18. XII. 1936 JRPV 1937 S. 282, OLG Stuttgart 5. II. 1952 VersR 1952 S. 348. Besonders aber die Untergerichte sind Prölss vielfach gefolgt: LG Duisburg 23. X. 1952 VersR 1953 S. 491, LG Freiburg 24. II. 1953 VA 1953 S. 195, LG Hamburg 15. XI. 1951 VersR 1952 S. 47, LG Landshut 5. V. 1953 VersR 1953 S. 394, AG Aschaffenburg 20. VI. 1952 VersR 1952 S. 365, AG Berlin 11. V. 1950 VersR 1950 S. 113, AG Hamburg 11. II. 1954 VersR 1954 S. 350, AG Nürnberg 10. VI. 1952 VersR 1952 S. 316, vgl. ferner Franke VersR 1953 S. 75. Wenn bei Mitwirkung eines Vsvertreters OLG Hamburg 12. VI. 1951 VersR 1951 S. 170 annimmt, der Vmer müsse sich exkulpieren, so ist dies bedenklich, da Vorsatz durch die Mitwirkung entfallen kann (Anm. 13) und der Ver Vorsatz und Arglist beweisen muß.

Was die Kausalität anlangt, so gilt § 16 I 3 nur im Rahmen der vorvertraglichen Anzeigepflicht: RG 15. XI. 1929 VA 1929 S. 311 Nr. 2063 = JRPV 1929 S. 419; bedenklich KG 21. V. 1930 JRPV 1930 S. 352, 24. VI. 1933 JRPV 1933 S 337 = Praxis 1933 S. 68, 10. VII. 1935 JRPV 1935 S. 314 = Praxis 1935 S. 78, LG Landshut 5. V. 1953 VersR 1953 S. 394, AG Berlin 11. V. 1950 VersR 1950 S. 113, AG Nürnberg 10. VI. 1952 VersR 1952 S. 316. Jedoch lassen sich hier wohl gewisse Erfahrungssätze feststellen: RG 8. XII. 1931 VA 1932 S. 22—23 Nr. 2382 = JRPV 1932 S. 45, vgl. auch LG Berlin 26. I. 1952 VersR 1953 S. 73. Es genügt jedoch nicht, wenn das Gericht feststellt, daß der Vsschutz ohne die Täuschung „von dem Ver wahrscheinlich nicht gewährt worden wäre": falsch AG Hamburg 6. XI. 1950 VersR 1951 S. 46.

Eine behauptete Bestätigung muß der Vmer beweisen: RG 28. III. 1930 RGZ Bd 128 S. 120 [Ausw 1].

**[18] 3. Anfechtungserklärung.**

Die Anfechtung ist — wie der Rücktritt (Anm. 9 zu § 20) — eine einseitige empfangsbedürftige rechtsgestaltende Willenserklärung des Vers, der im Bestreitensfalle beweisen muß, daß er die Anfechtung dem richtigen Empfänger (Anm. 20) unzweideutig (Anm. 21) und formgerecht (Anm. 22) erklärt hat. Der Vmer muß es beweisen, wenn er die Anfechtung als verspätet (Anm. 23) rügt: OLG Celle 8. XII. 1933 VA 1934 S. 12 Nr. 2669 = JRPV 1934 S. 251.

**[19] a) Erklärender.**

Das in Anm. 10 zu § 20 Gesagte gilt entsprechend. Auch der Abschlußagent kann in analoger Anwendung des § 45 anfechten. Rücktritt und Anfechtung können nicht verschieden behandelt werden, beide Rechtsbehelfe bestehen oft nebeneinander (Anm. 9 bis 10). — Bei der Mitv ist das Anfechtungsrecht der einzelnen Ver gesondert zu betrachten und auszuüben, § $356^1$ BGB gilt nicht: RG 5. I. 1904 RGZ Bd 56 S. 424—425, 19. VI. 1907 RGZ Bd 90 S. 330.

**[20] b) Empfänger.**

Anfechtungsgegner ist der Vmer (§ 143 I, II BGB). Das hinsichtlich des Kündigungs empfängers bei Kündigung durch den Ver in Anm. 32 zu § 8 Gesagte gilt entsprechend (vgl. KG 10. VII. 1935 JRPV 1935 S. 314 = Praxis 1935 S. 78, OLG Köln 14. X. 1931 JW 1932 S. 2556 = JRPV 1932 S. 123 zur Anfechtung gegenüber Erben; keine Anfechtung gegenüber Zessionar: OLG Köln 14. X. 1931 JW 1932 S. 2556). Während bei Vsverträgen zugunsten Dritter die Kündigung nicht gegenüber dem Dritten, z. B. Vten, Bezugsberechtigten erfolgen kann, sehen §§ 123 II 2, 143 II BGB dies für die Anfechtung vor (bedenklich Prölss[8] Anm. 4 zu § 22, S. 112). Vorauszusetzen ist unmittelbarer Rechtserwerb des Dritten — bei widerruflicher Bezugsberechtigung tritt dieser erst mit dem Vsfall ein — und entweder Kenntnis oder Kennenmüssen des Dritten hinsichtlich der Täuschung durch einen Vierten oder Täuschung durch den Dritten selbst (von Tuhr II 1 S. 618), vgl. KG 30. I. 1935 VA 1935 S. 227 Nr. 2801 = JRPV 1935 S. 157, 10. VII. 1935 JRPV 1935 S. 314 = Praxis 1935 S. 78, Süss VersR 1952 S. 187. Ist der Vmer selbst solchenfalls vollkommen arglos, so kann der Ver nicht dem Vmer, sondern nur dem Dritten gegenüber anfechten. Dadurch verliert der Dritte sein unmittelbares Recht, der Fortbestand des Vertrages richtet sich nach § 139 BGB (von Tuhr II 1 S. 619).

**[21] c) Inhalt.**

Die Anfechtungserklärung (§ 143 I BGB) muß unzweideutig erkennen lassen, daß der Vsvertrag juristisch und wirtschaftlich ex tunc aufgehoben werden soll, der Ausdruck Anfechtung braucht aber nicht benutzt zu werden: KG 2. III. 1935 JRPV 1935 S. 185. Das in Anm. 12 zu § 20 zum Inhalt der Rücktrittserklärung Ausgeführte gilt entsprechend, § 10 gilt auch für Anfechtungserklärungen, da bis zum Zugang der Erklärung der Empfänger noch Vmer ist. Keine Anfechtung liegt darin, daß der Ver nur geltendmacht, der Vmer habe ihn arglistig getäuscht: OLG Dresden 14. XI. 1928 VA 1929 S. 33 Nr. 1945, ferner nicht darin, daß der Ver zurücktritt oder kündigt (RG 20. III. 1936 JW 1936 S. 2065, OLG Dresden 4. VI. 1930 Praxis 1930 S. 67), daß er sich auf Leistungsfreiheit beruft (RG 19. III. 1926 VA 1926 S. 53—54 Nr. 1563 = JRPV 1926 S. 114) oder daß er die Entschädigung ablehnt (KG 14. VII. 1926 JRPV 1926 S. 246, 4. XII. 1929 JRPV 1930 S. 80). Eine unzulässige Anfechtung kann nicht in eine Kündigung umgedeutet werden: OLG Köln 5. V. 1937 VA 1937 S. 185 Nr. 2993, a. A. KG 9. II. 1929 JRPV 1929 S. 145.

**[22] d) Form.**

Die Anfechtungserklärung, die auch in einem Rechtsstreit abgegeben werden kann, ist nach dem Gesetz formfrei. Aber § 6 I b GrundBed schreibt z. B. dem Krankenver

Anfechtung durch eingeschriebenen Brief vor. Das in Anm. 13 zu § 20 Dargelegte gilt entsprechend.

[23] e) **Frist.**

Nach § 124 BGB gelten für die Anfechtungserklärung Ausschlußfristen, innerhalb derer die Erklärung zugegangen sein muß (anders als nach § 121 I 2 BGB). Die Jahresfrist des § 124 I BGB beginnt mit dem Zeitpunkt, in welchem der Ver die Täuschung entdeckt (§ 124 II 1 BGB), auch die Arglist muß bekannt geworden sein: RG 18. X. 1904 RGZ Bd 59 S. 96. Sind mehrere Irrtümer erregt, so braucht nicht jede einzelne Täuschung entdeckt zu sein: RG 9. IV. 1938 JW 1938 S. 2202—2203. Die Frist ist zu berechnen nach den §§ 187 I, 188 II, 193 BGB. Eine Hemmung sehen §§ 124 II 2, 203 II, 206, 207 BGB vor.

Die Bedeutung der Anfechtungsfrist ist von der Rechtsprechung dadurch stark abgeschwächt, daß nach Fristablauf für den Schuldner (Ver) noch die allgemeine Arglisteinrede möglich bleibt, falls er aus dem anfechtbaren Vsvertrag nach einem Vsfall in Anspruch genommen wird: RG 7. XI. 1930 RGZ Bd 130 S. 215—216, 17. XI. 1933 VA 1933 S. 406 Nr. 2627, KG 20. I. 1934 VA 1934 S. 10 Nr. 2667 = HansRGZ 1935 A Sp. 33. Jedoch muß dann der Ver auch die Pflicht zur Rückgewähr der ihm im Falle der Anfechtung nicht zukommenden Vorteile anerkennen, sonst handelt er seinerseits arglistig: RG 7. XI. 1930 RGZ Bd 130 S. 216—217, KG 20. I. 1934 VA 1934 S. 10 bis 11 Nr. 2667 = HansRGZ 1935 A Sp. 32—34.

[24] f) **Mitteilung.**

Eine Mitteilung an Realgläubiger in der Feuerv erlegen §§ 103 I 1, 107b, an den Schiffshypothekengläubiger § 34 II SchiffsG dem Ver auf.

[25] 4. **Anfechtungswirkungen.**

a) **Grundsätze.**

Die Anfechtung wirkt juristisch und wirtschaftlich ex tunc (Möller Schuldrecht S. 41), der Vsvertrag ist als von Anfang an nichtig anzusehen (§ 142 I). Dagegen wirkt der Rücktritt nur wirtschaftlich ex tunc (Anm. 15 zu § 20), die Kündigung lediglich ex nunc.

Die Nichtigkeit kann bei Vsverträgen zugunsten Dritter auch dem Dritten entgegengehalten werden: § 334 BGB; § 15 III ALB; KG 30. I. 1935 VA 1935 S. 227 Nr. 2801 = JRPV 1935 S. 158, 10. VII. 1935 JRPV 1935 S. 314.

Die Vorschriften über die ungerechtfertigte Bereicherung sorgen dafür, daß die eingetretenen Vermögensverschiebungen rückgängig gemacht werden.

[26] b) **Teilwirkungen.**

Sind mehrere Gegenstände oder mehrere Personen einheitlich vert, so hat die Anfechtung in Ansehung eines Teiles grundsätzlich die Nichtigkeit des ganzen Vertrages zur Folge. Soll der Vertrag teilweise weiterbestehen, so müßte der Vmer beweisen, daß der Ver den Vertrag auch ohne den durch die arglistige Täuschung betroffenen Teil abgeschlossen hätte (§ 139 BGB). Näheres Anm.22 zu § 30.

Täuscht bei der Krankenv der Vmer nur hinsichtlich seiner eigenen Person, so wird durch die Anfechtung der Vertrag auch hinsichtlich seiner mitvten Ehefrau nichtig: KG 11. II. 1931 JRPV 1931 S. 148. Täuscht der Vmer hinsichtlich der mitvten Ehefrau, so kann der Ver den ganzen Vertrag anfechten (AG Aschaffenburg 20. VI. 1952 VersR 1952 S. 365—366), bezüglich des Vmers (Ehemannes) auch dann, wenn die Ehefrau bereits vorher ausgeschieden ist: LG Münster 29. IX. 1951 VersR 1952 S. 115. Einen Fall, in welchem die Anfechtung nur die Mitv der Tochter betraf, behandelt: LG Köln 9. VI. 1953 VersR 1953 S. 356.

[27] c) **Versichererleistungen.**

Der Ver wird nicht nur für die Zukunft befreit, sondern der Vmer muß die vom Ver nach Eintritt eines „Vsfalles“ erbrachten Leistungen herausgeben (§ 812 I 1 BGB), und zwar unter Anwendung des § 819 I BGB, d. h. insbesondere mit Zinsen (§ 291 BGB). Das Kausalitätsprinzip des § 21 gilt hier nicht, darin liegt die große Bedeutung der Anfechtung.

Sind die Leistungen bei einem Vsvertrage zugunsten Dritter dem Dritten (Vten, Bezugsberechtigten) erbracht, so ist dieser herausgabepflichtig: Prölss[8] Anm. 2 zu § 75, S. 234, OLG Naumburg 18. XII. 1936 JRPV 1937 S. 281, bei Leistungen an einen Zessionar letzterer (a. A. anscheinend Prölss[8] Anm. 8 zu § 15, S. 100). Über die Rechtslage bei Pfändungs- und Vertragspfandgläubigern Anm. 22 zu § 6, auch Haymann JRPV 1935 S. 84—86.

Ausnahmsweise sind die Realgläubiger in der Feuerv (§§ 102 I 2, 107b) bei Anfechtung nach Eintritt eines Vsfalles geschützt. Im § 36 I 2 SchiffsG fehlt eine entsprechende Vorschrift zugunsten des Schiffshypothekengläubigers, eine analoge Anwendung auf den Fall der Anfechtung erscheint ausgeschlossen (RG 28. IV. 1933 RGZ Bd 141 S. 82—89 [Ausw 1] hat die Analogie auch bei § 101 I 1 a. F. abgelehnt). Zur Pflichthaftpflichtv vgl. § 158c II 1.

Ficht der Ver an, bevor der Vsfall eingetreten ist, so hat er seit dem materiellen Vsbeginn immerhin Gefahrtragung geleistet, z. B. Rückvsprämien aufgewendet. Diese Gefahrtragung kann der Vmer nicht zurückgewähren, es gälte insoweit § 818 II BGB (Wertersatz), bestünde nicht die Sondervorschrift des § 40 I 1.

[28] **d) Prämienzahlungen.**

§ 40 I 1 hat ein sehr umstrittenes Problem (Bruck 7. Aufl. S. 99—100) geklärt. Dem Ver gebührt trotz der Anfechtung die Prämie bis zum Schluß der Vsperiode, in der er von dem Anfechtungsgrunde Kenntnis erlangt hat. Die Vorschrift bestätigt die Gefahrtragungstheorie (Anm. 43 zu § 1), sie begünstigt den Ver überdies durch Normierung der Unteilbarkeit der Prämie, benachteiligt ihn andererseits allerdings insofern, als ein Ver, der die Anfechtung erst in einer neuen Vsperiode erklärt — was wegen der Jahresfrist des § 124 I BGB möglich ist —, für die neue Vsperiode keine Prämie mehr erhält. Überzahlte Prämie kann der Vmer nach § 812 I 1 BGB herausverlangen, jedoch kann die Herausgabepflicht des Vers nach § 818 III BGB ausgeschlossen sein (z. B. falls der Ver auf die Prämie Provisionen gezahlt hat, die er nicht zurückerlangen kann).

[29] **e) Lebensversicherung.**

Über die besonderen Wirkungen der Anfechtung in der Kapitalv für den Todesfall mit unbedingter Leistungspflicht: § 176 I, III, IV.

[30] **5. Unabdingbarkeit.**

Nach § 34a[1] ist § 22 relativ zwingend, von den Vorschriften des bürgerlichen Rechts über die Arglistanfechtung kann also nicht zulasten des Vmers abgewichen werden, z. B. durch Verlängerung der Anfechtungsfrist. Wohl aber kann das ganze Anfechtungsrecht des Vers aufgehoben werden, z. B. dadurch, daß bei einem Gegenseitigkeitsverein der Ausschluß für den Fall wissentlich unrichtiger Angaben bei der Aufnahme vorgesehen ist: KG 25. VI. 1938 JRPV 1938 S. 264—265.

[31] **III. Nichtigkeit des Versicherungsvertrages.**

**1. Begriff und Abgrenzung.**

**a) Begriff der Nichtigkeit.**

Neben der Anfechtbarkeit (Anm. 3—30), die allerdings auch zur Nichtigkeit führt (§ 142 I BGB), steht die ipso iure gegebene Nichtigkeit von Vsverträgen, bei welcher es keiner rechtsgestaltenden Willenserklärung des Vmers oder Vers bedarf.

Nichtig ist ein Rechtsgeschäft, wenn es unwirksam ist, also die als gewollt bezeichneten Rechtswirkungen nicht herbeiführt (von Tuhr II 1 S. 273) und auch nicht wirksam werden kann (von Tuhr II 1 S. 275). Fehlt es bei einem Vsvertrag z. B. an einer erforderlichen Zustimmung, so steht solches unvollendete Rechtsgeschäft einem nichtigen nicht nur gleich, wenn die Zustimmung verweigert ist, sondern auch dann, wenn die „Vollendung sich als ganz entfernte Möglichkeit darstellt" (von Tuhr II 1 S. 275 Anm. 18).

Die Nichtigkeit kann nicht nur beim endgültigen Abschluß eines Vsvertrages Bedeutung haben, sondern auch bei einer vorläufigen Deckungszusage, desgleichen bei nachträglichen Änderungen von Vsverträgen, die kraft Rechtsgeschäfts erfolgen.

**[32] b) Abgrenzung zum unvollendeten Rechtsgeschäft.**

Liegen bei einem Rechtsgeschäft tatbestandsmäßig die wesentlichen Stücke vor, insbesondere die inhaltsbestimmenden Willenserklärungen der Hauptparteien, treten aber die Rechtswirkungen noch nicht ein, weil noch ein nachholbares Stück des Tatbestandes fehlt oder weil ein Hindernis noch nicht weggefallen ist, so kann man von einem unvollendeten Rechtsgeschäft sprechen, das sich in einem Schwebezustand befindet (von Tuhr II 1 S. 274—275). Beispiel: Ausstehen der Genehmigung des gesetzlichen Vertreters bei beschränkter Geschäftsfähigkeit des Vmers (Anm. 69 zu § 1). Angesichts der Formulierung von §§ 159 II 1, 179 III 1 kann man darüber streiten, ob bei der Lebens- und Unfallfremdv das Fehlen der Einwilligung der Gefahrsperson den Vsvertrag nur unvollendet sein läßt; richtiger dürfte es sein, hier von Nichtigkeit zu sprechen oder vielleicht sogar an ein Nichtrechtsgeschäft (Anm. 33) zu denken.

**[33] c) Abgrenzung zum Nichtrechtsgeschäft.**

Fehlen wesentliche Stücke eines Rechtsgeschäftstatbestandes, liegt also nicht einmal der äußere Schein eines Geschäftes vor, so spricht man nicht von nichtigen oder unvollendeten Rechtsgeschäften, sondern von Nichtrechtsgeschäften (vgl. von Tuhr II 1 S. 275—276).

Im Falle des Dissenses (Anm. 81 zu § 1) handelt es sich fraglos um ein Nichtrechtsgeschäft, sofern der Dissens ein offener ist (§ 154 I 1 BGB). Bei verstecktem Dissens dürfte es richtiger sein, Nichtigkeit anzunehmen (Enneccerus-Nipperdey S. 507).

**[34] d) Abgrenzung zur relativen Unwirksamkeit.**

Im Vsvertragsrecht gibt es viele Fälle relativer Unwirksamkeit (Einl. Anm. 49). Bei letzterer ist das Vereinbarte juristisch existent, insbesondere kann sich durchweg der Ver nicht auf die relative Unwirksamkeit berufen. Diese schützt vielmehr regelmäßig Belange des Vmers, der seinerseits die Wahl hat, sich auf den Boden des Vereinbarten zu stellen oder die Verletzung der zwingenden Vorschrift geltendzumachen.

**[35] 2. Regelung und Einteilung.**

**a) Regelung.**

Die Nichtigkeit muß gesetzlich angeordnet sein. Eine direkte Anordnung bildet die Regel, Beispiele bieten §§ 51 III, 59 III, wonach gewisse Vsverträge nichtig sind (vgl. auch für gewisse Vereinbarungen §§ 8 I, 64 III, 81 III 1, 87 [2], 184 III), oder §§ 5 IV, 6 IV, 11 IV, 154 II, wonach gewisse Vereinbarungen unwirksam sind, oder §§ 48 II, 89 I, wonach eine Vereinbarung bestimmten Inhalts nicht (gültig) getroffen werden kann. Die gesetzliche Anordnung der Nichtigkeit kann aber auch eine indirekte sein, die z. B. darin liegt, daß die Gültigkeit des Vertrages von einer Einwilligung abhängig gemacht wird (§§ 159 II 1, 179 III 1, vgl. jedoch Anm. 32). Zu nennen sind hier auch § 4 I (vgl. Anm. 10 zu § 4), § 13 (vgl. Anm. 21 zu § 13).

Die Nichtigkeitsnormen können sich aber selbstverständlich nicht nur als speziell vsrechtliche Bestimmungen darstellen; mindestens ebenso wichtig sind allgemein zivilrechtliche Normen. Mehrere Nichtigkeitsnormen können konkurrieren, jedoch werden möglicherweise allgemein zivilrechtliche Vorschriften (z. B. § 306 BGB) durch speziell vsrechtliche (z. B. § 68 I) modifiziert.

**[36] b) Einteilung.**

Die Nichtigkeit kann den ganzen Vsvertrag betreffen oder nur einen Teil des Rechtsgeschäfts. Das Problem ist im Vsrecht oft speziell geregelt, z. B. normieren Totalnichtigkeit die §§ 51 III, 59 III, 159 II 1, 179 III 1. Teilnichtigkeit kann bewirken, daß die nichtige Vereinbarung ersatzlos fortfällt oder durch die gesetzliche Regelung oder eine modifizierte Vereinbarung ersetzt wird (Näheres: Einl. Anm. 48). Greift keine Sonderregelung Platz, so bildet nach § 139 BGB die Totalnichtigkeit die Regel, Teilnichtigkeit kommt nur in Betracht, wenn anzunehmen ist, daß das Rechtsgeschäft auch ohne den nichtigen Teil vorgenommen sein würde (Anm. 53).

Möglicherweise ist im Wege der Konversion ein nichtiges Rechtsgeschäft umdeutbar, etwa eine Unfallfremdv für eigene Rechnung bei fehlender Einwilligung der Gefahrsperson in eine Unfallfremdv für fremde Rechnung. Maßgebend ist § 140 BGB.

Die Nichtigkeit ist begriffsmäßig unheilbar. Möglich ist allein eine Bestätigung, bei deren Auslegung § 141 II BGB zu beachten ist: Wird eine Lebensfremdv bei nachträglicher Einwilligung der Gefahrsperson vom Vmer und Ver bestätigt, so ist im Zweifel der Ver verpflichtet, den Vsschutz so zu gewähren, wie wenn der Vertrag von Anfang an gültig gewesen wäre; das kann z. B. für Wartezeiten von Bedeutung sein.

Die Wirkungen der Nichtigkeit ergeben sich regelmäßig nur aus ihrem Wesen und den Regeln über die ungerechtfertigte Bereicherung. Ausnahmsweise kann aber ein nichtiger Vsvertrag andersartige Nachwirkungen zeitigen (Anm. 53—54).

**[37] 3. Fälle der Nichtigkeit.**

**a) Nichtigkeit auf Grund allgemein zivilrechtlicher Bestimmungen.**

**aa) Geschäftsunfähigkeit.**

§ 104 BGB macht die drei Gruppen von Geschäftsunfähigen ersichtlich. Die Willenserklärung eines Geschäftsunfähigen ist nichtig (§ 105 I BGB), desgleichen eine Willenserklärung, die im Zustande der Bewußtlosigkeit oder vorübergehender Störung der Geistestätigkeit abgegeben wird (Beispiel: KG 11. I. 1939 VA 1939 S. 254 Nr. 3125). Entscheidend ist der Zeitpunkt der Abgabe der Willenserklärung: Wird der Vmer bis zum Zugang oder später geschäftsunfähig, so ist dies auf die Wirksamkeit seines Antrags ohne Einfluß (§ 130 II BGB).

Die Geschäftsunfähigkeit hat auch für den Zugang — etwa einer Annahmeerklärung des Vers — Bedeutung: Wird eine Willenserklärung einem Geschäftsunfähigen gegenüber abgegeben, so wird sie nicht wirksam, bevor sie dem gesetzlichen Vertreter zugeht (§ 131 I BGB). — Grundsätzlich wird das Zustandekommen eines Vsvertrags nicht dadurch gehindert, daß der Antragende vor der Annahme geschäftsunfähig wird, es sei denn, daß ein anderer Wille des Antragenden anzunehmen ist (§ 153 BGB). Ein geisteskrank gewordener Arzt wird z. B. eine Berufshaftpflichtv nicht mehr brauchen. Auf den Willen des Vers kommt es grundsätzlich nicht an. — Jedoch finden sich in den AVB manche Risikobeschränkungen gegenüber Geschäftsunfähigen (vgl. z. B. § 3 Ziff. 5, $7^1$ AUnfallB, 17 Ziff. 4 AKB, dazu Anm. 14 zu § 6, Anm. 59 zu § 16). Andererseits wird z. B. das Selbstmordrisiko nach $§ 169^2$ vom Lebensver nur getragen, wenn die Tat in einem die freie Willensbestimmung ausschließenden Zustand krankhafter Störung der Geistestätigkeit begangen worden ist. — Ist ein Vertreter geschäftsunfähig, z. B. ein Abschlußvertreter des Vers, so berührt das die Wirksamkeit einer von oder gegenüber ihm abgegebenen Willenserklärung (vgl. § 165 BGB, der primär den Gegenfall nur beschränkter Geschäftsfähigkeit des Vertreters behandelt).

Über die Beweisfrage bei Geschäftsunfähigkeit: RG 20. XI. 1934 JRPV 1935 S. 8—9, auch OLG Frankfurt 1. II. 1951 VersR 1951 S. 147 (für einen Abfindungsvertrag).

**[38] bb) Willensmängel.**

Weicht der Geschäftswille des Vers oder Vmers von seiner Erklärung ab, so ergibt sich bei bewußter Nichtübereinstimmung möglicherweise Nichtigkeit:

Das gilt zunächst beim geheimen Vorbehalt, wenn der Geschäftsgegner den Vorbehalt kennt (§ 116 BGB). Ein Beispiel bieten „Probeanträge“, die nicht als solche gekennzeichnet sind. Sie sind als Antrag nichtig, bedeuten lediglich die Aufforderung zu einer Offerte des Vers (vgl. BAA VA 1953 S. 201—202). Weiteres Beispiel: OLG Hamburg 18. IX. 1935 JRPV 1935 S. 334—335. Nichtigkeit kommt nicht in Betracht, wenn der Gegner den Vorbehalt nicht erkennt (Beispiel: Unauffällige Unterzeichnung einer Willenserklärung „u. V.“ = „unter Vorbehalt“ (LAG Stuttgart 17. XII. 1952 BetrBer 1953 S. 262).

Beim Scheinvertrag sind die beiderseitigen Willenserklärungen nichtig; wird durch ein Scheingeschäft ein anderes Rechtsgeschäft verdeckt, so finden die für das dissimulierte

Rechtsgeschäft geltenden Vorschriften Anwendung (§ 117 BGB). Beispiel: Sind bei „Unterstützungseinrichtungen" die Rechtsansprüche nur formell ausgeschlossen, so handelt es sich zivilrechtlich um nichtige Unterstützungsrechtsverhältnisse, gültige Vsverträge (dazu Anm. 9 zu § 1; vgl. RG 3. IV. 1906 VA 1906 Anh. S. 38 Nr. 198, noch ausführlicher KG 11. I. 1926 VA 1926 S. 228—229 Nr. 1596).

Nichtige Scherzerklärungen behandelt § 118 BGB, vgl. auch § 122 BGB.

**[39] cc) Formfehler.**

Hinsichtlich der Nichtigkeit wegen Formmangels unterscheidet § 125 BGB die Fälle der durch Gesetz und der durch Rechtsgeschäft bestimmten Form. Vsverträge sind gesetzlich formfrei, jedoch sehen §§ 159 II 1, 179 III 1 eine schriftliche Einwilligung vor, bei deren Fehlen § 125[1] BGB Nichtigkeit bewirkt (LG Hamburg 2. VI. 1953 VersR 1954 S. 316—317). Im übrigen kommen nur rechtsgeschäftliche Formvereinbarungen, speziell für den Antrag des Vmers, zuweilen aber auch für die Annahmeerklärung des Vers, in Betracht (Anm. 13 zu § 3, Anm. 72, 78 zu § 1). Bei durch Rechtsgeschäft bestimmter Form tritt die Nichtigkeit jedoch nur „im Zweifel" ein, sie ist abgelehnt worden von KG 11. I. 1939 VA 1939 S. 253—254 Nr. 3125.

**[40] dd) Verbotswidrigkeit.**

Ein Vsvertrag, der gegen ein gesetzliches Verbot verstößt, ist nichtig, wenn sich nicht aus dem Gesetz ein anderes ergibt (§ 134 BGB). Bei Verträgen, die gegen ein gesetzliches Verbot verstoßen, ist § 309 BGB zu beachten (Schadensersatzpflicht usw.).

Gesetzliche Verbotsnormen, die sich unmittelbar gegen den Abschluß gewisser Vsverträge richten, gibt es in der Binnenv nur für einen Fall: § 183 I BundesbeamtenG vom 14. VII. 1953, BGBl. I S. 551 erklärt Vsverträge für unwirksam, die zu dem Zweck abgeschlossen werden, dem Beamten eine höhere als die nach dem Besoldungsrecht zulässige Besoldung oder eine über das BundesbeamtenG hinausgehende Versorgung zu verschaffen. (Für die Seev ist § 780 HGB zu nennen: „Die Heuerforderung des Schiffers und der Schiffsmannschaft kann nicht vert werden.") — Ein Verbot von „Wettven" gibt es in Deutschland nicht (zum vsrechtlichen Bereicherungsverbot vgl. Anm. 52) — Über Fälle, in denen das VVG unmittelbar die Nichtigkeitsfolge auslöst, es also einer Heranziehung des § 134 BGB nicht bedarf, vgl. unten Anm. 50—51. — Über Fälle, in denen wegen bestehender Verbote ein Interesse nicht schutzwürdig, eine Gefahr nicht tragwürdig erscheint, vgl. zu § 68. Die übrigen Verbotsnormen, die Vsverträge treffen können, lassen sich folgendermaßen gruppieren:

**[41] aaa) Aufsichtsrecht.**

Die Normen des VAG richten sich nicht gegen den Vmer, sondern die Verbote treffen ausschließlich den Ver und seine Organe (ausnahmsweise Vsvermittler: §§ 81 II 3, 140 II, IV VAG, oder in der Abonnentenv einen Verlag: § 81 IV VAG).

Verboten ist der Betrieb des Vsgeschäfts ohne die vorgeschriebene Erlaubnis (§ 140 I VAG), der Betrieb von Geschäften, die in dem genehmigten Geschäftsplan nicht vorgesehen sind (§ 135 I Ziff. 4 VAG). Dazu gehören im Grunde auch zwei Sonderfälle: Vsgeschäfte gegen feste Entgelte, also mit Nichtmitgliedern, darf ein Vsverein auf Gegenseitigkeit nur betreiben, soweit es die Satzung ausdrücklich gestattet (§ 21 II VAG); von AVB darf zuungunsten des Vmers nur aus besonderen Gründen und unter gewissen weiteren Voraussetzungen abgewichen werden (§ 10 III VAG). — Nach § 81 II 3, 4 VAG kann die Aufsichtsbehörde VOen erlassen, in welchen es untersagt wird, dem Vmer Sondervergütungen zu gewähren oder Begünstigungsverträge abzuschließen und zu verlängern. Solche RechtsVOen sind erlassen (Anm. 26 zu § 1).

Verstöße gegen die genannten gesetzlichen Verbote liegen darin, daß der Ver einzelne oder mehrere Vsverträge (mit bestimmtem Inhalt) durch seine Annahmeerklärung (in Ausnahmefällen als Offerent) abschließt. (Ein „Betrieb" setzt übrigens eine Mehrzahl von Abschlüssen voraus, vgl. Rehm-Berliner-Fromm S. 707).

Da das Vsaufsichtsrecht den Schutz der Vmer bezweckt, dieser Zweck jedoch in sein Gegenteil verkehrt werden könnte, falls man die Rechtsfolge der Nichtigkeit annimmt, so wird man sagen können, daß sich regelmäßig aus dem VAG ergibt, die verbotswidrigen Vsverträge seien gültig: Rehm-Berliner-Fromm S. 81—82, weitere Nachweise Anm. 50 zu § 1 für den Fall fehlender Erlaubnis zum Geschäftsbetrieb; Einl. Anm. 23, 29 für den Fall nicht genehmigter AVB; Kisch Gegenseitigkeitsverein S. 172, Rehm-Berliner-Fromm S. 272, RG 9. XI. 1915 JW 1916 S. 420 = VA 1916 Anh. S. 6—7 Nr. 910, LG Frankfurt a. M. 5. III. 1928 VA 1928 S. 224—225 Nr. 1879, a. A. KG 3. III. 1916 VA 1916 Anh. S. 7 Nr. 911 für den Fall des § 21 II VAG; Einl. Anm. 44 für den Fall des § 10 III VAG; Möller NeumannsZ 1939 S. 733, Millauer, Rechtsgrundsätze des Gruppenvsvertrages, Karlsruhe 1954, S. 33—34 für den Fall unzulässiger Begünstigungsverträge.

Das Vertragswerk mehrerer Ver ist wegen Verstoßes gegen § 140 I VAG nach § 134 BGB nichtig, wenn es bezweckt, durch Tarnung den Betrieb aufsichtspflichtiger Vszweige zu ermöglichen (Anm. 50 zu § 1).

Verwaltungsakte der Aufsichtsbehörden sind keine gesetzlichen Verbote im Sinne des § 134 BGB.

**[42] bbb) Strafrecht.**

Die im VAG enthaltenen strafrechtlichen Normen sind bereits in Anm. 41 behandelt. Auch im übrigen ist zu beachten, daß regelmäßig ein strafrechtliches Verbot keine Nichtigkeit zur Folge hat, wenn nur einem der beiden Vertragskontrahenten eine Strafe angedroht ist (von Tuhr II 2 S. 6). Ein betrügerischer Vsabschluß ermöglicht also für den Ver nur eine Anfechtung (vgl. aber §§ 51 III, 59 III).

**[43] ccc) Steuerrecht.**

Steuerliche Probleme der Nichtigkeit werden durch die §§ 5, 6 SteueranpassungsG behandelt. Zivilrechtlich nichtige Vsverträge können dennoch steuerlich als existent behandelt werden (vgl. § 5 II, III, V SteueranpassungsG). Ein Mißbrauch von Formen und Gestaltungsmöglichkeiten des Vsvertragsrechtes kann keine Umgehung oder Minderung der Steuerpflicht bewirken, vielmehr sind die Steuern so zu entrichten, wie sie bei einer den wirtschaftlichen Vorgängen, Tatsachen und Verhältnissen angemessenen rechtlichen Gestaltung zu erheben wären (§ 6 I, II SteueranpassungsG). Immerhin sind aber die Mißbrauchsverträge zivilrechtlich gültig.

Zur Problematik der Steuerumgehungen bei der Lebensv vgl. BAA R 24/52 VA 1952 S. 141, ferner Anonym BetrBer 1952 S. 77—78, Gehrhardt BetrBer 1952 S. 236—237, Oberfinanzdirektion Frankfurt 4. VIII. 1952 BetrBer 1952 S. 767.

**[44] ddd) Preisrecht.**

Gebundene Preise gibt es im Bereich der Privatv außer für gewisse Provisionen nur in der Kraftverkehrsv. Hier handelt es sich um Festpreise, die aus dem Einheitstarif für Kraftfahrtven (Einl. Anm. 13) ersichtlich sind. Wird eine abweichende Prämie vereinbart, so gilt an ihrer Stelle die Festprämie des Einheitstarifes (vgl. Palandt Anm. 3 zu § 134, Weber VersR 1953 S. 121—123, LG Braunschweig 22. IV. 1954 VersR 1954 S. 363, AG Weilburg 7. XII. 1950 VersR 1951 S. 163, bedenklich LG Düsseldorf 21. II. 1952 VersR 1953 S. 133). Muß hiernach der Vmer eine höhere als die vereinbarte Prämie begleichen, so steht ihm die Möglichkeit einer Kündigung aus wichtigem Grunde, in krassen Fällen auch wegen Erschütterung der Geschäftsgrundlage, offen, jedoch nur, falls der Vmer angesichts der Erhöhung auf die Vsnahme überhaupt verzichten will und kann (Anm. 25, 26 zu § 8). Der Ver kann nicht kündigen, soweit ihn eine Annahmepflicht trifft (§ 3 I 2 PflichtVG, § 3 PflichtV-DVO). Ist die Abweichung vom Festpreis eine beiderseits vorsätzliche, so ist der gesamte Vsvertrag nichtig (vgl. Palandt Anm. 3 zu § 134). Es erscheint zur Aufrechterhaltung des Preisgefüges erforderlich, hier nicht etwa die vereinbarte (wohl meistens niedrigere) Prämie maßgebend sein zu lassen. Andererseits entspricht eine einfache Prämienkorrektur hier nicht dem mutmaßlichen Parteiwillen (vgl. §§ 139, 140 BGB). Vgl. auch Anm. 8 zu § 5, Anm. 34 zu § 41.

Gebundene Preise bestimmter Sachen können sich vsmäßig insofern auswirken, als sie den Vswert beeinflussen; es kann also bei Überschreitung eines Höchst- oder Festpreises Überv (§ 51 I) vorliegen. Eine vom gebundenen Preis abweichende Vswertvereinbarung — etwa eine V zu Schwarzmarktpreisen — ist gesetzeswidrig und nur als V auf der Grundlage des höchsten legalen Wertes aufrechtzuerhalten (dazu Berndt, Der Ersatzwert in der Feuerv, Weissenburg 1951, S. 260—263 m. w. N.).

**[45] eee) Währungs- und Devisenrecht.**

Nach § 3 WährungsG dürfen Geldschulden nur mit Genehmigung der für die Erteilung von Devisengenehmigungen zuständigen Stelle in einer anderen Währung als in Deutscher Mark eingegangen werden; das gleiche gilt für Geldschulden, deren Betrag in Deutscher Mark durch den Kurs einer solchen anderen Währung oder durch den Preis eine Menge von Feingold oder von anderen Gütern oder Leistungen bestimmt werden soll. Über die Folgen von Zuwiderhandlungen vgl. BGH 8. I. 1952 NJW 1952 S. 299. Als Geldschulden i. S. der Vorschrift sind auch die Gefahrtragungsschulden eines Vers zu behandeln (vgl. schon Anm. 30 zu § 13).

Es bestehen aber keine Bedenken dagegen, daß Vssummen im Vsvertrag variabel gestaltet werden, sich also Preisschwankungen anpassen, und daß demzufolge auch die Prämien schwanken. Dieses System ist bei der öffentlichrechtlichen Sachv lange gebräuchlich, spielt auch bei der gleitenden Neuwertv eine Rolle (VA 1951 S. 49—51, 99). Dagegen wäre es bedenklich, wenn etwa nur die Prämie indexmäßig schwankt. Wohl aus diesem Grunde hat man in der Haftpflichtv durch die Prämienangleichungsklausel den Weg beschritten, daß die Vsaufsichtbehörde „nach billigem Ermessen" die Prämienschwankungen bestimmt (VA 1952 S. 121—122). Vgl. über Geldwertschwankungen und Vswesen Möller in: Roehrbein, Rechtsfragen aus der Privat- und Sozialv, Berlin (1953), S. 117—125, Sieg BetrBer 1953 S. 16—17.

Speziell über Fremdwährungsven vgl. das G über die Umwandlung der inländischen Fremdwährungsven vom 26. VIII. 1938 mit VO vom 10. IX. 1938 (Einl. Anm. 8). Dazu die Anordnungen und Rundschreiben des RAA: VA 1939 S. 174—177. Die VO wirkt sich immer noch aus, vgl. etwa BGH 11. II. 1953 VersR 1953 S. 108—109 mit Anm. Prölss und Vorinstanz OLG Nürnberg 21. XII. 1951 VersR 1952 S. 121—123; OLG Hamburg 22. VIII. 1951 VersR 1952 S. 408, 4. XII. 1952 VersR 1954 S. 200, OLG Schleswig 9. VIII. 1951 VersR 1951 S. 256, LG München 7. XII. 1951 VersR 1952 S. 33; für einen noch weiter zurückliegenden Fall vgl. OLG Schleswig 16. III. 1953 VA 1953 S. 196—197. Die VO ist rechtsgültig: BGH 11. II. 1953 VA 1953 S. 88. Vgl. auch Breitbarth VW 1949 S. 193—195, Wehl VersR 1950 S. 73—74.

Heute gelten für Fremdwährungsven außer § 3 WährungsG die in Einl. Anm. 98 angegebenen Rechtsquellen. Gemäß Art. VII[1] G Nr. 53 „entbehren" Verträge, die in Verletzung der Devisengesetzgebung oder in Umgehungsabsicht geschlossen oder durchgeführt worden sind, „jeder Rechtswirkung". Jedoch ist nach verbreiteter Auffassung auch eine nachträgliche Genehmigung der zuständigen Stellen möglich (Langen, Kommentar zum DevisenG, 2. Aufl., Heidelberg 1952, S. 74—77).

**[46] fff) Pflicht- und Zwangsversicherungsrecht.**

Ist die Abschlußfreiheit bei Vsverträgen eingeschränkt (Anm. 54—68 zu § 1), so wird durchweg auch normiert, welchen Inhalt das Vsverhältnis haben soll oder hat. Abweichende Vereinbarungen sind sodann als nichtig anzusehen, jedenfalls insoweit, als sie den Schutzzweck der bestehenden Rechtsnormen vereiteln würden. So muß z. B. in der Kraftfahrhaftpflichtv auf der Grundlage der AKB oder der AKHB kontrahiert werden, auch sind Mindestvssummen zu vereinbaren (Anm. 65 zu § 1). Entgegenstehende Vereinbarungen sind nichtig, es gelten also dennoch die AKB oder AKHB (Clauss VersR 1954 S.48, Stiefel-Wussow S. 21), und die gesetzliche Mindestvssumme tritt an die Stelle der niedrigeren vereinbarten (vgl. Stiefel-Wussow Anm. 2 zu § 1, S. 31, Weber VersR 1953 S. 121—123, auch LG Düsseldorf 21. II. 1952 VersR 1953 S. 132—133). Zu beiden Fragen bedenklich Thees-Hagemann S. 54, 61, 64. In Fällen des Monopols ist oft bestimmt, eine anderweitige V sei nichtig (so § 9[2, 3] Badisches GebäudevsG).

**[47] ggg) Feindgesetzgebung und Restfälle.**

Während eines Krieges gewinnt die Feindgesetzgebung Bedeutung. Nach englischer Rechtsauffassung, die ihren Niederschlag gefunden hat im Trading with the Enemy Act, 1939 ist ganz allgemein die Erfüllung irgendeiner Verpflichtung gegenüber einem

Feinde verboten, Vertragsabschlüsse sind nichtig (Näheres Schwenn HansRGZ 1940 A Sp. 139—156, vgl. allerdings speziell für Vsverträge Sp. 152). Über Stellung und Behandlung ausländischer Vsunternehmungen während des Krieges Daniel HansRGZ 1940 A Sp. 115—128: Vsverträge auch mit feindlichen Vmern blieben gültig, nur traf den deutschen Ver eine Anmeldepflicht (§ 7 Ziff. 3 VO über die Behandlung feindlichen Vermögens vom 15. I. 1940, RGBl. I S. 191), auch gab es ein Zahlungsverbot, Verfügungsbeschränkungen und Verwaltungsmaßnahmen.

Verstöße gegen G Nr. 52 machen unter gewissen Voraussetzungen verbotene Geschäfte, also auch Vsverträge, nichtig (vgl. Art. V G Nr. 52).

Eine Betriebshaftpflichtv ist nicht deshalb nichtig, weil für den Betrieb des Vmers die erforderliche behördliche Genehmigung fehlt (OLG Hamm 15. VI. 1953 VA 1953 S. 269).

**[48] ee) Sittenwidrigkeit.**

Ein Vsvertrag, der gegen die guten Sitten verstößt, ist nichtig (§ 138 I BGB). Über den Spezialfall des Wuchers vgl. § 138 II BGB. § 309 BGB (Schadensersatzpflicht des Vertragsgegners usw.) gilt im Falle der Sittenwidrigkeit nicht.

Ein Rechtsgeschäft verstößt gegen die guten Sitten, wenn „es mit dem Anstandsgefühl aller billig und gerecht Denkenden unvereinbar ist" (RG 15. X. 1912 RGZ Bd 80 S. 221).

Es gibt nur wenige Fälle, bei denen im Vsvertragsrecht § 138 I BGB angewendet werden kann. Über Fälle, in denen die Gefahrtragung sittenwidrig, also ein Interesse nicht schutzwürdig, eine Gefahr nicht tragwürdig erscheint, vgl. zu § 68 und die Darlegungen über die Haftpflichtv: BGH 18. X. 1952 BGHZ Bd 7 S. 323—324. Was den sonstigen Inhalt der Vsverträge anlangt, so haben bei AVB Staatsaufsicht und zwingende Bestimmungen des VVG Mißbräuche verhindert (Einl. Anm. 30). Nicht jede unbillige Regelung ist schon einem Sittenverstoß gleichzusetzen (LG Berlin 26. X. 1953 VersR 1954 S. 8). Bei der Auslegung von AVB kommen nur solche Auslegungsmöglichkeiten in Betracht, deren Ergebnis nicht sittenwidrig ist (LG Köln 12. VI. 1951 VersR 1951 S. 294: „Die Klausel..., daß mündliche Nebenabreden rechtsunwirksam sind, kann sich daher nur auf solche Nebenabreden beziehen, die nicht auf Arglist beruhen"). Über den Fall des Monopolmißbrauches bei AVB Einl. Anm. 30. Zur sittenwidrigen Bezeichnung von Bezugsberechtigten, sei es im Vsvertrag, sei es später, vgl. zu § 166 (Leitentscheidungen: RG 24. XI. 1933 RGZ Bd 142 S. 410—417, 23. II. 1937 RGZ Bd 154 S. 99—110). Über die Frage, ob eine Wegbedingung des (nicht zwingenden) § 2 II 2 sittenwidrig sei, RG 9. II. 1926 JW 1926 S. 1820—1821 = VA 1926 S. 15 Nr. 1531 b.

Neben § 138 I BGB steht der speziellere Normenkomplex des G gegen den unlauteren Wettbewerb mit der umfassenden Generalklausel des § 1 UWG und verschiedenen Sondertatbeständen, die auch für das Vswesen praktische Bedeutung erlangen können (Näheres Möller in: Rohrbeck, Aus der Privat- und Sozialv des In- und Auslandes, Berlin 1951, S. 5—21, vgl. auch Schmidt-Tüngler VW 1954 S. 30—32). Vsverträge, die unter Wettbewerbsverstößen zustandegekommen sind, sind grundsätzlich nicht nichtig (AG München 19. XI. 1952 VersR 1953 S. 155), bei trügerischer Reklame des Vers (§§ 3—5 UWG) kann ein Anfechtungsrecht des Vmers in Frage kommen. Gültig sind z. B. Vsverträge, die auf Grund von Ausspannungen zustandekommen, ferner Vorvsverträge (Anm. 4 zu § 2). Die Abonnentenv verstößt als solche schon deshalb nicht gegen die guten Sitten, weil sie vom Zugabeverbot ausdrücklich ausgenommen ist (OLG Düsseldorf 1. XII. 1937 VA 1937 S. 218 Nr. 3015).

**[49] ff) Leistungsunmöglichkeit.**

Ein auf eine unmögliche Leistung gerichteter Vsvertrag ist nichtig (§ 306 BGB). Da die Leistung des Vers die Gefahrtragung ist (Anm. 40—45 zu § 1), so ist ein Vsvertrag nichtig, falls die Gefahrtragung unmöglich ist. Letzteres kann darauf beruhen, daß das vte Interesse beim vorgesehenen materiellen Vsbeginn für den Vmer gar nicht besteht oder daß die vte Gefahr überhaupt nicht droht, etwa deshalb, weil sie sich bereits realisiert hat. Die bürgerlichrechtlichen Normen der §§ 306—308 BGB werden durch spezielle vsrechtliche Vorschriften ergänzt oder verdrängt, so durch § 68 I (dazu Sasse, Die fehlende Gefahrtragung des Vers in § 68 VVG, ungedr. Hamburger Diss. 1952, besonders S. 137—148; Näheres zu § 68) und für die Rückwärtsv durch § 2 II, III (dazu Anm. 14—43 zu § 2).

[50] **b) Nichtigkeit auf Grund speziell versicherungsrechtlicher Bestimmungen.**

**aa) Fälle vollständiger Nichtigkeit.**

Hier kommen die Tatbestände der §§ 51 III, 59 III, 159 II, 179 III in Betracht.

[51] **bb) Fälle teilweiser Nichtigkeit.**

Verwiesen sei auf die Aufzählung in Einl. Anm. 48 (Wegfall des Vereinbarten).

[52] **cc) Spezialfall versicherungsrechtlichen Bereicherungsverbots.**

Aus dem Wesen der Schadensv (§ 1 I 1) folgt, daß der Ver nicht mehr als den Betrag des Schadens zu ersetzen hat (§ 55). Deshalb sind Schadensvsverträge nichtig, bei denen für den vorgesehenen Vmer oder Vten im „Vsfalle" kein Schaden entsteht (Wettven). Eine Teilnichtigkeit ist anzunehmen, sofern eine Leistungshöhe vereinbart ist, die den Schaden des Anspruchsberechtigten überschreitet. Jedoch gibt es gewisse Ausnahmen vom Bereicherungsverbot (Möller JW 1938 S. 916—920). Zur Problematik vgl. aus der Tierv OLG Oldenburg 9. VII. 1951 VersR 1951 S. 228—230 mit Anm. Kisch sowie Prölss VersR 1951 S. 219—220. Näheres zu § 55, vgl. auch Einl. Anm. 42, Anm. 26 zu § 1.

[53] **4. Rechtsfolgen der Nichtigkeit.**

**a) Bürgerlichrechtliche Rechtsfolgen.**

Fehlt es an speziellen Normen, so ist die Frage, ob Total- oder Teilnichtigkeit eintrete, nach § 139 BGB zu beurteilen (dazu schon Anm. 36). Sieht das VVG nur die Nichtigkeit einzelner Vereinbarungen vor, so kann man auch nicht im Einzelfall aus § 139 BGB folgern, der ganze Vsvertrag sei nichtig (vgl. LG Hamburg 14. XII. 1950 VersR 1951 S. 76). Über die Vertragskorrektur bei Preisverstößen Anm. 44, bei Verstößen gegen das Pflichtvsrecht Anm. 46.

Die auf Grund eines nichtigen Vsvertrags bereits erbrachten Leistungen sind nach den Vorschriften über die ungerechtfertigte Bereicherung herauszugeben (§ 812 I 1 BGB), jedoch ist § 814 BGB zu beachten (Kenntnis des Nichtbestehens der Schuld), ferner § 817 BGB (Gesetz- oder Sittenwidrigkeit). Was den Umfang und Inhalt des Bereicherungsanspruchs anlangt, so ist es von besonderer Bedeutung, daß nach der Gefahrtragungstheorie der Ver auch bei nichtigen Vsverträgen und wenn der Vsfall nicht eingetreten ist, etwas geleistet haben kann, zu dessen Herausgabe der Vmer wegen der Beschaffenheit des Erlangten außerstande ist (Anm. 43 zu § 1). Der Vmer hat deshalb den Wert der Gefahrtragung zu ersetzen (Beheim-Schwarzbach JRPV 1935 S. 117; LG Gotha 29. VII. 1932 Praxis 1932 S. 74), also die anteilige Prämie zu begleichen. Näheres Anm. 17 zu § 40. Kennt der Ver die Nichtigkeit, so trägt er vom Zeitpunkt der Kenntniserlangung an nicht die Gefahr (vgl. auch § 819 I BGB).

[54] **b) Versicherungsrechtliche Rechtsfolgen.**

Es fragt sich, ob es einen Grundsatz der Unteilbarkeit der Prämie gibt und ob dieser auch in den Nichtigkeitsfällen gilt (dazu Anm. 4—5, 17 zu § 40).

Das Vsrecht regelt vielfach speziell die Frage der Total- oder Teilnichtigkeit (Anm. 36, 50, 51). § 30 gilt in Fällen der Teilnichtigkeit nicht (Anm. 22, 23 zu § 30). Möglicherweise hat ein nichtiger Vsvertrag gewisse, über das bürgerliche Recht hinausgehende Nachwirkungen, etwa gegenüber einem Realgläubiger, der sein Recht angemeldet hat (§§ 103 III, 107b; enger § 34 IV SchiffsG) oder einem geschädigten Dritten bei einer Pflichthaftpflichtv (§ 158c II 1).

## § 23

**[1] Nach dem Abschlusse des Vertrags darf der Versicherungsnehmer nicht ohne Einwilligung des Versicherers eine Erhöhung der Gefahr vornehmen oder deren Vornahme durch einen Dritten gestatten.**

**[2] Erlangt der Versicherungsnehmer Kenntnis davon, daß durch eine von ihm ohne Einwilligung des Versicherers vorgenommene oder gestattete Änderung die Gefahr erhöht ist, so hat er dem Versicherer unverzüglich Anzeige zu machen.**

**Gefahrerhöhung.**
**Obliegenheiten bei subjektiver Gefahrerhöhung.**

**Gliederung:**



[1] **Entstehung:** § 23 ist unverändert geblieben. — Begr. I S. 36—40.

[2] **Schrifttum:** Besser, Die nachträgliche Gefahrerhöhung im Vsrecht, Kölner Diss. (1934), Bruck S. 295—323 m. w. N., Ehrenzweig S. 116—124, Flueler, Die Gefahrserhöhung im Privatvs-Vertrag, Freiburger (Schweiz.) Diss. 1932, von Gierke II S. 164 bis 168, von der Hagen, Der Begriff der Gefahrerhöhung, Kölner Diss. 1934, Holtz MDR 1952 S. 713—716, Kisch II S. 446—592, Prölss JRPV 1934 S. 241—244, Schmidt S. 198—209.

[3] **I. Gesetzessystem.**

Die §§ 23—29a, 30, 40 I betreffen die nachträgliche Gefahrerhöhung. Der Begriff wird vom Gesetz vorausgesetzt, in den §§ 29, 29a nur in Einzelpunkten ergänzt. Zu unterscheiden sind subjektive und objektive Gefahrerhöhungen (§§ 23—26, 27—28). An objektive Gefahrerhöhungen knüpft ohne weiteres ein Kündigungsrecht des Vers an (§ 27 II), im übrigen werden im Zusammenhang mit Gefahrerhöhungen Obliegenheiten ausgelöst, und zwar die Gefahrstandspflicht (§ 23 I) sowie Anzeigepflichten (§§ 23 II, 27 II). Als Rechtsfolgen der Verletzung kommen in Betracht: Kündigungsrecht des Vers (§§ 24, 27 I) und Leistungsfreiheit des Vers (§§ 25, 28). § 30 regelt die Frage der Tragweite dieser Rechtsbehelfe (Teilkündigung, Teilleistungsfreiheit?), § 40 I das Prämienschicksal. Im ganzen ist die Regelung sehr unübersichtlich.

**[4] II. Gefahrerhöhung.**

**1. Änderung der Gefahrslage.**

Auf der Grundlage der vorvertraglichen Anzeigen (§§ 16—21) schließt der Ver den Vsvertrag ab. Er paßt die Vertragsvereinbarungen, besonders die Prämie der ihm bekanntgewordenen individuellen Beschaffenheit der Gefahrslage an, fügt den Vertrag in die Gefahrengemeinschaft ein. Während der Vertragsdauer wird die Gefahrslage als ruhend gedacht, obschon sie tatsächlich dauernd Veränderungen unterworfen ist. Überschreiten die tatsächlichen Veränderungen ein gewisses Ausmaß, so muß im Interesse der Gefahrengemeinschaft eine Korrektur Platz greifen, welche durch die Vorschriften über die Gefahrerhöhung erreicht werden soll.

Die Vorschriften über die Gefahrerhöhung behandeln sonach einen Spezialfall der Veränderung der Geschäftsgrundlage (BGH 18. X. 1952 BGHZ Bd 7 S. 318 Schmidt S. 204—205), die sich bis zu deren Erschütterung steigern kann. Die Spezialnormen verdrängen die allgemeinen Rechtsgrundsätze, insbesondere das allgemeine außerordentliche Kündigungsrecht (dazu Anm. 26 zu § 8).

**[5] 2. Unvoraussehbarkeit der Änderung.**

Änderungen der Gefahrslage, welche der Ver voraussehen kann, muß er von vornherein in Rechnung ziehen und bei der Prämienkalkulation berücksichtigen (RG 3. I. 1936 RGZ Bd 150 S. 50 [Ausw 1]), so in der Todesfallv das Herannahen des Todes (deshalb: § 164 I), in der Unfallv eine Verschlechterung in den Gesundheitsverhältnissen (deshalb § 4 II AUnfallB), in der Krankenv den allmählichen Verfall der körperlichen Kräfte (deshalb ist der in § 2 II c Ziff. 1 GrundBed enthaltene Hinweis auf die §§ 24, 27 irreführend: Möller in: Rohrbeck, Sozialpolitik und private Krankenv, Berlin 1951, S. 66—67). In der Sachv kann die normale Abnutzung der Sache eine größere Gefahr mit sich bringen, die voraussehbar ist (RG 2. XI. 1928 JRPV 1928 S. 385, 13. X. 1936 VA 1936 S. 295 Nr. 2948). Zur Voraussehbarkeit auch OLG Hamburg 17. IV. 1905 VA 1905 Anh. S. 76—77 Nr. 144, 27. VII. 1932 JRPV 1933 S. 80. Zur Frage, ob bei einer haftpflichtvten Gemeinde die Motorisierung des Krankenwagens und der Dampfspritze eine Gefahrerhöhung bedeutete: KG 29. I. 1909 VA 1909 Anh. S. 55—56 Nr. 459, 14. III. 1911 VA 1911 Anh. S. 61—62 Nr. 603, RG 7. I. 1910 RGZ Bd 73 S. 1—4. Rechtsgrundlage für die Unbeachtlichkeit voraussehbarer Gefahrerhöhungen ist § 29[2].

**[6] 3. Richtung der Änderung.**

Eine für den Ver unvoraussehbare Änderung der Gefahrslage kann entweder für den Ver und die Gefahrengemeinschaft günstig sein (Gefahrminderung) oder ungünstig (Gefahrerhöhung) oder neutral (Gefahränderung i. e. S.). Zur Gefahrminderung vgl. § 41 a. Die Gefahränderung i. e. S. ist für das Binnenvsrecht unbeachtlich (anders § 814 I HGB, §§ 23—25 ADS für die Seev).

Eine Gefahrerhöhung liegt vor, wenn die Gefahrumstände sich nach der Stellung des Vertragsantrags (§ 29a) in einem für den Ver ungünstigen Sinne ändern, z. B. durch Hinzutritt neuer ungünstiger Umstände, durch Wegfall günstiger Umstände. Treffen mehrere Änderungen zusammen (Vmer lagert neue feuergefährliche Stoffe, baut aber zugleich eine Sprinkleranlage ein), so ist eine gesamtheitliche Betrachtung, eine „Gefahrenaufrechnung" (Prölss[8] Anm. 2, 4 zu § 23, S. 115, 117, Ehrenzweig S. 118) geboten: § 6 II 2, 3 AEB stellt z. B. klar, daß durch den nächtlichen Aufenthalt eines Erwachsenen das längere Unbewohntsein einer Wohnung kompensiert werden kann. Es kommt darauf an, ob für den Ver die Gefahr, aus dem Vertrage in Anspruch genommen zu werden, dem Grunde oder der Höhe nach vergrößert ist.

Es kann auf Grund der gleichen tatsächlichen Vorgänge im Rahmen des einen Vsvertrags Gefahrerhöhung gegeben, im Rahmen eines anderen Vsvertrags nicht gegeben sein. Bleibt die gegen Einbruchdiebstahl vte Wohnung längere Zeit unbewohnt, so ist die Gefahr des Einbruchdiebstahls erhöht (RG 5. X. 1920 WallmannsZ Bd 55 S. 329—331, OLG Hamburg 29. III. 1922 HansRZ 1923 Sp. 99—100); bleibt die feuervte Wohnung längere Zeit unbewohnt, so ist hierdurch keine Gefahrerhöhung eingetreten.

Von einer Gefahrerhöhung ist eine völlige Umgestaltung der Gefahrensituation zu unterscheiden, bei der nicht einzelne Gefahrumstände sich verändern, hinzutreten oder wegfallen, sondern alle Gefahrumstände andere werden, z. B. weil das vte Interesse ein anderes wird (das vte Haus wird abgerissen und durch ein anderes ersetzt), oder weil die vte Sache an einen anderen als den Vsort verbracht wird (RG 10. II. 1925 HansRZ 1925 Sp. 474 = SeuffArch Bd 79 S. 115—117), oder weil die vten Güter in anderer Art als mit dem vorgesehenen Schiff befördert werden (§ 137 I), oder weil in der Berufshaftpflichtv der Beruf gewechselt wird. Hier entfällt regelmäßig der Vsschutz, vgl. zu § 68, aber auch §§ 1 IIc, 2 AHaftpflB (Vorsorgev). Ein „völlig neues Risiko" ist nicht angenommen worden, als ein Unfallvmer in ein Internierungslager kam, solange er nicht „zu einer von seiner bisherigen Berufstätigkeit völlig abweichenden Arbeit oder Beschäftigung gezwungen" wurde (OGH 23. VI. 1950 OGHZ Bd 4 S. 98—99). An einer Gefahrerhöhung fehlt es auch dann, wenn der Wert der vten Gegenstände sich erhöht (VA 1920 S. 122—123, RG 25. XI. 1927 JW 1928 S. 792 = VA 1928 S. 50 Nr. 1825: Anwachsen von Lagerbeständen) oder wenn der Vmer wegen Erwerbs weiterer Tiere deren Nachv zu beantragen hat (§ 6 I, III ATierB; OLG München 23. XII. 1916 VA 1917 Anh. S. 18—19 Nr. 979).

**[7] 4. Zeitpunkt der Erhöhung.**

Früher kam es auf den Zeitpunkt des formellen Vsbeginns an, vorvertragliche Anzeigepflicht (Anm. 8 zu § 16) und Obliegenheiten hinsichtlich der Gefahrerhöhung lösten sich also zeitlich ab. Heute stellt § 29a bei der Gefahrerhöhung auf die Stellung des Vsantrags ab (ungenau deshalb BGH 10. I. 1951 NJW 1951 S. 232 = VersR 1951 S. 68). Zwischen Zugang des Antrags beim Ver und formellem Vsbeginn konkurrieren also die Normengruppen der §§ 16—21 und 23—29 (Anm. 6—7 zu § 29a).

Liegt der materielle Beginn der V vor der Antragstellung (Rückwärtsv; § 2 I), so unterliegen „Gefahrerhöhungen", die vor der Antragstellung eintreten, nur der vorvertraglichen Anzeigepflicht. Liegt der materielle Beginn nach der Antragstellung, so können auch vor dem materiellen Beginn schon Gefahrerhöhungen eintreten. Vgl. auch Anm. 21.

Auch im Rahmen einer vorläufigen Deckungszusage können Gefahrerhöhungen sich verwirklichen; Beispiel: RG 6. VII. 1923 VA 1923 Anh. S. 73—74 Nr. 1329.

Die Gefahrerhöhung setzt voraus, daß sich seit der Antragstellung die Gefahrslage tatsächlich geändert hat (BGH 10. I. 1951 NJW 1951 S. 232 = VersR 1951 S. 68). Daran fehlt es bei einer Autohaftpflichtv, wenn der Kraftwagen schon beim Vsbeginn untaugliche Bremsen hatte, die Weiterbenutzung ist keine Gefahrerhöhung, denn Autos sind stets zur Benutzung da (a. A. wohl OLG Saarbrücken 17. XII. 1952 VersR 1953 S. 52—53 mit Anm. Prölss; im Falle OLG Düsseldorf 17. VI. 1935 VA 1935 S. 242—244 Nr. 2814 ist ausdrücklich festgestellt, daß die Bremse erst nach Abschluß der V beschädigt ist, generell richtig OLG Hamm 9. VI. 1952 VersPrax 1952 S. 94). — Wenn der Vmer nachträglich erfährt, daß schon vor der Antragstellung ein ungünstiger Gefahrumstand vorhanden war, so liegt keine Gefahrerhöhung vor, nur die Vorschriften über die vorvertragliche Anzeigepflicht könnten eingreifen. Das ist besonders wichtig für die Personenv: Eine Krankheit muß „nach der Stellung des Vsantrags neu eingetreten sein. Es genügt nicht, wenn eine schon vorher verborgen gewesene Krankheit erst nachträglich erkennbar geworden ist" (OLG Düsseldorf 5. VI. 1951 VersR 1951 S. 201), wohl aber reicht es aus, wenn eine Krankheit sich verschlimmert hat (Dörstling VersR 1951 S. 202). Lehrreich auch RG 10. XII. 1920 VA 1921 Anh. S. 51 Nr. 1208: Bei einer Einbruchdiebstahlv hatte der Vmer einen Jagdhund im Laden. Im Antrag ist dem Ver fälschlich mitgeteilt, daß ein Wachhund im Laden sei. Wird der Jagdhund abgeschafft, so bedeutet das keine Gefahrerhöhung, nur die Vorschriften über die vorvertragliche Anzeigepflicht greifen Platz. — Die Kenntniserlangung des Vmers von einer objektiv vorher bestehenden Tatsache kann nicht als neue Tatsache im Rahmen der Vorschriften über die Gefahrerhöhung gewürdigt werden, es gilt nur § 41 I 2.

[8] **5. Art der Erhöhung.**

Im Zusammenhang mit der vorvertraglichen Anzeigepflicht mußten zahlreiche Arten von Gefahrumständen unterschieden werden (Anm. 15—24 zu § 16). Es fragt sich, welche Bedeutung diesen Unterscheidungen bei der Gefahrerhöhung zukommt.

Es ist nicht erforderlich, daß die „Grundgefahr" erhöht wird, auch eine Erhöhung der „Schadensauswirkungsgefahr" genügt (zu eng BGH 10. I. 1951 NJW 1951 S. 232 = VersR 1951 S.68: „Eintritt des Vsfalles wahrscheinlicher", gut OLG Düsseldorf 20. I. 1953 VersR 1953 S. 112).

Eine Gefahrerhöhung setzt nicht voraus, daß die neuen Gefahrumstände stets kausale sind, es ist nicht erforderlich, daß von ihnen eine Kausalreihe zum Vsfall führen kann; vielmehr reicht es aus, wenn indizierende Umstände neu auftreten, die einen Rückschluß darauf zulassen, daß die Gefahrslage für den Ver ungünstiger geworden ist.

Weiterhin reicht es aus, wenn nicht die Vs-, sondern die Vertragsgefahr erhöht ist: Der feuervte Hauseigentümer hat seit der Antragstellung ein anderes ihm gehörendes Haus vorsätzlich in Brand gesetzt. Zu eng, nur auf die Vsgefahr abstellend, RG 16. IV. 1918 VA 1918 Anh. S. 69—70 Nr. 1055, 25. XI. 1927 JW 1928 S. 792 = VA 1928 S. 50 Nr. 1825, 27. VI. 1939 RGZ Bd 161 S. 25 [Ausw 1], 9. V. 1941 JRPV 1941 S. 118 = HansRGZ 1941 A Sp. 212, BGH 10. I. 1951 NJW 1951 S. 232 = VersR 1951 S. 68 („Eintritt des Vsfalles wahrscheinlicher"), Ehrenzweig S. 117, richtig Prölss[8] Anm. 1 zu § 23, S. 114, VersR 1954 S. 153; KG 12. I. 1929 VA 1929 S. 251 Nr. 2014 = Praxis 1929 S. 65 (Anlegung von Brandherden), OLG Celle 30. X. 1940 JRPV 1941 S. 102 (Neigung zu Brandlegungen oder anderen Ungesetzlichkeiten), RG 13. X. 1936 VA 1936 S. 294 Nr. 2948 = JRPV 1936 S. 345, OLG Hamm 23. III. 1933 VA 1933 S. 370—371 Nr. 2605 = Praxis 1933 S. 62—63, 3. IV. 1933 VA 1933 S. 371—372 Nr. 2606 = Praxis 1933 S. 50—51 [dazu RG 10. XI. 1933 VA 1933 S. 430—431 Nr. 2648 = JRPV 1933 S. 384—385], LG Münster 7. XII. 1951 VersR 1952 S. 66—67 (Aufforderungen zur Brandstiftung), RG 29. IV. 1941 DR 1941 S. 1787 bis 1788 = JRPV 1941 S. 139 (Auftreten von Trunksucht in der Feuerv). Weder die Vs- noch die Vertragsgefahr ist erhöht, falls der Ver im Wege einer Ausschlußklausel ein Risiko ausgeschaltet hat und dieses sich vergrößert, vorausgesetzt allerdings, daß der Ver das Eingreifen der Ausschlußklausel ohne weiteres dartun kann (was bei § 61 nicht zutrifft), so bei Ausschluß und Erhöhung der Kriegsgefahr. Konkurseröffnung über das Vermögen des Vmers kann wegen der Spezialvorschrift des § 14 I nicht als Gefahrerhöhung behandelt werden: VA 1911 S. 114. Problematisch RG 20. II. 1929 RGZ Bd 123 S. 322—324 [Ausw. 3], wo es als Gefahrerhöhung behandelt wird, falls der Vmer dem Ver den Rückgriff gegen Dritte erschwert.

Die Gefahrerhöhung kann auch darin liegen, daß eine negative Tatsache neu eintritt, z. B. durch Entfernung einer Blitzableiteranlage.

Hinzutretende subjektive Umstände, z. B. Absichten des Vmers können Gefahrerhöhungen bewirken; daß nicht nur „äußere Umstände" in Betracht kommen, betont OLG Hamm 23. III. 1933 VA 1933 S. 370 Nr. 2605 = Praxis 1933 S. 63 (die Unterscheidung von objektiven und subjektiven Gefahrerhöhungen — Anm. 3, 18 — liegt auf etwas anderer Ebene). Es kommt bei subjektiven Umständen nicht darauf an, ob sie verschuldet sind oder nicht. Über die Frage, ob in einer Vermietung oder Verpachtung eine Gefahrerhöhung liegt, OLG Düsseldorf 20. I. 1953 VersR 1953 S. 112.

Nur gegenwärtige Umstände kommen für Gefahrerhöhungen in Betracht, zukünftige nur, sofern sie bereits in der Gegenwart — wie gewisse Absichten — gefahrerhöhende Bedeutung haben, dagegen braucht ein Vmer, der im Dezember hört, ab Januar solle in seinem Hause ein feuergefährlicher Betrieb eingerichtet werden, dies erst im Januar anzuzeigen (über dauernde und vorübergehende Gefahrerhöhungen: Anm. 10).

Ob auch allgemeine (generelle) Gefahrerhöhungen wichtig sind, ist zweifelhaft; bejahendenfalls könnte § 27 I — die Anzeigepflicht aus § 27 II entfällt — eingreifen, würde z. B. das Haftpflichtrecht für gewisse Betriebe im Sinne einer Gefährdungshaftung geändert (OLG Köln 28. II. 1912 VA 1912 Anh. S. 107—108 Nr. 694), desgleichen bei Änderung der Rechtsprechung, etwa in der Frage des Schmerzensgeldes (vgl. Anm. 6 zu § 27).

Für Gefahrerhöhungen kommen primär neue ungünstige Umstände in Frage, jedoch kann auch in dem Fortfall eines günstigen Umstandes eine Gefahrerhöhung liegen, auch können günstige Umstände bei der „Gefahrenaufrechnung" (Anm. 6) eine Rolle spielen.

Die Frage, ob eine Gefahrerhöhung dem Vmer oder Ver bekannt ist, ist bei den Anzeigepflichten bedeutsam (vgl. §§ 23 II, 27 II; 24 II, 25 II 2, 28 II 1, 29a).

**[9] 6. Ausruhen der Gefahrslage.**

**a) Zustand von möglicher Dauer.**

Der **BGH** hat sich in drei sorgfältigen Urteilen mit dem Begriff der Gefahrerhöhung befaßt, nämlich BGH 10. I. 1951 NJW 1951 S. 231—233 = VersR 1951 S. 67—69, 27. VI. 1951 BGHZ Bd 2 S. 363—366, besonders aber BGH 18. X. 1952 BGHZ Bd 7 S. 311—323 (Leitentscheidungscharakter). Hiernach ist es für den Begriff der Gefahrerhöhung wesentlich, „daß der bisherige Gefahrenzustand in einen neuen Zustand vertauscht wird, derart, daß nunmehr in ihm die Gefahr ‚stehen' zu bleiben oder zu ruhen geeignet ist, daß also die Gefahrenlage auf ein neues, höheres Niveau emporsteigt, auf dem sie sich ebenso wie auf dem bisherigen stabilisieren und die Grundlage eines neuen, natürlichen Gefahrenverlaufs bilden kann" (BGH a. a. O. S. 318 unter Berufung auf Bruck S. 296, Framheim, Die Herbeiführung des Vsfalles, Berlin 1927, S. 33, Holtz ZfV 1952 S. 306, Koenig S. 155, Möller Der deutsche Straßenverkehr 1952 S. 330—331, Roelli I S. 332). Dabei ist die Möglichkeit des Ausruhens der Gefahrslage allein entscheidend, es kommt nicht darauf an, „wie lange der Zustand der erhöhten Gefahr tatsächlich angehalten hat" (BGH a. a. O. S. 317—318). Vor dem BGH hatte auch schon das RG den entscheidenden Gesichtspunkt angedeutet (RG 12. XI. 1937 RGZ Bd 156 S. 117 [Ausw 2], vgl. auch schon RG 3. I. 1936 RGZ Bd 150 S. 50 [Ausw 1]).

Zur Begründung seiner Auffassung beruft sich der BGH 18. X. 1952 BGHZ Bd 7 S. 313—323 besonders auf das Verhältnis der Gefahrerhöhung zur Herbeiführung des Vsfalles (Anm. 11), auf den Grundsatz des Gleichgewichts zwischen Prämie und Gefahrslage (Anm. 4), auf die vorgesehene Obliegenheit, eingetretene Gefahrerhöhungen unverzüglich anzuzeigen (§§ 23 II, 27 II; eine Anzeige habe nur bei Zuständen von gewisser Dauer Sinn; ähnlich schon BGH 27. VI. 1951 BGHZ Bd 2 S. 365), schließlich auf die Interessenlage der Beteiligten, insonderheit auf die Gefahr einer Entwertung des Vsschutzes.

Dem BGH stimmen zu OLG Bremen 23. VI. 1953 VersR 1953 S. 451 (Feuerv), OLG Celle 8. X. 1953 NJW 1954 S. 397, LG Köln 10. V. 1954 VersR 1954 S. 286, Holtz MDR 1952 S. 715—716, Stiefel-Wussow Anm. 9 zu § 10, S. 176, Wussow JZ 1953 S. 43—44, ablehnend Geigel ZfV 1953 S. 8—9, Prölss[8] Anm. 3 zu § 23, S. 116—117 (vgl. auch Prölss VersR 1952 S. 399—400).

**[10] b) Ausscheidung von unerheblichen Gesichtspunkten.**

Unerheblich ist es, ob eine (subjektive) Gefahrerhöhung beruht auf einer einmaligen Gefährdungshandlung des Vmers oder auf einem wiederholten oder dauernden Verhalten des Vmers. Entscheidend ist allein die Auswirkung, „so daß einmalige, in ihrer Wirkung nicht fortdauernde Gefährdungshandlungen grundsätzlich nicht als Gefahrerhöhungen angesehen werden können ... Ein ... neuer Gefahrenzustand kann aber nicht nur durch sich wiederholende, sondern auch durch einmalige Gefährdungshandlungen herbeigeführt werden" (BGH 10. I. 1951 NJW 1951 S. 232 = VersR 1951 S. 68 im Hinblick auf einen Fall, bei welchem in einer Reinigungsanlage dem reinigenden Mittel Benzin beigemischt war, welches sodann längere Zeit in der Anlage kreiste). Ähnlich BGH 27. VI. 1951 BGHZ Bd 2 S. 365—366, wonach die einmalige Benutzung eines noch nicht zugelassenen Kraftrades zu einer Fahrt, die alsbald zu einem Unfall geführt hat, „von vornherein nicht geeignet war, einen für eine gewisse Zeit andauernden Zustand einer erhöhten Gefahr zu schaffen". Auch das Urteil BGH 18. X. 1952 BGHZ Bd 7 S. 317, 319, 321—322 scheidet „einmalige, in ihrer Wirkung nicht fortdauernde Gefährdungshandlungen" aus, da „sie den bestehenden Gefahrenzustand nicht durch einen neuen ersetzen, sondern nur für die absehbare kurze Zeit ihrer Vornahme in Gestalt einer Gefahrensteigerung unterbrechen". Dabei wird als weiteres Beispiel der Fall erwähnt, daß ein Feuervter in einem Raum, in dem Benzin lagert, raucht, besonders aber wird der Fall der Trunkenheit am Steuer behandelt, über den zu entscheiden war: „Als Gefährdungshandlung kommt hier nicht schon der Zechvorgang als solcher, sondern erst das Fahren im Zustand der Trunkenheit in Betracht"; hierbei „handelt es sich ... um einen klaren Fall einer einmaligen Gefährdungshandlung, die ihrer Natur nach nicht geeignet ist, eine länger fortdauernde Wirkung ... hervorzurufen. Es stand bei ihr von vornherein fest, ... daß die Gefahr schon nach wenigen Stunden mit der Ernüchterung des Fahrers wieder auf ihren normalen Stand zurückfiel ... Die Dauer der Gefahrensteigerung konnte hiernach nur so kurz sein, daß schon aus zeitlichen Gründen ihre Anzeige an den Ver zur Ermöglichung einer Kündigung des Vsverhältnisses sinnlos gewesen wäre. Die Rechtsprechung hat es deshalb bisher auch regelmäßig abgelehnt, eine einmalige unter gefahrerhöhenden Umständen vorgenommene Fahrt, wie eine Fahrt mit einem überladenen oder nicht betriebssicheren Fahrzeug oder mit einem nicht vorgesehenen Anhänger oder unter Mitnahme betriebsfremder Personen oder in einem vorübergehenden Zustand der Unsicherheit des Fahrers als Gefahrerhöhung zu werten" (dabei zitiert der BGH auch RG 16. VI. 1933 RGZ Bd 141 S. 193 [Ausw 1], 3. I. 1936 RGZ Bd 150 S. 50 [Ausw 1], 24. II. 1942 RGZ Bd 168 S. 384 [Ausw 2] [ein weiteres Urteil ist falsch zitiert], OLG Hamburg 27. VII. 1932 JRPV 1933 S. 80, in der Begründung vielfach abweichend).

Es wurde auch bereits erwähnt, daß es nicht darauf ankommt, wie lange Zeit zwischen dem Eintritt der Gefahrerhöhung und einem etwaigen Eintritt des Vsfalles gelegen hat (Anm. 9). Vielmehr reicht es aus, wenn möglicherweise die Gefahrslage auf dem erhöhten Niveau länger ausruhen konnte (BGH 18. X. 1952 BGHZ Bd 7 S. 316—317, 320 gegen Prölss VersR 1951 S. 139, vgl. auch Prölss[8] Anm. 3 zu § 23, S. 116—117).

Deshalb kommt es auch nicht darauf an, ob im Einzelfall der Vmer vor Eintritt des Vsfalles die Gefahrerhöhung anzeigen konnte (BGH 18. X. 1952 BGHZ Bd 7 S. 320, anders Holtz MDR 1952 S. 714, 716).

Bei subjektiven Gefahrerhöhungen kommt es nicht darauf an, ob es dem Vmer möglich gewesen wäre, vor der Vornahme der Gefahrerhöhung die Einwilligung des Vers einzuholen (Prölss[8] Anm. 1 zu § 23, S. 114 m. w. N.). Desgleichen ist es für den Begriff der Gefahrerhöhung unerheblich, welcher Zeitraum zwischen dem Entschluß zur Vornahme der Gefahrensteigerung und seiner Ausführung lag. Zu beidem BGH 18. X. 1952 BGHZ Bd 7 S. 319.

Schließlich ist zu beachten, daß es Zustände erhöhter Gefahr gibt, die nicht dauernde, sondern vorübergehende sind (vgl. nur §§ 24 II, 27 I 2, welche die Wiederherstellung des früheren Zustandes betreffen). Irreführend deshalb RG 12. XI. 1937 RGZ Bd 156 S. 117 [Ausw 2]: „eine Gefahrerhöhung setzt einen dauernden Zustand voraus". Allerdings kann bei vorübergehenden Gefahrerhöhungen § 29 eingreifen.

**[11] c) Abgrenzung zur schuldhaften Herbeiführung des Versicherungsfalles.**

Wegen der sehr verschiedenen juristischen Behandlung von subjektiven Gefahrerhöhungen einerseits (bei welchen leichte Fahrlässigkeit des Vmers Verwirkungsfolgen auslösen kann) und schuldhafter Herbeiführung des Vsfalles andererseits (§ 61 [mindestens grobe Fahrlässigkeit]; in der Haftpflichtv ist nach § 152 sogar Vorsatz erforderlich) ist es nötig, die Gefahrerhöhung von der Herbeiführung abzugrenzen (hierzu schon RG 3. I. 1936 RGZ Bd. 150 S. 49 [Ausw 1]).

Nimmt ein Vmer schuldhaft eine Gefahrerhöhung vor und entwickelt sich aus dieser später ein Vsfall (vgl. § 25 I), so wird man nach dem Grundsatz der adäquaten Verursachung wohl stets sagen können, der Vmer habe zugleich den Vsfall schuldhaft herbeigeführt (BGH 18. X. 1952 BGHZ Bd 7 S. 314—315, wo die Frage offengelassen wird, ob die Gefahrerhöhungsregelung als lex specialis vorgeht). Es handelt sich insoweit um eine Einwendungskonkurrenz: Dem Ver steht es frei, auf welchen Gesichtspunkt er sich berufen will (vgl. zu § 61). Oft wird er sich auf den Gesichtspunkt der subjektiven Gefahrerhöhung stützen, weil er dann nur leichte Fahrlässigkeit darzutun braucht.

Sollen die Normen über die Herbeiführung ihre eigenständige praktische Bedeutung behalten, will man — anders ausgedrückt — den Vsschutz nicht durch die Gefahrstandspflicht entwerten, so muß man — wie BGH 27. VI. 1951 BGHZ Bd 2 S. 365, 18. X. 1952 BGHZ Bd 7 S. 316, 321 gegen Hagen I S. 630 betonen — den Begriff der Gefahrerhöhung in der Richtung auf Zustände von möglicher Dauer einschränken (Anm. 9). Geschieht dies, so kann ein Vmer den Vsfall schuldhaft herbeiführen, ohne zugleich eine Erhöhung der Gefahr vorzunehmen. Es läuft solchenfalls eine Kausalreihe unmittelbar vom Verhalten des Vmers zum Vsfall, also zur Verwirklichung der Gefahr, ohne daß inzwischen die Gefahrslage auf einem erhöhten Niveau gleichsam ausruht (schematische Darstellung bei Möller Der deutsche Straßenverkehr 1952 S. 330). Hier kann von Einwendungskonkurrenz keine Rede sein, es kommen vielmehr nur die Vorschriften über die Herbeiführung zum Zuge. In Vorsatzfällen kann die Richtung des Vorsatzes gute Hilfe bei der Vornahme der Abgrenzung leisten (dazu RG 3. I. 1936 RGZ Bd 150 S. 49 [Ausw 1]).

Hilft dem Ver weder der rechtliche Gesichtspunkt der Gefahrerhöhung noch jener der Herbeiführung des Vsfalls, so kann der Ver sich auch nicht auf den allgemeinen Gesichtspunkt berufen, der Vmer handle arglistig, wenn er Vsschutz begehre (etwa in Trunkenheitsfällen: BGH 18. X. 1952 BGHZ Bd 7 S. 323, OLG Hamm 20. XI. 1952 VersR 1953 S. 82).

**[12] d) Beispiele, speziell die Trunkenheit am Steuer.**

Im Einzelfall ist es schwierig, Tatbestände des möglichen Ausruhens der Gefahrslage (also Gefahrerhöhungen, speziell vorübergehende [Anm. 10]) von Fällen nur kurzer Gefahrensteigerung zu unterscheiden, bei Eintritt eines Vsfalles Tatbestände des § 25 I (Vsfall nach Gefahrerhöhung) von solchen der unmittelbaren Herbeiführung des Vsfalls. Gewisse Beispiele für beide Fallgruppen sind bereits in Anm. 10 angeführt.

Weitere Fälle, bei denen es sich um Gefahrerhöhungen handelte: Nichtbeseitigte Vorbereitungen zum Zwecke einer früheren Brandlegung (KG 12. I. 1929 VA 1929 S. 251 Nr. 2014 = Praxis 1929 S. 65), Aufstellung eines Hausgerüstes in der Einbruchdiebstahlv (a. M. KG 1. VII. 1931 JRPV 1931 S. 321, dahingestellt von KG 18. VI. 1924 JRPV 1925 S. 301—302, 15. I. 1951 VersR 1951 S. 81, vgl. auch KG 13. XII. 1926 JRPV 1927 S. 226), Lagerung und Wiedereinschmelzen von feuergefährlichen Fertigwaren in einem Schmelzraum (OLG Hamburg 27. II. 1951 VersR 1951 S. 129), wiederholte ernsthafte Aufforderung an Dritte zur Brandstiftung (RG 13. VI. 1936 VA 1936 S. 294 Nr. 2948 = JRPV 1936 S. 345, OLG Hamm 23. III. 1933 VA 1933 S. 370—371 Nr. 2605 = Praxis 1933 S. 62—63, 3. IV. 1933 VA 1933 S. 371 Nr. 2606 = Praxis 1933 S. 50—51, LG Münster 7. XII. 1951 VersR 1952 S. 66—67), regelmäßige Verhängung der vereinbarungsgemäß zu beleuchtenden Schaufenster in der Einbruchdiebstahlv (LG Berlin 13. VII. 1950 VersR 1950 S. 151), längere Unterbringung des vten Kraftfahrzeugs in einem Speicher (KG 12. VI. 1929 JRPV 1929 S. 334) oder in einem einsturzgefährlichen Trümmergrundstück (OGH Wien 20. X. 1950 Vsrundschau 1951 S. 107—108).

Dagegen dürften keine Gefahrerhöhungen vorliegen bei: Verbringen von einbruchdiebstahlvten Sachen auf eine offene Loggia zum Lüften (KG 24. X. 1925 VA 1926 S. 288 Nr. 1642 = HansRZ 1926 Sp. 87—88), kurzfristigem Aufstellen einer Dreschlokomobile nahe einem Gebäude (OLG Hamm 13. I. 1923 VA 1924 S. 138—139 Nr. 1422), Betreten eines Stroh- und Heubodens mit offener Laterne (OLG Hamm a. a. O.), Zurücklassen eines überfüllten brennenden Ofens in der unbewachten Wohnung (a. A. OLG Hamm 3. IV. 1933 VA 1933 S. 372 Nr. 2606 = Praxis 1933 S. 51), einmaligem unerlaubtem Waffentragen und Jagen bei einer Jagdhaftpflichtv (dazu OLG Kassel 1. X. 1953 VersR 1953 S. 443).

Die Beispiele zeigen übrigens, daß die Formeln des BGH durchaus praktikabel sind.

Was speziell die **Trunkenheit am Steuer** anlangt, so gibt es zu diesem Problem viel Literatur und Rechtsprechung, jedoch ist durch das Urteil des BGH dieses Material weitgehend überholt, es ist zusammengetragen von Holtz Der Betrieb 1952 S. 649—650. Die in gleicher Richtung liegenden Vorentscheidungen zu BGH 18. X. 1952 BGHZ Bd 7 S. 311—323 brachten das LG Stade 5. VII. 1951 ZfV 1951 S. 295—297, bestätigt vom OLG Celle 17. III. 1952 NJW 1952 S. 749—751 = ZfV 1952 S. 130, 132 (vorher schon OLG Celle 7. I. 1952 VersR 1952 S. 35—37). Die Gegenansicht wurde vertreten vom

KG 15. XI. 1951 VersR 1952 S. 21—22, literarisch von Jacobi VW 1950 S. 336—337, VersR 1952 S. 5—6, Prölss VersR 1951 S. 137—140, Dern VersR 1952 S. 95. Dagegen zuerst Bischoff VersR 1950 S. 169—170. Historischer Vorläufer aus der Binnenschiffahrt (angetrunkene Besatzungsmitglieder): OLG Hamburg 10. IX. 1937 HansRGZ 1937 B Sp. 424: Gefahrerhöhung. Von Holtz noch nicht zitiert OLG Hamm 9. VI. 1952 VersPrax 1952 S. 94—95: keine Gefahrerhöhung, Geigel ZfV 1952 S. 361—364, Prölss[8] Anm. 2 zu § 23, S. 116: Gefahrerhöhung.

Wird ein Kraftfahrer zum Trinker, der wiederholte Trunkenheitsfahrten macht, so liegt darin eine Gefahrerhöhung (Holtz MDR 1952 S. 14, vgl. auch OLG Hamm 20. XI. 1952 NJW 1953 S. 1517 = VersR 1953 S. 82, OLG Oldenburg 18. VII. 1951 VersR 1953 S. 273, für die Feuerv RG 29. IV. 1941 DR 1941 S. 1787—1788 = JRPV 1941 S. 139—140).

Zur Einführung einer Trunkenheitsklausel Böhm VersR 1953 S. 416—419, 464—466, Fröbe VW 1953 S. 388—389, Gerlach VW 1953 S. 335—337, Wilms VersPrax 1953 S. 17—18, 152—153.

Vgl. im übrigen zur Trunkenheit am Steuer bei § 61.

**[13] 7. Erheblichkeit der Erhöhung.**

Nach § 29[1] kommt eine unerhebliche Erhöhung der Gefahr nicht in Betracht. Dabei ist das Wesen dieser Erheblichkeit nicht aus § 16 I herzuleiten, sondern es handelt sich um eine Abwägung der Belange der Gefahrengemeinschaft einerseits und des Vmers andererseits. Letzterer muß unveränderte Vertragserfüllung fordern können, falls die Gefahrerhöhung die Gefahrengemeinschaft nicht stark belastet, sondern nur geringfügig ist. Weitere Einschränkungen des Begriffes der Gefahrerhöhung: §§ 26, 29[2]. Vgl. Anm. 3—11 zu § 29.

**[14] 8. Maßstab der Beurteilung.**

Ob eine unvoraussehbare erhebliche Gefahrerhöhung eingetreten ist, entscheidet sich nicht nach der Auffassung des speziellen Vers, insbesondere nicht nach seinen Prämientarifen, oder nach der Auffassung des Vmers, sondern nach objektiven Gesichtspunkten: ROHG 19. III. 1872 ROHG Bd 5 S. 299, RG 20. V. 1910 RGZ Bd 73 S. 361 [Ausw 2], 21. VI. 1910 VA 1910 Anh. S. 89—90 Nr. 546 = LZ 1910 Sp. 944—945, 27. VI. 1933 VA 1933 S. 365—366 Nr. 2600 = JRPV 1933 S. 220, 3. I. 1936 RGZ Bd 150 S. 50 [Ausw 1], OLG Düsseldorf 20. I. 1953 VersR 1953 S. 113, OLG Königsberg 18. XI. 1927 JRPV 1928 S. 14, OLG Oldenburg 18. VII. 1951 VersR 1951 S. 273. Die frühere Parallele zu § 16 I (betont von RG 20. V. 1910 RGZ Bd 73 S. 361 [Ausw 2], Prölss[8] Anm. 1 zu § 23, S. 113—114) ist jetzt dadurch aufgehoben, daß § 16 I 2 n. F. einen subjektiven Maßstab erheischt (Anm. 25 zu § 16).

Zu prüfen ist, ob die Veränderung allgemein nach den den Betrieb des betreffenden Vszweiges beherrschenden Anschauungen dem Ver vernünftigerweise hätte Anlaß bieten können, die V aufzuheben oder nur gegen erhöhte Prämie fortzusetzen": RG 20. V. 1910 RGZ Bd 73 S. 361 [Ausw 2], auch RG 21. VI. 1910 VA 1910 Anh. S. 89—90 Nr. 546 = LZ 1910 Sp. 945, 6. III. 1928 JRPV 1928 S. 101, 10. XI. 1933 VA 1933 S. 431 Nr. 2648 = JRPV 1933 S. 385, 27. VI. 1939 RGZ Bd 161 S. 25 [Ausw 1], 29. IV. 1941 DR 1941 S. 1787 = JRPV 1941 S. 139, 9. V. 1941 JRPV 1941 S. 118 = HansRGZ 1941 A Sp. 211, 24. II. 1942 RGZ Bd 168 S. 384 [Ausw 2], OGH Wien 20. X. 1950 Vsrundschau 1951 S. 108, 11. III. 1953 Vsrundschau 1953 S. 265, aus der neueren Judikatur der Oberlandesgerichte: OLG Bremen 23. VI. 1953 VersR 1953 S. 451, OLG Düsseldorf 20. I. 1953 VersR 1953 S. 113, OLG Oldenburg 18. III. 1951 VersR 1951 S. 273.

Außer den Gesichtspunkten sachgemäßer vernünftiger Vstechnik (Prölss[8] Anm. 2 zu § 23, S. 114) hat das LG Düsseldorf 7. XII. 1950 VersR 1951 S. 52 im Falle der Explosion von Prüm auch die besondere Stellung des Vers „als einer Provinzialanstalt öffentlich-rechtlichen Charakters" in die Waagschale geworfen (bedenklich).

**[15] 9. Definition der Gefahrerhöhung.**

Nach dem Gesagten ist eine Gefahrerhöhung eine unvoraussehbare (Anm. 5) und erhebliche (Anm. 13) ungünstige (Anm. 6) Änderung (Anm. 4) der Vs- oder Vertragsgefahr (Anm. 8), die nach der Stellung des Vsantrags eintritt (Anm. 7), und zwar derart, daß die Gefahrslage möglicherweise auf erhöhtem Niveau ausruht (Anm. 9—12) und die Änderung objektiv dem Ver Anlaß bieten könnte, die V aufzuheben oder nur gegen erhöhte Prämie fortzusetzen (Anm. 14).

Der Begriff der Gefahrerhöhung ist für das ganze VVG einheitlich (BGH 18. X. 1952 BGHZ Bd 7 S. 320).

Beispiele für Gefahrerhöhungen besonders in Anm. 8, 10, 12, ferner bei Bruck 7. Aufl. S. 103—104, Prölss[8] Anm. 2 zu § 23, S. 115—116. Ob eine Gefahrerhöhung vorliegt, ist im wesentlichen irrevisible Tatfrage (Prölss[8] Anm. 2 zu § 23, S. 115), es sei denn, daß es um den Rechtsbegriff der Gefahrerhöhung geht.

Die Judikatur hat mehrfach ausgesprochen, daß es (selbstverständlich) auch in der Haftpflichtv, speziell Kraftfahrhaftpflichtv, Gefahrerhöhungen gibt (RG 3. I. 1936 RGZ Bd 150 S. 48—51 [Ausw 1], BGH 27. VI. 1951 BGHZ Bd 2 S. 363—364, 18. X. 1952 BGHZ Bd 7 S. 313).

**[16] 10. Beweis der Gefahrerhöhung.**

Den Beweis für das Vorliegen einer Gefahrerhöhung hat der Ver zu erbringen: RG 21. VI. 1910 VA 1910 Anh. S. 89 Nr. 546 = LZ 1910 Sp. 944, 9. V. 1941 JRPV 1941 S. 119 = HansRGZ 1941 A Sp. 214, 24. II. 1942 RGZ Bd 168 S. 384 [Ausw 2], LG Münster 7. XII. 1951 VersR 1952 S. 66, Prölss JRPV 1934 S. 241. § 16 I 3 gilt hier nicht (bedenklich deshalb KG 15. IX. 1949 VA Berlin 1949 Nr. 4 S. 9). Auch durch Vereinbarung kann die Beweislast nicht zu Lasten des Vmers geändert werden (§ 34a[1], a. A. Prölss[8] Anm. 2 zu § 23, S. 115, Kisch II S. 573). Auch zum Beweis auf erste Sicht reicht es nicht aus, wenn gewisse Einzelfälle vertraglich als Gefahrerhöhungen bezeichnet sind (a. A. Prölss[8] Anm. 5 zu § 23, S. 117—118).

**[17] 11. Vereinbarungen über Gefahrerhöhungen.**

§§ 23—29a sind nach § 34a[1] relativ zwingend. Der Begriff der Gefahrerhöhung ist im Gesetz nicht definiert, sondern aus allgemeinen Grundsätzen abzuleiten. Zu Lasten des Vmers kann der sich ergebende Begriff im Bereich der Beschränkungen der Vertragsfreiheit vertraglich nicht ausgeweitet werden (a. M. anscheinend Prölss[8] Anm. 5 zu § 23, S. 117 [abgesehen vom Kriterium der Erheblichkeit], Kisch II S. 573, wie hier OLG Düsseldorf 10. I. 1929 VA 1929 S. 56 Nr. 1964 = Praxis 1929 S. 45—46). Unbedenklich aber § 4 II 4 AFB, wo ein Wohnungswechsel nur dann Vorschriften über die Gefahrerhöhung unterworfen wird, wenn wirklich eine solche mit ihm verbunden ist.

Es bestehen keine Bedenken dagegen, den Begriff der Gefahrerhöhung, wie er sich aus allgemeinen Grundsätzen ergibt, vertraglich klarzustellen oder durch Aufführung von Einzelfällen zu erläutern. Dann hat der Vmer darzutun, daß es sich im Einzelfall nicht um eine Klarstellung oder Erläuterung, sondern um eine Ausweitung des Begriffes der Gefahrerhöhung handle (Prölss[8] Anm. 5 zu § 23, S. 117—118). Werden Einzelfälle in den AVB aufgeführt, so kann ihre Aufzählung abschließend sein (so notwendig in der Lebensv wegen § 164: bedenklich deshalb § 1 I 3 ALB für die Zeit zwischen Antragstellung oder formellem Vsbeginn) oder beispielhaft erfolgen (so in § 6 II AEB, § 6 IV 1 ATierB). Im Zweifel wird man nach allgemeinen Auslegungsregeln annehmen können, daß eine Aufzählung eine abschließende ist (a. M. Prölss[8] Anm. 5 zu § 23, S. 117). Es ist auch denkbar, daß AVB negativ bestimmen, gewisse Tatsachen sollten nicht als Gefahrerhöhungen behandelt werden (so § 4 II 1 AUnfallB). Selbstverständlich sind solche Einschränkungen der den Vmer treffenden nachteiligen Folgen einer Gefahrerhöhung zulässig. Erst recht ist es unbedenklich, wenn § 1 II b AHaftpflB den Vsschutz ohne weiteres auf Erhöhungen des vten Risikos erstreckt, vgl. Anm. 39.

Enthält ein Vsvertrag — wie häufig in der Industriefeuerv — eine Risikobeschreibung, so ist diese „für die Frage der Gefahrerhöhung insofern von Bedeutung, als dann Veränderungen der festgelegten Merkmale prima facie erhebliche Gefahrerhöhungen darstellen" (BGH 10. I. 1951 NJW 1951 S. 232 = VersR 1951 S. 68, auch OLG Düsseldorf 20. I. 1953 VersR 1953 S. 112). Die bloße Erfüllung der vorvertraglichen Anzeigepflicht bedeutet noch keine Risikobeschreibung im hier gemeinten Sinne.

**[18] III. Gefahrstandspflicht.**

**1. Zweck.**

Nachdem der Vsvertrag auf Grund der vorvertraglichen Gefahrslage in die Gefahrengemeinschaft eingefügt ist (vgl. Anm. 4), muß die Gefahrengemeinschaft vor willkürlichen nachteiligen Änderungen der Gefahrslage geschützt werden. Deshalb ist der Vmer nach § 23 I gehalten, keine Gefahrerhöhung willentlich (d.h. mit natürlichem Handlungswillen), vorzunehmen und deren Vornahme durch einen Dritten nicht zu gestatten. Vom Vmer vorgenommene oder gestattete Gefahrerhöhungen kann man als subjektive Gefahrerhöhungen bezeichnen, ihnen stehen objektive Gefahrerhöhungen gegenüber, die „unabhängig von dem Willen des Vmers" eintreten (§ 27 I 1). Das OLG Hamm 9. VI. 1952 VersPrax 1952 S. 94 empfiehlt die Bezeichnungen veranlaßte und nicht veranlaßte Gefahrerhöhung. Man bezeichnet jene Verhaltensnorm, die den Vmer anhält, subjektive Gefahrerhöhungen zu unterlassen, (unschön) als Gefahrstandspflicht.

**[19] 2. Rechtsnatur.**

Die Gefahrstandspflicht beruht auf Gesetz (§ 23 I), ist sie doch schon in der Zeit zwischen Stellung und Annahme des Antrags zu erfüllen (§ 29a). Jedoch können die in §§ 24, 25 vorgesehenen Verletzungsfolgen (Kündigungsrecht und Leistungsfreiheit des Vers) nur Platz greifen, sofern der Vsvertrag zustande gekommen ist.

Es handelt sich um eine gesetzliche Obliegenheit (Anm. 3—24 zu § 6), deren Verletzungsfolgen im Gesetz vollständig geregelt sind. Eine echte Rechtspflicht liegt nicht vor: Selbstverständlich kann der Feuerver nicht gegen den Vmer klagen mit dem Antrag, der Vmer solle den Einbau einer Garage unterlassen oder (nach dem Einbau) Schadensersatz leisten. Die Erfüllung der Gefahrstandspflicht liegt nur im eigenen Interesse des Vmers selbst. Das von ihm nach § 23 I zu beobachtende Verhalten ist keine Anzeigeerstattung, sondern ein sonstiges Verhalten, und zwar ein Unterlassen. Dieses ist dauernd (von der Antragstellung an bis zum materiellen Ende der V) zu erfüllen, es handelt sich also um eine Dauerobliegenheit.

**[20] 3. Belasteter.**

Nach § 23 I muß der Vmer die Gefahrstandspflicht erfüllen, es reicht nicht aus, wenn die Obliegenheit durch einen Dritten erfüllt wird: Der Vmer selbst muß unterlassen (Anm. 55 zu § 6). Bei der V für fremde Rechnung muß auch der Vte nach § 79 I die Gefahrstandspflicht erfüllen (Anm. 57, 58 zu § 6). Das gilt auch für die Unfallfremdv für fremde Rechnung (§ 179 II 2, vgl. aber § 15 I 2 AUnfallB). Bei der Fremdpersonenv ist auch die Person, in der das Risiko läuft, mit der Obliegenheit belastet (§§ 159 I, 179 I, III 1, Anm. 61 zu § 6), wobei aber zu beachten ist, daß in der Personenv die Gefahrstandspflicht zurücktritt (Anm. 5). Bei der V juristischer Personen haben alle Mitglieder der Vertretungsorgane die Obliegenheit zu erfüllen (Anm. 62 zu § 6), bei V mehrerer Personen gilt das in Anm. 63—67 zu § 6 Gesagte. Dem Vmer steht sein Gesamtrechtsnachfolger gleich. Bei Veräußerung der vten Sache rückt der Erwerber in die Vmerrolle ein (§ 69 I), hinsichtlich des Eintritts in eine Lebensv vgl. § 177 I 1. Hinsichtlich der Zessionare, Pfandgläubiger, Bezugsberechtigten vgl. Anm. 68 zu § 6, hinsichtlich der gesetzlichen Vertreter und Verwalter vgl. Anm. 69—70 zu § 6.

Die hiernach primär mit der Gefahrstandspflicht Belasteten haben überdies für ihre Repräsentanten einzustehen (Näheres Anm. 92—102 zu § 6), Beispiele zur Gefahrstandspflicht sind allerdings selten, vgl. mit unbefriedigender Begründung RG 12. XII. 1919 RGZ Bd 97 S. 279—282 [Ausw 1] (Pächter des zum Heeresdienst eingezogenen Vmers), unrichtig die Vorentscheidung KG 5. IV. 1919 VA 1919 Anh. S. 64—66 Nr. 1105, wo Repräsentantenhaftung abgelehnt wird. Vgl. ferner OLG Düsseldorf 20. I. 1953 VersR 1953 S. 113 (Ehemann als Repräsentant), OLG Düsseldorf 18. VII. 1951 VersR 1951 S. 273—274 (Chauffeur kein Repräsentant). Daneben ist einzustehen für die wirtschaftlich Vten (Anm. 103—106 zu § 6).

**[21] 4. Zeit.**

Die Gefahrstandspflicht ist nach § 29a auch schon vor dem Vertragsabschluß zu erfüllen, nämlich von der Stellung des Antrages an. Dabei wird davon ausgegangen, daß der Vmer, nicht der Ver den Antrag stellt. In der Zeit bis zum formellen Vsbeginn überdecken sich vorvertragliche Anzeigepflicht und Gefahrstandspflicht. Letztere dauert aber ununterbrochen — als Dauerobliegenheit — bis zum materiellen Ende der V. Solange der Ver die Gefahr trägt, muß der Vmer eine subjektive Gefahrerhöhung unterlassen. War die Gefahrslage nach der Antragstellung ohne Zutun des Vmers ungünstiger geworden, so darf er sie später nicht noch weiter verschlechtern. War sie günstiger geworden, so erheischt die Gefahrstandspflicht nur, daß das bei der Antragstellung gegebene Niveau nicht überschritten wird.

**[22] 5. Ort.**

Diese Unterlassungspflicht trifft den Vmer überall dort, wo er faktisch in der Lage ist, eine Gefahrerhöhung vorzunehmen oder die Vornahme durch einen Dritten zu gestatten.

**[23] 6. Inhalt.**

Wenn der Vmer die Gefahrstandspflicht erfüllt, so ist sein Verhalten ein völlig passives, ein Unterlassen: Er nimmt eine Gefahrerhöhung nicht vor und er gestattet sie nicht. Zu einem Aktivwerden zum Zwecke der Verhütung oder Beseitigung einer Gefahrerhöhung zwingt § 23 I nicht, hier kommt nur § 32 in Betracht. Anders OGH Wien 20. X. 1950 Vsrundschau 1951 S. 108, KG 15. IX. 1949 VA Berlin 1949 Nr. 4 S. 9, OLG Hamm 9. VI. 1952 VersPrax 1952 S. 94, Bruck 7. Aufl. S. 106, Prölss[8] Anm. 8 zu § 23 S. 118, die eine Pflicht zur Beseitigung einer unabhängig vom Willen des Vmers eingetretenen Gefahrerhöhung annehmen. Wenn z. B. die Blitzableiteranlage schadhaft geworden ist, so greift nur § 27 I 1 ein; sonst würden die Grenzen zwischen subjektiven und objektiven Gefahrerhöhungen völlig verwischt. Auch die Pflicht zur Nichtgestattung der Vornahme durch einen Dritten bedeutet nicht, daß der Vmer — sofern es ihm möglich ist — aggressiv dem Dritten die Vornahme verbieten muß. Baut der Nachbar unrechtmäßig eine Garage unmittelbar neben dem Wohnhaus des Vmers, so beschränkt sich die Gefahrstandspflicht darauf, daß der Vmer hierzu — auch konkludent — nicht seine Zustimmung erteilen darf. Dagegen braucht der Vmer dem Nachbarn den Bau nicht zu verbieten. Anders auch hier Bruck 7. Aufl. S. 106, Prölss[8] Anm. 8 zu § 23, S. 118, Anm. 1 zu § 27, S. 122, indem sie meinen, daß Gestatten auch Dulden (Nichteinschreiten) umfaßt.

Negativ gesehen kann eine Verletzung der Gefahrstandspflicht, da es sich um eine Unterlassungspflicht handelt, nur in einem Tun bestehen. Dieses Tun muß sich als willentliche Beobachtung jenes Verhaltens darstellen, das objektiv als Gefahrerhöhung oder Gestattung zu qualifizieren ist. Es ist also ein Kausalzusammenhang zwischen Tun und Gefahrerhöhung vonnöten, jedoch kann — wie der Fall der Gestattung zeigt — neben dem Tun auch eine andere Mitursache — Verhalten des Dritten — stehen. Da der Begriff der Gestattung eine ganz bestimmte Form der Aktivität voraussetzt, gewinnt es Bedeutung, daß es einer eigenen Vornahme der Gefahrerhöhung durch den Vmer gleichsteht, falls ein Repräsentant handelt (Anm. 20). Nur falls ein nicht vom Vmer mit der Risikoverwaltung Betrauter die Gefahrerhöhung bewirkt, wird sie durch einen Dritten bewirkt und nur dann taucht die Frage auf, ob der Vmer oder sein Repräsentant gestattet hat. Eine Gestattung liegt in der Vermietung eines Lagerschuppens zur Unterstellung eines Lastkraftfahrzeuges (OLG Karlsruhe 3. III. 1916 VA 1916 Anh. S. 63—65 Nr. 942), sie würde ferner vorliegen, wenn der Pächter eines Grundstücks (Repräsentant des Eigentümers = Vmers) das Grundstück seinerseits (ohne Kenntnis des Vmers) zur Unterbringung von Kriegsgefangenen vermietet und die Anlage neuer Feuerstätten erlaubt (vgl. RG 12. XII. 1919 RGZ Bd 97 S. 279—282 [Ausw 1], KG 5. IV. 1919 VA 1919 Anh. S. 64—66 Nr. 1105). Würde es an solcher Erlaubnis seitens der Repräsentanten fehlen, nimmt überhaupt ein Mieter, der kein Repräsentant ist, ohne Kenntnis des vten Vermieters eine Gefahrerhöhung vor, so ist die Gefahrstandspflicht nicht verletzt.

**[24] 7. Einwilligung.**

Nach § 23 I bewirkt eine Einwilligung des Vers, daß eine Verletzung der Gefahrstandspflicht nicht vorliegt, auch die Anzeigepflicht des § 23 II entfällt. Einwilligung bedeutet vorherige Zustimmung (§ 183[1] BGB) zur Vornahme oder Gestattung der Gefahrerhöhung. Ist letztere bereits vorgenommen oder gestattet, so hat eine nachträgliche Zustimmung (Genehmigung: § 184 I BGB) die Bedeutung eines rückwirkenden Verzichts des Vers auf die Geltendmachung der Folgen einer bereits erfolgten Verletzung der Gefahrstandspflicht (anders RG 23. II. 1917 LZ 1917 Sp. 977, wo von Einwilligung die Rede ist, obgleich die Gefahrerhöhung schon vorher vorgenommen war). In dem Schweigen des Vers auf eine ihm mitgeteilte Gefahrerhöhung kann ein Verzicht liegen, u. U. nach Treu und Glauben auch eine Verwirkung (Anm. 44—51 zu § 6). Zu allem auch Schmidt S. 206—207.

Die Einwilligung ist eine einseitige empfangsbedürftige formfreie Willenserklärung mit rechtsgestaltender Wirkung (Fortfall der Obliegenheiten des § 23) und deshalb unwiderruflich, aber anfechtbar. Sie bezieht sich nicht auf ein vorzunehmendes Rechtsgeschäft (wie in § 183 BGB), sondern auf ein tatsächliches Verhalten des Vmers. Sie kann erklärt werden vom Ver, auch von einem Abschlußagenten (da dieser nach § 45 Vertragsänderungen vereinbaren kann, kann er auch durch einseitige Erklärungen die Vertragsbeziehungen beeinflussen). Der Vermittlungsagent als solcher kann die Einwilligung nicht erklären (wohl aber nach § 43 Ziff. 1 oder 2 Erklärungen des Vmers entgegennehmen, welche eine Einwilligung des Vers herbeiführen sollen: RG 23. II. 1917 LZ 1917 Sp. 977). Bei mehreren Vern ist grundsätzlich die Einwilligung aller Ver vonnöten. Bedenklich ist die bei Prölss[8] Anm. 9 zu § 23, S. 118 erfolgte Gleichschaltung von Kündigungs- und Einwilligungsrecht. Die Einwilligung kann auch in dem Schweigen des Vers auf eine mitgeteilte Gefahrerhöhung liegen (OLG Königsberg 18. XI. 1927 JRPV 1928 S. 14, KG 15. IX. 1949 VersR 1950 S. 10).

Der Einwilligung im konkreten Einzelfall steht die vom Ver generell im Vsvertrage erklärte Einwilligung gleich (Prölss[8] Anm. 9 zu § 23, S. 118). Die Grenzziehung zwischen letzterer und einer einschränkenden Vereinbarung zum Begriff der Gefahrerhöhung (Anm. 17) ist dann allerdings schwierig, desgleichen die Abgrenzung von einem antizipierten Verzicht auf die Geltendmachung der Rechte aus einer Gefahrerhöhung (dazu Prölss[8] Anm. 7 zu § 23, S. 118).

**[25] 8. Abgrenzung.**

Von anderen Obliegenheiten läßt sich die Gefahrstandspflicht wie folgt abgrenzen: Sie ist anders als die vorvertragliche Anzeigepflicht nicht auf die Abgabe einer Wissenserklärung, sondern auf ein sonstiges Verhalten des Vmers gerichtet, über die zeitliche Überschneidung infolge des § 29a: Anm. 21. Von den vertraglichen vorbeugenden Obliegenheiten der §§ 6 II, 32 unterscheidet sich die gesetzliche Gefahrstandspflicht erstens dadurch, daß das vereinbarte Verhalten vertraglich speziell umschrieben werden muß, während § 23 I generell vom Begriff der Gefahrerhöhung ausgeht, zweitens dadurch, daß die Gefahrstandspflicht nur ein Unterlassen erheischt (Anm. 23), während die vorbeugenden Obliegenheiten durchweg ein Tun des Vmers erforderlich machen. Jedoch können § 23 I und §§ 6 II, 32 konkurrieren, soweit eine spezielle Sicherheitsvorschrift vom Vmer ein Unterlassen zum Zwecke der Verhütung einer Gefahrerhöhung fordert (Verbot des Arbeitens in Filmlagerräumen). Näheres über diese Konkurrenz Anm. 9—11, 17, 25 zu § 32. Die Abwendungs- und Minderungspflicht des § 62 I 1 erfordert wie die §§ 6 II, 32 regelmäßig ein Tun des Vmers, sie ist außerdem erst „bei dem Eintritte des Vsfalls" zu erfüllen, während die Gefahrstandspflicht dauernd, und zwar im Hinblick auf die noch nicht realisierte Gefahr zu erfüllen ist. Das Veränderungsverbot des § 93 fordert zwar wie die Gefahrstandspflicht ein Unterlassen, setzt aber sogar schon einen Schadenseintritt voraus.

Zur Abgrenzung der Verletzung der Gefahrstandspflicht von der Herbeiführung des Vsfalles, die einen Gefahrenausschluß eingreifen läßt, vgl. oben Anm. 11.

Was das Verhältnis zu anderen Ausschlußklauseln anlangt, so liegt keine Erhöhung der Vsgefahr vor, falls sich eine ausgeschlossene Gefahr, z. B. die Kriegsgefahr erhöht (Anm. 8). Es kann sich jedoch ausnahmsweise um eine Erhöhung der Vertragsgefahr handeln. — Unzulässig wäre es, neue Gefahrumstände, die durch Gefahrerhöhung entstanden sind, im Wege einer Ausschlußklausel aus der Gefahrtragung des Vers herauszunehmen, falls der gleiche Gefahrumstand, hätte er schon bei Vertragsschluß bestanden, nicht ausgeschlossen wäre. Solche Ausschlußklausel, die auf Gefahrerhöhungen beschränkt ist, widerstreitet im Bereiche der Beschränkungen der Vertragsfreiheit stets den nach § 34a[1] zwingenden Bestimmungen des § 25, wonach es für die Leistungsfreiheit des Vers auf ein Verschulden des Vmers und das Klarstellungserfordernis ankommt (a. M. Prölss[8] Anm. 10 zu § 23, S. 119).

Der nachträgliche Abschluß einer Doppelv ist wegen der Sonderregelung der §§ 59, 60 nicht nach § 23 I zu behandeln (Prölss[8] Anm. 3 zu § 23, S. 117).

**[26] 9. Verletzung.**

Es wurde bereits in Anm. 23 dargetan, daß die Verletzung der Gefahrstandspflicht ein Tun des Vmers oder der ihm gleichstehenden Personen (Anm. 20) voraussetzt. Ob ein Verschulden erforderlich ist, läßt sich nicht einheitlich beantworten: Das Kündigungsrecht des Vers ist nach § 24 I 2 auch gegeben, falls die Verletzung nicht auf einem Verschulden des Vmers beruht. Der Vmer braucht sich dann gar nicht dessen bewußt zu sein, daß er durch sein willentliches Tun eine Gefahrerhöhung vornimmt oder gestattet. Dies ergibt sich aus § 23 II, wo von dem Fall die Rede ist, daß der Vmer erst nachträglich davon Kenntnis erlangt, daß durch sein Tun die Gefahr erhöht ist.

Die Verletzung der Gefahrstandspflicht löst in Verbindung mit der Kenntnis des Vmers eine Anzeigepflicht aus (dazu Anm. 27—38). Als eigentliche Rechtsfolgen der Verletzung der Gefahrstandspflicht kennen:

§ 24 I 1, II: Kündigung ohne Einhaltung einer Kündigungsfrist bei Verschulden des Vmers;

§ 24 I 2, II: Kündigung mit einmonatiger Kündigungsfrist bei Schuldlosigkeit des Vmers;

§ 25 I, II 1, III: Leistungsfreiheit bei Verschulden des Vmers;

§ 25 I, II 2, III: Leistungsfreiheit bei Schuldlosigkeit des Vmers, falls gleichzeitig die Anzeigepflicht schuldhaft verletzt ist.

Dabei kann der Ver Kündigung und Leistungsfreiheit nebeneinander geltend machen, er kann auch von der Ausübung des Kündigungsrechts absehen und sich lediglich auf die Leistungsfreiheit berufen (vgl. aber § 25 III). Allein die Kündigung kommt in Frage, wenn der Vsfall nach der Gefahrerhöhung noch nicht eingetreten ist. Der Vmer kann sich auf die Verletzung der Gefahrstandspflicht nicht berufen.

Die Verletzung der Gefahrstandspflicht kann gleichzeitig eine unerlaubte Handlung darstellen (§§ 823 II, 826 BGB). Eine Irrtumsanfechtung vermag sie nicht zu begründen, schon deshalb weil auch hier die vsrechtlichen Sondernormen das allgemeine Recht der Irrtumsanfechtung verdrängen (vgl. Anm. 6 zu § 22).

**[27] IV. Anzeigepflicht.**

**1. Zweck.**

Der Ver muß es erfahren, wenn eine Gefahrerhöhung eingetreten ist. Bei objektiven Gefahrerhöhungen sorgt hierfür § 27 II, bei subjektiven § 23 II. Beide Normen hätten sich zusammenfassen lassen. De lege lata erscheint die Anzeigepflicht des § 23 II als Folge einer Verletzung der Gefahrstandspflicht (Anm. 26).

**[28] 2. Rechtsnatur.**

Wie die Gefahrstandspflicht (Anm. 14) beruht die Pflicht zur Anzeige von subjektiven Gefahrerhöhungen auf Gesetz, ist auch schon vor Vertragsabschluß zu erfüllen (§ 29a). Es handelt sich um eine Obliegenheit (Anm. 3—24 zu § 6), deren Verletzungsfolge sich vollständig aus dem Gesetz (§ 25 II 2) ergibt. Inhaltlich geht es um eine Anzeige, also eine Wissenserklärung (Anm. 24 zu § 6).

**[29] 3. Anzeigepflichtiger.**

Derjenige, der die Gefahrstandspflicht zu erfüllen hatte und verletzt hat, hat auch die Anzeigepflicht des § 23 II zu erfüllen, es gilt also das in Anm. 20 Gesagte. Hat einer von mehreren Anzeigepflichtigen oder ein Nichtverpflichteter die Anzeige erstattet, so ist damit die Obliegenheit erfüllt (Anm. 6 zu § 16).

Der Anzeigepflichtige, insbesondere der Vmer, hat für Wissenserklärungsvertreter einzustehen, auch sind die Grundsätze über die Wissenszurechnung anwendbar: Anm. 78 bis 90 zu § 6. Hat ein Repräsentant ohne Wissen des Vmers die Gefahrstandspflicht verletzt (Anm. 20), so kommt es demnach darauf an, ob sein Wissen dem Vmer zuzurechnen ist, oder ob er als Wissenserklärungsvertreter des Vmers angesehen werden kann.

**[30] 4. Anzeigeempfänger.**

Die Anzeige — eine empfangsbedürftige Wissenserklärung — ist dem Ver, bei mehreren Vern jedem von ihnen zu erstatten, sofern nicht eine Führungsklausel Anzeige an den führenden Ver genügen läßt (so Feuerklauseln D 6/27 mit Bemerkungen über das Innenverhältnis der Ver). Auch der bloße Vermittlungsagent ist nach § 43 Ziff. 2 zur Entgegennahme befugt (OLG München 16. X. 1916 LZ 1917 Sp. 148, KG 15. IX. 1949 VA Berlin 1949 Nr. 4 S. 9 = VersR 1950 S. 10, vgl. aber auch § 47, Anm. 13 zu § 34a.

**[31] 5. Zeit.**

Die Anzeige ist nach § 29a von der Stellung des Antrages an zu erfüllen, vorausgesetzt, daß eine subjektive Gefahrerhöhung vorliegt, die Einwilligung des Vers fehlt und der Vmer Kenntnis von der Gefahrerhöhung hat. Von der Kenntniserlangung an läuft eine Unverzüglichkeitsfrist, d. h. es ist ohne schuldhaftes Zögern (§ 121 I 1 BGB) anzuzeigen. Es „kann eine Verzögerung auch von Tagen nicht hingenommen werden" (BGH 10. I. 1951 NJW 1951 S. 233 = VersR 1951 S. 68). Für den Begriff der Gefahrerhöhung ist es nicht wesentlich, ob überhaupt Zeit bleibt, die Anzeige zu erstatten (Anm. 10).

**[32] 6. Ort.**

Die Anzeige ist so zu erstatten, daß sie dem Ver oder seinem Vertreter zugeht (dazu Anm. 2—7 zu § 10). Vgl. Anm. 12 zu § 16.

**[33] 7. Einwilligung.**

Liegt die Einwilligung des Vers zur Gefahrerhöhung vor, so entfällt die Anzeigepflicht. Sie entfällt auch dadurch, daß der Vmer beim Ver oder beim Vsagenten (§ 43 Ziff. 2) die Erteilung der Einwilligung erbittet (OLG München 16. X. 1916 LZ 1917 Sp. 147—148, RG 23. II. 1917 LZ 1917 Sp. 977).

**[34] 8. Kenntnis.**

Die Anzeigepflicht setzt außerdem voraus, daß der Anzeigepflichtige die subjektive Gefahrerhöhung kennt. Das wird regelmäßig der Fall sein, trifft jedoch dann nicht zu, wenn z. B. ein Repräsentant die Gefahrerhöhung vorgenommen hat (vgl. aber Anm. 29) oder wenn der Vmer zwar das Ereignis kennt, nicht aber seinen Charakter als Gefahrerhöhung erfaßt (vgl. ROHG 13. II. 1872 ROHG Bd 5 S. 121, OLG Nürnberg 4. VII. 1930 VA 1930 S. 216 Nr. 2177, auch Anm. 34 zu § 16). Nach OLG Königsberg 18. XI. 1927 JRPV 1928 S. 14 muß sich die Kenntnis auch darauf beziehen, daß die Einwilligung des Vers (Anm. 33) fehlt. Kennenmüssen reicht überall nicht aus, wohl aber ist es der Kenntnis gleichzustellen, wenn sich der Vmer ihr arglistig entzogen hat (Analogie zu § 16 II 2). Hat einer von mehreren Anzeigepflichtigen allein die Kenntnis, so kommt es auf ihn allein an. Über Wissenszurechnung Anm. 79—83 zu § 6. § 19 gilt nicht, denn die Vorschrift ist mit dem Vertragsabschluß allzu eng verknüpft. Über den dem Ver obliegenden Beweis der Kenntnis Prölss[8] Anm. 9 zu § 23, S. 119, der auf die häufige Anwendbarkeit allgemeiner Erfahrungssätze hinweist, vgl. auch OGH Wien 11. III. 1953 Vsrundschau 1953 S. 265.

Die Anzeigepflicht entfällt, sofern der Ver bereits Kenntnis von der subjektiven Gefahrerhöhung hat (§ 25 II 2).

**[35] 9. Inhalt.**

Aus der Anzeige hat hervorzugehen, daß bestimmte Umstände eingetreten sind, durch welche die Gefahr erhöht wurde. Der Vmer braucht nicht anzuzeigen, daß er selbst die Erhöhung vorgenommen oder gestattet habe, ihn trifft auch keine ergänzende Auskunftspflicht, § 34 I gilt erst nach dem Vsfall. Für die Tierv vgl. aber § 120.

Die Anzeige wirkt, wenn sie nicht durch Angabe der Nummer des Vsscheins oder sonstwie spezialisiert ist, für alle bei demselben Ver laufenden Ven (RG 6. XII. 1910 JW 1911 S. 225 = VA 1911 Anh. S. 55—56 Nr. 598).

**[36] 10. Form.**

Die Anzeige ist gesetzlich formfrei, vertraglich wird oft schriftliche Form gefordert, was § 34a[2] gestattet. Erlangt der Ver von einer mündlich erstatteten Anzeige Kenntnis, so kann er sich auf den Mangel der Form nicht berufen (§ 25 II 2). Fehlen der Unterschrift bei einer geschriebenen Anzeige ist nach Treu und Glauben trotz §§ 127[1], 126 I BGB unschädlich (RG 6. XII. 1910 JW 1911 S. 225 = VA 1911 Anh. S. 55—56 Nr. 598).

**[37] 11. Abgrenzung.**

Die Anzeigepflicht wegen subjektiver Gefahrerhöhungen ist eine Folge der Verletzung der Gefahrstandspflicht (Anm. 26), es löst also die Verletzung einer Obliegenheit die Entstehung einer anderen aus. — Die Abgrenzung von der vorvertraglichen Anzeigepflicht ist wegen § 29a schwierig bei Gefahrerhöhungen, die in der Zeit zwischen Stellung und Annahme des Antrages eintreten. Hier überschneiden sich beide Anzeigepflichten, der Ver kann also nach seiner Wahl in Verletzungsfällen zurücktreten oder sich auf die Leistungsfreiheit nach § 25 II 2 berufen (dazu Anm. 6—7 zu § 29a). Erfährt der Vmer erst nachträglich von einer zwischen Stellung und Annahme des Antrages eingetretenen subjektiven Gefahrerhöhung, so kommt die vorvertragliche Anzeigepflicht nicht mehr zum Zuge, aber § 23 II 2 konkurriert hier mit § 41 I 2, d. h. der Ver kann sich auf Leistungsfreiheit berufen oder Prämienverbesserung verlangen. Vgl. auch Anm. 7. — Bei der Anzeige des § 27 II handelt es sich um objektive Gefahrerhöhungen, bei § 33 I um eine Anzeige nach Eintritt des Vsfalles. Die Anzeigen der §§ 121, 153 werden der Anzeige des Vsfalls gleichbehandelt (gedehnter Vsfall).

**[38] 12. Verletzung.**

Die Anzeigepflicht entsteht als Folge einer (auch schuldlosen) Verletzung der Gefahrstandspflicht. Sie zeitigt jedoch nur Rechtsfolgen, falls sie ihrerseits schuldhaft verletzt ist, dies ergibt sich aus dem Wort „unverzüglich" in §§ 23 II, 25 II 2 und § 121 I 1 BGB (OLG Königsberg 18. XI. 1927 JRPV 1928 S. 14, OLG Nürnberg 4. VII. 1930 VA 1930 S. 216 Nr. 2177). Das Verschulden hat sich nicht auf die Vornahme oder Gestattung der Gefahrerhöhung, sondern auf die Nichtanzeige zu beziehen. Zur Frage, wann ein Verschulden des Anzeigepflichtigen vorliegt, vgl. Anm. 27—36 zu § 6. Möglicherweise kann der Vmer ohne Fahrlässigkeit annehmen, der Ver habe in die Gefahrerhöhung eingewilligt (RG 10. VII. 1928 JRPV 1928 S. 229—230, OLG Königsberg 18. XI. 1927 JRPV 1928 S. 14). Desgleichen kann der Vmer entschuldigt sein, wenn er eine Gefahrerhöhung für unerheblich (§ 29[1]) erachtet, etwa wegen Vorliegens einer baupolizeilichen Genehmigung (OLG Düsseldorf 2. V. 1929 JRPV 1930 S. 64—65). Wegen der Schuldfähigkeit vgl. §§ 827, 828 BGB (Anm. 69 zu § 6). Kennt der Vmer nicht den Charakter eines Vorganges als Gefahrerhöhung, so fehlt es an einer objektiven Voraussetzung der Anzeigepflicht (Anm. 34), es ist unrichtig, wenn Prölss[8] Anm. 2 zu § 24, S. 119—120, OGH Wien 11. III. 1953 Vsrundschau 1953 S. 265, OLG Düsseldorf 20. I. 1953 VersR 1953 S. 113 hier auf das Verschulden (etwa beim Nichterkennen des gefahrerhöhenden Charakters) abstellen (vgl. schon Anm. 34, 47 zu § 16).

Der Ver muß beweisen, die Anzeigepflicht sei verletzt, der Vmer kann sich exkulpieren.

Die verschuldete Verletzung der Anzeigepflicht hat nur dann eine Rechtsfolge, wenn sie zusammentrifft mit einer schuldlosen Verletzung der Gefahrstandspflicht (§ 25 I, II 1). Sie bewirkt hier nämlich die Leistungsfreiheit des Vers, wenn „der Vsfall später als einen Monat nach dem Zeitpunkt, in welchem die Anzeige dem Ver hätte zugehen müssen, eintritt" (§ 25 II 2).

Die Verletzung der Anzeigepflicht kann gleichzeitig eine unerlaubte Handlung darstellen (§§ 823 II, 826 BGB).

[39] **V. Unabdingbarkeit.**

§ 23 ist nach § 34a[1] halb zwingend, soweit die Beschränkungen der Vertragsfreiheit reichen (§§ 187, 188, 192 II). Es können also die Gefahrstands- und Anzeigepflicht nicht auf andere Tatbestände als Gefahrerhöhungen vertraglich erstreckt werden (OLG Düsseldorf 10. I. 1929 VA 1929 S. 56 Nr. 1964, a. A. Prölss Einbruchdiebstahlv S. 115), wohl aber ist eine Einschränkung zulässig (Anm. 17). Der Kreis der mit den Obliegenheiten Belasteten (Anm. 20, 29) kann vertraglich nicht erweitert, selbst die Beweislage darf nicht zu ihren Lasten verändert werden (Anm. 16). Es dürfen auch nicht die für subjektive Gefahrerhöhungen getroffenen strengeren Regeln auf objektive Gefahrerhöhungen vertraglich übertragen werden. Durch Vereinbarung von Ausschlußklauseln dürfen die Vorschriften über die Gefahrstandspflicht nicht umgangen werden (Anm. 25). Für die Anzeige des § 23 II darf jedoch nach § 34a[2] die Schriftform vereinbart werden (vgl. aber Anm. 36). Wenn § 4 I b AUnfallB bei gefahrerhöhenden Änderungen der Berufstätigkeit oder Beschäftigung nach einem Monat teilweise Leistungsfreiheit des Vers vorsieht, so ist diese Vorschrift insoweit ungültig, als sie den Vmer schlechter stellt als § 25, z. B. wegen § 25 III. Wenn § 1 II c AHaftpflB den Vsschutz auf Erhöhungen des vten Risikos erstreckt, so ist das unbedenklich, zulässig ist auch die vorgesehene Prämienerhöhung (§ 8 II 1—3 AHaftpflB, dazu Fux-Eschenegg Vsrundschau 1952 S. 80—85, auch Thees DJustiz 1942 S. 757—758). Vgl. Anm. 21 zu § 41, ferner OLG Celle 16. III. 1953 VersR 1953 S. 182, OLG Hamm 15. VI. 1953 VA 1953 S. 270, welche hier die Vorschriften über die Gefahrerhöhung für völlig unanwendbar halten. Sehr großzügig § 7 Sonderbedingungen für die Hausrat-V unter Vorauszahlung der Prämie auf Lebenszeit (VA 1954 S. 15): „Nach dem Vertragsabschluß eintretende Gefahrerhöhungen brauchen dem Ver nicht angezeigt zu werden und sind ohne Einfluß auf das Fortbestehen der V".

# § 24

**[1] Verletzt der Versicherungsnehmer die Vorschrift des § 23 Abs. 1, so kann der Versicherer das Versicherungsverhältnis ohne Einhaltung einer Kündigungsfrist kündigen. Beruht die Verletzung nicht auf einem Verschulden des Versicherungsnehmers, so braucht dieser die Kündigung erst mit dem Ablauf eines Monats gegen sich gelten zu lassen.**

**[2] Das Kündigungsrecht erlischt, wenn es nicht innerhalb eines Monats von dem Zeitpunkt an ausgeübt wird, in welchem der Versicherer von der Erhöhung der Gefahr Kenntnis erlangt, oder wenn der Zustand wiederhergestellt ist, der vor der Erhöhung bestanden hat.**

**Kündigung bei subjektiver Gefahrerhöhung.**

**Gliederung:**



[1] **Entstehung:** § 24 ist unverändert geblieben. — Begr. I S. 36—37.

[2] **Schrifttum:** Anm. 2 zu § 23.

[3] **I. Kündigungsvoraussetzungen.**

An die Verletzung der Gefahrstandspflicht (§ 23 I) — nicht der Anzeigepflicht (§ 23 II) — knüpft § 24 als Rechtsfolge ein Kündigungsrecht des Vers, das für die Zukunft das Vsverhältnis auflöst. Will der Ver für die Vergangenheit leistungsfrei sein, so muß er sich auf § 25 berufen (über das Verhältnis beider Rechtsbehelfe: RG 24. XI. 1922 JW 1923 S. 594—595 und Anm. 9, 12). Das Kündigungsrecht setzt im einzelnen voraus:

[4] **1. Objektiver Tatbestand.**

Es muß eine vom Vmer vorgenommene oder gestattete Gefahrerhöhung eingetreten sein, und zwar ohne Einwilligung des Vers. Darauf, ob der Vmer die Gefahrerhöhung kennt, kommt es — anders als nach § 23 II — nicht an.

[5] Im Zeitpunkt der Ausübung des Kündigungsrechtes — genauer: des Zugangs der Kündigungserklärung — darf der Zustand nicht wiederhergestellt sein, „der vor der Erhöhung bestanden hat" (§ 24 II). Das Gesetz spricht von einem Erlöschen des Kündigungsrechts, dogmatisch handelt es sich um eine negative Kündigungsvoraussetzung, wobei der Vmer beweispflichtig ist (Begr. I S. 37).

Worauf die Wiederherstellung des früheren Zustandes beruht, ist gleichgültig. Einige Gefahrerhöhungen sind ihrer Natur nach vorübergehend, andere können durch menschliches Eingreifen beseitigt werden (wegen vorübergehender Gefahrerhöhungen vgl. Anm. 10 zu § 23). Wiederherstellung des früheren Zustandes ist nicht wörtlich, sondern dahin zu verstehen, daß die Gefahrslage künftighin keine wesentlich (§ 29) ungünstigere ist als die vom Ver ursprünglich übernommene (zu eng Prölss[8] Anm. 3 zu § 24, S. 120). Die Wiederherstellung gilt erst als erfolgt, wenn auch Nachwirkungen der eingetretenen Gefahrerhöhung nicht mehr zu befürchten sind. „Hat also ein Viehbesitzer ein vtes Tier während des Laufes der V in einem verseuchten Orte untergebracht, so ist die Gefahrerhöhung noch nicht wieder beseitigt, wenn das Tier von diesem Orte entfernt ist, sondern erst dann, wenn die Zeit verstrichen ist, innerhalb deren nach den Erfahrungen der tierärztlichen Wissenschaft eine an dem verseuchten Orte erfolgte Ansteckung die Erkrankung des Tieres zur Folge haben konnte" (Begr. I S. 37). Desgleichen genügt es noch nicht, daß die feuergefährlichen Flüssigkeiten wieder beseitigt sind, wenn sie bereits in den Fußboden eingezogen sind (KG 12. I. 1929 Praxis 1929 S. 65).

Nach der Wiederherstellung kann nicht mehr gekündigt werden. Bis zum Abschluß der Wiederherstellung bleibt aber die Kündigung zulässig, selbst wenn die Wiederherstellung innerhalb der Monatsfrist des § 24 I 2 beendigt wird. Jedoch kann es Treu und Glauben widerstreiten, falls der Ver kündigt, obgleich die Wiederherstellung bis zum Ablauf der Monatsfrist mit Sicherheit zu erwarten steht. Irrig Prölss[8] Anm. 3 zu § 24, S. 120, wonach die erklärte Kündigung hinfällig werden soll, wenn innerhalb der Monatsfrist des § 24 I 2 die Wiederherstellung erfolgt. § 24 II kennt nur ein Erlöschen des Kündigungsrechts, keine Wiederaufhebung einer bereits ausgesprochenen Kündigung (wie § 39 III 3).

[6] **2. Subjektiver Tatbestand.**

Wegen des Zeitpunktes des Eintritts der Kündigungswirkungen ist es nach § 24 I wesentlich, ob die Gefahrstandspflicht schuldhaft verletzt ist oder nicht.

Ein Verschulden der mit der Obliegenheit Belasteten (Anm. 20 zu § 23) entfällt bei mangelnder Schuldfähigkeit (§§ 827, 828 BGB; Anm. 69 zu § 6). Der Vmer kann sich insbesondere exkulpieren, wenn er annehmen durfte, „daß die von ihm veranlaßte Änderung eine Gefahrerhöhung nicht enthalte" (Begr. I S. 36), vgl. hierzu auch Anm. 38 zu § 23. Ferner kann der Vmer sich exkulpieren, falls er annehmen durfte, der Ver habe in die Gefahrerhöhung eingewilligt (RG 23. II. 1917 LZ 1917 Sp. 977).

[7] **II. Kündigungsfrist.**

Von der Verschuldensfrage (Anm. 6) hängt es ab, ob zwischen dem Zugang der Kündigungserklärung und dem Eintritt der Kündigungswirkung noch ein gewisser Mindestzeitraum zu liegen hat. Dem schuldlosen Vmer soll die Möglichkeit eröffnet werden, vor der materiellen Beendigung des Vsverhältnisses einen neuen Vsvertrag zu schließen (Begr. I S. 36—37). Von der Kündigungsfrist des § 24 I 2 ist die Ausschlußfrist des § 24 II zu unterscheiden (die Kündigung muß innerhalb bestimmter Frist, also rechtzeitig erklärt werden).

[8] **1. Fristlose Kündigung bei vorhandenem Verschulden.**

Nach § 24 I 1 kann bei Verschulden des Vmers der Ver das Vsverhältnis ohne Einhaltung einer Kündigungsfrist, d. h. mit sofortiger Wirkung kündigen. Der Ver kann, aber braucht es nicht zu tun. Er kann insbesondere den Vmer so behandeln, als ob diesen kein Verschulden trifft, also nach § 24 I 2 (Anm. 9): Prölss[8] Anm. 2 zu § 24, S. 119. Es empfiehlt sich das zu tun, wenn der Ver fürchten muß, der Vmer werde sich exkulpieren. Die fristlose Kündigung wirkt mit dem Zugang beim Vmer.

[9] **2. Befristete Kündigung bei mangelndem Verschulden.**

Nach § 24 I 2 „braucht" der schuldlose Vmer die Kündigung erst mit dem Ablauf eines Monats gegen sich gelten zu lassen. Eine fristlose oder vierzehntägige Kündigung wirkt also erst mit dem Ablauf eines Monats, wenn der Vmer sich auf § 24 I 2 beruft (RG 24. XI. 1922 JW 1923 S. 594—595). Weist der Vmer — darüber hinausgehend — die fristlose Kündigung zurück, so muß sie fristgerecht neu erklärt werden (Anm. 29 zu § 8). Der Vmer kann sich aber auch auf den Boden der fristlosen Kündigung stellen. Solchenfalls schuldet er nicht mehr die Prämie aus einer neu angebrochenen Vsperiode (§ 40 I 2), bei Abschluß einer neuen V greifen §§ 58, 59 nicht ein. Hat dagegen der Ver unter Einhaltung der gesetzlichen Kündigungsfrist gekündigt, so kann der Vmer nicht erklären, daß er früher das Vsverhältnis aufgelöst zu sehen wünsche (a. A. Bruck 7. Aufl. S. 110). Kündigt der Ver mit einer längeren als der gesetzlich vorgesehenen Frist, z. B. zum Schluß der Vsperiode, so kann der Vmer die Kündigung zurückweisen. Tut er es nicht, so endet das Vsverhältnis erst zu dem vom Ver gewählten Zeitpunkt. Der Vmer muß sein mangelndes Verschulden beweisen.

Für die Berechnung der Frist sind die §§ 187, 188 II, III BGB maßgebend. Während des Laufes der Frist bleibt das Vsverhältnis aufrechterhalten: Der Ver ist zur Leistung verpflichtet, wenn der Vsfall innerhalb der Frist eintritt, mag dieser auch gerade durch die Gefahrerhöhung verursacht sein, dazu RG 24. XI. 1922 JW 1923 S. 594—595, Kisch II S. 526, anders anscheinend Begr. I S. 37.

[10] **III. Kündigungserklärung.**

**1. Ausschlußfrist.**

Das Kündigungsrecht des Vers erlischt, wenn es nicht innerhalb eines Monats ausgeübt wird (§ 24 II). Die Frist soll den Ver nötigen, die Rechtslage zu klären (Begr. I S. 36, 37). Innerhalb der nach den §§ 187 I, 188 II, III, 193 BGB zu berechnenden Monatsfrist muß die Kündigung dem Vmer zugehen (dazu Anm. 2—7 zu § 10).

Die Frist beginnt erst zu laufen, wenn der Ver, sein Abschlußagent (§ 44) oder sein sonstiger Wissensvertreter, bei mehreren Vern ein jeder von ihnen, sofern nicht einer die Führung hat, positiv erfährt, daß eine Gefahrerhöhung eingetreten ist. Über die beim Ver maßgebende Stelle Anm. 37 zu § 16. Woher die Kenntnis stammt, ist belanglos. Die Kenntnis des Vermittlungsagenten steht der Kenntnis des Vers nicht gleich (§ 44), es sei denn, daß dem Agenten ein besonderer Auftrag erteilt worden ist (RG 27. III. 1923 VA 1923 Anh. S. 82 Nr. 1336). Kennenmüssen wird nicht gefordert. Arglistige Nichtkenntnisnahme gilt als Kenntnis. Auf das etwaige Verschulden des Vmers braucht sich die Kenntnis des Vers nicht zu beziehen (Prölss[8] Anm. 3 zu § 24, S. 120).

Auch noch nach Eintritt des Vsfalles kann die Kündigung innerhalb der Ausschlußfrist erklärt werden. Auch als fristlose beseitigt sie nicht die bereits durch Eintritt des Vsfalls ausgelöste Leistungspflicht des Vers, da sie keine rückwirkende Kraft hat.

Beweispflichtig für die Versäumung der Ausschlußfrist ist der Vmer (Prölss[8] Anm. 4 zu § 24, S. 120).

Neben der Versäumung der Ausschlußfrist können auch Verzicht und Verwirkung das Kündigungsrecht des Vers erlöschen lassen (Anm. 44—51 zu § 6).

**[11] 2. Sonstiges.**

Die Kündigung ist eine empfangsbedürftige, an sich formfreie Willenserklärung des Vers oder seines Abschlußagenten (§ 45, vgl. jedoch § 47), bei der Mitv hat jeder beteiligte Ver für seinen Anteil das Kündigungsrecht, § 356¹ BGB gilt nicht (RG 19. VI. 1917 RGZ Bd 90 S. 330). Empfänger der Kündigung ist der Vmer (dazu Anm. 32 zu § 8). Über den Inhalt Anm. 33 zu § 8, über die Form Anm. 34 zu § 8, über Mitteilungspflichten § 103 I 1 (Realgläubiger), § 34 II 1 SchiffsG (Schiffshypothekengläubiger).

Wer sich auf die Kündigung beruft, muß sie beweisen.

**[12] IV. Kündigungswirkungen.**

Die Kündigung ist eine rechtsgestaltende Willenserklärung und wirkt stets nur für die Zukunft. Die Gefahrtragung des Vers endet entweder sofort (§ 24 I 1) oder mit dem Ablauf der Kündigungsfrist (§ 24 I 2), sie ist während des Laufes der Kündigungsfrist nicht durch § 25 eingeschränkt (Anm. 9). Über das Prämienschicksal: § 40 I, eine Prämienverbesserung für die Vergangenheit kann der Ver nicht fordern, § 41 I gilt nicht. Bei der Lebensv hat im Falle des § 176 I der Ver die Rückvergütung zu erstatten. Über Teilkündigung: § 30 I, II. Wird nicht gekündigt, so ergibt sich eine Nebenwirkung aus § 25 III (vgl. Anm. 38 zu § 8).

**[13] Wirkungsbeschränkungen** ergeben sich für die Kündigung aus § 103 I 1 bei Realgläubigern, § 34 II 1 SchiffsG bei Schiffshypothekengläubigern und § 158c II 1 bei der Pflichtv im Bereiche der Haftpflichtv.

**[14] Unberechtigte Kündigung** bedeutet eine Verletzung der Gefahrtragungspflicht des Vers, aus den §§ 326 I 1, 2, II, 325 I 1 BGB kann sich eine Schadensersatzpflicht des Vers ergeben. Vgl. auch Anm. 24 zu § 8.

**[15] V. Unabdingbarkeit.**

§ 24 ist zugunsten des Vmers im Bereich der Beschränkungen der Vertragsfreiheit zwingend (§ 34a¹). Es kann also z. B. nicht vereinbart werden, daß der Ver auch bei unverschuldeter Verletzung der Gefahrstandspflicht ohne Einhaltung einer Kündigungsfrist kündigen kann oder daß die Ausschlußfrist des § 24 II verlängert wird. Dagegen kann der Ver z. B. vertraglich auf das Kündigungsrecht verzichten. Ist ein Rücktrittsrecht des Vers vorgesehen, so steht dem der § 6 IV nach BGH 10. I. 1951 NJW 1951 S. 232 = VersR 1951 S. 68 nicht entgegen, der Vmer kann sich auf das Rücktrittsrecht berufen.

# § 25

**[1] Der Versicherer ist im Falle einer Verletzung der Vorschrift des § 23 Abs. 1 von der Verpflichtung zur Leistung frei, wenn der Versicherungsfall nach der Erhöhung der Gefahr eintritt.**

**[2] Die Verpflichtung des Versicherers bleibt bestehen, wenn die Verletzung nicht auf einem Verschulden des Versicherungsnehmers beruht. Der Versicherer ist jedoch auch in diesem Falle von der Verpflichtung zur Leistung frei, wenn die im § 23 Abs. 2 vorgesehene Anzeige nicht unverzüglich gemacht wird und der Versicherungsfall später als einen Monat nach dem Zeitpunkt, in welchem die Anzeige dem Versicherer hätte zugehen müssen, eintritt, es sei denn, daß ihm in diesem Zeitpunkte die Erhöhung der Gefahr bekannt war.**

**[3] Die Verpflichtung des Versicherers zur Leistung bleibt auch dann bestehen, wenn zur Zeit des Eintritts des Versicherungsfalls die Frist für die Kündigung des Versicherers abgelaufen und eine Kündigung nicht erfolgt ist oder wenn die Erhöhung der Gefahr keinen Einfluß auf den Eintritt des Versicherungsfalls und auf den Umfang der Leistung des Versicherers gehabt hat.**

**Leistungsfreiheit bei subjektiver Gefahrerhöhung.**

**Gliederung:**



[1] **Entstehung:** § 25 ist unverändert geblieben. — Begr. I S. 37—38.

[2] **Schrifttum:** Anm. 2 zu § 23.

[3] **I. Voraussetzungen.**

§ 25 knüpft Rechtswirkungen nicht nur an die Verletzung der Gefahrstandspflicht (§ 25 I), sondern auch an jene der Anzeigepflicht (§ 25 II 2). Nachdem in § 24 vom Kündigungsrecht des Vers die Rede ist, wird in § 25 dem Ver unter bestimmten Voraussetzungen Leistungsfreiheit zugestanden: Nicht weniger als fünf Voraussetzungen müssen kumulativ gegeben sein, und zwar kommt als fünfte und letzte Voraussetzung eine Alternative in Betracht.

[4] **1. Subjektive Gefahrerhöhung.**

Es muß eine vom Vmer vorgenommene oder gestattete, also eine subjektive Gefahrerhöhung eingetreten sein, und zwar ohne Einwilligung des Vers (§ 25 I). Beweispflichtig ist der Ver (LG Münster 7. XII. 1951 VersR 1952 S. 66).

[5] **2. Nachträglicher Versicherungsfall.**

Zeitlich nach dem Eintritt der Gefahrerhöhung muß der Vsfall eingetreten sein (§ 25 I). Es muß sich also die bereits erhöhte Gefahr realisiert haben. Ist die Gefahrerhöhung allmählich eingetreten, so mußte sie bei Eintritt des Vsfalls mindestens ein Ausmaß erreicht haben, das nach § 29 beachtlich ist. Bei gedehnten Vsfällen (Anm. 49 zu § 1) muß darauf abgestellt werden, daß der Beginn des Vsfalls nach der Gefahrerhöhung liegt. — Im Falle des § 25 II 2 (Anm. 9) kommt es darauf an, ob der Vsfall später als einen Monat nach dem Zeitpunkt eingetreten ist, in welchem die Anzeige des § 23 II dem Ver hätte zugehen müssen (Anm. 31 zu § 23). — Beweispflichtig für die Nachträglichkeit des Vsfalls ist der Ver.

[6] **3. Kausale Gefahrerhöhung.**

Nach § 25 III bleibt die Verpflichtung des Vers bestehen, wenn die Gefahrerhöhung „keinen Einfluß auf den Eintritt des Vsfalls und auf den Umfang der Leistung des Vers gehabt hat." Beweispflichtig ist der Vmer(Begr. I S. 37—38, BGH 10. I. 1951 NJW 1951 S. 233 = VersR 1951 S. 69 [gegen OLG Hamburg 12. V. 1950 VersR 1950 S. 116], OGH Wien 11. III. 1953 Vsrundschau 1953 S. 265, OLG Düsseldorf 20. I. 1953 VersR 1953 S. 113, OLG Hamm 5. VII. 1928 Praxis 1928 S. 177, LG Münster 7. XII. 1951 VersR 1952 S. 66). Zweifel gehen also zu seinen Lasten. Der Vmer hat „mit aller Bestimmtheit darzutun, daß der Schaden auf jeden Fall und aus einem anderen Umstand als dem der Gefahrerhöhung ... eingetreten wäre" (OGH Wien 11. III. 1953 Vsrundschau 1953 S. 265). Allerdings genügt es, wenn der Vmer die Nichtkausalität der Gefahrerhöhung dartut, er braucht in der Feuerv nicht die Ursache des Brandes aufzuklären (OLG Hamm 5. VII. 1928 Praxis 1928 S. 178). Der Beweis „ist als Beweis einer Negative schwer zu führen und wird in der Hauptsache so zu erbringen sein, daß die vom Ver angedeuteten Möglichkeiten als nicht in Betracht kommend erwiesen werden" (RG 19. III. 1929 VA 1929 S. 243 Nr. 2007 = JRPV 1929 S. 140). Unrichtig ist es, wenn Prölss[8] Anm. 1 zu § 25, S. 120—121 meint, Kausalität zwischen Gefahrerhöhung und

Vsfall sei nicht erforderlich. Beispiele für fehlende Kausalität, also Leistungspflicht des Vers: Wiederherstellung des früheren Zustandes, ferner: Begr. I S. 37, KG 2. V. 1928 JRPV 1928 S. 189 (der vte Kraftwagen ist öfters vermietet, aber wurde beim Vsfall vom Vmer gelenkt). Weder dem Grunde noch der Höhe nach darf Kausalität bestehen, soll der Ver leistungspflichtig sein, die Rechtslage ist so wie bei § 21 (Anm. 8—10 zu § 21).

[7] **4. Fortlaufende Kündigungsfrist.**

Nach § 25 III bleibt die Verpflichtung des Vers auch dann bestehen, „wenn zur Zeit des Eintritts des Vsfalls die Frist für die Kündigung des Vers abgelaufen und eine Kündigung nicht erfolgt ist". Gedacht ist an die Ausschlußfrist des § 24 II. Der Ver muß die Rechtslage klären, kann nicht auf dem Rücken des Vmers spekulieren (Begr. I S. 37, Anm. 40 zu § 6). Läßt der Ver die bis zum 31. I. laufende Frist unbenutzt verstreichen, ist aber schon am 30. I. der Vsfall eingetreten, so haftet der Ver nicht, da zur Zeit des Eintritts des Vsfalls die Kündigungsfrist noch nicht abgelaufen war. Beweispflichtig ist der Vmer, dieser hat also den Ablauf der Ausschlußfrist darzutun.

Im übrigen hebt der BGH 31. I. 1952 BGHZ Bd 4 S. 376—377 hervor, daß man davon abgesehen habe, „die Rechte des Vers dadurch einzuengen, daß auch bei einem bereits eingetretenen Vsfall die Berufung auf seine Leistungsfreiheit erst von der Kündigung des Vertrags abhängig gemacht und befristet wird" (anders angeblich § 6 I 3: Anm. 43 zu § 6).

[8] **5. Alternatives Verschuldenserfordernis.**

Man muß unterscheiden (§ 25 II):

**a) Verschulden bei Gefahrerhöhung.**

Stets ist der Ver leistungsfrei, wenn der Vmer die Gefahrstandspflicht (§ 23 I) schuldhaft verletzt hat, also bei subjektiven verschuldeten Gefahrerhöhungen. Dazu Anm. 6 zu § 24. Der Vmer muß sich exkulpieren (OLG Düsseldorf 20. I. 1953 VersR 1953 S. 113).

[9] **b) Verschulden bei Nichtanzeige.**

Außerdem kann der Ver bei subjektiven unverschuldeten Gefahrerhöhungen leistungsfrei sein, wenn der Vmer die Anzeigepflicht (§ 23 II) schuldhaft verletzt hat. Dazu Anm. 38 zu § 23. Auch hier muß sich der Vmer exkulpieren. Beispiel: Bei der Vornahme der Gefahrerhöhung hat der Vmer deren Charakter nicht erkannt, die Vornahme kann deshalb entschuldigt sein. Nachträglich erkennt aber der Vmer diesen Charakter und zeigt schuldhaft nicht an (Prölss[8] Anm. 2 zu § 25, S. 121). Weiteres Beispiel, bei dem das Verschulden bei der Nichtanzeige fehlte: RG 23. II. 1917 LZ 1917 Sp. 977.

In solchen Fällen wird der Ver von § 25 II 2 so gestellt, wie wenn die Anzeige unverzüglich erstattet wäre und er sofort von seinem befristeten Kündigungsrecht aus § 24 I 2 Gebrauch gemacht hätte; es kommt deshalb darauf an, ob der Vsfall später als einen Monat nach dem Zeitpunkt eingetreten ist, in welchem die Anzeige des § 23 II dem Ver hätte zugehen müssen (Anm. 31 zu § 23). Ist dem Ver länger als einen Monat vor Eintritt des Vsfalls auf irgendeine Weise trotz unterbliebener Anzeige die Gefahrerhöhung bekannt geworden, dann bleibt seine Verpflichtung zur Leistung bestehen, da er rechtzeitig hätte kündigen können. Zum Begriff der Kenntnis vgl. Anm. 10 zu § 24. Allgemein vgl. auch Anm. 9 zu § 28.

[10] **II. Rechtswirkungen.**

**1. In allen Versicherungszweigen.**

Unter den genannten fünf Voraussetzungen ist nach § 25 I, II 2 der Ver leistungsfrei (Anm. 20 zu § 6). Es wird also kraft Gesetzes die Gefahrtragungspflicht des Vers bei solchen Vsfällen aufgehoben, bei denen die Gefahrerhöhung kausal gewesen sein kann. Im übrigen bleibt aber das Vsverhältnis bestehen, insbesondere die Prämienzahlungspflicht des Vmers bleibt unberührt.

Für die Leistungsfreiheit gilt das Alles-oder-Nichts-Prinzip, auch bei leichtes Fahrlässigkeit des Vmers ist der Ver vollen Umfangs leistungsfrei (vgl. allerdings Theer ÖffrechtlV 1941 S. 20). Ausnahme: § 30 III.

Vsfall sei nicht erforderlich. Beispiele für fehlende Kausalität, also Leistungspflicht des Vers: Wiederherstellung des früheren Zustandes, ferner: Begr. I S. 37, KG 2. V. 1928 JRPV 1928 S. 189 (der vte Kraftwagen ist öfters vermietet, aber wurde beim Vsfall vom Vmer gelenkt). Weder dem Grunde noch der Höhe nach darf Kausalität bestehen, soll der Ver leistungspflichtig sein, die Rechtslage ist so wie bei § 21 (Anm. 8—10 zu § 21).

**[7] 4. Fortlaufende Kündigungsfrist.**

Nach § 25 III bleibt die Verpflichtung des Vers auch dann bestehen, „wenn zur Zeit des Eintritts des Vsfalls die Frist für die Kündigung des Vers abgelaufen und eine Kündigung nicht erfolgt ist". Gedacht ist an die Ausschlußfrist des § 24 II. Der Ver muß die Rechtslage klären, kann nicht auf dem Rücken des Vmers spekulieren (Begr. I S. 37, Anm. 40 zu § 6). Läßt der Ver die bis zum 31. I. laufende Frist unbenutzt verstreichen, ist aber schon am 30. I. der Vsfall eingetreten, so haftet der Ver nicht, da zur Zeit des Eintritts des Vsfalls die Kündigungsfrist noch nicht abgelaufen war. Beweispflichtig ist der Vmer, dieser hat also den Ablauf der Ausschlußfrist darzutun.

Im übrigen hebt der BGH 31. I. 1952 BGHZ Bd 4 S. 376—377 hervor, daß man davon abgesehen habe, „die Rechte des Vers dadurch einzuengen, daß auch bei einem bereits eingetretenen Vsfall die Berufung auf seine Leistungsfreiheit erst von der Kündigung des Vertrags abhängig gemacht und befristet wird" (anders angeblich § 6 I 3: Anm. 43 zu § 6).

**[8] 5. Alternatives Verschuldenserfordernis.**

Man muß unterscheiden (§ 25 II):

**a) Verschulden bei Gefahrerhöhung.**

Stets ist der Ver leistungsfrei, wenn der Vmer die Gefahrstandspflicht (§ 23 I) schuldhaft verletzt hat, also bei subjektiven verschuldeten Gefahrerhöhungen. Dazu Anm. 6 zu § 24. Der Vmer muß sich exkulpieren (OLG Düsseldorf 20. I. 1953 VersR 1953 S. 113).

**[9] b) Verschulden bei Nichtanzeige.**

Außerdem kann der Ver bei subjektiven unverschuldeten Gefahrerhöhungen leistungsfrei sein, wenn der Vmer die Anzeigepflicht (§ 23 II) schuldhaft verletzt hat. Dazu Anm. 38 zu § 23. Auch hier muß sich der Vmer exkulpieren. Beispiel: Bei der Vornahme der Gefahrerhöhung hat der Vmer deren Charakter nicht erkannt, die Vornahme kann deshalb entschuldigt sein. Nachträglich erkennt aber der Vmer diesen Charakter und zeigt schuldhaft nicht an (Prölss[8] Anm. 2 zu § 25, S. 121). Weiteres Beispiel, bei dem das Verschulden bei der Nichtanzeige fehlte: RG 23. II. 1917 LZ 1917 Sp. 977.

In solchen Fällen wird der Ver von § 25 II 2 so gestellt, wie wenn die Anzeige unverzüglich erstattet wäre und er sofort von seinem befristeten Kündigungsrecht aus § 24 I 2 Gebrauch gemacht hätte; es kommt deshalb darauf an, ob der Vsfall später als einen Monat nach dem Zeitpunkt eingetreten ist, in welchem die Anzeige des § 23 II dem Ver hätte zugehen müssen (Anm. 31 zu § 23). Ist dem Ver länger als einen Monat vor Eintritt des Vsfalls auf irgendeine Weise trotz unterbliebener Anzeige die Gefahrerhöhung bekannt geworden, dann bleibt seine Verpflichtung zur Leistung bestehen, da er rechtzeitig hätte kündigen können. Zum Begriff der Kenntnis vgl. Anm. 10 zu § 24. Allgemein vgl. auch Anm. 9 zu § 28.

**[10] II. Rechtswirkungen.**

**1. In allen Versicherungszweigen.**

Unter den genannten fünf Voraussetzungen ist nach § 25 I, II 2 der Ver leistungsfrei (Anm. 20 zu § 6). Es wird also kraft Gesetzes die Gefahrtragungspflicht des Vers bei solchen Vsfällen aufgehoben, bei denen die Gefahrerhöhung kausal gewesen sein kann. Im übrigen bleibt aber das Vsverhältnis bestehen, insbesondere die Prämienzahlungspflicht des Vmers bleibt unberührt.

Für die Leistungsfreiheit gilt das Alles-oder-Nichts-Prinzip, auch bei leichtes Fahrlässigkeit des Vmers ist der Ver vollen Umfangs leistungsfrei (vgl. allerdings Theer ÖffrechtlV 1941 S. 20). Ausnahme: § 30 III.

vorausgesetzt werden. Aber Kisch II S. 546—547, Ritter Anm. 14 zu § 24, S. 440 haben überzeugend dargetan, daß es auf die Motivation nicht ankommen kann, entscheidend ist die objektive Sachlage (anders allerdings Kisch II S. 551). Deshalb ist auch die resignierende Feststellung von Prölss[8] Anm. 1 zu § 26, S. 121 unmotiviert: „Niemand denkt an das Interesse des Vers."

Als Gründe, durch welche eine subjektive Gefahrerhöhung in allen Vszweigen (Starke VVV 1949 S. 341) gerechtfertigt und rechtlich unbeachtlich werden kann, kommen folgende in Frage, wobei der Vmer beweispflichtig ist:

[4] 1. **„Interesse des Versicherers".**

Selbst die Vornahme oder Gestattung einer Gefahrerhöhung kann bewirken oder doch bezwecken, den Belangen des Vers und/oder der Gefahrengemeinschaft zu dienen, so „wenn bei der Viehv der Eigentümer ein krankheitsverdächtiges Tier, um die übrigen Tiere der vten Herde vor Ansteckung zu bewahren, von diesen trennt und es in einem weniger gesunden Raume unterbringt" (Begr. I S. 38, vgl. auch KG 16. I. 1912 VA 1912 Anh. S. 109—110 Nr. 696). Entscheidend ist das Interesse des Vers an dem Ablauf der Gefahrslage, in die eingegriffen wird. Daher treten die Folgen der Verletzung der Gefahrstandspflicht ein, wenn der Vmer während eines drohenden Brandes sein feuervtes Haus völlig unbewacht läßt, um ein fremdes bei einem anderen oder bei demselben Ver vtes Gebäude zu retten. Hinsichtlich der vten Sachen setzt die Abwendungspflicht des § 62 I 1 erst „bei dem Eintritte des Vsfalls" ein. § 26 bewirkt, daß vorher ergriffene Maßnahmen, zu denen übrigens der Vmer nicht verpflichtet ist, nicht unter dem Gesichtspunkte der Gefahrerhöhung zum Nachteil des Vmers gereichen.

[5] 2. **„Ereignis, für welches der Versicherer haftet".**

Hier wird der Eintritt eines Vsfalls — wie in § 62 I 1 — vorausgesetzt, in der Feuerv muß also der Brand der vten Sachen zum mindesten unmittelbar bevorstehen. Bei solcher Sachlage ist es dann unschädlich, wenn im Zusammenhang mit dem Vsfall anschließend der Vmer eine Gefahrerhöhung bewirkt. Dabei kommt es auf den Vsfall als Ereignis sowie darauf an, ob solches Ereignis üblicherweise Gefahrerhöhungen der vorgenommenen oder gestatteten Art objektiv rechtfertigt: Der Dachstuhl eines feuervten Hauses ist abgebrannt; um den durch Regen im Innern des Hauses angerichteten Feuchtigkeitsschaden zu mindern, läßt der Vmer offene Herde aufstellen. Das vte Schiff wird infolge eines Vsfalls, für den der Ver haftet, leck, und der Vmer fährt es absichtlich fest, um das Sinken abzuwenden (Begr. I S. 38).

[6] 3. **„Gebot der Menschlichkeit".**

Das Gebot der Menschlichkeit bedeutet die jede vertragliche Bindung aufhebende höhere sittliche Pflicht. Die moralische Norm wird in die Rechtsordnung übernommen und den gewöhnlichen Rechtsvorschriften vorgeordnet. So bedeutet es rechtlich keine Gefahrerhöhung, „wenn der Schiffseigner, um Menschenleben zu retten, von dem gewöhnlichen Wege abweicht und das Schiff dadurch einer höheren Gefahr aussetzt" (Begr. I S. 38). Es kommt außer der Rettung von Menschenleben auch der Schutz von Körper oder Gesundheit anderer Personen, die Befreiung eines widerrechtlich der Freiheit Beraubten, die Aufnahme eines Obdachlosen in Betracht. Die Umstände müssen entscheiden, ob die Menschlichkeit das gefahrerhöhende Verhalten gebot. Maßnahmen nur zur Rettung von Sachen kommen regelmäßig nicht in Betracht, Ausnahmen könnten bei erheblichen Kunstschätzen, auch bei Tieren (Begr. I S. 118) gelten. Auch das eigene Interesse des Vmers kommt in Frage (Kisch II S. 554—555). Das Gebot der Menschlichkeit ist nicht gleichbedeutend mit der z. B. in § 814 BGB erwähnten sittlichen Pflicht und mit der auf den Anstand zu nehmenden Rücksicht. Das Verhalten des Vmers wird auch nicht etwa schlankweg dadurch rechtmäßig, daß das öffentliche Interesse (§ 93) die Gefahrerhöhung notwendig macht. Alle diese Umstände werden oft nur als Entschuldigungsgründe im Sinne der §§ 24 I 2, 25 II in Betracht kommen. Dagegen ist die Gefahrerhöhung rechtmäßig auch dann, wenn (abgesehen von § 26) ein Rechtfertigungsgrund der §§ 227—229 BGB vorlag, insbesondere Notwehr oder Notstand.

[7] **II. Folgerungen.**

Bei einer subjektiven Gefahrerhöhung des § 26 finden die Vorschriften der §§ 23—25 keine Anwendung. Es entfallen also die Obliegenheiten des § 23 (Gefahrstands-, Anzeigepflicht) und die Rechtsfolgen ihrer Verletzung (Kündigung: § 24; Leistungsfreiheit: § 25). Die Gefahrerhöhung wird auch nicht etwa wie eine objektive nach den §§ 27—28 behandelt.

§ 26 schließt allerdings nicht aus, daß andere für den Vmer nachteilige Rechtsfolgen eintreten: Werden z. B. die vten Sachen an einen anderen als den Vsort verbracht, so kann aus diesem Grunde der Vsschutz aufhören. Auch eine Ausschlußklausel kann möglicherweise eingreifen.

[8] **III. Analogien.**

Auch bei objektiven Gefahrerhöhungen ist § 26 entsprechend anzuwenden (Prölss[8] Anm. 2 zu § 26, S. 121, Starke VVV 1949 S. 341). Handelt also ein Dritter z. B. im Interesse des Vers, so kann der Ver trotz der Gefahrerhöhung nicht nach § 27 I 1 kündigen, auch die Anzeigepflicht des Vmers (§§ 27 II, 28) entfällt.

Bei anderen Obliegenheiten als denen des § 23 und des § 27 II kann § 26 entsprechend angewendet werden, so beim Veränderungsverbot (§ 93; Prölss[8] Anm. 1 zu § 93, S. 251, Starke VVV 1949 S. 341—342), bei der Nottötung (Begr. I S. 118, Starke VVV 1949 S. 342, Prölss[8] Anm. 1 zu § 126, S. 340).

Wird der Vsfall herbeigeführt, so schadet das — selbst bei Vorsatz — dem Vmer nicht, falls einer der Tatbestände des § 26 vorliegt.

Ganz generell sagen hinsichtlich des Gebotes der Menschlichkeit Prölss[8] Anm. 1 zu § 26, S. 121, Starke VVV 1949 S. 342, es handle sich um einen das gesamte Vsrecht durchdringenden allgemeinen Grundsatz.

[9] **IV. Unabdingbarkeit.**

Nach § 34a[1] ist § 26 relativ zwingend.

# § 27

**[1] Tritt nach dem Abschlusse des Vertrags eine Erhöhung der Gefahr unabhängig von dem Willen des Versicherungsnehmers ein, so ist der Versicherer berechtigt, das Versicherungsverhältnis unter Einhaltung einer Kündigungsfrist von einem Monate zu kündigen. Die Vorschriften des § 24 Abs. 2 finden Anwendung.**

**[2] Der Versicherungsnehmer hat, sobald er von der Erhöhung der Gefahr Kenntnis erlangt, dem Versicherer unverzüglich Anzeige zu machen.**

**Rechtsfolgen bei objektiver Gefahrerhöhung.**

**Gliederung:**

Entstehung Anm. 1
Schrifttum Anm. 2
I. Objektive Gefahrerhöhung Anm. 3—5
  1. Abgrenzung Anm. 3
  2. Begriff Anm. 4
  3. Arten Anm. 5
II. Befristetes Kündigungsrecht Anm. 6
III. Unverzügliche Anzeigepflicht Anm. 7—10
  1. Verweisung Anm. 7
  2. Anzeigepflichtiger Anm. 8—9
  3. Transportv Anm. 10
IV. Zwingender Charakter Anm. 11

[1] **Entstehung:** § 27 ist unverändert geblieben. — Begr. I S. 38.

[2] **Schrifttum:** Anm. 2 zu § 23.

[3] **I. Objektive Gefahrerhöhung.**

**1. Abgrenzung.**

Im Gegensatz zu den subjektiven Gefahrerhöhungen des § 23 I stehen solche, die „unabhängig von dem Willen des Vmers“ eintreten (objektive Gefahrerhöhungen). Da die subjektiven Gefahrerhöhungen wegen §§ 24 I 2, 25 II 1 in verschuldete und unverschuldete zerfallen, gibt es drei Arten von Gefahrerhöhungen. Die Unterscheidung ist insofern ohne praktischen Wert, als die subjektiven unverschuldeten grundsätzlich genau so behandelt werden wie die objektiven Gefahrerhöhungen.

[4] **2. Begriff.**

Objektive Gefahrerhöhungen sind alle jene, die nicht vom Vmer oder ihm gleichstehenden Personen (Anm. 20 zu § 23) willentlich vorgenommen oder gestattet sind.

[5] **3. Arten.**

Auch eine Erhöhung der Vertragsgefahr kommt in Frage (Anm. 8 zu § 23, unrichtig Prölss[8] Anm. 1 zu § 27, S. 122, im Widerspruch zu Anm. 1 zu § 23, S. 114), desgleichen möglicherweise (Anm. 8 zu § 23) eine allgemeine Gefahrerhöhung (OLG Köln 28. II. 1912 VA 1912 Anh. S. 107—108 Nr. 694: Verschärfung der Haftungsnormen in der Haftpflichtv). Auch ein Ereignis aus der subjektiven Sphäre des Vmers kommt in Betracht, falls es gegen oder ohne den Willen des Vmers eintritt (VA 1916 S. 112: Einziehung zum Heeresdienst; im Gegensatz zum freiwilligen Eintritt: OLG Celle 13. I. 1916 VA 1916 Anh. S. 13—14 Nr. 915). Nimmt der Vmer als Geisteskranker ohne natürlichen Handlungswillen eine Gefahrerhöhung vor, so handelt es sich um eine objektive Gefahrerhöhung. Wegen der Personenv vgl. Anm. 5 zu § 23. Die objektiven Gefahrerhöhungen können aber insbesondere auf Naturereignissen, auf anormaler Abnutzung (z. B. eines Starkstromkabels: OLG Stettin 18. VI. 1928 JRPV 1928 S. 247) oder auf einem Verhalten dritter Personen (z. B. eines Mieters, der eine vom Eigentümer vte Schaufensterscheibe mit Terpentinfarbe bestreicht: KG 8. VII. 1924 JRPV 1925 S. 31) beruhen. Nicht schon dadurch wird eine Gefahrerhöhung zu einer subjektiven, daß der Vmer sie hätte abwenden können. Denn die Gefahrstandspflicht des § 23 I fordert von dem Vmer nur ein Unterlassen, kein Tun, also kein Einschreiten (Anm. 23 zu § 23).

[6] **II. Befristetes Kündigungsrecht.**

An den Tatbestand einer objektiven Gefahrerhöhung knüpft § 27 I ein Kündigungsrecht des Vers an, es handelt sich also hier — anders als bei § 24 — nicht um die Folge einer Obliegenheitsverletzung. Der Gefahrengemeinschaft kann es nicht zugemutet werden, ein Risiko, das auf Grund einer niedrigeren Gefahrslage eingestuft ist, dauernd mitzuschleppen, mag auch den Vmer kein Vorwurf treffen. (Bei allgemeinen Gefahrerhöhungen, z. B. Verschärfungen der Haftung in der Haftpflichtv, kann der Ver das allgemein erhöhte Risiko nicht zu der vereinbarten Prämie weiter tragen, hier fragt sich allerdings, ob der Ver nicht auf andere Rechtsbehelfe verwiesen werden muß [vgl. Anm. 26 zu § 8]).

Der Vmer wird geschützt dadurch, daß — wie nach § 24 I 2 — eine Kündigungsfrist von einem Monat einzuhalten ist (§ 27 I 1), außerdem ist § 24 II für anwendbar erklärt (§ 27 I 2), es ist also die Ausschlußfrist von einem Monat zu wahren und bei Zugang der Kündigungserklärung darf der frühere Zustand nicht wiederhergestellt sein. Hier kann verwiesen werden auf Anm. 5, 7, 9—14 zu § 24.

Bei der Transportv von Gütern entfällt das Kündigungsrecht (§ 142[1]), bei der von Schiffen wirkt die Kündigung nicht vor der Beendigung der Reise (§ 143 I 1, vgl. aber auch § 143 II).

[7] **III. Unverzügliche Anzeigepflicht.**

**1. Verweisung.**

Nicht nur das Kündigungsrecht des Vers, auch eine Obliegenheit des Vmers knüpft an den Eintritt einer objektiven Gefahrerhöhung an (§ 27 II): Die Anzeigepflicht entpricht im allgemeinen derjenigen des § 23 II bei subjektiven Gefahrerhöhungen, vgl. deshalb Anm. 27—28, 30—32, 34—37 zu § 23. Über die Verletzungsfolgen: § 28.

[8] **2. Anzeigepflichtiger.**

Hinsichtlich des Anzeigepflichtigen kann jedoch keine völlige Gleichstellung vorgenommen werden. Bei subjektiven Gefahrerhöhungen ist derjenige, der die Gefahrstandspflicht zu erfüllen hatte und verletzt hat, anzeigepflichtig (Anm. 29 zu § 23). Bei objektiven Gefahrerhöhungen entfällt diese Anknüpfung an die Gefahrstandspflicht. Auch die Person des Anzeigepflichtigen bei der vorvertraglichen Anzeigepflicht kann nicht der des Anzeigepflichtigen nach § 27 II völlig gleichgestellt werden, insbesondere gelten bei Vertragsschluß durch Vertreter für die vorvertragliche Anzeigepflicht gemäß § 19 einige Besonderheiten.

Anzeigepflichtig ist im Rahmen des § 27 II der Vmer. Neben diesen tritt bei der V für fremde Rechnung der Vte (§§ 79 I, 179 II). Bei der Fremdpersonenv ist nach der gesetzlichen Regelung diejenige Person anzeigepflichtig, in der das vte Risiko läuft (§§ 161, 179 IV; Entsprechendes muß für die Krankenv gelten, vgl. § 4 I 1 GrundBed). Bei juristischen Personen trifft die Anzeigepflicht jedes einzelne Mitglied der Vertretungsorgane, bei einer V mehrerer Personen grundsätzlich jede von ihnen (Genaueres Anm. 57—67 zu § 6).

Bei Vorhandensein eines gesetzlichen Vertreters von natürlichen Personen ist dieser mit der Anzeigepflicht belastet, desgleichen ein gesetzlicher Verwalter (Anm. 69—70 zu § 6).

[9] Die Anzeigepflicht trifft auch den Erben oder sonstige Gesamtrechtsnachfolger des Vmers, ferner den Erwerber der vten Sache (§ 69 I) und den Eintrittsberechtigten in der Lebensv, sobald er von seinem Recht Gebrauch gemacht hat (§ 177), vgl. Anm. 68 zu § 6. Ist das anzeigepflichtige Ereignis vor der Veräußerung oder dem Eintritt vorgefallen, läuft aber die Unverzüglichkeitsfrist noch nach der Veräußerung oder dem Eintritt weiter, so hat neben dem Veräußerer auch der Erwerber die Anzeigepflicht zu erfüllen.

Zessionare, Vertragspfandgläubiger, Pfändungspfandgläubiger, Bezugsberechtigte sind mit der Anzeigepflicht nicht belastet (Anm. 68 zu § 6).

Sind nebeneinander mehrere Anzeigepflichtige vorhanden, so genügt, sofern alle dieselbe Anzeige zu erstatten haben, Anzeige durch einen von ihnen, wenn sie dem Ver zugeht. Die von einem nicht Anzeigepflichtigen erstattete richtige Anzeige ist gleichfalls bedeutsam, weil sie dem Ver Kenntnis verschafft (Anm. 34 zu § 23).

Zu der Frage, ob die Anzeigepflichtigen für das Verhalten Dritter einzustehen haben und ob ihrer Kenntnis die Kenntnis Dritter zuzurechnen ist, vgl. Anm. 78—90 zu § 6.

[10] **3. Transportversicherung.**

Bei der Transportv von Gütern entfällt die Anzeigepflicht (§ 142²), bei der von Schiffen trifft dies zwar nicht zu (arg. § 143 I 2, II), aber die Verletzungsfolgen sind eingeschränkt (§ 143 I 2, II).

[11] **IV. Zwingender Charakter.**

§ 34a erklärt auch § 27 für relativ zwingend, jedoch kann für die Anzeige die schriftliche Form bedungen werden.

Weitere Personen als die in Anm. 8—9 Genannten können auch vertraglich nicht mit der Anzeigepflicht belastet werden (§ 34a¹).

# § 28

[1] **Wird die im § 27 Abs. 2 vorgesehene Anzeige nicht unverzüglich gemacht, so ist der Versicherer von der Verpflichtung zur Leistung frei, wenn der Versicherungsfall später als einen Monat nach dem Zeitpunkt eintritt, in welchem die Anzeige dem Versicherer hätte zugehen müssen.**

[2] **Die Verpflichtung des Versicherers bleibt bestehen, wenn ihm die Erhöhung der Gefahr in dem Zeitpunkte bekannt war, in welchem ihm die Anzeige hätte zugehen müssen. Das Gleiche gilt, wenn zur Zeit des Eintritts des Versicherungsfalls die Frist für die Kündigung des Versicherers abgelaufen und eine Kündigung nicht erfolgt ist oder wenn die Erhöhung der Gefahr keinen Einfluß auf den Eintritt des Versicherungsfalls und auf den Umfang der Leistung des Versicherers gehabt hat.**

**Speziell: Leistungsfreiheit bei objektiver Gefahrerhöhung.**

**Gliederung:**

Entstehung Anm. 1
Schrifttum Anm. 2
I. Voraussetzungen Anm. 3—9
1. Objektive Gefahrerhöhung Anm. 4
2. Schuldhafte Anzeigepflichtverletzung Anm. 5
3. Nachträglicher Vsfall Anm. 6
4. Kausale Gefahrerhöhung Anm. 7
5. Fortlaufende Kündigungsfrist Anm. 8
6. Unkenntnis des Vers Anm. 9
II. Rechtswirkung Anm. 10
III. Unabdingbarkeit Anm. 11

[1] **Entstehung:** § 28 ist unverändert geblieben. — Begr. I S. 38—39.

[2] **Schrifttum:** Anm. 2 zu § 23.

[3] **I. Voraussetzungen.**

Grundsätzlich bleibt die Verpflichtung des Vers zur Leistung bei objektiver Gefahrerhöhung bestehen. Lediglich als Rechtsfolge der schuldhaften Verletzung der Anzeigepflicht des § 27 II kommt Leistungsfreiheit des Vers in Betracht, wobei folgende sechs Voraussetzungen zusammentreffen müssen:

[4] **1. Objektive Gefahrerhöhung.**

Zum Begriff Anm. 3—5 zu § 27. Beweispflichtig ist der Ver.

[5] **2. Schuldhafte Anzeigepflichtverletzung.**

Die Anzeigepflicht des Vmers und der ihm gleichstehenden Personen (Anm. 8—9 zu § 27) aus § 27 II (Anm. 7 zu § 27) muß schuldhaft verletzt, d. h. die Anzeige muß innerhalb der Unverzüglichkeitsfrist nicht erstattet sein. Das Verschuldenserfordernis betont Begr. I S. 38, unrichtig Prölss[8] Anm. 1 zu § 28, S. 122. Zur Verschuldensfrage Anm. 38 zu § 23. Der Ver muß beweisen, die Anzeigepflicht sei verletzt, der Vmer kann sich exkulpieren.

[6] **3. Nachträglicher Versicherungsfall.**

Der Vsfall muß zeitlich nach der Gefahrerhöhung liegen, und zwar — wie bei § 25 II 2 — „später als einen Monat nach dem Zeitpunkt ..., in welchem die Anzeige dem Ver hätte zugehen müssen" (§ 28 I); dazu Anm. 5 zu § 25 und als Beispiel OLG Breslau 20. II. 1923 JW 1924 S. 326—327. Die Rechtsstellung des Vers ist also ebenso, wie wenn die Anzeige unverzüglich erstattet worden wäre und er sofort von dem befristeten Kündigungsrecht des § 27 I 1 Gebrauch gemacht hätte. Beweispflichtig für die Nachträglichkeit des Vsfalls ist der Ver.

[7] **4. Kausale Gefahrerhöhung.**

Nach § 28 II 2 bleibt die Verpflichtung des Vers bestehen, wenn die Gefahrerhöhung keinen Einfluß auf den Eintritt des Vsfalls und auf den Umfang der Leistung des Vers gehabt hat. Die Rechtslage ist wie nach § 25 III, vgl. deshalb Anm. 6 zu § 25.

[8] **5. Fortlaufende Kündigungsfrist.**

Nach § 28 II 2 bleibt die Verpflichtung des Vers auch dann bestehen, wenn zur Zeit des Eintritts des Vsfalls die Frist für die Kündigung des Vers abgelaufen und eine Kündigung nicht erfolgt ist. Es handelt sich um die Ausschlußfrist der §§ 27 I 2, 24 II, vgl. deshalb Anm. 7 zu § 25.

[9] **6. Unkenntnis des Versicherers.**

Nach § 28 II 1 bleibt die Verpflichtung des Vers schließlich auch dann bestehen wenn ihm die Gefahrerhöhung in dem Zeitpunkte bekannt war, in welchem ihm die Anzeige hätte zugehen müssen. Die Rechtslage ist wie nach § 25 II 2, der Ver hätte rechtzeitig kündigen können. Wird ab 1. II. im Hause des feuervten Vmers unabhängig von seinem Willen ein feuergefährlicher Betrieb eingerichtet, erfährt dies der Vmer am 3. II. und hätte er spätestens am 6. II. anzeigen müssen, so haftet der Ver vom

6. III. an nicht mehr, und zwar auch dann, wenn er schon am 9. II. die Gefahrerhöhung anderweitig erfährt und nicht kündigt; hier beginnt seine Haftung wegen § 28 II 2 erst wieder am 9. III. Hat dagegen der Ver schon vor dem Vmer, also am 2. II. von der Gefahrerhöhung erfahren, oder auch nur vor dem 6. II., also etwa am 5. II., so wird der Ver, falls er nicht kündigt, niemals leistungsfrei. Der Vmer muß die Kenntnis des Vers beweisen. Zum Begriff der Kenntnis vgl. Anm. 10 zu § 24.

**[10] II. Rechtswirkung.**

Unter den genannten sechs Voraussetzungen ist nach § 28 I der Ver leistungsfrei (Anm. 20 zu § 6). Einzelheiten: Anm. 10 zu § 25.

**[11] III. Unabdingbarkeit.**

Nach § 34a[1] ist § 28 zugunsten des Vmers zwingend. Es kann also z. B. nicht vereinbart werden, daß der Ver bei unverschuldeter Verletzung der Anzeigepflicht leistungsfrei sein soll, das Kausalitätserfordernis des § 28 II 2 darf nicht beseitigt werden (deshalb bedenklich §§ 4 II, 3 Ziff. 7 AUnfallB).

# § 29

**Eine unerhebliche Erhöhung der Gefahr kommt nicht in Betracht. Eine Gefahrerhöhung kommt auch dann nicht in Betracht, wenn nach den Umständen als vereinbart anzusehen ist, daß das Versicherungsverhältnis durch die Gefahrerhöhung nicht berührt werden soll.**

**Gefahrerhöhung ohne Rechtsfolgen.**

**Gliederung:**



**[1] Entstehung:** § 29 ist unverändert geblieben. — Begr. I S. 39—40.

**[2] Schrifttum:** Anm. 2 zu § 23.

**[3] I. Tatbestände.**

Gewisse Gefahrerhöhungen zeitigen nicht die normalen Rechtsfolgen, sondern sind rechtsunerheblich. Zu nennen sind hier die subjektiven Gefahrerhöhungen des § 26 (der auf objektive Gefahrerhöhungen analog anzuwenden ist: Anm. 8 zu § 26). Ferner sind „beendete" Gefahrerhöhungen auszuscheiden, also vorübergehende, die vorübergegangen sind, sowie andere Fälle, in denen der frühere Zustand wiederhergestellt ist (Anm. 5 zu § 24): Hier entfällt nicht nur das Kündigungsrecht des Vers (§ 24 II, 27 I 2), sondern auch eine Leistungsfreiheit kommt nicht in Frage, da der weggefallene Umstand nicht mehr kausal sein kann (§§ 25 III, 28 II 2).

**[4]** Selbstverständlich sind die Vorschriften über die Gefahrerhöhung auch dann nicht anwendbar, wenn die begrifflichen Merkmale einer Gefahrerhöhung nicht erfüllt sind: Die Gefahrslage ist völlig umgestaltet (Anm. 6 zu § 23), sie vermag auf dem erhöhten Niveau nicht auszuruhen, sondern führt unmittelbar zum Vsfall (Anm. 9—12 zu § 23), im Wege der Gefahrenaufrechnung erweist sich, daß bei gesamtheitlicher Betrachtung keine Gefahrerhöhung vorliegt (Anm. 6 zu § 23), die Gefahrslage ist seit der Antragstellung nicht tatsächlich geändert, sondern der Vmer erfährt nur nachträglich, daß schon vor der Antragstellung ein ungünstiger Umstand vorhanden war (Anm. 7

zu § 23). Auch Gefahrerhöhungen, die nur zukünftige sind, sind auszuscheiden (Anm. 8 zu § 23): Erfährt der Vmer am 15. XI., daß ab 1. I. unabhängig von seinem Willen in seinem Hause ein feuergefährlicher Betrieb eingerichtet wird, so braucht er dies erst ab 1. I. anzuzeigen, der Ver ist also nicht ab 1. I. oder gar schon vorher gemäß § 28 I leistungsfrei (a. A. Bruck 7. Aufl. S. 117).

Zu den genannten Fällen fügt § 29 zwei weitere hinzu, in denen eine Gefahrerhöhung „nicht in Betracht" kommen soll:

[5] **1. Sachlich unerhebliche Gefahrerhöhungen.**

**a) Begriff.**

Nach § 29[1] kommt eine unerhebliche Erhöhung der Gefahr nicht in Betracht. Die Gefahrerhöhung muß objektiv so beträchtlich sein, „daß sie einem Ver vernünftigerweise Anlaß geben kann, das Vsverhältnis aufzuheben oder seinen Fortbestand von einer Änderung der Vertragsbedingungen, insbesondere von der Zahlung einer höheren Prämie, abhängig zu machen" (Begr. I S. 39). Es kommt auf die normalerweise angewandten Grundsätze der Vstechnik an, also auf die übliche Praxis der Mehrheit der Ver, nicht aber auf die abweichende subjektive Anschauung und Praxis des einzelnen Vers (a. A. Prölss[8] Anm. 1 zu § 29, S. 123, der sich auf § 41 II nicht stützen kann, weil bei der vorvertraglichen Anzeigepflicht, also beim Vertragsabschluß, der subjektiven Auffassung des Vers verständlicherweise mehr Bedeutung zugemessen wird: Anm. 25 zu § 16). Wie hier auch RG 20. V. 1910 RGZ Bd 73 S. 361 [Ausw 2], 6. III. 1928 JRPV 1928 S. 101 vgl. auch die Nachweise in Anm. 14 zu § 23. Es kommt nicht auf die Erheblichkeit für die (weitere) Übernahme der Gefahr seitens des Vers an (so Hagen ZVersWiss 1928 S. 215, Prölss[8] Anm. 1 zu § 29, S. 123, JRPV 1934 S. 242), sondern darauf, ob die Gefahr, die der Ver trägt, erheblich gesteigert ist (so auch Ehrenberg ZVersWiss 1928 S. 350).

Zu eng ist die Annahme, eine Gefahrerhöhung könne nur dann erheblich sein, wenn sie auf der Änderung eines Umstandes beruht, dessen unveränderte Fortdauer der Ver bei der Schließung des Vertrags voraussetzen durfte. Auch eine vom Ver in Betracht gezogene Gefahrerhöhung kann erheblich sein (Begr. I S. 40) und eine nicht in Betracht gezogene Gefahrerhöhung kann unerheblich sein.

[6] **b) Beispiele.**

Sachlich unerheblich können Gefahrerhöhungen sein, die nur schwach indizierend wirken (Anm. 8 zu § 23), insbesondere aber kurzfristige Gefahrerhöhungen (Anm. 10 zu § 23: Unschädlich soll die einmalige oder auf wenige Fälle beschränkte Überschreitung des Ladegewichts oder gelegentliche Beförderung von Personen oder schweren Lasten in der Kraftfahrv sein (RG 3. I. 1936 RGZ Bd 150 S. 50 [Ausw 1], wo jedoch nicht genügend deutlich wird, daß hier überhaupt die begrifflichen Voraussetzungen einer Gefahrerhöhung fehlen können: Anm. 4; Anm. 9—12 zu § 23). Weitere Beispiele: Ein Wachhund wird nicht innerhalb des Vsraums, sondern nebenan untergebracht (RG 6. III. 1928 JRPV 1928 S. 101), ein eiserner Ofen wird innerhalb einer Drechslerwerkstatt verlegt oder durch einen Kachelherd ersetzt (OLG Königsberg 18. XI. 1927 JRPV 1928 S. 13—14). Der Prämientarif des Vers kann mit seinen verschiedenen Positionen Aufschluß darüber geben, was als sachlich erhebliche Gefahrerhöhung anzusehen ist.

[7] **c) Beweislast.**

Die Beweislast ist bestritten. Der Ver muß im Bestreitensfalle nicht nur das Vorliegen der Gefahrerhöhung beweisen (Anm. 16 zu § 23), sondern auch die Erheblichkeit der Erhöhung (RG 9. V. 1941 JRPV 1941 S. 119 = HansRGZ 1941 A Sp. 211, Kisch II S. 459—460, a. M. LG Münster 7. XII. 1951 VersR 1952 S. 66, Prölss[8] Anm. 3 zu § 29, S. 123, JRPV 1934 S. 244, Raiser Anm. 5 zu § 6, S. 191). Anders nur, falls im Vsvertrag beispielhaft gewisse Tatsachen als Gefahrerhöhungen aufgeführt sind (wie in § 6 II AEB: Prölss Einbruchdiebstahlv S. 115).

[8] **2. Vereinbarungsgemäß unbeachtliche Gefahrerhöhungen.**

**a) Ausdrückliche Vereinbarung.**

Es ist selbstverständlich, daß bei entsprechender ausdrücklicher Vereinbarung eine Gefahrerhöhung unbeachtlich ist (Begr. I S. 39). Nach § 4 II 1 AUnfallB ist eine Verschlechterung in den Gesundheitsverhältnissen des Vten ohne Einfluß auf den Fortbestand der V, nach § 1 II b AHaftpflB erstreckt sich der Vsschutz auf die gesetzliche Haftpflicht aus Erhöhungen des vten Risikos. In der Lebensv ist es wegen § 164 I notwendig, daß umgekehrt die Fälle der Gefahrerhöhung einzeln ausdrücklich vereinbart werden. Vgl. im übrigen Anm. 17 zu § 23.

[9] **b) Stillschweigende Vereinbarung.**

**aa) Wesen.**

Nach § 29[2] kommt eine Gefahrerhöhung dann nicht in Betracht, „wenn nach den Umständen als vereinbart anzusehen ist, daß das Vsverhältnis durch die Gefahrerhöhung nicht berührt werden soll". Es kann sich um eine Auslegung oder um eine Ergänzung des Vsvertrages nach den §§ 157, 242 BGB handeln, also nach Treu und Glauben mit Rücksicht auf die Verkehrssitte (RG 3. I. 1936 RGZ Bd 150 S. 50 [Ausw 1]). Die Frage kann „nur auf Grund einer Würdigung der gesamten Sachlage im einzelnen Falle entschieden werden" (Begr. I S. 39—40).

[10] **bb) Beispiele.**

Folgende Fallgruppen sind besonders wichtig: Unausbleibliche Gefahrerhöhungen sind unbeachtlich (Prölss[8] Anm. 2 zu § 29, S. 123): Der Krankenvte wird älter, die bei Abschluß des Vsvertrages reparaturbedürftige Mühle unterliegt der Abnutzung: (RG 2. XI. 1928 JRPV 1928 S. 385, 13. X. 1936 VA 1936 S. 295 Nr. 2948). — Es reicht aus, wenn die Gefahrerhöhung zwar nicht unausbleiblich, aber in sonstiger Weise voraussehbar ist (Anm. 5 zu § 23): Die Verkehrsdichte, überhaupt die Technisierung nimmt zu, so mußte 1905 damit gerechnet werden, daß eine Berliner Stadtgemeinde für die Feuerwehr demnächst eine Dampfspritze und einen Krankenwagen anschaffen würde (RG 7. I. 1910 RGZ Bd 73 S. 3—4); nach Kriegen muß ein Ver mit einer gewissen Demoralisierung der Bevölkerung leider rechnen.

Wie im Rahmen des § 29[1] können auch nach § 29[2] kurzfristige Gefahrerhöhungen oft als unbeachtlich behandelt werden (Anm. 10 zu § 23), so der Fall, daß der Vmer einen 120 kg schweren Elektromotor einmalig in seinem Personenwagen mitnimmt (RG 16. VI. 1933 RGZ Bd 141 S. 193—194 [Ausw 1]; allerdings liegt begrifflich keine Gefahrerhöhung vor: Anm. 9—12 zu § 23) oder der Fall, daß ein Kraftwagen „vorübergehend in seinen technischen Funktionen gestört" ist (OLG Hamburg 27. VII. 1932 JRPV 1933 S. 80).

Der „Zweck des Vertrags" läßt es unzweifelhaft erscheinen, daß der Tierver sich nicht darauf berufen kann, in der Nähe des Aufenthaltsortes der vten Tiere sei eine Seuche ausgebrochen (Begr. I S. 39); der Zweck einer Feuerv ist es, gerade bei Benutzung einer offenen Spiritusflamme und daraus entstehenden Bränden zu helfen (OLG Hamburg 17. IV. 1905 VA 1905 Anh. S. 76—77 Nr. 144).

Auch bei § 29[2] kann der Prämientarif des Vers herangezogen werden: Ist für eine Hundehalterhaftpflichtv eine einheitliche Prämie vorgesehen, so verschlägt es nichts, wenn statt eines harmlosen Schoßhundes ein bissiger Wachhund angeschafft wird; bei einer großstädtischen Hausratv wird es nicht beachtet, falls ein feuergefährlicher Betrieb in der Nähe eröffnet wird (Begr. I S. 39); über Gefahrenklassen bei der Unfallv eines Schlachtermeisters: RG 29. IX. 1905 JW 1905 S. 694—695, bei der Mitv von Anhängern in der Autov: OLG Düsseldorf 17. VI. 1935 JRPV 1936 S. 15. — Hat der Einbruchdiebstahlver einen Prämienzuschlag dafür erhalten, daß die Wohnung längere Zeit ohne Aufsicht bleibt, so kann er bei Unbewohntwerden keine Gefahrerhöhung geltend machen (KG 29. V. 1918 VA 1919 Anh. S. 36 Nr. 1085).

Die bei der vorvertraglichen Anzeigepflicht gestellten Fragen können ein Anzeichen dafür bilden, wann ein Ver eine Gefahrerhöhung für mitgedeckt erachtet (vgl. LG Düsseldorf 7. XII. 1950 VersR 1951 S. 52, Anm. 3 zu § 18).

Wird üblicherweise eine ausdrückliche Vereinbarung über die Unerheblichkeit einer Gefahrerhöhung getroffen (Anm. 8), so „kann die Übung, die sich in den sonst gebräuchlichen Bedingungen ausprägt, nicht unberücksichtigt bleiben" (Begr. I S. 39).

Die Anwendung von § 29[2] ist z. B. abgelehnt vom OGH Wien 20. X. 1950 Vsrundschau 1951 S. 108 (Garagierung in Trümmergrundstück), OLG Düsseldorf 17. VI.

1935 JRPV 1936 S. 15 (mangelnde Bremsbarkeit und sonst polizeiwidriger Zustand eines Autos).

[11] **c) Beweislast.**

Der Vmer muß das Vorliegen einer ausdrücklichen oder stillschweigenden Vereinbarung i. S. des § 29² beweisen (so auch Prölss⁸ Anm. 3 zu § 29, S. 123, RG 3. I. 1936 RGZ Bd 150 S. 50 [Ausw 1], OLG Düsseldorf 17. VI. 1935 JRPV 1936 S. 15).

[12] **II. Folgerungen.**

In den Fällen des § 29 finden die Vorschriften der §§ 23—28 keine Anwendung. Es entfällt also auch die Anzeigepflicht der §§ 23 II, 27 II. Dies trifft regelmäßig auch dann zu, wenn kraft ausdrücklicher Vereinbarung eine Gefahrerhöhung nicht angenommen werden soll.

§ 29 schließt allerdings nicht aus, daß andere für den Vmer nachteilige Folgen eintreten: Werden z. B. die vten Sachen an einen anderen als den Vsort verbracht, so kann aus diesem Grunde der Vsschutz aufhören, selbst wenn der neue Vsort nur wenig gefährlicher (oder gar ungefährlicher) ist.

[13] **III. Unabdingbarkeit.**

§ 29 ist nach § 34a¹ im Bereich der Beschränkungen der Vertragsfreiheit relativ zwingend. Es kann also nicht vereinbart werden, daß eine unerhebliche oder unbeachtliche Gefahrerhöhung doch in Betracht kommen solle. Selbst wenn ein bestimmter Tatbestand vereinbarungsgemäß als Gefahrerhöhung gelten soll, kann der Vmer nachweisen, die Gefahrerhöhung sei unerheblich (Prölss⁸ Anm. 4 zu § 29, S. 123).

# § 29a

**Die Vorschriften der §§ 23 bis 29 finden auch Anwendung auf eine in der Zeit zwischen Stellung und Annahme des Versicherungsantrags eingetretene Gefahrerhöhung, die dem Versicherer bei der Annahme des Antrags nicht bekannt war.**

**Gefahrerhöhung nach Antragstellung.**

**Gliederung:**



[1] **Entstehung:** § 29a ist nach dem Vorbilde des österreichischen Rechtes durch die VO vom 19. XII. 1939 eingefügt. — Begr. III S. 8.

[2] **Schrifttum:** Ehrenzweig S. 116.

[3] **I. Zeitliche Begrenzung der §§ 16—29.**

Die vorvertragliche Anzeigepflicht reicht bis zum formellen Vsbeginn, ist also auch in der Zeit von der Stellung bis zur Annahme des Antrags zu erfüllen, wobei es gleichgültig ist, ob es sich um neu entstandene Gefahrumstände handelt oder ob der Antragsteller nachträglich von älteren Gefahrumständen Kenntnis erlangt (Anm. 8 zu § 16).

Als Gefahrerhöhungen wurden dagegen ursprünglich nur solche ungünstigen Änderungen der Gefahrslage behandelt, die nach dem formellen Vsbeginn eintreten (Bruck 7. Aufl. S. 101), wobei auch nur tatsächliche Änderungen in Frage kommen, so daß die Kenntniserlangung von einer objektiv vorher bestehenden Tatsache nicht ausreicht (Anm. 7 zu § 23).

[4] Diese Abgrenzung zog einen klaren zeitlichen Trennungsstrich zwischen der vorvertraglichen Anzeigepflicht und den Obliegenheiten, die mit einer Gefahrerhöhung

zusammenhängen. Und doch war für den Ver die Rechtslage nicht ganz befriedigend. Denn wenn der Vmer die zusätzliche vorvertragliche Anzeige vielleicht auch noch vor dem formellen Vsbeginn absendet (Anm. 8 zu § 16), so kann doch möglicherweise der Ver seine Annahmeerklärung praktisch nicht mehr widerrufen (Begr. III S. 8) und einen Rücktritt gibt es bei Erfüllung der vorvertraglichen Anzeigepflicht nicht. Oft aber wird dem Vmer die zusätzliche vorvertragliche Anzeige unmöglich sein (keine rechtzeitige Kenntnis) oder die Nichtanzeige wird entschuldbar sein, und hier reicht der Schutz des Vers durch § 41 I, II 1 nicht aus; denn dem Ver liegt bei eingetretenem Vsfall an der Leistungsfreiheit. Hier soll § 29a helfen, indem neben den Regeln über die vorvertragliche Anzeigepflicht auch jene der §§ 23—29 für anwendbar erklärt werden (§ 29a).

[5] Vorauszusetzen ist allerdings nach § 29a, daß dem Ver bei der Annahme des Antrags die Gefahrerhöhung nicht bekannt war. Anderenfalls entfällt nicht nur jede Anzeigepflicht (Anm. 34 zu § 23, Anm. 9 zu § 28), auch aus einer etwaigen Verletzung der Gefahrstandspflicht kann der Ver nichts herleiten, wenn er in ihrer Kenntnis den Antrag annimmt. Aus dem Zweck der Vorschrift ergibt sich, daß es auf die Kenntnis des Vers nicht bei Zugang der Annahmeerklärung, sondern bei deren Absendung ankommt. Zum Begriff der Kenntnis gilt hier das bei der vorvertraglichen Anzeigepflicht Gesagte: Anm. 36—37 zu § 16. Hat eine Stelle des Vers bereits Kenntnis, während eine andere, ununterrichtete die Annahmeerklärung absendet, so geht das zu Lasten des Vers.

[6] **II. Konkurrierende Anwendung der §§ 16—29.**

**a) Regel.**

Die Bestimmungen über die vorvertragliche Anzeigepflicht und über die Gefahrerhöhung sind nebeneinander anzuwenden, falls nach der Antragstellung bis zum formellen Vsbeginn eine Gefahrerhöhung eintritt, die dem Ver nicht anderweitig bis zur Absendung der Annahmeerklärung bekannt wird (unrichtig Begr. III S. 8, wonach nur die milderen Regeln über die Gefahrerhöhung anzuwenden sind, a. M. auch Ehrenzweig S. 116, Haasen VersR 1951 S. 251, Prölss[8] Anm. 1 zu § 29a, S. 124, anscheinend auch OGH Wien 19. I. 1949 Vsrundschau 1949 S. 146—147, wie hier wohl Dörstling VersR 1951 S. 202).

[7] **b) Fälle.**

Folgende Fallgruppen sind zu trennen: Wird die zusätzliche vorvertragliche Anzeige erstattet, so kann der Ver nicht zurücktreten; es ist zugleich auch die Anzeigepflicht der §§ 23 II, 27 II erfüllt, aber der Ver kann trotzdem kündigen nach §§ 24 I, 27 I 1, und er kann bei subjektiven verschuldeten Gefahrerhöhungen leistungsfrei sein aus §§ 23 I, 25 I, II 1. Wird die zusätzliche vorvertragliche Anzeige schuldhaft nicht erstattet, so kann der Ver nicht nur zurücktreten, sondern auch kündigen und leistungsfrei sein nach den Regeln über die Gefahrerhöhung. Wird die zusätzliche vorvertragliche Anzeige wegen Unkenntnis oder schuldlos nicht erstattet, so kann der Ver nach § 41 I, II Prämienverbesserung verlangen (a. A. Prölss[8] Anm. 1 zu § 41, S. 153) und unter Umständen kündigen; nach den Regeln über die Gefahrerhöhung kann der Ver jedoch stets kündigen, und er kann möglicherweise leistungsfrei sein, z. B. bei subjektiven verschuldeten Gefahrerhöhungen. Zugunsten des Vmers wirkt sich die Konkurrenz nie aus (irrig Begr. III S. 8).

Für die Krankenv wendet § 29a an: LG Wuppertal 15. X. 1953 VersR 1953 S. 474 (vgl. aber Anm. 5 zu § 23 und § 164 analog).

[8] **III. Zwingender Charakter des § 29a.**

§ 29a ist nach § 34a[1] im Bereiche der Beschränkungen der Vertragsfreiheit zugunsten des Vmers relativ zwingend. Selbstverständlich müssen auch in der Zeit zwischen Stellung und Annahme des Vsantrags die sonstigen zwingenden Normen über die Gefahrerhöhung beachtet werden, z. B. § 164 I, zwingend nach § 178 I 1. Deshalb unzulässig § 1 I 3 ALB: „Tritt zwischen der Antragstellung und der Annahme des Antrages eine Erhöhung der Gefahr ein, so hat der Vmer, sobald er von der Gefahrerhöhung Kenntnis erlangt, dem Ver unverzüglich Anzeige zu machen“. In der Lebensv müssen nämlich die einzelnen Gefahrerhöhungen abschließend aufgezählt werden (die beispielsweise Nennung der „erheblichen Erkrankung oder Verletzung“ in § 1 I 4 ALB reicht nur für diese Beispiele selbst aus: Ehrenzweig S. 401, weitergehend Prölss[8] Anm. 1 zu § 164, S. 503).

# § 30

**[1] Liegen die Voraussetzungen, unter denen der Versicherer nach den Vorschriften dieses Titels zum Rücktritt oder zur Kündigung berechtigt ist, in Ansehung eines Teiles der Gegenstände oder Personen vor, auf welche sich die Versicherung bezieht, so steht dem Versicherer das Recht des Rücktritts oder der Kündigung für den übrigen Teil nur zu, wenn anzunehmen ist, daß für diesen allein der Versicherer den Vertrag unter den gleichen Bestimmungen nicht geschlossen haben würde.**

**[2] Macht der Versicherer von dem Rechte des Rücktritts oder der Kündigung in Ansehung eines Teiles der Gegenstände oder Personen Gebrauch, so ist der Versicherungsnehmer berechtigt, das Versicherungsverhältnis in Ansehung des übrigen Teiles zu kündigen; die Kündigung kann nicht für einen späteren Zeitpunkt als den Schluß der Versicherungsperiode geschehen, in welcher der Rücktritt des Versicherers oder seine Kündigung wirksam wird.**

**[3] Liegen in Ansehung eines Teiles der Gegenstände oder Personen, auf welche sich die Versicherung bezieht, die Voraussetzungen vor, unter denen der Versicherer wegen einer Verletzung der Vorschriften über die Gefahrerhöhung von der Verpflichtung zur Leistung frei ist, so findet auf die Befreiung die Vorschrift des Abs. 1 entsprechende Anwendung.**

**Teilrücktritt, Teilkündigung, teilweise Leistungsfreiheit, Teilanfechtung.**

**Gliederung:**



[1] **Entstehung:** § 30 ist unverändert geblieben. — Begr. I S. 40—41.

[2] **Schrifttum:** Anm. 2 zu § 16, Anm. 2 zu § 23.

[3] **I. Tatbestand.**

§ 30 I, III geht von dem Fall aus, daß eine einheitliche V sich auf mehrere Gegenstände oder Personen bezieht und daß gefahrerhebliche Umstände oder Gefahrerhöhungen nur einen Teil der Gegenstände oder Personen betreffen.

[4] **1. Einheit der Versicherung.**

Es muß sich also zunächst notwendigerweise um einen einzigen, einheitlichen Vsvertrag handeln, dazu Anm. 12; Anm. 89 zu § 1.

Auch bei kombinierten, verbundenen Ven handelt es sich um einheitliche Vsverträge. Hierher gehört die Kraftfahrv nach Maßgabe der AKB, die Hausratv nach Maßgabe der AHausratB, die V von Wohngebäuden gegen Feuer-, Sturm- und Leitungswasserschäden (VA 1951 S. 22, 99, 162), die Lichtspieltheater-Einheitsv (VA 1939 S. 132, R 42/42 vom 18. V. 1942), wohl überhaupt die Einheitsv. Über weitere Kombinationen vgl. VA 1925 S. 50—59, 1927 S. 147—149, 1935 S. 74, 111, 1937 S. 83—84, Bischoff VW 1952 S. 527—528, auch die Umfrage VA 1952 S. 79—80. Aufsichtsbehördlich wird auf die einheitliche Zusammenfassung der für die einheitliche V vorgesehenen AVB geachtet (VA 1925 S. 51, 1934 S. 166, 1935 S. 111, 127, 1937 S. 83—84, 1952 S. 80, 1954 S. 22).

[5] **2. Mehrheit von Risiken.**

Die einheitliche V muß sich nach § 30 I, III auf eine Mehrheit von Gegenständen oder Personen beziehen.

[6] **a) Mehrheit von Gegenständen.**

Vte Gegenstände gibt es recht eigentlich nur in der **Aktivenv** (Interessev), also bei jener Form der Schadensv, die den Vmer gegen die Beeinträchtigung eines Aktivums schützt (Anm. 28 zu § 1). — Im Vordergrund steht hier die Sachv, es müssen also mehrere selbständige Sachen vert sein. Das trifft auch zu, wenn die Sachen durch einen Inbegriff umschrieben sind (§ 54), selbständige Sachen sind auch die sogen. Scheinbestandteile des § 95 BGB (z. B. ein Behelfsheim), ferner Zubehör (§§ 97—98 BGB). Jedoch kann sich eine V als obligatorischer Vertrag auch auf Sachbestandteile beziehen: Stehen auf einem Grundstück mehrere Gebäude, so können sie trotz § 94 I 1 BGB als verschiedene vte Gegenstände angesehen werden, desgleichen z. B. mehrere Maschinen, die als wesentliche Bestandteile in ein Fabrikgebäude eingefügt sind (§ 94 II BGB). — In der Kreditv kommt die V mehrerer Forderungen, im übrigen die V mehrerer sonstiger Rechte oder mehrerer Gewinnchancen in Betracht.

Gleichgültig ist es, ob die mehreren Gegenstände sämtlich dem Vmer gehören, oder ob ganz oder zum Teil eine V für fremde Rechnung vorliegt (Lagerhalterv usw.).

[7] Bei einer **Passivenv** (Anm. 29 zu § 1) ist § 30 u. U. entsprechend anwendbar, z. B. bei einer Sach- oder Betriebshaftpflichtv, die an mehrere Sachen oder Betriebe anknüpft. Hier sind zwar die Sachen oder Betriebe nicht vert, es liegt aber doch eine Mehrzahl von vten Risiken vor.

[8] **b) Mehrheit von Personen.**

Hier ist primär an die Personenv (Anm. 21 zu § 1) zu denken, gleichgültig, ob diese als Summen- oder als Schadensv betrieben wird. In Betracht kommen besonders die Lebens-, Unfall- und Krankenv, und zwar muß sich ein Vertrag auf eine Mehrzahl von Gefahrspersonen beziehen, wobei es gleichgültig ist, ob anspruchsberechtigt der Vmer, die Gefahrsperson und/oder ein Dritter ist. Über Kollektiv- und Gruppenv vgl. Anm. 87 zu § 1, zur Familienkrankenv § 2 II c Ziff. 3 Satz 1 GrundBed.

Im Wege der Analogie können einer V, die sich auf mehrere Personen bezieht, auch Haftpflichtven gleichgestellt werden, bei denen der Vmer für das Verhalten einer Mehrzahl dritter Personen haftpflichtig ist und sich hiergegen vert oder bei denen die Person des Vmers selbst und eines Dritten in Betracht kommen.

[9] **c) Formen der Mehrheit.**

Die mehreren Gegenstände oder Personen werden regelmäßig nebeneinander (kumulativ) vert sein. § 30 kann aber auch eingreifen bei alternativer V: Ehegatten schließen eine Todesfallkapitalv für den Fall des Todes des Erstversterbenden. Schließlich kommen auch aufeinanderfolgende (sukzessive) Risiken in Betracht: Bei einer laufenden V (§ 187 II) bezieht sich eine Gefahrerhöhung nur auf eines der deklarierten vten Interessen.

[10] **3. Teilvorliegen der Voraussetzungen.**

Die Voraussetzungen für Rücktritt, Kündigung oder Leistungsfreiheit müssen nach § 30 I, III nur in Ansehung eines Teiles der mehreren Gegenstände oder Personen vorliegen, auf welche sich die V bezieht. Bei den Voraussetzungen handelt es sich entweder um gefahrerhebliche Umstände oder um Gefahrerhöhungen. Beide dürfen also nicht sämtliche Gegenstände oder Personen betreffen, es muß sich um nur partiell wirkende Gefahrumstände oder Gefahrerhöhungen handeln. Werden in einem von mehreren Gebäuden eines Industriebetriebes feuergefährliche Sachen gelagert, so kommt es etwa darauf an, wie nahe die Gebäude beieinander stehen. Hinsichtlich der vorvertraglichen Anzeigen kommt es nicht auf die Weite der Fragestellung an, anders Prölss[8] Anm. 2 zu § 30, S. 125, der § 30 fast völlig der Bedeutung beraubt, wenn er z. B. sagt: ,,Die Frage, ob der Vmer Eigentümer der vten Gegenstände sei, ist als ganze falsch beantwortet, wenn sie auch nur wegen eines Postens falsch beantwortet ist." Entscheidend ist allein, ob der nicht oder falsch angezeigte Umstand die Gefahrslage hinsichtlich sämtlicher vten Gegenstände berührt oder nur hinsichtlich eines Teils.

Derjenige, welcher sich auf die nur beschränkte Bedeutung eines Gefahrumstandes oder einer Gefahrerhöhung beruft, ist dafür beweispflichtig. Das kann der Vmer sein, z. B., falls der Ver volle Leistungsfreiheit geltend macht, kann aber auch der Ver sein, z. B., falls ihm an dem teilweisen Fortbestand der V liegt.

**[11] 4. Ausscheidung der Restfälle.**

Nach dem in Anm. 3—10 Dargelegten kommt in folgenden Fällen § 30 nicht zur Anwendung:

**[12] a) Mehrheit von Versicherungsverträgen.**

Bei einer Mehrheit von Vsverträgen berührt die bei der einen V vorgekommene Verletzung der vorvertraglichen Anzeigepflicht oder Gefahrerhöhung die andere V nicht, es sei denn, daß ausnahmsweise beide Verträge, etwa durch eine auflösende Bedingung, voneinander abhängig gemacht sind (dazu Anm. 84 zu § 1). Vgl. über das Verhältnis von Rahmen- und Einzelverträgen Anm. 36 zu § 8.

Um eine Mehrheit von Verträgen handelt es sich auch bei der nur ,,gebündelten" V, sei es, daß — bei Einheitlichkeit des Antrages — mehrere Vsscheine ausgestellt werden (VA 1948 S. 5, 1951 S. 116), sei es, daß sogar auch der Vsschein identisch ist (VA 1923 S. 42, 1954 S. 52; Bischoff VW 1952 S. 527—528, 1954 S. 147—148). Über die Rechtslage bei gebündelten Ven, insbesondere über die Auflösung der Vsverträge: VA 1954 S. 52—53.

Regelmäßig spricht eine Mehrzahl von Vsscheinen für eine Mehrheit von Vsverträgen. Selbstverständlich ist es aber — besonders bei einheitlicher Antragstellung — denkbar, daß die vorvertragliche Anzeigepflicht gleichzeitig für mehrere Vsverträge verletzt wird (KG 12. VII. 1910 VA 1911 Anh. S. 10—12 Nr. 571).

Die Frage, ob es sich um einen einheitlichen Vsvertrag handelt, ist besonders bei der arglistigen Täuschung bei der Schadensermittlung wesentlich, dazu Anm. 58 zu § 34. Zwei getrennte Verträge sind auch dann nicht als Einheit zu behandeln, wenn sie am gleichen Tage abgeschlossen sind (RG 30. VI. 1933 VA 1933 S. 367—368 Nr. 2602 = JRPV 1933 S. 249—250, 31. I. 1936 RGZ Bd 150 S. 151—152 [Ausw 1], 16. III. 1937 RGZ Bd 154 S. 216 [Ausw 1], KG 23. XII. 1925 JRPV 1926 S. 35—36, 9. X. 1929 JRPV 1929 S. 396—397, 2. VI. 1934 JRPV 1934 S. 313—314, OLG Hamm 7. XI. 1932 VA 1932 S. 327 Nr. 2504). Wird statt einer Nachv ein gesonderter Vertrag dokumentiert, so ergibt sich gleichfalls die Notwendigkeit getrennter Beurteilung (RG 9. II. 1934 VA 1934 S. 42—43 Nr. 2692 = JRPV 1934 S. 85—86; umgekehrter Fall: OLG Hamm 9. XII. 1935 VA 1936 S. 203—204 Nr. 2886), erst recht bei V durch verschiedene Ver (KG 4. X. 1933 VA 1933 S. 433 Nr. 2651 = JRPV 1934 S. 57—58).

Über Behandlung getrennter Verträge bei Verletzung der Abwendungs- und Minderungspflicht RG 24. XI. 1916 VA 1917 Anh. S. 63—65 Nr. 1006 (zwei Polizen mit Nr. 15849 und 15849a).

**[13] b) Mehrheit von Gefahren.**

Ist in einem Vertrage eine Sache zugleich gegen Feuer und gegen Einbruchdiebstahl vert, so kann bei Verschweigung oder Aufnahme des Betriebes eines feuergefährlichen Gewerbes nicht die Aufrechterhaltung der V gegen Einbruchdiebstahl gefordert werden

(Ehrenzweig S. 98); deshalb kommt § 30 bei kombinierten Sachven (Anm. 4) nicht zur Anwendung, sofern nur eine Sache vert ist. Deckt eine Transportv auch das Beschlagnahmerisiko, so kann bei Fehlen einer besonderen Vereinbarung nicht verlangt werden, daß der Ver die Transportv unter Ausschluß des Beschlagnahmerisikos fortsetze, wenn über letzteres falsche Angaben gemacht worden sind. Noch weniger kann von einer Zerlegung einer Gefahr in einzelne Teile die Rede sein: Ist in der Lebensv ein Leiden vom Vmer verschwiegen, so kann dieser nicht die Tragung der Gefahr unter Ausschluß dieses Leidens verlangen.

**[14] c) Einheitlichkeit des Interesses.**

Sind an einer Sache mehrere Personen als Interesseträger beteiligt, sei es als Gesamthänder, sei es als Bruchteilseigentümer, so bezieht sich die V nicht auf mehrere Gegenstände oder Personen i. S. des § 30 I, III (Prölss[8] Anm. 1 zu § 30, S. 124).

**[15] d) Totalauswirkung der Gefährdung.**

Schließlich greift § 30 nicht ein, falls die Verletzung der vorvertraglichen Anzeigepflicht oder die Gefahrerhöhung zwar nur einen vten Gegenstand oder nur eine vte Person betrifft, sich aber auch hinsichtlich der übrigen vten Risiken auswirkt: In einem von zwei unmittelbar benachbarten, gemeinschaftlich vten Gebäuden wird ein feuergefährlicher Betrieb aufgenommen (Begr. I S. 41).

**[16] II. Rechtsfolgen.**

Aus § 30 I, III läßt sich die Regel entnehmen, daß unter den gesetzlichen Voraussetzungen nur ein Teilrücktritt, eine Teilkündigung oder eine teilweise Leistungsfreiheit Platz greift. Totalwirkungen bilden die Ausnahme, sie sind vorgesehen einerseits im Interesse des Vers (§ 30 I), andererseits aber auch im Interesse des Vmers (§ 30 II).

**[17] 1. Regel: Teilrechtsbehelfe des Versicherers.**

Im Zweifel kann der Ver nur den Teilrücktritt oder die Teilkündigung erklären oder sich nur auf teilweise Leistungsfreiheit berufen (§ 30 I, III). Bei teilweiser Auflösung des Vsvertrages gebührt dem Ver gleichwohl die volle Prämie bis zum Schluß der Vsperiode (§ 40 I 1), bei Kündigung (§ 24 I, 27 I 1) u. U. sogar darüber hinaus (§ 40 I 2). Für später mindert sich dann jedoch ipso iure die Prämie in dem Verhältnis des bestehenbleibenden Teils des Vsvertrages zum aufgehobenen Teil, sofern eine einheitliche Prämie zu entrichten ist; sind die Prämienpositionen von Anfang an getrennt, so ergibt sich der für die Zukunft zu zahlende Prämienbetrag ohne weiteres. Die Gefahrtragung des Vers beschränkt sich vom Rücktritt oder vom Wirksamwerden der Kündigung an auf den bestehenbleibenden Teil des Vsvertrages, eine einheitliche Vssumme senkt sich nach denselben Grundsätzen wie eine einheitliche Prämie. § 51 I ist nicht anwendbar (a. A. Prölss[8] Anm. 3 zu § 30, S. 125), es bedarf also keines Verlangens des Vers oder Vmers, und eine Unterv bleibt notwendig eine solche. Tritt der Ver nach einem Vsfall teilweise zurück, so kann doch wegen § 21 seine Leistungspflicht voll bestehenbleiben. Ist wegen einer Gefahrerhöhung der Ver teilweise leistungsfrei, so wirkt sich das auf die Prämienhöhe nicht aus. Im Falle des § 41 I kann der Ver nur teilweise Prämienverbesserung verlangen, im Falle des § 41 II 1 nur eine Teilkündigung erklären (a. M. Prölss[8] Anm. 4 zu § 30, S. 125): Es handelt sich auch bei § 41 I, II 1 um die vorvertragliche Anzeigepflicht und es kann nichts verschlagen, daß sich die Regelung nicht im 2. Titel, sondern im 3. Titel findet.

**[18] 2. Ausnahme: Totalrechtsbehelfe des Versicherers.**

Nach § 30 steht dem Ver das Recht des Rücktritts oder der Kündigung für den ganzen Vsvertrag ausnahmsweise dann zu, wenn anzunehmen ist, daß allein für den „intakten" Teil der Ver den Vertrag unter den gleichen Bestimmungen nicht geschlossen haben würde. Hier kommt es — nicht nur beim Rücktritt — auf den subjektiven Willen und die Geschäftsübung des in Betracht kommenden Vers zur Zeit des Vertragsabschlusses an (Prölss[8] Anm. 3 zu § 30, S. 125), nicht auf einen objektiven Maßstab (wie KG 9. X. 1926 JRPV 1926 S. 313, Ehrenzweig S. 99 anzunehmen scheinen). Der Ver ist beweispflichtig, er kann z. B. dartun, daß er die Restv ihrer Geringfügigkeit wegen nicht abgeschlossen hätte oder daß er das verbliebene schlechte Risiko üblicherweise nur zusammen mit dem weggefallenen normalerweise guten Risiko decke. Zunächst liegt es in der Hand des Vers zu entscheiden, ob er Teil- oder Totalrechtsbehelfe ausüben will; eine Zwischenlösung gibt es nicht.

§ 30 III verweist hinsichtlich der Leistungsfreiheit auf den ganzen § 30 I. Danach kann der nur teilweise leistungsfreie Ver volle Leistungsfreiheit geltendmachen, wenn er beweist, daß er eine V hinsichtlich des Restrisikos unter den gleichen Bestimmungen nicht geschlossen haben würde.

**[19] 3. Ausnahme: Kündigungsrecht des Versicherungsnehmers.**

Nach § 30 II ist der Vmer ohne weiteres berechtigt, bei Teilrücktritt oder Teilkündigung seitens des Vers seinerseits das Vsverhältnis auch in Ansehung des übrigen Teiles zu kündigen. Der Vmer hat ein Interesse an einheitlichem Vsschutz, auch „wird der Vmer unter Umständen für diesen in der Regel bedenklichsten Teil des Ganzen anderweitige Deckung mit annehmbarer Prämie nicht finden können, während er keine Schwierigkeiten haben würde, mit Bezug auf die Gesamtheit einen neuen Vsvertrag ohne übermäßig hohen Preis abzuschließen" (Begr. I S. 40). Der Vmer braucht jedoch das Vorliegen solchen wirtschaftlichen Interesses nicht zu beweisen (Prölss[8] Anm. 3 zu § 30, S. 125). Kündigt der Ver z. B. einen Gruppenkrankenvsvertrag nur hinsichtlich einer Person, so steht dem Vmer nunmehr seinerseits das Recht zu, den ganzen Vertrag zu kündigen.

[20] Es handelt sich um ein gesetzliches außerordentliches Kündigungsrecht des Vmers, für das zwar keine Ausschlußfrist besonders vorgesehen ist, das aber nur spätestens auf den Schluß der Vsperiode ausgeübt werden kann, in welcher Rücktritt oder Kündigung des Vers wirksam werden. Die Kündigung kann aber auch auf einen früheren Zeitpunkt erklärt werden, also auch fristlos (Begr. I S. 40); jedoch nie auf einen Zeitpunkt der vor dem Wirksamwerden des Rücktritts oder der Kündigung des Vers liegt. Die Interessen des Vers werden dadurch gewahrt, daß er nach § 40 I den Anspruch auf die volle Prämie behält (Begr. I S. 40—41). Im Falle des § 40 I 2 kann es z. B. bei einer Feuerv, deren Vsperiode mit dem Kalenderjahr übereinstimmt, sich ergeben, daß der Ver wegen einer im Dezember 1950 eingetretenen subjektiven unverschuldeten Gefahrerhöhung nach § 24 I 2 auf den 15. I. 1951 teilweise kündigen kann. Der Vmer kann dann nach § 30 II in Ansehung des übrigen Teiles spätestens am 31. XII. 1951 auf diesen Tag kündigen; er muß die volle Prämie bis 15. I. 1951 begleichen, die Restprämie bis 31. XII. 1951. Kündigt der Vmer etwa auf den 15. IX. 1951, so muß er die Restprämie dennoch bis zum 31. XII. 1951 zahlen. Ist unzweifelhaft, ob der Ver zum Rücktritt oder zur Kündigung berechtigt war, so kann der Vmer ausnahmsweise bedingt kündigen.

[21] Im übrigen vgl. hinsichtlich des Erklärenden und Empfängers, hinsichtlich des Inhaltes und der Form der Kündigung: Anm. 31—34 zu § 8.

Eine nur beschränkte Wirkung entfaltet die Kündigung gegenüber Realgläubigern (§ 103 I 1), Schiffshypothekengläubigern (§ 34 II 1 SchiffsG) und Drittgeschädigten in der Zwangshaftpflichtv (§ 158 c II 1,3).

**[22] III. Teilanfechtung.**

§ 30 gilt nicht im Falle des § 22 (Anfechtung seitens des Vers wegen arglistiger Täuschung über Gefahrumstände): Prölss[8] Anm. 4 zu § 30, S. 125. Vielmehr ist bei allen Fällen der Anfechtung (auch durch den Vmer) und überhaupt der Nichtigkeit (dazu Anm. 36, 53 zu § 22) der § 139 BGB anzuwenden. Danach ist — im Gegensatz zur Regel des § 30 (Anm. 17) — im Zweifel Gesamtnichtigkeit gegeben, sofern nur ein Teil des Rechtsgeschäfts nichtig ist. Bloße Teilnichtigkeit bildet die Ausnahme und setzt zunächst voraus, „daß nach Abtrennung des unwirksamen Teiles ein Rest zurückbleibt, der als selbständiges Rechtsgeschäft bestehen kann" (RG 3. X. 1918 RGZ Bd 93 S. 38); bei Vsverträgen kommt solche Teilbarkeit nicht nur bei einer Mehrheit von vten Gegenständen oder Personen (Anm. 5—9), sondern auch bei einer Mehrheit von Gefahren (Anm. 13) in Frage. Ferner setzt § 139 BGB für die Teilnichtigkeit voraus, daß das Rechtsgeschäft teilweise, also auch ohne den nichtigen Teil, vorgenommen sein würde: Was hätten Ver und Vmer getan, wenn sie die rechtliche Unverbindlichkeit eines Teils ihrer Erklärung gekannt hätten? „Dabei ist davon auszugehen, daß der Erklärende (bei einem Vertrag die beiden Beteiligten) seine Entscheidung in vernünftiger Abwägung der in Betracht kommenden Verhältnisse getroffen hätte, daß er insbesondere an der Nichtigkeit eines nur unwesentlichen Teils die Wirksamkeit des ganzen Geschäfts regelmäßig nicht hätte scheitern lassen" (RG 18. X. 1927 RGZ Bd 118 S. 222). Vgl. auch Anm. 26 zu § 22.

[23] Das Prämienschicksal ergibt sich bei Teilanfechtung durch den Ver aus § 40 I 1: Dem Ver gebührt die ganze Prämie bis zum Schluß der Vsperiode, in der er von dem Anfechtungsgrund Kenntnis erlangt hat (Näheres Anm. 28 zu § 22). Ist ausnahmsweise Irrtumsanfechtung durch den Ver möglich, so ist § 122 BGB (Vertrauensschaden) zu beachten. Bei Teilanfechtung durch den Vmer gilt § 40 I 1 nicht. Maßgebend sind Bereicherungsgrundsätze (Näheres Anm. 4 zu § 22). Bei Teilnichtigkeit, die ohne Anfechtung Platz greift, muß das Prämienschicksal von Fall zu Fall geprüft werden (vgl. etwa §§ 51 III, 59 III, auch Anm. 53—54 zu § 22).

[24] **IV. Analogiefrage.**

§ 30 I bezieht sich nur auf Rücktritts- oder Kündigungserklärungen des Vers wegen Verletzung der vorvertraglichen Anzeigepflicht oder Gefahrerhöhungen. Für alle anderen Rücktritts- und Kündigungsfälle, namentlich für vertragliche Gestaltungsrechte und solche, die vom Vmer ausgeübt werden, gilt die Regel, daß Rücktritt oder Kündigung sich auf den ganzen Vsvertrag beziehen. So generell für den Rücktritt RG 16. XI. 1907 RGZ Bd 67 S. 104—105, für einen Fall der Kündigung OLG Düsseldorf 3. V. 1926 JRPV 1926 S. 237 = Praxis 1926 S. 137—138.

In Fällen der Leistungsfreiheit außerhalb des § 30 III wirkt diese im Zweifel nicht nur unter Beschränkung auf einen Teil der Leistung des Vers (Anm. 21 zu § 6).

Auch Gefahrenausschlüsse, z. B. schuldhafte Herbeiführung des Vsfalles, befreien den Ver regelmäßig vollen Umfangs.

[25] **V. Abdingbarkeit.**

§ 30 ist nicht zwingend, da in § 34a[1] nicht aufgeführt. Es kann also z. B. das Kündigungsrecht des Vmers aus § 30 II vertraglich ausgeschlossen werden oder es kann vereinbart werden, daß der Vmer eine Kündigungsfrist einzuhalten habe (Begr. I S. 40), so in § 2 II c Ziff. 3 Satz 2 GrundBed (2 Wochen). Jedoch kann wegen § 34a[1] z. B. nicht vereinbart werden, daß bei Abschluß mehrerer Verträge eine Verletzung der vorvertraglichen Anzeigepflicht sich stets auf alle Verträge auswirken solle (Ehrenzweig S. 98).

# § 31

**(gestrichen)**

**Aufhebung:** § 31 a. F., der die §§ 16—29 für relativ zwingend erklärte, ist durch die VO vom 19. XII. 1939 gestrichen und sachlich in § 34a n. F. übernommen. — Begr. III S. 8.

# § 32

**Eine Vereinbarung, durch welche der Versicherungsnehmer bestimmte Obliegenheiten zum Zwecke der Verminderung der Gefahr oder zum Zwecke der Verhütung einer Gefahrerhöhung übernimmt, wird durch die Vorschriften dieses Titels nicht berührt.**

**Vorbeugende Obliegenheiten.**

**Gliederung:**



[1] **Entstehung:** Der frühere § 32 ist durch das G vom 7. XI. 1939 geteilt. § 32² a. F. findet sich jetzt inhaltlich in § 6 II; § 32 n. F. ist identisch mit § 32¹ a. F. Es handelt sich insoweit nur um eine systematische Umstellung. Sachlich neu ist die Beseitigung der früher in § 32² a. F. für den Ver vorgesehenen Rücktrittsmöglichkeit (vgl. § 6 IV n. F.) — Begr. I S. 42, II S. 1773.

[2] **Schrifttum:** Arzt, Die vorbeugenden Obliegenheiten, ungedruckte Hamburger Diss. 1951, Schmidt S. 215—218, Weber VersR 1950 S. 108—109.

[3] **I. Systematische Stellung.**

Die §§ 16—30 betreffen gesetzliche Obliegenheiten des Vmers, die mit der Gefahrslage zusammenhängen. Im Interesse der Gefahrengemeinschaft muß dieMöglichkeit bestehen, jene Obliegenheiten, welche im Zusammenhang mit der Gefahrslage nach dem Vertragsabschluß vom Vmer zu erfüllen sind (Gefahrstandspflicht, Anzeigepflichten: §§ 23, 27 II), vertraglich zu ergänzen.

Die Gefahrstandspflicht fordert vom Vmer nur generell ein Unterlassen von subjektiven Gefahrerhöhungen (Anm. 23 zu § 23). Es erscheint oft erwünscht, speziellere

Verhaltensnormen an den Vmer zu richten und diesen nicht nur zu einem Unterlassen, sondern zu einem positiven Tun anzuhalten. Dabei ist auch der Gesichtspunkt der Verhütung von Gefahrerhöhungen zu eng, auch eine Verminderung der Gefahr ist anzustreben. § 32 stellt klar, daß solche vertragliche Ausweitung der gesetzlichen Obliegenheiten der §§ 23, 27 II nicht etwa § 34a[1] widerstreitet: Zusätzlich können vorbeugende Obliegenheiten vereinbart werden.

Allerdings ist die Vertragsfreiheit hinsichtlich der Rechtsfolgen der Verletzung solcher vorbeugenden Obliegenheiten stark eingeschränkt, insbesondere durch § 6 I, II, IV. Diese zwingenden Normen dürfen auch nicht umgangen werden, was gerade bei den vorbeugenden Obliegenheiten naheliegt.

[4] **II. Tatbestände bei vorbeugenden Obliegenheiten.**

**1. Vereinbarung.**

§ 32 setzt eine Vereinbarung zwischen Ver und Vmer voraus (RG 17. III. 1922 VA 1922 Anh. S. 54 Nr. 1278, KG 9. XII. 1925 VA 1926 S. 57—58 Nr. 1567, OLG Breslau 17. XII. 1930 VA 1930 S. 269 Nr. 2225), es handelt sich nicht um gesetzliche, sondern um vertragliche Obliegenheiten. Eine einseitige Willenserklärung des Vers genügt nicht. Die Vereinbarung kann in AVB oder in besonderen Bedingungen enthalten sein, sie kann bei Vertragsabschluß oder später getroffen werden (OLG Celle 21. X. 1913 VA 1914 Anh. S. 58 Nr. 816; zu eng Begr. I S. 42). Sie ist formlos gültig, braucht also nicht in die Vspolize aufgenommen zu werden; solchenfalls hat dann allerdings der Ver die Unvollständigkeit des Vsscheins zu beweisen (Anm. 26 zu § 3; Beweis mißlungen in: KG 24. I. 1908 VA 1908 Anh. S. 104—105 Nr. 422). § 5 ist anwendbar, falls in Abweichung vom Antrag in den Vschein eine Obliegenheit aufgenommen wird (Anm. 8 zu § 5, KG 15. III. 1922 HansRZ 1922 Sp. 416—418). Eine stillschweigende Vereinbarung kann nur in Ausnahmefällen angenommen werden. Sind im Antrag Angaben über das Vorhandensein von Sicherheiten, z. B. eines Wachhundes oder Sicherheitsschlosses, gemacht, so liegt darin im Zweifel nicht zugleich die Vereinbarung einer vorbeugenden Obliegenheit (Anm. 16 zu § 6, Anm. 38 zu § 16); eine Ausnahme gilt bei Vereinbarung der Gültigkeits- oder Sicherungsklausel in der Einbruchdiebstahlv, welche das Vorhandensein, die Anwendung und die Erhaltung der im Antrag angegebenen Sicherheiten zur Obliegenheit macht (vgl. Prölss Einbruchdiebstahlv S. 123; VA 1952 S. 57; LG Braunschweig 29. VII. 1950 VersR 1950 S. 134). Am ehesten werden bei Bestehen gesetzlicher oder polizeilicher Sicherheitsvorschriften stillschweigend übernommene vorbeugende Obliegenheiten angenommen werden können (weitergehend Bruck 7. Aufl. S. 126).

[5] **2. Inhalt.**

**a) Verhaltensnorm.**

Wie jede Obliegenheit (Anm. 5 zu § 6) müssen auch die vorbeugenden Obliegenheiten des § 32 ein bestimmtes Verhalten (Tun oder Unterlassen) des Vmers oder ihm gleichstehender Personen (Anm. 14) erfordern. Geht es um einen vom menschlichen Verhalten unabhängigen Tatbestand oder um ein Verhalten dritter Personen, so kommt § 32 nicht zur Anwendung. Stellt der Vsvertrag sowohl auf das Verhalten des Vmers usw. als auch auf jenes dritter Personen ab, so ist die Rechtslage zweifelhaft. Heißt es z. B. schlechthin: „Bei Betreten des Gebäudes mit offenem Licht entfällt der Vsschutz", so fragt es sich, ob bei Betreten durch den Vmer oder eine ihm gleichstehende Person der § 6 I, II (Verschuldens-, Kausalitätsprinzip) anzuwenden ist, bei Betreten durch andere Personen nicht. Falls es sich nicht um eine Umgehung handelt, falls also auch ein Betreten durch dritte Personen praktisch in Betracht kommt, sind hier wohl doch §§ 6 I, II, 32 nicht anwendbar. Oft wird man im Wege der Auslegung unter Berücksichtigung des Zweckes des Vsvertrages feststellen können, daß eine Norm sich praktisch nur an den Vmer wendet (vgl. z. B. OLG Posen 25. V. 1914 VA 1914 Anh. S. 75 Nr. 828).

[6] **b) Bestimmtheit.**

§ 32 hebt zum Schutze des Vmers ausdrücklich hervor, daß von dem Vmer ein ganz bestimmtes Verhalten gefordert werden muß, es würde deshalb nicht genügen, wenn von dem Vmer generell die Sorgfalt eines ordentlichen Hausvaters oder Kaufmannes gefordert wird (vgl. für die Filmv die vom LG Hamburg 11. II. 1953 VersR 1953 S. 240 behandelte Klausel, wonach „jede nach den Umständen des Falles gebotene Sorgfalt" mit Bezug auf die Filme zu beobachten ist).

An der Bestimmtheit fehlt es jedoch nicht, falls in den AVB nur auf Sicherheitsvorschriften verwiesen wird wie in § 7[1] AFB: „Gesetzliche, polizeiliche oder vereinbarte Sicherheitsvorschriften". Als Sicherheitsvorschriften können nur solche Normen betrachtet werden, die einem der beiden Zwecke des § 32 dienen: VA 1930 S. 153 für die Feuerv, VA 1934 S. 157 für die Leitungswasserv. Sicherheitsvorschriften, die sich in einer besonderen Urkunde finden, gehören dennoch zu den AVB, es sei denn, daß sie individuell formuliert sind (weitgehend a. A. Weber VersR 1950 S. 109). Als AVB unterliegen Sicherheitsvorschriften aufsichtsamtlicher Genehmigung (VA 1911 S. 223—225). Besonders wichtig sind die Allgemeinen Sicherheitsvorschriften für Fabriken und gewerbliche Anlagen (abgedruckt bei Raiser S. 537—542). Eine Zusammenstellung gesetzlicher und polizeilicher Sicherheitsvorschriften für die Feuerv bringen Rieck-Schubert-Sievers, Feuerschutz und Feuerv, Hamburg 1950. Werden während der Vsdauer die gesetzlichen oder polizeilichen Sicherheitsvorschriften geändert, so ändert sich damit auch der Inhalt der vorbeugenden Obliegenheiten. Publikation muß allerdings gefordert werden. Bei konkret vereinbarten Sicherheitsvorschriften muß jedoch eine Änderungsvereinbarung vorausgesetzt werden. Zu den polizeilichen Sicherheitsvorschriften dürften nicht nur Polizeiverordnungen, sondern erst recht Polizeiverfügungen zu zählen sein (Weber VersR 1950 S. 109).

[7] In § 8 I 2 AWB wird dem Vmer auferlegt, alle Arbeiten an Wasserleitungsanlagen usw. ausführen zu lassen, die „nach sachverständigem Ermessen" erforderlich sind. Hier wird der Inhalt der Obliegenheit wie im Falle des § 317 I BGB durch dritte Sachverständige bestimmt, auch hiergegen bestehen keine Bedenken. Es muß auch als zulässig erachtet werden, daß die nähere nachträgliche Bestimmung dem Ver (notfalls dem Gericht) überlassen bleibt (§ 315 BGB analog), wie in § 3 II d Allgemeine Bedingungen für die Lichtspieltheater-Einheitsv (VA 1939 S. 133). Zu allem Arzt a. a. O. S. 19—22.

[8] **c) Zweck.**

Die Obliegenheiten des § 32 können entweder „zum Zwecke der Verminderung der Gefahr oder zum Zwecke der Verhütung einer Gefahrerhöhung" auferlegt werden. Der Zweck braucht nicht „unmittelbar" verfolgt zu werden (so Prölss[8] Anm. 2 zu § 32, S. 126), sondern es kommen z. B. auch Anzeigepflichten in Betracht, falls die Anzeige es dem Ver ermöglichen soll, die Gefahr zu vermindern oder eine Gefahrerhöhung zu verhüten (RG 22. VI. 1934 JW 1934 S. 2334 = VA 1934 S. 236 Nr. 2730, KG 6. IV. 1932 VA 1932 S. 265 Nr. 2455 = JRPV 1932 S. 186, OLG Zweibrücken 4. VII. 1929 VA 1929 S. 233—234 Nr. 2000) oder entsprechende Maßnahmen des Vmers durch Sachverständige zu fördern (Turbo-Revisions-Klausel in der Maschinenv: VA 1953 S. 25).

[9] **aa) Verminderung der Gefahr.**

Hier kommt eine Überschneidung mit § 23 I nicht in Frage, da es nicht um eine Verhütung einer Gefahrerhöhung, sondern im Gegenteil um eine Gefahrminderung geht, die regelmäßig ein Tun des Vmers, kein Unterlassen erfordern wird. Abzustellen ist auf die ganze Vertragsgefahr, also auf die für den Ver bestehende Gefahr, mit Recht oder zu Unrecht in Anspruch genommen zu werden (vgl. Anm. 8 zu § 23). Es kämen also auch z. B. Maßnahmen zur Senkung der Brandstiftungsgefahr in Betracht. Zweifelhaft ist die Einordnung der Obliegenheit zu teilweiser „Selbstv" (Schmidt S. 215 Anm. 1145 konstruiert hier eine vorbeugende Obliegenheit).

Beispiele für Obliegenheiten zur Gefahrverminderung: Entleeren und Absperren der Wasserleitung in unbewohnten Häusern (§ 8 II AWB, OLG Frankfurt 10. V. 1907 VA 1908 Anh. S. 101—102 Nr. 420: Tun), Abschaltung des elektrischen Stroms bei Nichtbenutzung eines Ladens (OLG Hamburg 18. I. 1935 HansRGZ 1935 A Sp. 266: gleichfalls Tun), Beseitigung feuergefährlicher Einrichtungen (Begr. I S. 42: gleichfalls Tun).

**[10] bb) Verhütung einer Gefahrerhöhung.**

Hier kommt eine Überschneidung der generellen Gefahrstandspflicht des § 23 I mit der speziellen vorbeugenden Obliegenheit dann in Frage, wenn von dem Vmer auch durch letztere nur ein Unterlassen gefordert wird (vgl. Begr. I S. 42, Prölss[8] Anm. 3 zu § 23, S. 117, Anm. 1 zu § 32, S. 126, a. M. Bruck 7. Aufl. S. 125; darüber, daß § 23 I nur ein Unterlassen erheischt: Anm. 23 zu § 23). Allerdings bedeuten einmalige kurzfristig wirkende Zuwiderhandlungen u. U. noch keine Gefahrerhöhung (Anm. 10 zu § 23), wohl aber können sie zum Verletzungstatbestand einer vorbeugenden Obliegenheit gemacht werden (BGH 27. VI. 1951 BGHZ Bd 2 S. 366). Das Konkurrenzproblem wird ausdrücklich geklärt in § 7[5] AEB (dennoch will Prölss Einbruchdiebstahlv S. 127 hier nur die Regeln über die Gefahrerhöhung anwenden).

In der Rechtsprechung gehen von der Konkurrenz beider Regelungen aus: LG Berlin 13. VII. 1950 VersR 1950 S. 151, LG Braunschweig 19. VII. 1950 VersR 1950 S. 134. Dagegen sehen BGH 14. II. 1951 BGHZ Bd 1 S. 161, 27. VI. 1951 BGHZ Bd 2 S. 364, 31. I. 1952 BGHZ Bd 4 S. 377 in § 2 II AKB (Verwendungs- und Führerscheinklausel) eine „selbständige und abschließende Regelung", so daß „kein Raum mehr" bleibe für die allgemeinen Normen über die Gefahrerhöhung.

Verlangen vorbeugende Obliegenheiten ein Tun zum Zwecke der Verhütung einer Gefahrerhöhung, dann kommt die generelle Gefahrtstandspflicht nicht in Frage: Anm. 23 zu § 23.

Eine Gefahrerhöhung setzt voraus, daß die Gefahrslage auf dem erhöhten Niveau — wenn auch kurzfristig — ausruht (Anm. 9—12 zu § 23). Von diesem Gesichtspunkt aus lassen sich Verletzung der Gefahrstandspflicht und Herbeiführung des Vsfalles gegeneinander abgrenzen (Anm. 11 zu § 23). Es können nun spezielle **Obliegenheiten** gleichsam **zum Zwecke der Nichtherbeiführung des Vsfalles** auferlegt werden, man denke an das Verbot, einen Stroh- oder Heuboden mit offener Laterne zu betreten. Es erscheint geboten, auf solche Obliegenheiten die §§ 32, 6 I, II analog anzuwenden. Die Interessenlage ist die gleiche, insbesondere ist der Vmer gleichermaßen schutzbedürftig. Die gesetzliche Abwendungspflicht des § 62 I 1 ist erst bei dem Eintritte des Vsfalls zu erfüllen, während die hier fraglichen vertraglichen Obliegenheiten gerade den Eintritt des Vsfalls verhüten sollen (Schmidt S. 216—217). Auch wenn solche Obliegenheiten eine Unterlassung erheischen, kommt eine Konkurrenz mit § 23 I nicht in Frage, wohl aber eine gleichzeitige schuldhafte Herbeiführung des Vsfalls (Anm. 18).

**[11]** Beispiele für Obliegenheiten zur Verhütung einer Gefahrerhöhung: Gebot, Rostbildung an Fensterumrahmungen in der Glasv zu verhindern (RG 30. V. 1924 VA 1925 S. 150—151 Nr. 1499: Tun), Verbot des Arbeitens in Filmlagerräumen (RG 17. III. 1922 VA 1922 Anh. S. 53—55 Nr. 1278: Unterlassen). Beispiele für Obliegenheiten zur Verhütung der Herbeiführung eines Vsfalls: Gebot, gewisse Fabrikräume nur mit Sicherheitslampen zu betreten (Tun), Rauchverbot (RG 17. III. 1922 VA 1922 Anh. S. 53—55 Nr. 1278: Unterlassen) oder Verbot, Räume mit offenem Licht zu betreten (RG 1. XII. 1914 VA 1915 Anh. S. 31—32 Nr. 871: gleichfalls Unterlassen).

**[12] 3. Anzahl.**

Oft belasten den Vmer mehrere vorbeugende Obliegenheiten nebeneinander. Jede Verhaltensnorm ist gesondert zu beurteilen. Wenn z. B. § 7[1] AFB auf die verschiedenen Sicherheitsvorschriften verweist, so bestehen soviele Obliegenheiten wie Gebote und Verbote in den Sicherheitsvorschriften enthalten sind. Es ist einzeln insbesondere die Verschuldens- und Kausalitätsfrage (§ 6 I 1, II) zu untersuchen.

**[13] 4. Rechtsnatur.**

Die Verhaltensnormen des § 32 stellen keine echten Rechtspflichten, sondern Obliegenheiten dar (Anm. 5—11 zu § 6). Sie werden vertraglich auferlegt (Anm. 4), ihre Verletzungsfolgen bedürfen gleichfalls vertraglicher Regelung (Anm. 21). Inhaltlich handelt es sich in aller Regel nicht um die Abgabe von Wissenserklärungen (vgl. aber Anm. 8), sondern um ein sonstiges Tun oder um ein Unterlassen des Vmers (Anm. 24 zu § 6).

**[14] 5. Belasteter.**

Mit den vorbeugenden Obliegenheiten sind neben dem Vmer, welchen § 32 allein nennt, dieselben Personen belastet, welche auch die Gefahrstandspflicht zu erfüllen haben (Anm. 20 zu § 23). § 5 I AGlasB betont, der Vmer dürfe die Obliegenheiten weder selbst verletzen „noch die Verletzung durch einen anderen gestatten oder dulden"; letzterenfalls liegt gleichfalls eine Selbstverletzung vor (ebenso bei Nichtunterrichtung eines Mieters: § 5 II Ziff. 2 AGlasB).

Die primär mit den vorbeugenden Obliegenheiten Belasteten haben für gewisse dritte Personen einzustehen, wobei es darauf ankommt, ob es sich um Anzeigepflichten oder sonstige Verhaltensnormen handelt. Im letztgenannten, wichtigeren Falle wird für den Repräsentanten sowie für wirtschaftlich Vte gehaftet (Anm. 91—106 zu § 6). Sinn und Zweck einer Wächterklausel in der Einbruchdiebstahlv gehen nicht dahin, daß der Vmer selbst bewachen solle und der Wächter sein Repräsentant ist; den Vmer treffen vielmehr nur Auswahl- und Aufsichtspflichten (RG 31. V. 1921 RGZ Bd 102 S. 215—217 [Ausw 1], bedenklich KG 25. IX. 1920 VA 1920 Anh. S. 80—82 Nr. 1167 = HansRZ 1920 Sp. 714—716). Ist eine vorbeugende Obliegenheit erfüllt, so kommt es nicht darauf an, wer sie erfüllt hat.

**[15] 6. Zeit.**

§ 29a gilt bei vorbeugenden Obliegenheiten nicht. Da sie auf Vertrag beruhen, sind sie auch erst nach dem formellen Vsbeginn zu erfüllen, aber nur bis zum Eintritt eines Vsfalles. Denn aus den in § 32 genannten Zwecken sowie aus dem Zusammenhang von § 6 II mit § 6 I 1 ergibt sich, daß z. B. nach einem Totalschaden eine Vorbeugung nicht mehr in Frage kommt. Entscheidend ist der Beginn eines gedehnten Vsfalles. Das während der Vsdauer vom Vmer durch die vorbeugenden Obliegenheiten geforderte Verhalten kann ein einmaliges (Anm. 10) oder ein dauerndes sein, sei dieses ununterbrochen (z. B. Unterlassungen), sei es wiederkehrend (z. B. Bewachungen bei Nacht). Oft ist eine Obliegenheit nur für den Fall einer bestimmten vorausgesetzten Gefahrslage vereinbart, bei deren Nichteintritt die Obliegenheit nicht akut wird (Arzt a. a. O. S. 46—51). Ist dem Vmer ein einmaliges Verhalten, z. B. die Anbringung eines Sicherheitsschlosses, auferlegt, so wird im Wege der Auslegung anzunehmen sein, daß — etwa bei Zerstörung des Schlosses — notwendigenfalls das Verhalten zu wiederholen ist (dazu Prölss Einbruchdiebstahlv S. 126).

**[16] 7. Ort.**

Die vorbeugenden Obliegenheiten treffen den Vmer überall dort, wo er faktisch in der Lage ist, das zu beobachtende Verhalten vorzunehmen.

**[17] 8. Abgrenzung.**

Von anderen Obliegenheiten lassen sich die vorbeugenden wie folgt abgrenzen: Die vorvertragliche Anzeigepflicht endet mit dem formellen Vsbeginn, während die Obliegenheiten des § 32 hier erst einsetzen. Überdies beruht die vorvertragliche Anzeigepflicht auf Gesetz, nicht auf Vertrag, und die vorbeugenden Obliegenheiten haben überwiegend keine Anzeigen zum Gegenstand (Ausnahmen: Anm. 8). — Die Abgrenzung zur gesetzlichen generellen Gefahrstandspflicht des § 23 I ergibt sich aus Anm. 9—10. Vgl. auch Anm. 25 und — z. T. abweichend — Arzt a. a. O. S. 73—95.— Von der gesetzlichen Abwendungs- und Minderungspflicht lassen sich, wie in Anm. 10 dargetan, auch jene vertraglichen vorbeugenden Obliegenheiten abgrenzen, welche der Verhütung einer Herbeiführung des Vsfalles dienen sollen. — Es kann übrigens neben den hier genannten Obliegenheiten auch noch vor Eintritt des Vsfalles andere geben, man denke an die Mitteilung einer Wohnungsänderung (§ 10) oder eine Pflicht, die Bücher in bestimmter Weise zu führen (Anm. 7 zu § 34). Handelt es sich um vertragliche, vor Eintritt des Vsfalles liegende Obliegenheiten, die nicht einem der Zwecke des § 32 dienen, so ist nur § 6 I, IV anzuwenden, nicht § 6 II. Oft ist jedoch im Wege der Auslegung festzustellen, daß eine Obliegenheit nur einem der Zwecke des § 32 dienen soll. Deshalb ist z. B. § 2 IIa AKB (Verwendungsklausel) nur anzuwenden, falls das Fahrzeug zu einem gefährlicheren als dem im Antrag angegebenen Zwecke verwendet wird (vgl. Anm. 44—45). — Die Schadensanzeigepflicht ist erst nach Eintritt des Vsfalls zu erfüllen, hier gilt der jetzige § 6 II (früher § $32^2$ a. F.) nicht (RG 14. VI. 1932 RGZ Bd 136 S. 372 [Ausw 1]).

[18] Die schuldhafte Herbeiführung des Vsfalles läßt bei Gefahrrealisierung einen Gefahrenausschluß eingreifen, eine Verletzung der Obliegenheiten des § 32 führt dagegen regelmäßig zu einer Leistungsfreiheit des Vers wegen Nichtverminderung oder Erhöhung der — beim Verhalten des Vmers noch nicht realisierten — Gefahr. Ausnahmsweise kann aber z. B. eine vorsätzliche Obliegenheitsverletzung zugleich eine fahrlässige Herbeiführung des Vsfalles sein (insoweit richtig RG 22. II. 1927 VA 1927 S. 267—268 Nr. 1767 = JRPV 1927 S. 92, 18. V. 1928 RGZ Bd 121 S. 158—163 [Ausw 1]). Besonders aber bei jenen Obliegenheiten, die eine Nichtherbeiführung des Vsfalles bezwecken (Anm. 10), kommt eine konkurrierende Anwendung des § 32 und der Regeln über die Herbeiführung des Vsfalles in Frage.

Es ist irrig, wenn in allen diesen Fällen die Rechtsprechung nur die Herbeiführungsregeln angewendet hat (mit Beweislast des Vers für Verschulden und Kausalität), wie z. B. RG 4. II. 1927 JRPV 1927 S. 76, 22. II. 1927 VA 1927 S. 267 Nr. 1767 = JRPV 1927 S. 92, 18. V. 1928 RGZ Bd 121 S. 160—161 [Ausw 1] (dort mit Konzessionen hinsichtlich der Beweisanforderungen), KG 8. VIII. 1936 VA 1936 S. 252 Nr. 2923 = JRPV 1936 S. 367, 16. VII. 1938 JRPV 1938 S. 298 (richtig zur Beweislast KG 10. XII. 1927 VA 1928 S. 54 Nr. 1828 = JRPV 1928 S. 46), OLG Dresden 20. II. 1940 JRPV 1940 S. 64, OLG Köln 2. VII. 1930 JRPV 1930 S. 321. § 61 betrifft nur Vorsatz und grobe Fahrlässigkeit. Bei leichter Fahrlässigkeit kann der Ver sich also nur auf die Obliegenheitsverletzung (§ 6 I 1) stützen und dabei muß der Vmer sich exkulpieren, er muß den Beweis mangelnder Kausalität (§ 6 II) führen, es gilt das Klarstellungserfordernis des § 6 I 2,3. Zur Abgrenzung in der öffentlichrechtlichen V: LVG Hamburg 17. XII. 1952 VersR 1953 S. 140—141. Im übrigen vgl. über die Abgrenzung zu Ausschlußklauseln: Anm. 41—46, über die Abgrenzung zu Bedingungen und zur Frage des Vsortes: Anm. 32—40.

[19] **III. Verletzungsfolgen bei vorbeugenden Obliegenheiten.**

**1. Übersicht.**

Für den Fall einer Verletzung der vorbeugenden Obliegenheiten muß eine Rechtsfolge vertraglich vereinbart sein, sonst handelt es sich um eine sanktionslose Verhaltensnorm. Für die Vereinbarung besteht grundsätzlich Vertragsfreiheit. Praktisch am wichtigsten ist die vertragliche Vereinbarung der Leistungsfreiheit, bei der § 6 I, II eingreift. Auch ein Kündigungsrecht kommt in Betracht. Die Beweisfragen sind wesentlich.

[20] **2. Verletzung.**

Eine Rechtsfolge kann nur Platz greifen, falls mindestens objektiv eine der vorbeugenden Obliegenheiten verletzt ist. Außer der Nichterfüllung kommt auch die Schlechterfüllung in Frage (Beispiel: KG 23. II. 1929 JRPV 1929 S. 122: Kontrolle alle 2 Stunden statt halbstündlich). Auch eine teilweise Nicht- oder Schlechterfüllung muß ausreichen.

Eine Verletzung ist auch dann beachtlich, wenn der Vmer einen gleichwertigen Ersatz geschaffen hat (vgl. Hagen II S. 115). Bei wirklicher Gleichwertigkeit wird eine vereinbarte Leistungsfreiheit allerdings wegen § 6 II regelmäßig nicht eintreten können; so auch Prölss Einbruchdiebstahlv S. 127, der jedoch übersieht, daß es für die Kündigungsfrage (besonders nach § 6 I 2,3) auf die Kausalität nicht ankommt. Nimmt man wie hier das Vorliegen einer Obliegenheitsverletzung an, so kann der Ver kündigen. Vgl. auch Arzt a. a. O. S. 52—56 und KG 6. IV. 1932 VA 1932 S. 265 Nr. 2455 (Obliegenheit, Änderungen der Sicherheitsmaßnahmen anzuzeigen).

[21] **3. Vereinbarung.**

Bei den vertraglichen Obliegenheiten der §§ 32, 6 II müssen auch die Verletzungsfolgen vereinbart werden. Fehlt es an einer Vereinbarung, so bringt die Verletzung keine

Rechtsnachteile für den Vmer mit sich (Anm. 17 zu § 6 und speziell KG 12. I. 1918 VA 1918 Anh. S. 46 Nr. 1041: Sorgfältige Verwahrung von Schmucksachen, KG 27. II. 1918 VA 1918 Anh. S. 75 Nr. 1059: Anbringung von Messingquerbändern vor Oberlicht). Nicht selten läßt sich im Wege der Auslegung eine Sanktionsvereinbarung, insbesondere eine Vereinbarung der Leistungsfreiheit, annehmen, so bei Bedingungsklauseln (Anm. 36) und in zahlreichen anderen Fällen (Anm. 47).

[22] **4. Rechtsbehelfe.**

Als vereinbarte Rechtsfolgen kommen praktisch nur Verwirkungsfolgen, keine schwächeren sonstigen Folgen (wie Vertragsstrafen) in Betracht (Anm. 23 zu § 6).

Als Verwirkungsfolge darf nach § 6 IV ein Rücktrittsrecht des Vers nicht mehr vorgesehen werden (anders § 32² a. F.); die Vorschrift gilt auch im Bereiche der Vertragsfreiheit (Prölss⁸ Anm. 16 zu § 6, S. 68). Zulässig dagegen ist besonders die Vereinbarung der Leistungsfreiheit oder eines Kündigungsrechts des Vers.

[23] **a) Leistungsfreiheit.**

Durchweg wird vereinbart, daß bei Verletzung einer vorbeugenden Obliegenheit der Ver von der Verpflichtung zur Leistung frei sein soll, vgl. z. B. §§ 7² AFB, 7³ AEB, 8 IV 3 AWB, 2 II AKB. Über Fälle, in denen sich im Wege der Auslegung die Vereinbarung der Leistungsfreiheit ergibt, vgl. Anm. 21. Der Leistungsfreiheit gleichzustellen sind auflösende Bedingungen des Vsschutzes und dauernde Leistungsverweigerungsrechte (Anm. 20 zu § 6).

Bei Leistungsfreiheit behält der Ver den Anspruch auf die Prämie (Anm. 20 zu § 6).

Die Leistungsfreiheit kann jedoch nicht an den objektiven Tatbestand der Obliegenheitsverletzung ohne weiteres angeknüpft werden, sondern besonders aus § 6 I, II ergeben sich wichtige Einschränkungen:

[24] **aa) Verschuldenserfordernis** (§ 6 I 1).

Dazu kann verwiesen werden auf Anm. 25—35 zu § 6. Es kommt auf ein Verschulden des Vmers, der ihm gleichstehenden Personen sowie derer an, für deren Verhalten einzustehen ist.

Das Verschuldenserfordernis gilt auch dann, wenn der Vsvertrag es nicht hervorhebt (so bei der Verwendungsklausel des § 2 IIa AKB). Entsprechendes gilt, wenn das Verschuldenserfordernis nur unvollständig herausgestellt wird wie in der Führerscheinklausel des § 2 IIb AKB. Dort ist nur die Rede davon, daß der Vmer oder Halter das Vorliegen der Fahrerlaubnis bei dem berechtigten Fahrer ohne Verschulden annehmen durfte; es sind aber auch Fälle denkbar, in denen der Vmer oder Halter selbst fährt und bei sich selbst ohne Verschulden das Vorliegen der Fahrerlaubnis annehmen durfte (OLG Düsseldorf 23. II. 1954 VersR 1954 S. 395).

Ausreichend ist jedes Verschulden des Vmers, jedoch wird häufig die Leistungsfreiheit des Vers nur für den Fall mindestens grober Fahrlässigkeit vereinbart (so §§ 7² AFB, 7³ AEB, 8 IV 3 AWB).

[25] **bb) Kausalitätserfordernis** (§ 6 II).

Dazu kann verwiesen werden auf Anm. 37—38 zu § 6. Es kommt darauf an, ob die Obliegenheitsverletzung Einfluß auf den Eintritt des Vsfalls oder den Umfang der vom Ver zu erbringenden Geldleistungen gehabt hat. Der Vmer hat darzutun, daß es an beiden Formen der Kausalität fehlt, deshalb muß es in § 6 II „und", nicht „oder" heißen (Ehrenzweig S. 178 mit Anm. 18). Weist der Vmer den Mangel jeder Kausalität nach, so bleibt der Ver voll leistungspflichtig: Ist in der Einbruchdiebstahlv dem Vmer auferlegt, die Fenster zu sichern, so schadet die Unterlassung nicht, falls der Dieb sich hat einschließen lassen (OLG Breslau 17. XII. 1930 VA 1930 S. 268—269 Nr. 2225), wenn die Tür zu sichern war, schadet die Unterlassung nicht, falls der Dieb durchs Fenster eindringt (KG 8. VI. 1930 JRPV 1930 S. 372). Weiterer Fall: KG 27. II. 1918 VA 1918 Anh. S. 75 Nr. 1059. Gelingt jedoch dem Vmer der erforderliche Beweis nicht, so ist der Ver voll leistungsfrei. § 30 III gilt nicht (Anm. 24 zu § 30). Es herrscht also das Alles- oder Nichts-Prinzip, und es kommt nicht darauf an, in welchem Umfange die Verletzung der vorbeugenden Obliegenheit kausal gewesen ist (Anm. 21 zu § 6).

Das Kausalitätserfordernis gilt in ähnlicher Weise bei Leistungsfreiheit des Vers nach allgemeinen Gefahrerhöhungen (§§ 25 III, 28 II 2). Ein Unterschied ergibt sich nur daraus, daß bei einer V mehrerer Gegenstände oder Personen nach § 30 III der Ver u. U. nur teilweise leistungsfrei ist. Konkurrieren also die Vorschriften über die Gefahrstandspflicht mit einer vorbeugenden Obliegenheit, so steht sich in diesem Punkte der Ver besser, wenn er sich auf die vorbeugende Obliegenheit beruft (volle Leistungsfreiheit).

Das Kausalitätserfordernis gilt auch dann, wenn der Vsvertrag es nicht hervorhebt (so bei § 2 II AKB, dazu BGH 14. II. 1951 BGHZ Bd. 1 S. 169—170 mit OLG Köln 20. VI. 1951 VersR 1952 S. 51—52, auch z. B. OLG Düsseldorf 23. II. 1954 VersR 1954 S. 395, OLG München 17. I. 1952 VersR 1952 S. 205, OLG Schleswig 29. V. 1951 VersR 1951 S. 206, so ferner bei Klausel Nr. 10 des ED-Klauselheftes: „Es ist vereinbart, daß der Vmer sofort nachstehende Sicherungen vornimmt. Vor Erfüllung dieser Vereinbarung besteht für Schäden, die durch dieses Unterlassen entstehen, kein Vsschutz").

[26] cc) **Klarstellungserfordernis** (§ 6 I 2,3).

Der Ver kann seine Leistungsfreiheit nicht gleichsam „auf Eis legen" und erst viel später, nach Eintritt eines Vsfalles, hervorkehren. Er muß vielmehr innerhalb eines Monats, nachdem er von der verschuldeten Verletzung der vorbeugenden Obliegenheit Kenntnis erlangt hat, von einem ihm in § 6 I 2 verliehenen fristlosen gesetzlichen Kündigungsrecht Gebrauch machen. Kündigt er nicht innerhalb der Ausschlußfrist, so kann er sich auf die vereinbarte Leistungsfreiheit nach § 6 II 3 nicht berufen. Näheres Anm. 40—43 zu § 6 mit speziellen Ausführungen über die Verletzung mehrerer Sicherheitsvorschriften.

[27] dd) **Geltendmachungserfordernis.**

Darüber, daß der Ver auf die Geltendmachung seiner Leistungsfreiheit verzichten, sie ausnahmsweise auch verwirken kann: Anm. 44—51 zu § 6. Zeigt der Vmer den Tod eines Wächters an und schweigt daraufhin der Ver, so kann nach Treu und Glauben der Ver sich nicht auf Leistungsfreiheit berufen (KG 15. IX. 1949 VA Berlin 1949 Nr. 4 S. 9—10).

[28] b) **Kündigungsrecht.**

Der Ver kann sich auch darauf beschränken, sich für den Fall der Verletzung einer vorbeugenden Obliegenheit ein vertragliches Kündigungsrecht auszubedingen. Erfolgt dann die Kündigung nach Eintritt eines Vsfalles, so ist der Ver nicht leistungsfrei, weil die Auflösung des Vsvertrages nur für die Zukunft erfolgt.

Das vertragliche Kündigungsrecht ist streng von dem gesetzlichen Kündigungsrecht des § 6 I 2, 3 zu unterscheiden, welches bei Vereinbarung der Leistungsfreiheit der Klarstellung dienen soll. Das vertragliche Kündigungsrecht setzt keine schuldhafte Verletzung der vorbeugenden Obliegenheit voraus. Es braucht auch nicht nur während einer Ausschlußfrist dem Ver eingeräumt zu sein und braucht eine Kündigungsfrist zugunsten des Vmers nicht vorzusehen. Jedoch könnten aufsichtsrechtliche Bedenken gegen eine allzu harte Regelung bestehen.

[29] In **§ $7^1$ AFB** ist bei Verletzung von Sicherheitsvorschriften dem Ver ein Kündigungsrecht neben der Leistungsfreiheit (§ $7^2$ AFB) eingeräumt (ebenso §§ $7^{1-3}$ AEB, 8 IV 1—3 AWB). Es fragt sich, ob hier nur § 6 I 2, 3 modifiziert (einmonatige Kündigungsfrist) wiederholt werden sollte. Dagegen spricht, daß das Verschuldenserfordernis in § $7^1$ AFB nicht hervorgehoben ist, dafür läßt sich § $7^3$ AFB (§§ $7^4$ AEB,8 IV 4 AWB) anführen, wonach mit Ablauf der Ausschlußfrist die Leistungsfreiheit fortfallen soll. Richtig dürfte die Auffassung sein, daß bei Vereinbarung der Leistungsfreiheit nicht zusätzlich ein vertragliches Kündigungsrecht vereinbart werden darf, das den Vmer schlechter stellt als § 6 I 2, 3. Solche Schlechterstellung aber enthält § $7^1$ AFB insbesondere durch Verzicht auf das Verschuldenserfordernis (so wohl auch Prölss Einbruchdiebstahlv S. 126); die Frage, ob die Monatsfrist eine Schlechterstellung bedeutet, ist nur von Fall zu Fall

zu beantworten, bejahendenfalls kann sich der Ver auf die Frist nicht berufen (Ivens, Das Klarstellungserfordernis des § 6 VVG, ungedruckte Hamburger Diss. 1951, S. 27—30).

[30] Ist über das Prämienschicksal bei vertraglicher Kündigung nichts vereinbart, so gilt § 40 (vgl. Anm. 8 zu § 40).

[31] **5. Beweislast.**

Dazu kann verwiesen werden auf Anm. 52—53 zu § 6. Der Ver muß den objektiven Tatbestand der Verletzung der vorbeugenden Obliegenheit beweisen, der Vmer muß sich exkulpieren (a. A. Prölss Einbruchsdiebstahlv, S. 127, 128), auch mangelnde Kausalität, einen Verzicht oder einen Verwirkungstatbestand dartun. Hinsichtlich des Klarstellungserfordernisses muß der Vmer beweisen, wann der Ver Kenntnis erlangt hat, der Ver dagegen muß beweisen, daß er daraufhin rechtzeitig gekündigt habe.

[32] **IV. Grenzfälle zu vorbeugenden Obliegenheiten.**

Da die §§ 32, 6 I, II nach den §§ 15a, 34a[1] relativ zwingend sind, dürfen sie auch nicht umgangen werden. Sofern es sich im Einzelfall materiell um eine vorbeugende Obliegenheit handelt, kommen die genannten Bestimmungen zur Anwendung, auch wenn formell ein anderer Weg beschritten ist. Insonderheit fragt sich, inwieweit Bedingungen, Vereinbarungen über den Vsort oder Gefahrenausschlußklauseln in Wahrheit vorbeugende Obliegenheiten „tarnen" können, ferner wann eine Vereinbarung der Leistungsfreiheit i. S. des § 6 I, II angenommen werden muß.

[33] **1. Bedingungen.**

Besonders häufig sind Klauseln, die besagen, die V oder der Vsschutz sei bedingt durch ein bestimmtes Verhalten des Vmers.

[34] **a) Bedingter Versicherungsvertrag.**

Dagegen, daß ein ganzer Vsvertrag **aufschiebend bedingt** geschlossen wird, können keine Bedenken bestehen (vgl. Anm. 84 zu § 1), auch wenn die Bedingung in einem vorbeugenden Verhalten des Vmers liegt (Wollensbedingung), z. B. in der Anbringung gewisser Sicherungsvorrichtungen (RG 15. II. 1921 JW 1922 S. 100 = VA 1921 Anh. S. 53 Nr. 1210, Wagner ZfV 1953 S. 433—434, a. A. Bruck 7. Aufl. S. 125). Bis zur Anbringung besteht dann kein Vsvertrag, also kein Vsschutz, aber auch keine Prämienzahlungspflicht des Vmers (betont von OLG Karlsruhe 17. V. 1912 VA 1912 Anh. S. 119—120 Nr. 706). Solche Bedingung des ganzen Rechtsgeschäftes ist aber meistens nach dem Parteiwillen gar nicht anzunehmen, vielmehr soll nur der Vsschutz aufschiebend bedingt sein: RG 8. XI. 1921 VA 1922 Anh. S. 29—30 Nr. 1256, 4. II. 1927 JRPV 1927 S. 76, 22. II. 1927 VA 1927 S. 267 Nr. 1767 = JRPV 1927 S. 92, 18. V. 1927 RGZ Bd 121 S. 160 [Ausw 1], KG 3. VII. 1920 VA 1920 Anh. S. 80 Nr. 1166, 19. I. 1921 VA 1921 Anh. S. 25 Nr. 1188, 22. IV. 1922 HansRZ 1922 Sp. 505, 21. VI. 1922 JRPV 1924 S. 66, 28. IV. 1923 VA 1923 Anh. S. 91 Nr. 1347 = JRPV 1924 S. 38, OLG Celle 21. X. 1913 VA 1914 Anh. S. 58 Nr. 816, OLG Hamburg 4. V. 1938 HansRGZ 1938 A Sp. 455, OLG Köln 10. X. 1934 HansRGZ 1935 A Sp. 178, unklar OLG Frankfurt 17. II. 1930 JRPV 1930 S. 241—242.

[35] Bedenklicher als aufschiebende Bedingungen des ganzen Rechtsgeschäftes sind schon **auflösende Bedingungen,** etwa des Inhaltes, der Vsvertrag solle enden, wenn der Wachhund nicht mehr vorhanden ist. Auch wenn wirklich an eine Bedingung für den ganzen Vertrag gedacht ist, also die Prämienzahlungspflicht des Vmers gleichfalls enden soll, so läge doch in solcher Vereinbarung eine Umgehung des § 6 I, II (Verschuldens-, Kausalitäts-, Klarstellungserfordernis), a. A. anscheinend RG 15. II. 1921 JW 1922 S. 100 = VA 1921 Anh. S. 53 Nr. 1210.

[36] **b) Bedingter Versicherungsschutz.**

Das hinsichtlich auflösender Bedingungen des ganzen Vsvertrages Gesagte gilt erst recht, wenn nur der Vsschutz, die „Ersatzpflicht der Gesellschaft" (RG 15. II. 1921

JW 1922 S. 100 = VA 1921 Anh. S. 53 Nr. 1210) auflösend oder aufschiebend bedingt sein soll durch ein Verhalten des Vmers, das einem der Zwecke des § 32 (Anm. 8—11) dient. Solche Bedingung des Vsschutzes ist durchweg auch dann gemeint, wenn dem Wortlaut nach die ganze V bedingt sein soll (Anm. 34).

Die Bedingungsklauseln sind hiernach materiell als Vereinbarung einer vorbeugenden Obliegenheit zu behandeln, die Bedingung kann in die Vereinbarung der Leistungsfreiheit umgedeutet werden. Verschulden, Kausalität, Klarstellung sind auf Grund der zwingenden Gesetzesvorschriften zu fordern.

[37] Wie hier besonders das RG 15. II. 1921 JW 1922 S. 100 = VA 1921 Anh. S. 53 Nr. 1210: „Es ist zwar zulässig, den Anspruch auf Vsentschädigung und die ihm gegenüberstehende Leistungspflicht rein objektiv von anderweiten besonderen Umständen abhängig zu machen, nur dürfen diese Umstände nicht in Handlungen oder Unterlassungen bestehen, welche den Gegenstand von ... Obliegenheiten des Vmers bilden". Übereinstimmend für andere Bedingungsklauseln aus der Einbruchdiebstahlv: Ehrenzweig S. 176, RG 8. XI. 1921 VA 1922 Anh. S. 29—30 Nr. 1256, KG 3. VII. 1920 VA 1920 Anh. S. 80 Nr. 1166, 19. I. 1921 VA 1921 Anh. S. 25 Nr. 1188, 21. VI. 1922 JRPV 1924 S. 66—67, 28. IV. 1923 VA 1923 Anh. S. 91 Nr. 1347 = JRPV 1924 S. 38, OLG Celle 21. X. 1913 VA 1914 Anh. S. 58 Nr. 816, OLG Hamburg 4. V. 1938 HansRGZ 1938 A Sp. 455, aus der Juwelenv: KG 22. IV. 1922 HansRZ 1922 Sp. 505, 26. 5. 1926 JRPV 1926 S. 197—198. Auch der BGH 14. II. 1951 BGHZ Bd 1 S. 167 bemerkt, daß das Gesetz „eine andere Alternative als Risikobeschränkungen oder Obliegenheiten nicht kennt". Falsch KG 6. I. 1940 JRPV 1940 S. 45—46.

[38] Außerhalb der Beschränkungen der Vertragsfreiheit gilt allerdings das hier Gesagte nicht. Jedoch sind dort Bedingungen besonders sorgsam auszulegen, dazu BGH 15. VI. 1951 BGHZ Bd 2 S. 341, Möller MDR 1950 S. 397 (für die Seev).

[39] **2. Versicherungsort.**

Besonders in der Sachv kann gültig vereinbart werden, daß die Sachen nur an einem bestimmten Vsort vert sind, mag dieser durch einen Erdteil, ein Land, eine Stadt, ein Grundstück, eine Wohnung umschrieben sein.

Problematisch wird die Abgrenzung zu den vorbeugenden Obliegenheiten erst, wenn die Örtlichkeit noch enger umrissen wird, insbesondere innerhalb des primären Vsortes eine spezielle Art der Aufbewahrung gefordert wird. Aber auch hiergegen ist grundsätzlich nichts einzuwenden, z. B. könnte Geld nur im verschlossenen Geldschrank Vsschutz genießen (KG 3. VII. 1920 VA 1920 Anh. S. 80 Nr. 1167, vgl. auch KG 6. VI. 1928 JRPV 1928 S. 235—236), und es stünde dann dem Vmer nicht der Beweis offen, der Geldschrank sei ohne Verschulden nicht verschlossen worden. Unbedenklich deshalb § 2 III Ziff. 1 AEB.

[40] Jedoch liegt immer dann eine vorbeugende Obliegenheit vor, falls zwar eine besondere Örtlichkeit benannt ist, der Vsschutz jedoch nicht nur dann in Frage kommt, falls sich die Sachen an dieser Örtlichkeit befinden. Wenn also bei einer Juwelierwarenv vorgeschrieben wird: „Die Lagerung oder Aufbewahrung von Gegenständen im Einzelwerte von DM 100 aufwärts muß außerhalb der Geschäftszeit im Geldschrank erfolgen" (§ $5^1$ AVB: VA 1936 S. 96—101), so handelt es sich um eine vorbeugende Obliegenheit (anerkannt durch § 8 AVB). Das gilt auch, soweit in der Juwelenv die vten Gegenstände unter bestimmtem Verschluß gehalten werden müssen, wenn sie nicht getragen werden. Fälschlich wird eine objektive Beschränkung des Vsschutzes — also eine Regelung des Vsortes — angenommen von: KG 24. V. 1924 JRPV 1925 S. 287, 2. III. 1929 VA 1929 S. 251—252 Nr. 2015 = JRVP 1929 S. 123, OLG Hamburg 26. IV. 1949 VA 1949 S. 60 = VW 1949 S. 261, OLG Köln 11. V. 1936 VA 1936 S. 248 Nr. 2920 = JRPV 1936 S. 285—286, Leibkutsch, Der Vsort, ungedruckte Hamburger Diss. 1949, S. 33—36, fälschlich nimmt nur eine vertragliche Erweiterung des § 61 auf leichte Fahrlässigkeit an: RG 22. II. 1927 JRPV 1927 S. 92, 18. V. 1928 RGZ Bd 121 S. 160 [Ausw 1], OLG Köln 13. VI. 1928 Praxis 1928 S. 170, 2. VII. 1930 JRPV 1930 S. 321, 10. X. 1934 HansRGZ 1935 A Sp. 178. Vgl. auch Ehrenzweig S. 176, Schmidt S. 236—238, Anm. 14

zu § 6 und für eine V von Weinen „in ständig bewachten Lagern": LG Berlin 16. XI. 1950 VersR 1951 S. 54—55.

**[41] 3. Gefahrenausschlüsse.**

Am schwierigsten ist die Abgrenzung der vorbeugenden Obliegenheiten von Gefahrenausschlüssen (echten Risikobegrenzungen), bei denen aus der Gefahrtragung des Vers, also aus der vten Gefahr gewisse Gefahrumstände oder Gruppen von Gefahrumständen herausgenommen werden. Hierher gehören die Vorschriften über die schuldhafte Herbeiführung des Vsfalles. Diese Normen zeigen zugleich, daß ein Gefahrenausschluß sich auf subjektive Gefahrumstände beschränken kann, auf einen Fall, in welchem von einem Verhalten des Vmers eine Kausalreihe unmittelbar zum Vsfall führt.

**[42] a) Nichtherbeiführung eines Versicherungsfalles.**

Es können deshalb keine Bedenken dagegen bestehen, wenn im Vsvertrag in Erweiterung des § 61 Verhaltensweisen des Vmers aus dem Vsschutz herausgenommen werden, die unmittelbar zum Vsfall zu führen geeignet sind (ohne daß bei Vornahme des Verhaltens die Gefahrslage auf erhöhtem Niveau ausruht). So bestehen z. B. keine Bedenken gegen § 2 IIIb AKB, denn die Beteiligung an Wettrennen ist geeignet, unmittelbar zum Vsfall zu führen. Solche Ausschlußklauseln brauchen dann auch ein Verschuldensmoment nicht zu enthalten, während ihnen allerdings ein Kausalmoment kraft ihrer Natur als Ausschlußklauseln innewohnt.

Bei solchen Verhaltensweisen, die unmittelbar auf den Vsfall bezogen sind, hat demnach der Ver die Wahl zwischen einer Ausschlußklausel und der Vereinbarung einer vorbeugenden Obliegenheit zum Zwecke der Nichtherbeiführung des Vsfalles. Entscheidet sich der Ver für den letzteren Weg, so muß er in Kauf nehmen, daß die §§ 32, 6 I, II Anwendung finden, also neben dem Kausal- auch das Verschuldens- und Klarstellungserfordernis. Ist von Leistungsfreiheit die Rede, so spricht das für eine Obliegenheit. Wird dagegen gesagt: „Vsschutz wird nicht gewährt" (so § 2 III AKB) oder: „Der Ver haftet nicht", so spricht das für eine Ausschlußklausel.

**[43] b) Verhütung einer Gefahrerhöhung.**

Kommt jedoch ein Verhalten in Frage, das nicht unmittelbar zum Vsfall zu führen pflegt, also ein Tun oder Unterlassen des Vmers zum Zwecke der Verhütung einer Gefahrerhöhung, ein Verhalten, bei dessen Nichtbeachtung die Gefahrslage auf erhöhtem Niveau noch auszuruhen pflegt, so darf der Ver den Weg einer Ausschlußklausel nicht beschreiten, es müssen vielmehr die zwingenden §§ 32, 6 I, II beachtet werden (anders wohl BGH 14. II. 1951 BGHZ Bd 1 S. 165—167). Abweichende Vereinbarungen, die sich äußerlich als Ausschlüsse darstellen, sind auf ihren wahren Gehalt umzudeuten: Wenn es also z. B. in § 3 IId AVB für die Lichtspieltheater-Einheitsv (VA 1939 S. 133) unter der Überschrift „Klarstellungen und Ausschlüsse" heißt, der Vsschutz beziehe sich nicht auf „Haftpflichtansprüche, die darauf zurückzuführen sind, daß der Vmer besonders gefahrdrohende Umstände, deren Beseitigung der Ver billigerweise verlangen konnte und auch ausdrücklich verlangt hatte, nicht innerhalb einer angemessenen Frist beseitigte" (ganz ähnlich § 4 II Ziff. 3 AHaftpflB), so handelt es sich hier in Wahrheit um eine vorbeugende Obliegenheit, und es ist u. a. das Verschuldenserfordernis zu beachten. Wenn in der Haftpflichtv vereinbart wird: „Ausgeschlossen bleibt die Haftpflicht für Schäden durch Explosion und Brand von Stoffen, die nicht gemäß behördlicher Vorschriften behandelt, gelagert, befördert werden", so versteckt sich auch hierin eine Obliegenheit zum Zweck der Verhütung einer Gefahrerhöhung, die den Vmer belastet und bei der es nicht nur auf Kausalität, sondern auch auf Verschulden, Klarstellung usw. ankommt (verkannt von BGH 27. VI. 1953 VA 1953 S. 226—227 = VersR 1953 S. 316—317).

**[44] c) Beispiele der Kraftfahrversicherung.**

Besonders umstritten ist die Rechtsnatur der Verwendungs- und Führerscheinklausel des § 2 II AKB. Auch hier handelt es sich um Obliegenheiten der §§ 32, 6 I, II, nicht um Gefahrenausschlüsse.

In beiden Fällen geht es um ein Verhalten (Unterlassen) des Vmers oder Vten, das der Verhütung einer Gefahrerhöhung dienen soll (auch die Verwendungsklausel kommt nur insoweit zum Zuge, als die Verwendung eine gefährlichere ist: Prölss[8] S. 466). Deshalb ist überhaupt nur die Vereinbarung einer vorbeugenden Obliegenheit zulässig. Daß eine solche auch getroffen ist, ergibt sich u. a. aus der Wahl der Leistungsfreiheit als Sanktion, aus dem Vergleich mit dem Wortlaut des § 2 III AKB (Ausschlußklausel) und aus dem Willen und Bedürfnis, den geschädigten Dritten zu schützen, was wegen § 158c I, III nur möglich ist, wenn man eine Leistungsfreiheit wegen Obliegenheitsverletzung annimmt, nicht aber eine Begrenzung der übernommenen Gefahr. Im einzelnen:

**[45] aa) Verwendungsklausel.**

Sie enthält das Verbot, das Fahrzeug gefährlicher als zu dem im Antrag angegebenen Zweck zu verwenden. Dabei ist die höhere Tarifierung einer Verwendungsart nur Indiz (a. A. Prölss[8] S. 466), es kommt darauf an, ob im Einzelfall die gefährlichere Art der Verwendung für den Schaden kausal war. Daneben muß die zweckfremde Verwendung schuldhaft erfolgt sein.

Der Obliegenheitscharakter ist richtig erkannt von BGH 14. II. 1951 BGHZ Bd 1 S. 165—169, 31. I. 1952 BGHZ Bd 4 S. 371, 2. IV. 1952 VersR 1952 S. 175, 8. X. 1952 VersR 1952 S. 367, OGH Wien 20. X. 1949 Vsrundschau 1949 S. 220, vorher RG 31. I. 1941 DR 1941 S. 1212 = JRPV 1941 S. 59, RAA und Zonenamt: DJustiz 1941 S. 659, VA 1950 S. 170. Ebenso Prölss[8] S. 464, 469, Stiefel-Wussow Anm. 9 zu § 2, S. 43—44.

**[46] bb) Führerscheinklausel.**

Sie enthält das Verbot für den Vmer und Halter, ohne die vorgeschriebene Fahrerlaubnis selbst zu fahren oder einen Fahrer das Fahrzeug lenken zu lassen (so schon Möller JRPV 1934 S. 49—52, HansRGZ 1937 A Sp. 241—260). Führt ein unberechtigter Fahrer, so kommt das Verbot nicht in Betracht. Im übrigen kann der Vmer oder Halter entschuldigt sein, nicht nur hinsichtlich des berechtigten Fahrers, sondern es sind auch Fälle denkbar, in denen der Selbstfahrer ohne Verschulden annehmen darf, er habe die Fahrerlaubnis. Der Nachweis, die schuldhafte Obliegenheitsverletzung sei nicht kausal — auch ein Fahrer mit Fahrerlaubnis hätte diesen Schaden nicht vermeiden können — ist möglich.

Der Obliegenheitscharakter ist richtig erkannt von den in Anm. 45 Zitierten.

**[47] 4. Restfälle.**

Es ist gezeigt, daß Obliegenheiten mit Vereinbarung der Leistungsfreiheit auch in manchen Fällen angenommen werden müssen, in denen der Schein für andersartige Konstruktionen spricht, z. B. für eine Bedingung, eine Abrede über den Vsort, einen Gefahrenausschluß (Anm. 32—46). Es gibt noch mannigfache andere Formulierungen, hinter denen sich die Vereinbarung der Leistungsfreiheit bei Verletzung vorbeugender Obliegenheiten verbirgt: „Es gilt als vereinbart, daß nachfolgende Sicherungen vorhanden sind" (KG 27. II. 1918 VA 1918 Anh. S. 74—75 Nr. 1059), eine Entschädigungsverpflichtung des Vers liege nicht vor, wenn mehr als drei Hobelbänke vorhanden sind (OLG Posen 11. XII. 1917 VA 1918 Anh. S. 40—41 Nr. 1036). „Der Herr Vte erklärt bei Verlust jedes Entschädigungsanspruchs im Brandfalle, daß der Vorrat an Petroleum 50 Liter nie übersteigt" (OLG Colmar 2. V. 1912 LZ 1912 Sp. 954). „Die Schadensersatzpflicht wird davon abhängig gemacht" (RG 8. XI. 1921 VA 1922 Anh. S. 29 Nr. 1256). Die V soll nur unter bestimmten Voraussetzungen „Gültigkeit" haben (OLG Hamm 15. V. 1920 VA 1921 Anh. S. 61 Nr. 1216, OLG Karlsruhe 17. V. 1912 VA 1912 Anh. S. 119—120 Nr. 706, verkannt von KG 6. I. 1940 JRPV 1940 S. 45—46 = HansRGZ 1942 A Sp. 265—266).

**[48] V. Zwingender Charakter.**

§ 32 selbst ist nicht zwingend, weist ja auch nur darauf hin, daß vorbeugende Obliegenheiten vereinbart werden können. Aber in Verbindung mit §§ 6 I, II, 15a ergibt sich, daß bei der Ausgestaltung der vorbeugenden Obliegenheiten keine volle Vertragsfreiheit besteht, insbesondere sind das Verschuldens-, Kausalitäts- und Klarstellungserfordernis zu beachten. Zur Frage etwaiger Umgehungen Anm. 32—47.

## § 33

**[1] Nach dem Eintritte des Versicherungsfalls hat der Versicherungsnehmer, sobald er von dem Eintritte Kenntnis erlangt, dem Versicherer unverzüglich Anzeige zu machen.**

**[2] Auf eine Vereinbarung, nach welcher der Versicherer von der Verpflichtung zur Leistung frei sein soll, wenn der Pflicht zur Anzeige des Versicherungsfalls nicht genügt wird, kann sich der Versicherer nicht berufen, sofern er in anderer Weise von dem Eintritte des Versicherungsfalls rechtzeitig Kenntnis erlangt hat.**

### Obliegenheit zur Anzeige des Versicherungsfalles.

**Gliederung:**



[1] **Entstehung:** § 33 ist unverändert geblieben. — Begr. I S. 42—43.

[2] **Schrifttum:** Bruck S. 323—332 m. w. N., Ehrenzweig S. 155—158, Eule, Die Pflicht zur Anzeige vom Eintritte des Vsfalles, Jenaer Diss., Berlin 1912, Fernbach, Die Anzeige des Vmers vom Eintritt des Vsfalles, Erlanger Diss., Berlin 1914, Heerbach, Die Haftung des Vmers für fremdes Verschulden bei Verletzung der Pflicht zur Anzeige des Vsfalles, Jenaer Diss., Jena 1930, Schmidt S. 224—229, Weiler JRPV 1930 S. 245—247.

[3] **I. Zweck.**

Die Anzeige vom Eintritt des Vsfalles — meistens zu eng Schadensanzeige genannt — dient den Belangen der Gefahrengemeinschaft. Der Ver muß möglichst bald Kenntnis von dem Eintritt des Vsfalles erhalten, um Auskünfte und Belege einholen zu können (§ 34) und um Rettungsmaßnahmen zu veranlassen (§ 62 I); in der Transportv muß er sich auch hinsichtlich des Abandons (§ 145) entscheiden.

Die allgemeine Obliegenheit des § 33 I wird ergänzt für einzelne Vszweige, so für die Feuerv (§ 92), für die Hagelv (§ 110), für die Tierv (§ 121), für die Transportv (§ 146), für die Lebensv (§ 171), für die Unfallv (§ 182), besonders aber für die Haftpflichtv (§§ 153, 158d I, II, 158e I 1).

Anzeigen nicht an den Ver, sondern an andere Stellen kennen § 23 VO über das Erbbaurecht (Anzeige des Vsfalls seitens des Vers an den Grundeigentümer), § 13 Ia AEB (Anzeige des Einbruchdiebstahls an die Polizeibehörde).

**[4] II. Rechtsnatur.**

§ 33 I erlegt dem Vmer und den ihm gleichstehenden Personen (Anm. 12) eine Obliegenheit auf (Anm. 3—15 zu § 6), und zwar handelt es sich um eine gesetzliche Obliegenheit, die als lex imperfecta geregelt ist: § 33 II weist auf die hinsichtlich der Verletzungsfolgen zu treffende Vereinbarung hin. Die Obliegenheit ist nach Eintritt des Vsfalles zu erfüllen, so daß § 6 III eingreift. Inhaltlich handelt es sich um eine Anzeige, also um eine Wissenserklärung.

**[5] III. Voraussetzungen.**

Aus § 33 I lassen sich zwei Voraussetzungen für die Anzeigeerstattung entnehmen: Eintritt des Vsfalles und Kenntnis des Vmers. Eine dritte Voraussetzung muß aus § 33 II gefolgert werden: Unkenntnis des Vers.

**[6] 1. Eintritt des Versicherungsfalls.**

**a) Normaler Tatbestand.**

Mit dem Eintritt des Vsfalles (Anm. 49 zu § 1) geht die Gefahrtragung des Vers aus ihrem latenten Stadium in ein akutes über: Die vte Gefahr realisiert sich (BGH 26. III. 1952 VersR 1952 S. 179—180). Bei der Schadensv wird mit dem Eintritt des Vsfalls die vte Beziehung beeinträchtigt, es beginnt ein Schaden zu entstehen (diesen Gesichtspunkt betont: RG 23. X. 1936 RGZ Bd 152 S. 238—240 [Ausw 2], auch OLG Düsseldorf 12. V. 1924 HansRZ 1924 Sp. 686—687, er ist dahingestellt gelassen von RG 20. I. 1925 JW 1925 S. 952).

**[7] b) Gedehnter Versicherungsfall.**

Der Vsfall erstreckt sich als gedehnter Vsfall häufig auf einen längeren Zeitraum, ein Brand kann mehrere Tage wüten, besonders aber in der Haftpflichtv liegt vor dem Abschluß der Schädigung des Vmers oft eine lange Zeit. Es fragt sich, ob die Obliegenheit des § 33 I bei Beginn oder erst am Ende des gedehnten Vsfalls zu erfüllen ist.

Prölss[8] Anm. 1 zu § 33, S. 126—127 hält für anzeigepflichtig schon „ein Ereignis, das einen Schaden zu verursachen imstande ist". Diese Definition des Vsfalls, welche übrigens nicht auf die Schadensv hätte beschränkt werden dürfen, ist fraglos zu weit. Denn bevor die vte Gefahr sich verwirklicht, kann der Vsfall nicht eintreten. Ereignisse, die einen Schaden zu verursachen imstande sind, können wohl als Gefahrerhöhungen bedeutsam sein, auch können sie u. U. im Wege vorbeugender Obliegenheiten für anzeigepflichtig erklärt werden (Anm. 8 zu § 32), nicht aber reichen sie im Rahmen des § 33 I aus.

Im Bereich der Schadensv muß vielmehr mindestens gefordert werden, daß die Schadensentstehung für den Vmer begonnen hat (vgl. besonders Koenig S. 218 bis 219). Schon früh muß der Ver Kenntnis erlangen, damit er z. B. bei einem lange wütenden Brande Weisungen für Rettungsmaßnahmen nach § 62 I 1 erteilen kann (allerdings hat der Vmer außerdem, wenn die Umstände es gestatten, solche Weisungen einzuholen; im übrigen wird die Verzögerung der Anzeige in solchen Fällen oft entschuldbar sein).

Für jene Vszweige in denen gedehnte Vsfälle besonders vorkommen, finden sich Spezialregelungen. So ist nach § 153 I ,II, IV in der Haftpflichtv nicht erst die Anspruchserhebung seitens des Dritten oder gar erst die gerichtliche Geltendmachung anzeigepflichtig, sondern schon die Tatsache, welche die Verantwortlichkeit des Vmers gegenüber einem Dritten zur Folge haben könnte; §§ 6 III, 33 II sind für sinngemäß anwendbar erklärt. In der Tierlebensv ist gemäß § 121 auch jede erhebliche Erkrankung sowie jeder erhebliche Unfall des Tieres anzuzeigen, auch hier ist § 33 für entsprechend anwendbar erklärt. In der Unfallv gibt es eine besondere Obliegenheit zur Anmeldung eines Anspruches auf Invaliditätsentschädigung (spätestens innerhalb von 3 Monaten nach Ablauf des auf den Unfall folgenden Jahres; dazu § 6 II Abs. 2 AUnfallB, VA 1950 S. 110, OLG München 20. X. 1951 VersR 1951 S. 269—270). In der Krankenv ist eine Krankenhausbehandlung binnen zehn Tagen nach ihrem Beginn anzuzeigen, im übrigen sind Rechnungsbelege innerhalb gewisser Fristen einzureichen, und derVer „verzichtet . . . in Abweichung von § 33 VVG auf unverzügliche Anzeige des Vsfalles" (§ 5 II b—d GrundBed).

[8] c) **Ausgelöste Leistungspflicht.**

Es muß sich um die Realisierung der vom Ver getragenen Gefahr handeln. Ein Ereignis, das keine Leistungspflicht des Vers auslöst, weil es vor dem materiellen Vsbeginn eintritt, ist kein Vsfall; es kann der vorvertraglichen Anzeigepflicht unterliegen, auch eine Gefahrerhöhung darstellen oder nach § 68 I von Bedeutung sein. — Ist die vom Ver getragene Gefahr durch Ausschlüsse eingeengt und greift im Einzelfall eine solche Ausschlußklausel Platz, so tritt gleichfalls kein Vsfall i. S. des § 33 I ein. Wenn § 61, der sich als Ausschlußbestimmung darstellt, von der schuldhaften Herbeiführung des Vsfalls spricht, so ist das ungenau. Die Schadensanzeige braucht im Falle des § 61 nicht erstattet zu werden, das Ereignis ist allenfalls als Gefahrerhöhung oder als Wegfall des vten Interesses (§ 68 II, III, nicht IV) zu würdigen. — Ist der Ver infolge einer Obliegenheitsverletzung des Vmers oder nach § 39 II von der Verpflichtung zur Leistung frei, so ist gleichfalls die Obliegenheit des § 33 I nicht zu erfüllen. — Anzuzeigen ist demnach nur ein Ereignis, das eine Leistung des § 1 I auslösen kann (a.A. Prölss[8] Anm. 1 zu § 33, S. 126). Dabei ist bedeutsam, daß mit dem Eintritt des Vsfalls, insbesondere dem Beginn eines gedehnten Vsfalls noch nicht „alle eine Haftung des Vers begründenden Umstände gegeben" zu sein brauchen (hierzu für die Personenkautionsv BGH 26. III. 1952 VersR 1952 S. 180). Darauf, ob der Vmer den Ver in Anspruch nehmen will, kommt es nicht an (vertragliche Ausnahme: § 13 I AEB); allerdings werden bei Nichtanzeige wegen Nichtinanspruchnahme den Vmer regelmäßig keine weiteren nachteiligen Folgen treffen.

Jedoch ist zu beachten, daß in der Transportv nach § 146 jeder Unfall anzuzeigen ist, der Schiff oder Ladung trifft, sofern er für die vom Ver zu tragende Gefahr von Erheblichkeit ist.

Auch sonst ist es denkbar, daß an einen „Vsfall", der keine Leistungspflicht des Vers auslöst, gewisse andere Rechtsfolgen anknüpfen, so daß aus diesem Grunde der Ver an der Kenntniserlangung interessiert ist und erweiterte Anzeigepflichten in Frage kommen (so endigt z. B. eine Personenkautionsv nach einem Vsfall, vgl. hierzu BGH 26. III. 1952 VersR 1952 S. 179—180).

[9] 2. **Kenntnis des Versicherungsnehmers.**

§ 33 I läßt die Anzeigepflicht des Vmers nach dem Eintritt des Vsfalls erst entstehen, „sobald er von dem Eintritte Kenntnis erlangt". Kennenmüssen steht der Kenntnis nicht gleich (OLG Düsseldorf 17. XI. 1936 JRPV 1937 S. 109), den Vmer trifft keine Erkundigungspflicht, auch nicht wenn er z. B. hört, in der Gegend, in der das vte Haus liegt, seien viele Gebäude zerstört.

In Betracht kommt nicht nur die Kenntnis des Vmers, sondern auch die der übrigen anzeigepflichtigen Personen (Anm. 12). Eine Wissenszurechnung (Anm. 80—83 zu § 6) greift Platz, wenn der Vmer oder der sonst Anzeigepflichtige seinen „Innenbetrieb in der Weise regelt, daß Tatsachen, deren Kenntnis von Rechtserheblichkeit ist, nicht von ihm selbst, sondern von einem bestimmten Angestellten zur Kenntnis genommen werden" (RG 8. III. 1921 RGZ Bd 101 S. 403).

Die Kenntnis muß sich nicht nur auf die eingetretene Tatsache beziehen, sondern auch auf ihren Charakter als eingetretenen Vsfall (Prölss[8] Anm. 2 zu § 33, S. 127, OLG Düsseldorf 17. XI. 1936 JRPV 1937 S. 109). Daran fehlt es, wenn ein Vter vom Bestehen einer V für fremde Rechnung nichts weiß (bedenklich deshalb LG Lüneburg 8. II. 1951 VersR 1952 S. 156 [Schülerunfallv], LG Hamburg 8. IV. 1953 VersR 1953 S. 241, Schiedsgericht Berlin 26. II. 1952 Verkehrsrechts-Sammlung Bd. 4 (1952) S. 474—476 [Speditionsv]). Mangels Kenntnis kommt es hier auf die Verschuldensfrage nicht an, also auch nicht auf die schuldhafte Kenntnis vom Bestehen der V. Bei „Zwangsgefahrengemeinschaften" konstruiert Schmidt S. 228 eine Erkundigungspflicht.

[10] 3. **Unkenntnis des Versicherers.**

§ 33 II ist zu entnehmen, daß die Anzeigepflicht entfällt, sofern der Ver „in anderer Weise von dem Eintritte des Vsfalls rechtzeitig Kenntnis erlangt". Die Vorschrift steht an systematisch unrichtiger Stelle. Es handelt sich um eine Voraussetzung der Anzeigepflicht, nicht nur um einen Wegfall der bei Nichtanzeige eintretenden Verletzungsfolgen, von denen § 33 II überdies nur die Vereinbarung der Leistungsfreiheit behandelt (ähnliche Bedenken zu §§ 16 III, 17 II in Anm. 36 zu § 16). Die Einrede der Arglist braucht nicht herangezogen zu werden (anders OLG München 24. I. 1939 HansRGZ 1939 A Sp. 206).

Die Kenntnis hat sich auf den Eintritt des Vsfalles zu beziehen (vgl. RG 18. VI. 1926 RGZ Bd 114 S. 117—119 [Ausw 1]).

Wie der Ver die Kenntnis erlangt, ist unerheblich. Ist für die Erfüllung der Anzeigepflicht Schriftform vereinbart (Anm. 16), so hat dennoch eine mündliche Anzeige Bedeutung, weil sie dem Ver Kenntnis verschafft. Die Kenntnis des Vers muß allerdings „rechtzeitig" erlangt sein. Erlangt also der Ver verspätet Kenntnis von dem Eintritt des Vsfalls, so kann er sich selbstverständlich auf die Verletzung der Anzeigepflicht durch den Vmer berufen. Es kommt darauf an, ob der Ver bis zu demjenigen Zeitpunkt Kenntnis erlangt, in welchem ihm die unverzügliche Anzeige des Vmers hätte zugehen müssen. Entscheidend ist die Kenntnis des Vers, seines Abschlußagenten (§ 44) oder seines sonstigen Wissensvertreters. Bei mehreren Vern genügt bei Vorhandensein einer Führungsklausel die Anzeige an den führenden Ver. Über die beim Ver maßgebende Stelle Anm. 37 zu § 16. Nicht ausreichend ist wegen § 44 die Kenntnis eines Vermittlungsagenten, andererseits gilt er aber zur Entgegennahme der Anzeige nach § 43 Ziff. 2 als bevollmächtigt.

**[11] IV. Anzeige**

Bei Gegebensein der in Anm. 5—10 genannten drei Voraussetzungen ist von dem Anzeigepflichtigen dem Anzeigeempfänger unverzüglich am rechten Ort und unter Wahrung der etwa vereinbarten Form eine inhaltlich ausreichende Anzeige zu machen.

**[12] 1. Anzeigepflichtiger.**

Es wird verwiesen auf Anm. 8—9 zu § 27.

Während aber nach § 27 II Zessionare, Pfandgläubiger und Bezugsberechtigte nicht anzeigepflichtig sind, belastet die Obliegenheit zur Anzeige des Vsfalles auch diejenigen Personen, die nach dem Vsfall als Anspruchsberechtigte dem Ver gegenüberstehen. Das ergibt sich aus dem engen Zusammenhang zwischen Anzeigepflicht und Schadensliquidation und ist betont in § 171 II (Lebensv) und § 182 (Bezugsberechtigung in der Unfallv). In der Lebensv ist § 171 II nicht auf den Fall der Bezugsberechtigung beschränkt (OLG München 22. X. 1924 JW 1925 S. 657, Prölss[8] Anm. 2 zu § 171, S. 510, irreführend Anm. 3 zu § 33, S. 127). Der Grundsatz muß aber überhaupt generell gelten (a. M. Prölss[8] Anm. 3 zu § 33, S. 127). Der Anspruchsberechtigte ist nicht an Stelle des Vmers anzeigepflichtig, sondern neben ihm (OLG München 22. X. 1924 JW 1925 S. 657, a. A. Prölss[8] Anm. 2 zu § 171, S. 510). Nicht zur Anzeige verpflichtet ist der Dritte in der Haftpflichtv; denn er hat keinen eigenen Anspruch gegen den Ver (RG 19. I. 1917 VA 1918 Anh. S. 25 Nr. 1028; für die Pflichtv vgl. aber §§ 158d I, II, 158e I 1.

**[13] 2. Anzeigeempfänger.**

Vgl. Anm. 26 zu § 23.

**[14] 3. Zeit.**

Nach § 33 I ist die Anzeige unverzüglich zu machen, d. h. ohne schuldhaftes Zögern (§ 121 I 1 BGB), nicht etwa sofort. Die Unverzüglichkeitsfrist beginnt, sobald der Anzeigepflichtige von dem Eintritt des Vsfalls Kenntnis erlangt. Es kommt—sieht man von den Spezialregelungen ab — auf den Beginn eines gedehnten Vsfalls an (Anm. 7), hinsichtlich der Kenntnis vgl. Anm. 9.

Die Unverzüglichkeitsfrist wird gesetzlich oder vertraglich oft konkretisiert, so durch §§ 92 (Feuerv: 3 Tage), 110 (Hagel v: 4 Tage), 171 I 2(Lebensv: 3 Tage). Hier wird jeweils nur auf den Eintritt des Vsfalls, nicht auf die Kenntnis des Vmers abgestellt. Das hat einen guten Sinn: Erfolgt die Absendung der Anzeige innerhalb der klaren Frist, so kann der Ver nicht geltend machen, sie sei schuldhaft verzögert (RG 12. V. 1933

RGZ Bd 140 S. 320—321 [Ausw 1]: „unter allen Umständen"). Ist dagegen die klare Frist versäumt, so kann der Anzeigepflichtige immer noch dartun, er habe erst später Kenntnis erlangt und daraufhin unverzüglich angezeigt. Anderen Charakter hat die Wochenfrist des § 153 I 1, wonach der Haftpflichtvmer innerhalb einer Woche nach Kenntniserlangung jene Tatsachen anzuzeigen hat, die seine Verantwortlichkeit gegenüber einem Dritten zur Folge haben könnten. Die Berechnung dieser Fristen ergibt sich aus §§ 187 I, 188 I, II, 193 BGB (so für § 193 BGB: RG 12. V. 1933 RGZ Bd 140 S. 321 [Ausw 1]). Die Fristen können vertraglich verlängert, aber nicht verkürzt werden (§§ 92 II, 115a I, 178 I 1, 158a). Die generelle Unverzüglichkeitsfrist des § 33 I ist jedoch auch verkürzbar — z. B. auf sofort —, da die Bestimmung nach § 34a[1] nicht zwingend ist. Selbstverständlich liegt eine Verlängerung nicht darin, daß der Ver eine Klagefrist setzt (LG Düsseldorf 21. XI. 1950 VersR 1951 S. 83).

**[15] 4. Ort.**

Eine mündliche Anzeige ist dem Anzeigeempfänger (Anm. 13) zu erklären. Eine schriftliche Anzeige ist zu schicken, die Obliegenheit nach Analogie einer Schickschuld zu behandeln. Es reicht also die unverzügliche Absendung aus (hervorgehoben von §§ 92, I 2, 110 2, 153 III, 171 I 2). Andererseits hat der Vmer die Kosten für die Erfüllung der Anzeigepflicht, also z. B. das Porto, zu tragen.

**[16] 5. Form.**

Die Anzeige ist gesetzlich formfrei, vertraglich kann die Schriftform vereinbart werden (Einzelheiten: Anm. 7—8 zu § 34a). Wird die Form nicht gewahrt, so schadet das regelmäßig nicht, sofern dem Ver Kenntnis verschafft wird (Anm. 10).

**[17] 6. Inhalt.**

Die Anzeige muß ergeben, daß ein Vsfall eingetreten ist, durch den der Ver nach Auffassung des Anzeigenden leistungspflichtig wird (vgl. RG 18. VI. 1926 RGZ Bd 114 S. 117—119 [Ausw 1]). Genauere Angaben fordert für die Hagelv § 16 I 5 AHagelB, vgl. auch Ehrenzweig S. 157.

**[18] 7. Rechtsnatur.**

Die Anzeige ist eine Wissenserklärung. Auch ein beschränkt Geschäftsfähiger oder ein Geschäftsunfähiger kann die Anzeige erstatten. Ob er für unterlassene Anzeigen verantwortlich ist, ist nach den Grundsätzen über die Schuldfähigkeit zu entscheiden (Anm. 20).

**[19] V. Verletzung.**

**1. Nichtanzeige.**

Als objektiver Verletzungstatbestand kommt praktisch nur die Nichtanzeige des Vsfalls in Frage. Wird ein Ereignis angezeigt, das kein Vsfall ist, so kann hierin zivilrechtlich eine unerlaubte Handlung, strafrechtlich ein Betrugsversuch liegen. Wird vorsätzlich dem Ver vorgespiegelt, ein (fingierter) Vsfall sei eingetreten oder ein vor dem materiellen Vsbeginn eingetretener Schaden sei erst nachher entstanden, so kann § 263 I StGB eingreifen, demzufolge auch §§ 823 II 1, 826 BGB.

Sofern die Anzeige inhaltlich spezielle Angaben erforderlich macht (Anm. 17), kommt auch eine Schlechterfüllung in Betracht, die der Nichterfüllung gleichzustellen ist.

**[20] 2. Verschulden.**

Das Wort „unverzüglich" in § 33 I ist nicht nur auf die Zeit der Anzeigeerstattung zu beziehen, sondern knüpft allgemein für den Vmer nachteilige Verletzungsfolgen an die Verschuldensvoraussetzung. Ist als Verletzungsfolge Leistungsfreiheit des Vers vorgesehen, so greift überdies § 6 III 1 ein, der leichte Fahrlässigkeit nicht ausreichen läßt, sondern mindestens grobe Fahrlässigkeit erfordert. Danach kann der Vmer bei schuldloser Verletzung der Anzeigepflicht keine Nachteile erleiden. Bei leichtfahrlässiger Verletzung kann der Ver nicht leistungsfrei werden (auch wenn die Anzeige nicht unverzüglich gemacht ist). Nur bei mindestens grober Fahrlässigkeit können den Vmer alle Rechtsnachteile treffen.

Verschulden setzt Schuldfähigkeit voraus (Anm. 69 zu § 6). Einzelheiten zur Verschuldensfrage Anm. 25—36 zu § 6.

**[21] 3. Vereinbarung.**

§ 33 stellt sich als lex imperfecta dar, die Verletzungsfolgen müssen vereinbart werden. Fehlt es an einer Vereinbarung, so bringt die Verletzung keine Rechtsnachteile für den Vmer mit sich (Anm. 17 zu § 6). Der Vmer könnte also noch lange nach Ablauf der Unverzüglichkeitsfrist einen Vsfall anzeigen, nur die Verjährung (§ 12 I) setzt eine Schranke.

**[22] 4. Rechtsbehelfe.**

Als vereinbarte Rechtsfolgen kommen praktisch nur Verwirkungsfolgen und der Verlust von Kündigungsrechten (Schmidt S. 227), nicht aber sonstige schwächere Folgen (wie Vertragsstrafen) in Frage (Anm. 23 zu § 6). Schadensersatz als gesetzliche Rechtsfolge kommt nicht in Betracht (Anm. 7 zu § 6, Schmidt S. 228—229, a. A. Bischoff VersR 1951 S. 128—129, Ehrenzweig S. 158; Prölss[8] Anm. 8 zu § 33, S. 128 unter Berufung auf KG 24. X. 1925 VA 1926 S. 35—36 Nr. 1550, vgl. auch OLG Hamburg 21. VI. 1951 VersR 1951 S. 226—227).

**[23] a) Kein Rücktritt.**

Als Verwirkungsfolge darf nach § 6 IV ein Rücktrittsrecht des Vers nicht vorgesehen werden; die Vorschrift gilt auch im Bereiche der Vertragsfreiheit (Anm. 20 zu § 6).

**[24] b) Leistungsfreiheit.**

Regelmäßig wird vereinbart, daß bei Verletzung der Anzeigepflicht der Ver von der Verpflichtung zur Leistung frei sein soll. Hiervon geht auch § 33 II aus (die Vorschrift ist im übrigen generell von Bedeutung: Anm. 10). Bei Vereinbarung der Leistungsfreiheit, welcher auflösende Bedingungen des Vsschutzes und dauernde Leistungsverweigerungsrechte gleichstehen (Anm. 20 zu § 6), behält der Ver den Anspruch auf die Prämie. Aus § 6 III ergeben sich zwei wichtige Ergänzungen:

**[25] aa) Verschuldenserfordernis (§ 6 III 1).**

Wie bereits betont (Anm. 20), kann der Ver nicht leistungsfrei sein, wenn derAnzeigepflichtige nur leichtfahrlässig die Unverzüglichkeitsfrist versäumt hat. Die Verwirkung setzt vielmehr mindestens grobe Fahrlässigkeit des Vmers voraus.

Einzelfälle: RG 7. X. 1921 VA 1922 Anh. S. 16—17 Nr. 1243, 18. VI. 1929 VA 1929 S. 224—225 Nr. 1990 = Praxis 1929 S. 82, 20. VI. 1930 Praxis 1930 S. 75., 18. XI. 1932 VA 1932 S. 310—311 Nr. 2490, 11. IX. 1936 JRPV 1936 S. 311—312, KG 20. II. 1912 VA 1912 Anh. S. 121—122 Nr. 708, 1. V. 1929 JRPV 1929 S. 244—245, 4. I. 1951 VersR 1951 S. 50, OLG Celle 11. VII. 1930 JRPV 1930 S. 320—321, OLG Düsseldorf 12. V. 1924 HansRZ 1924 Sp. 687—688, OLG Hamburg 6. V. 1931 JRPV 1931 S. 278, OLG Hamm 9. II. 1921 VA 1922 Anh. S. 48—49 Nr. 1273, 17. III. 1927 VA 1927 S. 251 Nr. 1755, OLG Kiel 24. II. 1927 VA 1927 S. 223—224 Nr. 1737. Bei Unkenntnis des Vten vom Bestehen der V kommt es auf die Verschuldensfrage nicht an (Anm. 9).

**[26] bb) Kausalitätserfordernis** (§ 6 III 2).

Früher konnte auch bei grobfahrlässiger Verletzung der Anzeigepflicht der Ver voll leistungsfrei sein (vgl. nur RG 11. III. 1930 RGZ Bd 127 S. 369—370 [Ausw 1], 14. VI. 1932 RGZ Bd 136 S. 372—373 [Ausw 1]).

Seit der Neufassung des § 6 sind die Fälle vorsätzlicher und grobfahrlässiger Verletzung zu unterscheiden. Bei vorsätzlicher Verletzung kommt es auf die Kausalität nach wie vor nicht an. Bei grobfahrlässiger Verletzung dagegen ist entscheidend, inwieweit die Verletzung, also praktisch die verspätete Anzeige, Einfluß auf die Feststellung des Vsfalls oder auf die Feststellung oder den Umfang der dem Ver obliegenden Leistung gehabt hat. Bei mangelndem Einfluß muß der Ver voll leisten, bei teilweisem Einfluß teilweise, und nur bei vollständigem Einfluß überhaupt nicht. Das Alles-oder-Nichts-Prinzip ist also aufgegeben (Anm. 21 zu § 6).

Läßt sich infolge der grobfahrlässigen Verletzung, etwa einer starken Verspätung, der Vsfall nicht mehr feststellen, z. B. nicht mehr ermitteln, ob der Schaden während der materiellen Vsdauer eingetreten ist, so ist der Ver völlig leistungsfrei. Bleiben Zweifel hinsichtlich der Feststellung der dem Ver obliegenden Leistung, also hinsichtlich des Ob des Leistenmüssens, so ist der Ver gleichfalls völlig leistungsfrei: Man denke daran, daß der Ver nur bei Überschreitung einer Franchise zu leisten hat und daß sich infolge der Verspätung nicht mehr feststellen läßt, ob die Freigrenze überschritten wurde oder nicht, oder daran, daß die Vermutung einer Brandstiftung sich nachträglich nicht mehr beweisen läßt (KG 4. I. 1951 VersR 1951 S. 50); weiteres Beispiel aus der Speditionsv: Schiedsgericht Berlin 26. II. 1952 Verkehrsrechts-Sammlung Bd 4 (1952) S. 477—478. Eine nur teilweise Leistung des Vers kommt in Betracht, falls infolge der verspäteten Anzeige der Umfang, das Wieviel, der dem Ver obliegenden Leistung nicht mehr vollständig ermittelt werden kann: Der Vmer kann nicht mehr alle verbrannten Haushaltsgegenstände aufführen. Zu erwähnen ist auch der Fall, daß infolge der verspäteten Anzeige der Ver nicht mehr rechtzeitig Weisungen nach § 62 I 1 geben konnte, durch die der Schaden gemindert worden wäre.

Nicht ganz genau ist es, wenn Prölss[8] Anm. 9 zu § 33, S. 128 meint, der Vmer könne in Fällen grober Fahrlässigkeit „der Verwirkung mit dem Einwand begegnen, daß der Gesellschaft kein Schaden entstanden sei".

[27] **cc) Geltendmachungserfordernis.**

Darüber, daß der Ver auf die Geltendmachung seiner Leistungsfreiheit verzichten, sie ausnahmsweise auch verwirken kann: Anm. 44—51 zu § 6.

[28] **VI. Beweislast.**

Der Ver muß beweisen, der Vmer habe den Vsfall trotz Kenntnis nicht angezeigt. Der Vmer kann demgegenüber dartun, der Ver habe anderweitig rechtzeitig Kenntnis erlangt oder ihn, den Vmer, treffe kein Verschulden, jedenfalls keine grobe Fahrlässigkeit oder kein Vorsatz.Ferner muß der Vmer im Falle grober Fahrlässigkeit die mangelnde oder limitierte Kausalität beweisen. Schließlich muß der Vmer einen Verzicht desVers beweisen, sowie einen Verwirkungstatbestand (Nachweise Anm. 52—53 zu § 6).

[29] **VII. Abdingbarkeit.**

§ 33 I ist nicht zwingend, wohl aber nach seinem Wortlaut § 33 II. Bei Kenntnis des Vers kann danach Leistungsfreiheit des Vers nicht Platz greifen. Zu beachten ist auch, daß § 6 III nach § 15a zwingend ist (dagegen reicht in der öffentlich-rechtlichen Sachv wegen § 192 II kraft Landesrechts zuweilen leicht fahrlässige Verletzung der Anzeigepflicht aus: OVG Hamburg 13. IV. 1951 VersR 1951 S. 274—275; falsch Schiedsgericht Berlin 26. II. 1952 Verkehrsrechts-Sammlung Bd 4 (1952) S. 476—477, wonach bei einer laufenden V [Speditionsv] wegen § 187 II der § 6 III unanwendbar sein soll, auch wenn er nicht wegbedungen ist). Auf die Schadensanzeige verzichtet man in der Erlebensfallv (§ 171 I 1) und Reisewetterv, dort tritt an ihre Stelle eine Mitteilungspflicht des Vers (Möller VersR 1953 S. 218); auch in der Krankenv entfällt teilweise die Anzeigeobliegenheit (Anm. 7).

Soweit nicht das Gesetz selbst Gleichstellungen vornimmt (vgl. Anm. 7), ist es unzulässig, durch Ausweitung und Vorverlegung des Begriffes Vsfall solche vertragliche Anzeigepflichten dem nicht zwingenden § 33 I zu subsumieren, die der Sache nach Anzeigen von Gefahrerhöhungen oder vorbeugende Obliegenheiten zum Gegenstande haben. In solchen Fällen setzen sich die zwingenden Vorschriften der §§ 23—29a, 6 I, II durch, soweit sie den Vmer besser stellen (deshalb bedenklich Prölss[8] Anm. 1 zu § 33, S. 127).

## § 34

[1] **Der Versicherer kann nach dem Eintritte des Versicherungsfalls verlangen, daß der Versicherungsnehmer jede Auskunft erteilt, die zur Feststellung des Versicherungsfalls oder des Umfanges der Leistungspflicht des Versicherers erforderlich ist.**

[2] **Belege kann der Versicherer insoweit fordern, als die Beschaffung dem Versicherungsnehmer billigerweise zugemutet werden kann.**

**Auskunfts- und Belegpflicht.**
**Täuschung bei Schadensermittlung.**

**Gliederung:**

[1] **Entstehung:** § 34 ist unverändert geblieben, wenn man davon absieht, daß § 34 II 2 a. F. heute in § 34a[1] eingearbeitet ist. — Begr. I S. 43—44, III S. 8.

[2] **Schrifttum:** Bruck S. 332—341 m. w. N., Schmidt S. 229—232, zu VII: Gottschalk HansRZ 1925 Sp. 577—592.

[3] **I. Grundprinzipien.**

**1. Zweck.**

Es reicht nicht aus, daß der Vmer den Vsfall anzeigt (§ 33). Will der Ver sich ein klares Bild über seine Leistungspflicht verschaffen, so muß der Vmer ihm weitere Kenntnisse verschaffen und Beweise erbringen, und zwar derart, daß der Ver sich auf Richtigkeit und Vollständigkeit verlassen kann (BGH 25. X. 1952 VA 1953 S. 11 = VersR 1952 S. 429). Diesem Zweck dient die Auskunfts- und Belegpflicht (§ 34).

Die allgemeine Obliegenheit des § 34 wird ergänzt für die Haftpflichtv durch §§ 158 d III, 158 e I, für die Lebensv durch § 171 II, für die Unfallv durch § 182. Neben der Auskunfts- und Belegpflicht stehen aber im Zusammenhang mit der Leistungsliquidation weitere Obliegenheiten, seien sie gesetzliche (§§ 93, 111), seien sie vertragliche (Anm. 7).

Aber auch bei Berücksichtigung dieser Ergänzungen ist die Materie nicht vollständig geregelt, vielmehr ist zusätzlich der allgemeine Gesichtspunkt der arglistigen Täuschung bei der Schadensermittlung zu berücksichtigen (Anm. 45—60).

Im Zusammenhang mit der Leistungsliquidation tauchen weitgehend Beweislastfragen auf, dazu besonders Drefahl, Die Beweislast und die Beweiswürdigung im Vsrecht, Hamburg 1939. Gelegentlich kann auch eine prozessuale Sicherung des Beweises (§§ 485—494 ZPO) in Betracht kommen: Begr. I S. 45.

[4] **2. Rechtsnatur.**

§ 34 erlegt dem Vmer und den ihm gleichstehenden Personen zwei Obliegenheiten auf (Anm. 5—11 zu § 6), die sich als gesetzliche Obliegenheiten darstellen und deren Verletzungsfolgen in der lex imperfecta des § 34 nicht geregelt sind. Die Obliegenheiten sind nach Eintritt des Vsfalles zu erfüllen, so daß § 6 III eingreift. Inhaltlich handelt es sich bei der Auskunftspflicht des § 34 I um eine Wissenserklärung, bei der Belegpflicht des § 34 II dagegen um ein sonstiges Tun des Vmers. Eine Besonderheit liegt darin, daß beide Obliegenheiten nicht spontan zu erfüllen sind, sondern nur, wenn der Ver es verlangt oder fordert.

[5] **3. Versicherungsfall.**

Nicht nur § 34 I, der es hervorhebt, sondern auch § 34 II setzt den Eintritt des Vsfalles voraus. Der Begriff ist der gleiche wie in § 33 I, auf Anm. 6—8 zu § 33 wird verwiesen. Nach dem Eintritt des Vsfalles — insonderheit eines gedehnten — kommt eine mehrfache Erfüllung der Auskunfts- und Belegpflicht in Betracht (Anm. 18).

[6] **4. Verlangen.**

So wie es verhaltene Ansprüche gibt, die erst durch ein Verlangen entstehen (§ 11 II, Anm. 32 zu § 11), so gibt es auch verhaltene Obliegenheiten des Vmers: Die Auskunfts- und Belegpflicht des § 34 kommen erst durch ein Verlangen des Vers zur Entstehung (§ 34 II spricht vom „fordern" der Belege). Der Ver kann, er muß nicht verlangen. Er hat also ein Gestaltungsrecht, bei dessen Ausübung die Obliegenheit des Vmers entsteht. Die Ausübung des Gestaltungsrechtes erfolgt durch eine formfreie einseitige empfangsbedürftige Willenserklärung, auch durch Übersendung eines Vordruckes (OLG Köln 13. XII. 1935 HansRGZ 1936 A Sp. 141). Das Verlangen erstreckt sich nur auf die geforderten Auskünfte und Belege. Weiter geht es, falls der Vmer vereinbarungsgemäß „alle Tatumstände, welche auf den Schadensfall Bezug haben, mitzuteilen" hat (OLG Celle 18. VIII. 1939 HansRGZ 1942 A Sp. 221—223). Trifft das aber nicht zu, so kann die Auskunftspflicht nicht durch analoge Anwendung des § 18 ausgeweitet werden; bei Arglist des Vmers kommt allenfalls der selbständige Gesichtspunkt einer arglistigen Täuschung bei der Schadensermittlung in Betracht (Anm. 48; a. A. Prölss[8] Anm. 3 zu § 34, S. 131 unter Berufung auf LG Stade 5. VII. 1951 ZfV 1951 S. 296). Vgl. zur Verschweigung von Trunkenheit am Steuer, wonach nicht gefragt ist, auch BGH 18. X. 1952 BGHZ Bd 7 S. 325, OLG Celle 7. I. 1952 VersR 1952 S. 37, 17. III. 1952 NJW 1952 S. 751 (keine Verletzung der Auskunftspflicht), Prölss VersR 1951 S. 139, LG Bielefeld 15. XI. 1951 VersR 1952 S. 13 (Verletzung).

Das Verlangen kann der Ver oder ein Vertreter stellen. Auch ein Abschlußagent ist ohne besondere Vollmacht zur Abgabe der Willenserklärung nicht befugt (a. A. Bruck 7. Aufl. S. 133, Prölss[8] Anm. 1 zu § 34, S. 129, KG 7. X. 1933 VA 1933 S. 435 Nr. 2652 = JRPV 1934 S. 57). Verlangt er Auskünfte oder Belege ohne Vertretungsmacht, so gilt § 180[1,2] BGB. Ein Regulierungsbeamter (Gottschalk JW 1929 S. 2039, KG 24. I. 1934 VA 1934 S. 43—44 Nr. 2694) sowie ein Sachverständiger des Vers (KG 27. X. 1926 JRPV 1927 S. 14) oder eine Sachverständigenkommission ist zur Stellung des Verlangens bevollmächtigt (Prölss[8] Anm. 1 zu § 34, S. 129), desgleichen in der Haftpflichtv der vom Ver gestellte Anwalt (RG 25. X. 1938 JW 1938 S. 3303—3304 = JRPV 1938 S. 360—361). Sind mehrere Ver beteiligt, so kann jeder das Verlangen stellen, demnach bei Vorhandensein einer Führungsklausel selbstverständlich auch der führende Ver. Das Verlangen ist zu richten an den Vmer oder eine andere auskunfts- oder belegpflichtige Person (Anm. 16, 29).

Das Verlangen präjudiziert den Ver grundsätzlich nicht, sollen doch die Auskünfte und Belege erst der Prüfung der Leistungspflicht des Vers dienen. Jedoch kann ausnahmsweise in dem Verlangen ein Verzicht auf die Geltendmachung von Einwänden gegen die Vsforderung liegen (dazu RG 12. XI. 1909 Gerhard Prax Bd 3 S. 135).

[7] **5. Abgrenzung.**

Die Grenze zwischen der Anzeigepflicht des § 33 I und der Auskunftspflicht des § 34 I ist insofern flüssig, als eine inhaltlich erweiterte Anzeige das Verlangen nach Auskünften unnötig macht. Ist schon in den AVB eine erweiterte Anzeige ein für allemal verlangt (Anm. 17 zu § 33), so kann der Ver bei Nichtanzeige entweder die Erfüllung der Anzeigepflicht anmahnen oder davon unabhängig eine entsprechende Auskunft verlangen. Ist die Anzeige erfolgt, so kann insoweit eine Auskunft nicht mehr verlangt werden (Anm. 10). Ist eine formularmäßige „Schadenanzeige" erst „nach Zustellung des vom Ver zu liefernden Vordrucks für Schadenanzeigen" zu machen (§ 9 IV AUnfallB), so steht in Wahrheit eine Erfüllung der Auskunftspflicht in Frage.

Sofern es sich um ein Verhalten handelt, das der Vmer schon vor dem Eintritt des Vsfalles zu erfüllen hat, greift § 34 nicht ein. Wird z. B. dem Vmer auferlegt, Bücher in bestimmter Weise zu führen, damit der Schadensnachweis erleichtert wird (vgl. z. B. die Modellklausel: Feuerklauseln D 2/12), so handelt es sich um eine schon vor Eintritt des Vsfalles zu erfüllende Obliegenheit, bei der nicht § 6 III, sondern § 6 I anzuwenden ist (a. M. Prölss[8] Anm. 2 zu § 34, S. 130). Nach OLG Celle 21. X. 1913 VA 1914 Anh. S. 58 Nr. 816 soll es dem Vmer verstattet bleiben, den Schaden bei unterbliebener Buchführung anderweitig nachzuweisen. Nach KG 14. VII. 1926 JRPV 1926 S. 264 ist § 6 I anzuwenden und es kommt darauf an, ob die Sanktion der Leistungsfreiheit überhaupt vereinbart ist. Nach KG 9. VII. 1921 VA 1922 Anh. S. 55—56 Nr. 1280, RG 10. X. 1922 VA 1923 Anh. S. 78—79 Nr. 1333 wird dagegen die Sanktion der Leistungsfreiheit, die vorgesehen ist für die Auskunfts- und Belegpflicht, auch auf die Buchführungspflicht bezogen, und zwar vom KG im Sinne einer Teilverwirkung. Volle Leistungsfreiheit die Vers nimmt an KG 19. XI. 1921 VA 1924 S. 101—102 Nr. 1401, 5. VII. 1929 JRPV 1929 S. 264. Nach OLG Hamburg o. D. ZfV 1954 S. 310—311 tritt keine Verwirkungsfolge ein, falls der Vmer behauptet, die Warenbestandsliste sei mitverbrannt, und falls der Ver das Gegenteil nicht beweisen kann.

Fordert bereits vor dem Vsfall, insbesondere im Vsvertrage selbst der Ver gewisse Belege, die im Anschluß an einen Vsfall geliefert werden müssen, so handelt es sich nicht um die Obliegenheit des § 34 II, wohl aber um eine Obliegenheit, die nach Eintritt des Vsfalles zu erfüllen ist, so daß gleichfalls § 6 III Anwendung findet. Hierher gehört § 5 II c 1,2 GrundBed, wonach Rechnungsbelege und andere Unterlagen binnen bestimmter Frist vorzulegen sind, auch § 11 I b, II ALB (Geburts-, Sterbeurkunde, Arztzeugnis).

Von der Auskunfts- und Belegpflicht (Tunspflicht) zu unterscheiden, allerdings auch nach § 6 III zu behandeln ist die z. B. in § 13 I c AFB vorgesehene Duldungspflicht (Unterlassungspflicht) des Vmers, der „dem Ver, soweit es ihm billigerweise zugemutet werden kann, jede Untersuchung über Ursache und Höhe des Schadens und über den Umfang seiner Entschädigungspflicht zu gestatten" hat. Hierher gehört bei der Unfallv auch die Obliegenheit, zu dulden, daß bei Tod die Leiche von einem vom Ver beauftragten Arzt besichtigt und geöffnet wird (§ 9 II 2 AUnfallB). Keine bloße Duldung ist es, wenn der Vmer Ärzte zu ermächtigen hat, dem Ver auf Verlangen Auskunft zu erteilen (§ 9 V 2 AUnfallB) oder wenn der Vmer sich einer ärztlichen Untersuchung und Begutachtung zu stellen und zu unterwerfen hat (§ 9 VIa, b AUnfallB). Allen diesen Obliegenheiten ist gemeinsam, daß der Ver sich selbst die weitere Aufklärung verschafft, hierfür setzt Grenzen § 11 III 1,2 ALB. — Über die Frage, ob der geschädigte Dritte in der Haftpflichtv es dulden muß, daß der Ver ihn filmen läßt (zwecks Feststellung des Grades einer Beinbehinderung), und ob der Dritte die Verwertung der gemachten Aufnahmen verhindern kann: OLG Düsseldorf 9. X. 1935 HRR 1936 Nr. 416.

Über die Belegpflicht hinaus geht es, wenn in der Tierv bei hochwertigen Tieren oder auf Verlangen des Vers der Vmer eine tierärztliche Zerlegung des toten oder notgetöteten Tieres zu veranlassen hat (§ 8 II b ATierB), wenn in der Unfallv der behandelnde Arzt zu veranlassen ist, einen Bericht zu erstatten (§ 9 V 1 AUnfallB).

Über das Verhältnis der vorvertraglichen Anzeigepflicht zur Auskunftspflicht Anm. 12, 41, der Auskunftspflicht zur Täuschung bei der Schadensermittlung Anm. 45.

Ausnahmsweise muß der Vmer spontan eine Äußerung abgeben, nämlich falls er zunächst schuldlos eine falsche Auskunft gegeben und dann die Wahrheit erfahren hat (OLG Kiel 8. II. 1927 VA 1927 S. 266 Nr. 1765).

**[8] II. Auskunftspflicht.**

**1. Voraussetzungen.**

Die Auskunftspflicht (§ 34 I) setzt voraus, daß nach dem Eintritte des Vsfalles (Anm. 5) der Ver verlangt (Anm. 6), der Vmer solle eine Auskunft erteilen, „die zur Feststellung des Vsfalles oder des Umfanges der Leistungspflicht des Vers erforderlich ist".

**[9] a) Wissen des Versicherungsnehmers.**

Die Auskunftspflicht soll einer Wissensvermittlung dienen, dem Ver sollen gewisse Kenntnisse verschafft werden. Anders als bei den Anzeigepflichten (Anm. 32 zu § 16, Anm. 34 zu § 23; Anm. 9 zu § 33) kommt es bei der Auskunftspflicht nicht darauf an, ob der Auskunftspflichtige das zu vermittelnde Wissen bereits selbst besitzt. Er muß vielmehr, falls notwendig, seinerseits Auskünfte bei anderen einziehen und sonstige Feststellungen treffen. Insoweit ist die Auskunftspflicht Erkundigungspflicht (RG 12. VI. 1936 RdK 1938 S. 52).

**[10] b) Unkenntnis des Versicherers.**

Da die Auskunftspflicht dem Ver ein Wissen vermitteln soll, entfällt sie, soweit der Ver dieses Wissen bereits sicher besitzt. Hier gilt Entsprechendes wie bei jeder Anzeigepflicht (Anm. 24 zu § 6). Der Vmer kann sich nicht darauf berufen, er habe gemeint, der Ver werde die Unrichtigkeit einer Angabe durchschauen (BGH 25. X. 1952 VA 1953 S. 11 = VersR 1952 S. 429, OLG Kassel 1. X. 1953 VersR 1953 S. 444). Wiederholt brauchen identische Auskünfte nicht gegeben zu werden. Hat einer von mehreren Auskunftpflichtigen oder ein Dritter einwandfrei die Auskunft gegeben, so entfällt für alle anderen die Auskunftspflicht.

**[11] c) Tatsachen, Rechtsverhältnisse.**

Die verlangten Auskünfte können sich auf Tatsachen (Zustände oder Ereignisse) ebenso beziehen wie auf Rechtsverhältnisse, z. B. auf die Eigentumsverhältnisse an den verbrannten, nicht für Rechnung wen es angeht vten Sachen. Dagegen kommen bloße Werturteile nicht in Betracht, z. B. nicht Äußerungen darüber, auf wessen Verhalten ein Verkehrsunfall zurückzuführen sei (KG 15. VI. 1935 JRPV 1935 S. 312, a. M. Prölss[8] Anm. 2 zu § 34, S. 130).

**[12] d) Feststellung des Versicherungsfalls.**

Die Auskünfte sind ihrem Gegenstande nach zweckgebunden, sie können in erster Linie zur Feststellung des Vsfalls (für die Haftpflichtv nennt § 158 d III 1 das Schadensereignis) erforderlich sein, also klären, ob die vte Gefahr sich verwirklicht hat und nicht etwa ein Gefahrenausschluß eingreift (z. B. § 61). Deshalb statthaft Frage nach dem Aufenthalt des Vmers vor dem Brande: OLG Kiel 8. II. 1927 VA 1927 S. 264—266 Nr. 1765, nach der Urheberschaft eines Anstiftungsbriefes für eine Brandstiftung (a. A. RG 13. X. 1936 JRPV 1936 S. 345). Auch während der materiellen Vsdauer muß der Vsfall eingetreten sein. Es muß sich ferner um eine Beeinträchtigung des vten Interesses, um den Tod, den Unfall, die Krankheit einer vten Person handeln.

Nicht dagegen dient der Feststellung des Vsfalls die Aufklärung der Frage, ob der Anspruchserhebende materiell berechtigt ist, ob alle Prämien, besonders die letzte gezahlt sind, ob der Vmer die vorvertragliche Anzeigepflicht, die Gefahrstandspflicht (a. A. OLG Kassel 1. X. 1953 VersR 1953 S. 443) oder eine andere vor Eintritt des Vsfalls zu erfüllende Obliegenheit ordnungsgemäß erfüllt und nach dem Vsfall keine Betrugshandlungen begangen hat. Auskünfte, welche nur in dieser Richtung Aufklärung verschaffen sollen, braucht der Vmer demnach nicht zu geben. Deshalb zur Frage nach der Prämienzahlung im Ergebnis richtig OLG Hamm 7. II. 1936 HansRGZ 1936 A Sp. 142, zur Frage nach Vorven richtig KG 3. III. 1934 JRPV 1934 S. 200—201, zur Frage nach Vorschäden richtig KG 15. VI. 1935 JRPV 1935 S. 312, unrichtig RG 10. III. 1936 JW 1936 S. 2403—2404, KG 7. X. 1933 VA 1933 S. 435 = JRPV 1934 S. 57, OLG Düsseldorf 6. III. 1930 VA 1930 S. 39—40 Nr. 2127, OLG München 26. II. 1918 VA 1918 Anh. S. 61—62 Nr. 1049 = LZ 1918 Sp. 873. Zweifelhaft ist die Berechtigung der Frage nach den Vermögensverhältnissen: Soll damit das Problem der Herbeiführung des Vsfalles seiner Klärung nähergebracht werden, so bestünden keine Bedenken, während die Klärung der Frage, ob der Vmer nach dem Vsfall „Vsbetrügereien" begangen hat, durch § 34 I nicht gedeckt wird (Zulässigkeit der Frage nimmt an RG 18. IX. 1936 JW 1936 S. 3452—3453 = VA 1936 S. 246 Nr. 2918 unter Einschränkung der Offenbarungspflicht). Es kann Umstände geben, die sowohl im Rahmen der vorvertraglichen Anzeige- als auch der Auskunftspflicht relevant sind, dann können zugleich Verletzungen beider Obliegenheiten vorliegen (Anm. 41).

**[13] e) Feststellung des Leistungsumfangs.**

Jedoch kommen auch solche Auskünfte in Betracht, die zur Feststellung des Umfanges der Leistungspflicht des Vers erforderlich sind, also z. B. Angaben über die Art, die Zahl, den Wert (auch Anschaffungspreis), den Grad der Beeinträchtigung der vom Vsfall betroffenen vten Sachen; § 158 d III 1 spricht von der Höhe des Schadens. Wegen der Proportionalitätsregel des § 56 können auch Auskünfte verlangt werden, welche die Feststellung einer Unterv ermöglichen. Fragen, durch die Regressmöglichkeiten ermittelt werden sollen, deckt § 34 I nicht (Prölss[8] Anm. 2 zu § 34, S. 130), desgleichen z.B. nicht die Frage nach der Herkunft des Gewehrs, mit dem ein Haftpflichtschaden angerichtet ist (KG 5. VIII. 1936 VA 1936 S. 231—232 Nr. 2910 = JRPV 1936 S. 366).

**[14] f) Erforderlichkeit der Auskunft.**

Die Auskunft muß für eine Feststellung der in Anm. 12—13 genannten Art erforderlich sein (allzu weit: Prölss[8] Anm. 2 zu § 34, S. 129—130). Das Auskunftsrecht darf nicht mißbraucht werden. Über die Notwendigkeit ist nach objektiven Gesichtspunkten zu entscheiden (a. A. Prölss[8] Anm. 2 zu § 34, S. 129—130 unter Berufung auf RG 17. II.

1928 JW 1928 S. 1739 = VA 1928 S. 245 Nr. 1898). Schikanöse Auskunftsverlangen (§ 226 BGB) oder solche, die nur dazu dienen sollen, für den Ver Zeit zu gewinnen, sind mißbräuchlich.

**[15] 2. Auskünfte.**

**a) Rechtsnatur.**

Bei den zu gebenden Auskünften handelt es sich um Wissenserklärungen, auch wenn der Vmer zunächst bei Dritten Feststellungen treffen muß. Auch ein beschränkt Geschäftsfähiger oder ein Geschäftsunfähiger kann eine Auskunft geben. Ob er für unterlassene oder falsche Auskünfte verantwortlich ist, muß nach den Grundsätzen über die Schuldfähigkeit entschieden werden.

**[16] b) Auskunftspflichtiger.**

Auskunftspflichtig sind diejenigen Personen, die im Rahmen der Obliegenheit zur Anzeige des Vsfalles anzeigepflichtig sind (Anm. 12 zu § 33). Hinsichtlich der Anspruchsberechtigten ergibt sich das aus den §§ 171 II, 182, deren Grundgedanke verallgemeinert werden muß (a. A. Prölss[8] Anm. 1 zu § 34, S. 129). In §§ 158 d III 1, 158e I wird für die Zwangshaftpflichtv auch dem geschädigten Dritten eine Auskunftspflicht auferlegt.

Da es sich bei den Auskünften um Wissenserklärungen handelt, haben die Auskunftspflichtigen insbesondere für ihre Wissenserklärungsvertreter (Anm. 84—87 zu § 6) einzustehen (BGH 25. X. 1952 VA 1953 S. 10 = VersR 1952 S. 428).

**[17] c) Auskunftsempfänger.**

Die Auskunft kann immer derjenigen Stelle erteilt werden, welche sie verlangt hat. Aber es kommen auch andere Stellen in Betracht. Ein Agent, auch ein bloßer Vermittlungsagent (a. A. Bruck 7. Aufl. S. 135), kann nach § 43 Ziff. 2 Auskünfte entgegennehmen, obgleich er das Verlangen aus § 34 I nicht stellen kann (Anm. 6). Regulierungsbeamte, Sachverständige, Sachverständigenkommissionen können Auskünfte nicht nur verlangen, sondern auch entgegennehmen.

**[18] d) Zeit.**

Die Auskunft braucht erst nach Eintritt des Vsfalls und Stellung des Verlangens erteilt zu werden. Dann aber ist sie ohne grobfahrlässiges Zögern zu geben; bei nur leichter Fahrlässigkeit kann wegen § 6 III 1 der Ver nicht leistungsfrei sein. In der Feuerv steht dem Vmer eine Frist von mindestens 14 Tagen zur Verfügung, um ein Verzeichnis der vorhanden gewesenen und vom Schaden betroffenen Sachen vorzulegen (§ 13 I c 2 AFB). Auch sonst steht dem Vmer eine längere Frist zur Verfügung, falls er seinerseits Auskünfte einholen oder sonstige Feststellungen treffen muß (Anm. 9). Der Ver kann nacheinander mehrfach Auskünfte verlangen, der Vmer muß sie erteilen, besonders in der Haftpflichtv während des Rechtsstreites (RG 3. I. 1939 JW 1939 S. 494 = JRPV 1939 S. 86). Die Auskunftspflicht endet, sobald der Ver seine Leistung erbracht hat.

**[19] e) Ort.**

Mündliche Auskünfte können entweder an Ort und Stelle demjenigen, der sie verlangt, gegeben werden, oder aber sie sind beim Auskunftsempfänger, also z. B. im Büro des Agenten, zu machen. Schriftliche Auskünfte sind zu schicken, wie bei der Obliegenheit zur Anzeige des Vsfalles ist die Analogie zur Schickschuld geboten (Anm. 15 zu § 33). Die Kosten gehören jedoch zu den Ermittlungs- und Feststellungskosten, sind also gemäß § 66 I nachträglich vom Ver zu erstatten. Dies gilt auch für Kosten, welche dem Vmer durch seine eigenen Ermittlungen entstehen.

**[20] f) Form.**

Eine Form ist gesetzlich nicht vorgeschrieben, wird vertraglich aber oft vereinbart. So kann nach § 13 I c AFB der Ver verlangen, daß eine Auskunft ,,zu Protokoll oder schriftlich" erteilt werde oder daß vom Ver ,,ein von ihm unterschriebenes Verzeichnis der am Schadentage vorhandenen, der vom Schaden betroffenen und der abhanden gekommenen Sachen" vorgelegt werde. Die Einforderung von eidesstattlichen Versicherungen hat das RAA verboten: VA 1911 S. 99—100. Eine große Rolle spielen formularmäßige Schadensberichte: Dem Vmer wird ein Fragebogen übersandt (OLG Breslau 3. VI. 1931 VA 1931 S. 222—223 Nr. 2299, vgl. Anm. 21). Das schließt aber die gleichzeitige oder spätere Stellung zusätzlicher Fragen nicht aus (OLG Celle 18. VIII. 1939 HansRGZ 1942 A Sp. 222). Wird die vereinbarte Form nicht gewahrt, so schadet das regelmäßig nicht, sofern dem Ver Kenntnis verschafft wird (Anm. 10).

**[21] g) Inhalt.**

Der Inhalt der Auskunft richtet sich nach dem — berechtigten — Verlangen des Vers. Die Auskunft muß alle Fragen vollständig und klar beantworten. Unklarheiten eines Fragebogens gehen zu Lasten des Vers (OLG Celle 17. III. 1952 NJW 1952 S. 751). Stellt der Vmer einen Sachverhalt gedrängt dar, so darf er sich darauf verlassen, daß erforderlichenfalls der Ver „an ihn mit weiteren Fragen herantreten werde" (RG 12. VI. 1936 RdK 1938 S. 52).

**[22] III. Belegpflicht.**

**1. Voraussetzungen.**

Die Belegpflicht (§ 34 II) setzt voraus, daß nach dem Eintritte des Vsfalls (Anm. 5) der Ver verlangt (Anm. 6), daß ihm Belege vorgelegt werden, deren Beschaffung dem Vmer billigerweise zugemutet werden kann.

**[23] a) Wesen des Beleges.**

Die Belegpflicht soll nicht so sehr einer Wissensvermittlung dienen wie dem Ver gewisse Beweise erbringen, also das Wissen des Vers erhärten. Durchweg handelt es sich bei den Belegen um Urkunden, bei dem Beweis also um einen Urkundenbeweis. Als Belege kommen besonders in Betracht: Bilanzen, Inventare, Geschäftsbücher, insbesondere Lagerbücher, auch Kladden, Aufstellungen von bezogenen Waren, von ausgelieferten Waren, Rechnungen, Quittungen. In der Todesfallv spielen Sterbeurkunden die Hauptrolle. Kein Beleg ist der Vsschein (LG Göttingen 25. I. 1951 VersR 1952 S. 315). Nach allgemeinen Beweislastgrundsätzen fällt sowieso dem Vmer die Aufgabe zu, den Eintritt des Vsfalls und den Umfang des entstandenen Schadens zu beweisen. Diese prozeßrechtliche Beweislast wird in § 34 II durch eine materiell-rechtliche Obliegenheit gleichsam verstärkt (Begr. I S. 44).

**[24] b) Zumutbarkeit der Beschaffung.**

Jedoch dürfen die Beweisanforderungen nicht überspannt werden; VA 1910 S. 87 spricht von einem gewissen „Maßhalten". Im Rahmen eines Vertragsverhältnisses kommt auch schon der bloßen Behauptung des Vmers und einer von ihm erteilten Auskunft ein gewisser Wert zu. Aus § 34 II läßt sich der allgemeinere Grundsatz entnehmen, daß Beweise nur insoweit gefordert werden können, als ihre Führung dem Vmer billigerweise zugemutet werden kann, man denke an Vszweige wie die Juwelenv (dazu KG 13. XI. 1926 JRPV 1927 S. 14) oder an die Nichtbeschaffbarkeit der Sterbeurkunde bei Verschollenen (Schmidt VersR 1951 S. 29—30).

Deshalb kommt es bei der Belegpflicht auf die Beschaffbarkeit der Belege an. Bereits bestehende Urkunden muß der Vmer vorlegen, sofern sie ihm gehören, mögen sie sich auch in der Hand eines Besitzmittlers oder Besitzdieners befinden. Es kann dem Vmer regelmäßig zugemutet werden, auch abgelegte, verstaubte Unterlagen, speziell wenn eine handelsrechtliche Aufbewahrungspflicht besteht, herauszusuchen. Gehören die Urkunden dritten Personen, so ist die Frage, ob die Beschaffung dem Vmer zugemutet werden kann, unter objektiver Würdigung der Verhältnisse nur von Fall zu Fall zu beantworten, wichtig sind die etwaigen vertraglichen Beziehungen des Vmers zu dem Dritten, auch § 810 BGB ist von Bedeutung. Noch nicht existente Belege muß der Vmer schaffen, aber es kann z. B. von einem Spielwarenfabrikanten oder -großhändler nicht verlangt werden, daß zu jeder Zeit des Jahres sein Warenbestand sich aus den Büchern genau feststellen läßt (OLG Nürnberg 13. VII. 1926 VA 1927 S. 46 Nr. 1696) und von jemand, der keine Bücher führt, kann deren Vorlage billigerweise nicht verlangt werden (OLG Hamm 21. I. 1932 JRPV 1932 S. 348). Oft sind Belege von dritter Seite zu beschaffen, sofern dies ohne unverhältnismäßige Schwierigkeiten und Kosten möglich ist. Ist schon in den AVB die Schaffung oder Beschaffung des Beleges vorgesehen, so kann der Vmer regelmäßig nicht geltend machen, es handele sich um eine unbillige Zumutung (Begr. I S. 43). So sieht § 13 I c 2, 3 AFB die Erstellung eines Verzeichnisses und die Beibringung eines Grundbuchauszuges vor. An einen Zessionar können nur geringere Anforderungen gestellt werden: OLG München 22. X. 1924 JW 1925 S. 657 = VA 1924 S. 119 Nr. 1412.

[25] c) **Beweisnotwendigkeit für Versicherer.**

So wie die Auskunftspflicht entfällt, sofern der Ver das zu vermittelnde Wissen bereits besitzt (Anm. 10), so muß entsprechend die Belegpflicht in Fortfall kommen, falls der Ver bereits anderweitige Beweise erhalten hat. Auch ein doppelter Beweis braucht nicht geführt zu werden, falls der erste schon ausreichend ist.

[26] d) **Tatsachen, Rechtsverhältnisse.**

Die verlangten Belege können sich wie die Auskünfte (Anm. 11) auf Tatsachen oder auf Rechtsverhältnisse beziehen. Zu den Tatsachen ist auch der Wert vter Sachen zu rechnen.

[27] e) **Zweckbestimmung der Belege.**

Obgleich es in § 34 II nicht hervorgehoben ist, ergibt sich doch aus dem Zusammenhang mit § 34 I, daß Belege nur zum Beweise solcher Tatsachen und Rechtsverhältnisse verlangt werden können, die zur Feststellung des Vsfalls oder des Umfanges der Leistungspflicht des Vers bedeutsam sind. Insoweit wird verwiesen auf Anm. 12—13. An der Notwendigkeit fehlte es nach OLG München 22. X. 1924 JW 1925 S. 657—658 = VA 1924 S. 119—120 Nr. 1412.

[28] 2. **Belege.**

a) **Rechtsnatur.**

Die Belegpflicht ist von der Auskunftspflicht dogmatisch zu scheiden, es handelt sich nicht etwa nur um eine besondere Erscheinungsform der Auskunftspflicht. Dies ergibt sich daraus, daß Auskünfte Wissenserklärungen sind (Anm. 15), bei Belegen dagegen handelt es sich um ein sonstiges Tun des Vmers: er muß gewisse Urkunden dem Ver vorlegen. Hieraus ergeben sich Unterschiede bei der Haftung für dritte Personen (einerseits für Wissenserklärungsvertreter: Anm. 16, andererseits für Repräsentanten: Anm. 29). Auch ein beschränkt Geschäftsfähiger oder ein Geschäftsunfähiger kann die Belegpflicht erfüllen, bei der Verletzung allerdings kommt es auf die Schuldfähigkeit an.

[29] b) **Belegpflichtiger.**

Auf Anm. 16 wird verwiesen, es sind also auch die Anspruchsberechtigten belegpflichtig (in Ausweitung der §§ 171 II, 182; wegen eines Zessionars vgl. OLG München 22. X. 1924 JW 1925 S. 657 = VA 1924 S. 119 Nr. 1412). §§ 158 d III 2, 158 e I kennen auch eine Belegpflicht des geschädigten Dritten in der Zwangshaftpflichtv.

Da es sich bei der Beschaffung der Belege um ein Tun des Vmers handelt, das nicht in der Abgabe von Wissenserklärungen besteht, haften er und die übrigen Belegpflichtigen insbesondere für Repräsentanten (Anm. 91—109 zu § 6).

[30] c) **Belegempfänger.**

Der Beleg kann immer derjenigen Stelle vorgelegt werden, welche ihn verlangt hat. Aber es kommen auch andere Stellen in Betracht, insbesondere Agenten. In Analogie zu § 43 Ziff. 2 muß auch ein bloßer Vermittlungsagent als befugt zur Entgegennahme angesehen werden. Regulierungsbeamte, Sachverständige, Sachverständigenkommissionen können Belege nicht nur verlangen, sondern auch entgegennehmen.

**[31] d) Zeit.**

Anm. 18 gilt entsprechend.

**[32] e) Ort.**

Anm. 19 gilt entsprechend. Die Urkunden, die dem Belegpflichtigen gehören, sind regelmäßig nicht etwa nur entsprechend § 811 I 1 BGB an dem Orte vorzulegen, an dem sie sich befinden, denn es handelt sich nicht um eine nur gesetzliche Vorlegungspflicht, sondern um die vertragliche Belegpflicht. Jedoch kann sich im Einzelfall ergeben, daß dem Vmer die Übermittlung nicht zugemutet werden kann, z. B. bei für einen Geschäftsbetrieb unentbehrlichen Geschäftsbüchern, Karteien usw. Gehören die Urkunden Dritten, gegen die der Vmer nur einen Anspruch aus §§ 810, 811 I 1 BGB hat, so muß sich der Ver mit der Abtretung dieses Anspruches begnügen, also die Belege an Ort und Stelle einsehen.

**[33] f) Inhalt.**

Der Inhalt der Belege richtet sich, soweit sie vom Belegpflichtigen zu erstellen sind, nach dem Verlangen des Vers, im übrigen ergibt er sich aus dem Inhalt der betreffenden Urkunde.

§ 34 II läßt die Frage offen, ob der Vmer dem Ver das Eigentum an den Belegen zu verschaffen hat und wann verneinendenfalls die Rückgabe seitens des Vmers gefordert werden kann. Die Frage ist unter dem Gesichtspunkt zu entscheiden, was dem Vmer billigerweise zuzumuten ist, zuweilen wird sie vertraglich geregelt (LG Stade 23. I. 1953 VersR 1953 S. 154—155 entnimmt bei Attesten dem Wort „einzureichen" eine Eigentumsverschaffungspflicht). Bei Urkunden, die dem Vmer nicht gehören, kann letzterer binnen angemessener Frist Rückgabe fordern, es handelt sich um eine ergänzende echte Rechtspflicht des Vers. Bei Urkunden, welche dem Vmer gehören, kommt es auf die beiderseitigen Interessen an; es ist zu berücksichtigen, daß auch der Ver, z. B. ein Krankenver, Unterlagen für seine Akten benötigt. Jedoch sind Geschäftsbücher stets zurückzugeben, Rechnungen z. B. dann, wenn der Vmer ein berechtigtes Interesse an ihrer endgültigen oder zeitweisen Wiedererlangung besitzt, etwa um bei einer Krankenv einen nichterstatteten Betrag von einer dritten Stelle hereinzuholen.

**[34] IV. Obliegenheitsverletzung.**

**1. Verletzungsformen.**

Bei der Auskunfts- und Belegpflicht kommen mannigfaltige Formen objektiver Verletzungstatbestände vor. Grundlegend sind Nicht- und Schlechterfüllung zu unterscheiden. Man wird die Auskunfts- und Belegpflicht jeweils als einheitliche behandeln müssen, auch wenn mehrere Auskünfte oder Belege verlangt werden. Durchführbar ist also auch die Unterscheidung zwischen vollständiger und teilweiser Verletzung. Jedoch werden vertraglich alle diese Verletzungsformen gleich behandelt, auch § 6 III spricht von der Verletzung schlechthin.

Strafrechtlich kann sich eine Verletzung der Auskunfts- oder Belegpflicht darstellen als vollendeter oder versuchter Betrug (§ 263 I, III StGB), auch als Urkundenfälschung (§§ 267, 268 I StGB). Zivilrechtlich kann in der Verletzung eine unerlaubte Handlung nach den §§ 823 II 1, 826 BGB liegen (LG Bochum 25. IX. 1952 VersR 1952 S. 402).

**[35] 2. Verschuldensfrage.**

§ 34 stellt (anders als § 33 I) auf ein Verschulden nicht ab. Ist jedoch als Verletzungsfolge, wie meistens, Leistungsfähigkeit des Vers vorgesehen, so greift § 6 III 1 ein, wonach mindestens grobe Fahrlässigkeit des Auskunfts- oder Belegpflichtigen erforderlich ist. Ist sonach die Obliegenheit schuldlos oder nur leichtfahrlässig verletzt, so kann der Anspruchsberechtigte die Leistungsklage mit Aussicht auf Erfolg anstrengen. Allerdings könnte sich ergeben, daß der Kläger deshalb nicht obsiegt, weil er der prozeßrechtlichen Beweislast nicht genügt (vgl. Anm. 3, 23).

Verschulden setzt Schuldfähigkeit voraus (Anm. 69 zu § 6). Einzelheiten zur Verschuldensfrage Anm. 25—36 zu § 6.

**[36] 3. Vereinbarung.**

§ 34 ist eine lex imperfecta, die Verletzungsfolgen müssen vereinbart werden. Bei Fehlen einer Vereinbarung bringt die Verletzung dem Vmer keine Rechtsnachteile (Anm. 17 zu § 6, bedenklich Begr. I S. 44). § 158e I 2 sieht allerdings als gesetzliche Rechtsfolge eine Beschränkung der Haftung des Vers auf den Betrag vor, den er auch bei gehöriger Erfüllung der Auskunfts- und Belegpflicht des geschädigten Dritten zu leisten gehabt hätte.

Prölss[8] Anm. 3 zu § 34, S. 131 billigt in jedem Falle dem Ver einen Schadensersatzanspruch und ein Zurückbehaltungsrecht zu. Das beruht auf einer Verkennung des Obliegenheitscharakters der Verhaltenssnormen: Falls der Ver, wie erforderlich, eine Sanktion vereinbart, z. B. Leistungsfreiheit, so erwächst ihm bei der Obliegenheitsverletzung kein Schaden, sofern jener Verschuldungsgrad erreicht wird, den das Gesetz für allein beachtlich erklärt. Denn bei vorsätzlicher Verletzung wird der Ver völlig leistungsfrei, bei grobfahrlässiger Verletzung wird er insoweit leistungsfrei, als ein Schaden entstehen würde, wenn eben die Regelung des § 6 III 2 nicht bestünde. Anders ausgedrückt: Auch § 6 III 2 (ähnlich § 62 II 2) geht nicht von einem Schadensersatzanspruch des Vers aus, mit welchem gegen die Forderung des Vmers aufgerechnet wird; vielmehr mindert sich der Entschädigungsanspruch des Vmers (falsch formuliert § 10 III 2 SVS). Wegen deliktischen Schadensersatzes vgl. Anm. 59. Ein Zurückbehaltungsrecht des Vers scheitert schon daran, daß der Ver keinen „Anspruch" gegen den Vmer besitzt (Anm. 20 zu § 6).

**[37] 4. Rechtsbehelfe.**

Als vereinbarte Rechtsfolgen kommen praktisch nur Verwirkungsfolgen, keine schwächeren sonstigen Folgen (wie Vertragsstrafen) in Betracht (Anm. 23 zu § 6). Als gesetzliche Rechtsfolgen treten diejenigen einer Hinausschiebung der Fälligkeit (§ 11 I), der Nichtentstehung eines Anspruchs auf Abschlagszahlungen (§ 11 III) und auf Zinsen (§ 94 II) ein.

**[38] a) Kein Rücktritt.**

§ 6 IV macht eine Vereinbarung, wonach der Ver zum Rücktritt berechtigt sein soll, unwirksam, und zwar in allen Vszweigen (Anm. 20 zu § 6).

**[39] b) Leistungsfreiheit.**

Regelmäßig wird als Folge einer Verletzung der Auskunfts- oder Belegpflicht Leistungsfreiheit des Vers vereinbart, ihr sind auflösende Bedingungen des Vsschutzes und dauernde Leistungsverweigerungsrechte gleichzustellen (Anm. 20 zu § 6). Der Ver behält den Anspruch auf die Prämie. Aus § 6 III ergeben sich jedoch für die Leistungsfreiheit zwei wichtige Einschränkungen:

**[40] aa) Verschuldenserfordernis** (§ 6 III 1).

Es muß zum mindesten grobe Fahrlässigkeit des Vmers vorliegen. Einzelfälle: Kein Verschulden, jedenfalls keine grobe Fahrlässigkeit, falls Kaufpreis eines Pferdes zu hoch angegeben, sofern es sich um einen Freundschaftskauf gehandelt hatte (OLG München 27. X. 1931 VA 1931 S. 295—296 Nr. 2350), falls Vmer vor Erfüllung der Auskunftspflicht mit unbekanntem Ziel auswandert im Glauben, der Sachverhalt sei völlig geklärt (RG 3. I. 1939 JW 1939 S. 493—494 = JRPV 1939 S. 85—86, 1. IX. 1942 JRPV 1942 S. 144 = HansRGZ 1943 A Sp. 13—15), falls Vmer eine Frage als für die Schadensermittlung unerheblich betrachtet (RG 10. III. 1936 JW 1936 S. 2404). Dagegen entschuldigt es einen Vmer nicht, wenn er falsche Angaben macht, um den gegen ihn bestehenden Verdacht einer strafbaren Handlung nicht zu verstärken (RG 18. IX. 1936 JW 1936 S. 3453 = VA 1936 S. 246 Nr. 2918). Einer strafbaren Handlung braucht sich der Vmer allerdings nicht zu bezichtigen (OLG Köln 13. XII. 1935 HansRGZ 1936 A Sp. 141, abgelehnt von Prölss[8] Anm. 3 zu § 34, S. 131). Der BGH 25. X. 1952 VA 1953

S. 11—12 = VersR 1952 S. 429 hat dargelegt, Verschulden des Vmers werde in der Haftpflichtv nicht dadurch ausgeschlossen, daß die unwahren Angaben nur der Abwehr des Haftpflichtanspruchs dienen sollten (so auch BGH 27. VI. 1953 VA 1953 S. 228 = VersR 1953 S. 317); selbst ein zu erwartendes Strafverfahren befreie nicht von der Wahrheitspflicht. Ähnlich OLG Kassel 1. X. 1953 VersR 1953 S. 444. In beiden Urteilen wird auch dargetan, es entschuldige den Vmer nicht, wenn er geglaubt hat, der Ver sei in der Lage gewesen, die Unrichtigkeit einer Angabe zu durchschauen.

[41] **bb) Kausalitätserfordernis** (§ 6 III 2).

Hierzu vgl. Anm. 26 zu § 33, ferner BGH 25. X. 1952 VA 1953 S. 12 = VersR 1952 S. 429, wo die Anwendbarkeit des § 6 II abgelehnt wird.

Die neue Fassung des § 6 III 2 hat jene Rechtsprechung überholt, wonach es auf Kausalität nicht ankam (RG 3. I. 1939 JW 1939 S. 494) „und wonach nicht jede Unrichtigkeit von Einzelangaben des Vmers zur Befreiung des Vers führt, daß dies vielmehr nur dann der Fall ist, wenn die unrichtige Angabe mit dem Versuch einer arglistigen Täuschung verbunden ist" (RG 12. XI. 1937 RGZ Bd 156 S. 119 [Ausw 2], vorher RG 17. X. 1930 VA 1930 S. 263 Nr. 2218, 18. XII. 1934 JRPV 1935 S. 44, 13. IX. 1935 VA 1935 S. 280 Nr. 2845 = JRPV 1935 S. 308).

Nachdem das Alles-oder-Nichts-Prinzip mit seinen Härten vom Gesetz selbst beseitigt ist, besteht kein Bedürfnis mehr für eine Korrektur durch die Rechtsprechung (Bedenken auch bei Prölss[8] Anm. 3 zu § 34, S. 131). Der Kausalzusammenhang des § 21 ist bei der Auskunfts- und Belegpflicht irrelevant. Ist ein Umstand im Rahmen der vorvertraglichen Anzeigepflicht und der Auskunftspflicht verschwiegen, so sind die Rechtsbehelfe des Rücktritts (mit § 21) und der Leistungsfreiheit (mit § 6 III 2) ganz gesondert zu betrachten (OLG Celle 2. XII. 1941 JRPV 1942 S. 158—160, OLG München 26. II. 1918 VA 1918 Anh. S. 60—62 Nr. 1049 = LZ 1918 Sp. 873). — § 30 III ist nicht anwendbar (Anm. 24 zu § 30).

[42] **cc) Geltendmachungserfordernis.**

Darüber, daß der Ver auf die Geltendmachung seiner Leistungsfreiheit verzichten, sie ausnahmsweise auch verwirken kann, Anm. 44—51 zu § 6.

[43] **V. Beweislast.**

Der Ver muß beweisen, der Auskunfts- oder Belegpflichtige habe trotz Verlangens die Obliegenheit objektiv verletzt. Er muß im Bestreitensfalle auch beweisen, daß die verlangten Auskünfte oder Belege für die Zwecke des § 34 I erforderlich waren. Demgegenüber muß der mit der Obliegenheit Belastete beweisen, der Ver habe bereits Kenntnis gehabt, die Beschaffung eines Beleges könne billigerweise nicht zugemutet werden, oder es bestehe keine Beweisnotwendigkeit. Außerdem muß der Vmer beweisen, ihn treffe kein Vorsatz und keine grobe Fahrlässigkeit (LG München 12. VII. 1954 VersR 1954 S. 431) oder die Kausalität sei nicht vorhanden oder limitiert. Schließlich muß der Vmer auch einen Verzicht des Vers sowie einen Verwirkungstatbestand dartun. Nachweise Anm. 52—53 zu § 6.

[44] **VI. Abdingbarkeit.**

§ 34 I ist nicht relativ zwingend, wohl aber nach § 34a[1] der § 34 II. Die Auskunftspflicht kann demnach verschärft werden, insbesondere kann sie durch den Vsvertrag von einem Verlangen des Vmers unabhängig gemacht werden (Anm. 7), auch läßt sie sich erstrecken auf Zwecke, die nicht durch § 34 I gedeckt sind (Anm. 12, 13). Die Belegpflicht dagegen kann im Bereich der Beschränkungen der Vertragsfreiheit nicht verschärft werden; sie läßt sich demnach nicht erstrecken auf Belege, die zu beschaffen eine unbillige Zumutung bedeuten würde oder die ein anderer als der Vmer oder eine ihm gleichstehende Person (Anm. 29) beschaffen soll.

[45] **VII. Anhang: Täuschung bei Schadensermittlung.**

**1. Systematische Stellung.**

Die Vorschrift des § 34 reicht zum Schutz des Vers nicht aus: Gibt der Ver Auskünfte, die nicht von ihm verlangt sind, liefert er nicht angeforderte Belege, so kann bei einer Unrichtigkeit aus der Verletzung der Auskunfts- oder Belegpflicht nichts hergeleitet werden. Außerdem versagen diese Obliegenheiten, sofern eine Sanktion nicht vereinbart ist (Anm. 36).

Hier hilft die Rechtsprechung, die neuerdings zu entsprechenden Vereinbarungen in den AVB geführt hat (vgl. §§ 16 AFB, 16 AEB, 15 AHausratB). Man spricht von dem rechtlichen Gesichtspunkt der arglistigen Täuschung bei der Schadensermittlung. Zu eng: denn auch die Summenv kommt in Frage.

Mit der arglistigen Täuschung beim Vertragsabschluß (§ 22) hat die Täuschung bei der Schadensermittlung nichts zu tun. Man hat die vsrechtliche Treuepflicht zur Begründung herangezogen, aber es gibt keine solche Rechtspflicht mit selbständigem Inhalt (Möller HansRGZ 1929 A Sp. 133—142). Eine ergänzende echte Vertragspflicht, welche RG 23. III. 1915 LZ 1915 Sp. 1014—1015 konstruiert, würde den Vmer im Verletzungsfalle nur schadensersatzpflichtig machen, nicht aber zur unmittelbaren Leistungsfreiheit des Vers hinführen. Es besteht auch keine Obliegenheit, eine arglistige Täuschung bei der Schadensermittlung zu unterlassen (RG 22. X. 1937 JW 1938 S. 381 = VA 1937 S. 246 Nr. 3036, a. A. OLG Frankfurt 24. IV. 1928 JRPV 1928 S. 174, 14. VII. 1930 JRPV 1930 S. 405). Denn das Gesetz schweigt und der hier fragliche rechtliche Gesichtspunkt ist gerade für die Fälle entwickelt, in denen auch der Vertrag keine Regelung bringt.

In Wahrheit handelt es sich um einen Anwendungsfall des **Einwandes unzulässiger Rechtsausübung:** Es widerstreitet (analog §§ 157, 242 BGB) Treu und Glauben, falls ein Vmer, der bei der Schadensermittlung arglistig getäuscht hat, die Vsforderung trotzdem vollen Umfangs geltend macht. Vielmehr handelt ein solcher Vmer „ohne Recht", dem Ver steht nicht nur ein Gegenrecht, eine Einrede zu. Daher ist es unerheblich, ob sich der Ver im Rechtsstreit auf den Einwand der unzulässigen Rechts-Arglist beruft (vgl. generell RG 24. III. 1939 RGZ Bd 160 S. 357). Auf Treu und Glauben stützen sich für den hier behandelten Fall auch schon: RG 7. VI. 1929 RGZ Bd 124 S. 345, 31. I. 1936 RGZ Bd 150 S. 150 [Ausw 1].

Diese rechtliche Grundlage bewirkt, daß der Einwand auch Platz greifen kann, falls die AVB keine entsprechende Vereinbarung enthalten (vgl. RG 11. II. 1938 RGZ Bd 157 S. 75 [Ausw 1]). Im Einzelfall können der Einwand unzulässiger Rechtsausübung und Rechtsbehelfe wegen Verletzung der Auskunfts- und Belegpflicht konkurrieren. Es gibt jedoch Fälle, in denen nur eine Obliegenheitsverletzung vorliegt (Prölss[8] Anm. 5 zu § 34, S. 132, RG 9. XI. 1934 VA 1935 S. 26—27 Nr. 2773 = JRPV 1934 S. 378—379: keine Arglist), sowie Fälle, in denen nur der Einwand unzulässiger Rechtsausübung in Frage kommt (kein Verlangen, keine Sanktion für Obliegenheitsverletzung).

**[46] 2. Arglistige Täuschung.**

Die Judikatur zeigt auf vielen Gebieten die Tendenz, den allgemeinen Grundsatz von Treu und Glauben für gewisse Fallgruppen zu konkretisieren, so auch für den objektiven und subjektiven Tatbestand der arglistigen Täuschung bei der Schadensermittlung. Jedoch sind neben diesem Fall andere denkbar, in denen der Einwand unzulässiger Rechtsausübung vom Ver erhoben werden kann: RG 11. II. 1938 RGZ Bd 157 S. 74—77 [Ausw 1] (bewußt unrichtige Umsatzmeldungen vor Eintritt des Vsfalles).

**[47] a) Objektiver Tatbestand.**

**aa) Täuschungsgegenstand.**

Die Rechtsprechung und das Bedingungsrecht stellen auf die Schadensermittlung ab (vgl. nur KG 7. X. 1933 VA 1933 S. 434—435 Nr. 2652, RG 13. III. 1934 VA 1934 S. 43 Nr. 2693 oder auf die „Ermittlung der Entschädigung" (§ 16 AFB). In Betracht kommen alle Tatsachen und Rechtsverhältnisse, welche für die Feststellung, ob oder in welcher Höhe ein Schaden eingetreten oder ersatzpflichtig ist, bedeutsam sind. Auch Faktoren von geringerer Tragweite kommen in Betracht (KG 23. V. 1928 JRPV 1928 S. 234). Es genügt, wenn nur irgendeine Beziehung zur Ersatzpflicht des Vers besteht. Diese Beziehung braucht nicht so eng zu sein wie in § 34 I (Anm. 12—13). Werden z. B. dem Vmer Fragen vorgelegt, die klären sollen, ob eine Obliegenheit früher verletzt ist, so verschlägt es nichts, falls der Vmer die Beantwortung ablehnt. Beantwortet er sie jedoch falsch, so kann eine arglistige Täuschung bei der Schadensermittlung gegeben sein, sofern der Vmer „Schwierigkeiten bei der Auszahlung der Entschädigungssumme" bei richtiger Beantwortung befürchten mußte und diese Schwierigkeiten vermeiden wollte (so auch KG 7. X. 1933 VA 1933 S. 434—435 Nr. 2652: Verschweigen von Vorschäden trotz Befragens; ferner RG 31. I. 1936 RGZ Bd. 150 S. 150 [Ausw 1], 3. VII. 1936 JRPV 1936 S. 265, 18. IX. 1936 JW 1936 S. 3452 = VA 1936 S. 245—246 Nr. 2918). Einer Täuschung bei der Schadensermittlung kann es nicht gleichgestellt werden, wenn nach deren Abschluß der Sachverständige des Vers „geschmiert" werden soll (KG 24. V. 1930 VA 1930 S. 177—178 Nr. 2144 = JRPV 1930 S. 337).

[48] **bb) Täuschungshandlung.**

Eine Täuschung setzt die Erregung oder Unterhaltung eines Irrtums voraus. Die Täuschung kann durch ein Tun oder Unterlassen erfolgen. Ein täuschendes Tun liegt insbesondere in unrichtiger Auskunftserteilung, sonstigen falschen Angaben, Vorlage unrichtiger Belege. Ein täuschendes Unterlassen ist nur beachtlich, falls der Vmer zu einem Tun verpflichtet ist. Hierbei braucht es sich nicht notwendig um eine echte Rechtspflicht zu handeln, es genügt das Gegebensein einer Obliegenheit, also insbesondere der Auskunfts- oder Belegpflicht. Selbst aus dem Treueverhältnis als solchem, das der Vsvertrag mit sich bringt, können Tunspflichten entnommen werden. Beispiele: Verschweigen von Warenausgängen (OLG Hamm 25. VI. 1928 JRPV 1929 S. 83—84, KG 21. V. 1930 JRPV 1930 S. 352). Ist auf einem Schadensberichtsvordruck nach Trunkenheit am Steuer nicht gefragt, so braucht der Vmer hierüber auch keine Angaben zu machen (vgl. Anm. 6). Bedenklich OLG Celle 3. VI. 1930 Praxis 1930 S. 77: Der Vmer hat auf die Frage nach der Entstehungsursache eines Brandes einen Brandstiftungsverdacht gegen seinen Sohn verschwiegen.

[49] **cc) Täuschungsversuch.**

Es kommt nicht darauf an, ob der Ver sich tatsächlich täuschen läßt, sofern nur die Erregung eines Irrtums versucht wird. Die Gefährdung des Vers reicht aus. Es braucht also nur das auf die Irrtumserregung abzielende Tun oder Unterlassen des Vmers vorzuliegen.

Wie hier RG 8. XII. 1916 VA 1917 Anh. S. 26 Nr. 983, 11. X. 1927 VA 1928 S. 37 Nr. 1816 = JRPV 1927 S. 311, 17. II. 1928 JW 1928 S. 1739 = VA 1928 S. 245 Nr. 1898, 7. VI. 1929 RGZ Bd 124 S. 345, 10. X. 1930 VA 1930 S. 231 Nr. 2189 = JRPV 1930 S. 380, KG 17. III. 1926 VA 1926 S. 288—289 Nr. 1643 = JRPV 1926 S. 118—119, 5. V. 1926 JRPV 1926 S. 163, 23. III. 1927 JRPV 1927 S. 164—165, 27. X. 1928 JRPV 1928 S. 387—388, OLG Frankfurt 14. VII. 1930 JRPV 1930 S. 405, OLG Hamm 17. II. 1928 JW 1928 S. 1739. Wenn schon die versuchte Täuschung ausreicht, so ist es erst recht genügend, falls der Ver sich „nur vorübergehend hat irreführen lassen" (OLG Frankfurt 24. IV. 1928 JRPV 1928 S. 174).

[50] **b) Subjektiver Tatbestand.**

**aa) Vorsatz.**

Der Einwand unzulässiger Rechtsausübung kommt nur in Betracht, falls der Vmer vorsätzlich gehandelt hat (vgl. RG 28. VI. 1927 RGZ Bd 117 S. 331—332 [Ausw 1], 15. X. 1935 RGZ Bd 149 S. 74 [Ausw 1], Zu verlangen sind also „wissentlich unwahre Angaben" (RG 8. XII. 1916 VA 1917 Anh. S. 26 Nr. 983, 7. VI. 1929 RGZ Bd 124 S. 345, 14. XII. 1934 RGZ Bd 146 S. 223 [Ausw 1]) oder ein sonstiges wissentliches Verhalten. Dolus eventualis ist ausreichend (RG 2. I. 1914 NeumannsZ 1914 S. 122—123: Pflicht zur Offenbarung von Zweifeln an der Richtigkeit der Angaben).

[51] **bb) Täuschungsabsicht.**

Vorsatz allein genügt nicht (unrichtig deshalb Prölss[8] Anm. 5 zu § 34, S. 132). Arglist ist ein qualifizierter Vorsatz, gekennzeichnet durch die „Absicht, den Ver zu täuschen" (RG 8. XII. 1916 VA 1917 Anh. S. 26 Nr. 983, 7. VI. 1929 RGZ Bd 124 S. 345, 14. XII. 1934 RGZ Bd 146 S. 223 [Ausw 1]).

[52] cc) **Keine Schädigungsabsicht.**

Zur Arglist gehört nicht, „daß der Vte mit den unwahren Angaben einen nach der Sachlage unberechtigten Vermögensvorteil erstrebt hat" (RG 8. XII. 1916 VA 1917 Anh. S. 26 Nr. 983, auch RG 14. XII. 1934 RGZ Bd 146 S. 223 [Ausw 1], 31. I. 1936 RGZ Bd 150 S. 150 [Ausw 1], 18. IX. 1936 JW 1936 S. 3452 = VA 1936 S. 245—246 Nr. 2918). Es genügt, wenn der Vmer Schwierigkeiten, die er bei der Durchsetzung seiner berechtigten Ansprüche befürchtete, beseitigen wollte (vgl. Anm. 47).

[53] dd) **Nachträgliche Korrektur.**

Ist die Absicht, den Ver zu täuschen, bestätigt, so ist es ohne Bedeutung, falls der Vmer sein Verhalten korrigiert, nachdem er überführt worden ist (RG 2. I. 1914 NeumannsZ 1914 S. 122—123, 7. VI. 1929 RGZ Bd 124 S. 346, KG 7. X. 1933 VA 1933 S. 434 Nr. 2652, OLG Celle 1. II. 1930 JRPV 1930 S. 316—317, OLG Frankfurt 14. VII. 1930 JRPV 1930 S. 405). Problematischer ist die Frage, welche Bedeutung es hat, wenn freiwillig der Vmer sein Verhalten korrigiert. Angesichts des beherrschenden Grundsatzes von Treu und Glauben ist eine einheitliche Behandlung aller Fälle vielleicht unmöglich, es wird auf den Zeitpunkt der Richtigstellung, die Gefahr der Entdeckung, den Umfang der Täuschung und andere Faktoren ankommen. Richtigstellung nicht zugelassen von KG 21. V. 1930 JRPV 1930 S. 352, offen gelassen von RG 2. I. 1914 NeumannsZ 1914 S. 122—123.

[54] 3. **Beteiligte Personen.**

a) **Täuschender.**

Erheblich ist nicht nur eine Täuschung oder ein Täuschungsversuch des Vmers, sondern ihm sind gewisse dritte Personen gleichzustellen. Dabei können jene Grundsätze angewendet werden, die für die Person des Auskunfts- und Belegpflichtigen bei der Auskunfts- und Belegpflicht maßgebend sind (Anm. 16, 29). Die Parallele zur Auskunftspflicht (Wissenserklärungsvertreter) ist geboten bei täuschenden Erklärungen dritter Personen, die Parallele zur Belegpflicht (Repräsentantenhaftung) bei sonstigen Täuschungshandlungen.

Aus der Rechtsprechung: RG 28. VI. 1904 RGZ Bd 58 S. 342—348 (Ehefrau), 2. I. 1914 LZ 1914 Sp. 864 (Angestellter und Sohn), 7. VI. 1929 RGZ Bd 124 S. 345—346 (Ehemann), 28. I. 1930 JRPV 1930 S. 76—77 (Sohn), 31. I. 1936 RGZ Bd 150 S. 149 [Ausw 1] (Vater und Schwager), 22. X. 1937 JW 1938 S. 381—382 = VA 1937 S. 246 bis 248 Nr. 3036 (Ehemann), 13. X. 1938 JRPV 1939 S. 38 (Sohn).

[55] b) **Getäuschter.**

Auch hier sind dieselben Grundsätze anzuwenden wie bei der Auskunfts- und Belegpflicht. Wer Auskünfte und Belege empfangen kann (Anm. 17, 30), kann auch arglistig getäuscht werden. Beispiele: RG 28. VI. 1904 RGZ Bd 58 S. 344, 348 (Betriebsinspektor des Vers), 8. XII. 1916 VA 1917 Anh. S. 25—26 Nr. 983 (Schadensermittlungsbeamter des Vers), 4. I. 1929 JRPV 1929 S.50 (Generalagent und Sachverständiger), 7. VI. 1929 RGZ Bd 124 S. 343—346 (Oberinspektor des Vers), 28. I. 1930 S. 76—77 (Sachverständiger), 13. XII. 1938 JRPV 1939 S. 38 (Schätzmänner).

[56] 4. **Eintretende Rechtsfolgen.**

a) **Eintritt der Leistungsfreiheit.**

Regelmäßig ergibt sich als Rechtsfolge der arglistigen Täuschung bei der Schadensermittlung die Leistungsfreiheit des Vers. Dies folgt aus dem Wesen des Einwandes der unzulässigen Rechtsausübung (Anm. 45): Die Vsforderung als solche wird durch das Verhalten des Täuschenden berührt, gleichgültig ob diese Rechtsfolge vertraglich vorgesehen ist oder nicht. Es handelt sich nicht etwa um ein bloßes Gegenrecht des Vers gegenüber dem vollen Umfangs bestehenden Anspruch des Vmers, sondern dieser Anspruch selbst ist nicht mehr existent. Das Vsverhältnis dauert jedoch fort, selbstverständlich muß der Vmer die Prämie zahlen (LG Duisburg 23. X. 1952 VersR 1953

S. 490—491). Jedoch kann der Ver ein Kündigungsrecht aus wichtigem Grunde ausüben (Anm. 25 zu § 8). Wird nicht gekündigt, so hat bei neuen Vsfällen die Täuschung keine Bedeutung mehr.

Liegt somit ein Fall echter Leistungsfreiheit vor, so sind auch zum Schutze der Realgläubiger und Schiffshypothekengläubiger anzuwenden § 102 I 1 und § 36 I 1 SchiffsG. Für die Zwangshaftpflichtv ist § 158c I zu beachten.

Der Ver kann auf den Einwand unzulässiger Rechtsausübung verzichten. Darin, daß der Ver die Verhandlungen nach der Entdeckung der Täuschung nicht sofort abbricht, liegt weder ein stillschweigender Verzicht noch eine Verwirkung: KG 24. X. 1924 JRPV 1924 S. 54, 20. I. 1932 VA 1932 S. 51 Nr. 2407.

[57] **b) Umfang der Leistungsfreiheit.**

Nach der Rechtsprechung steht fest, „daß da, wo an sich gegenüber dem Klagbegehren die Arglisteinrede (der Einwand der unzulässigen Rechtsausübung) begründet ist, die Klagforderung nicht stets und ohne weiteres im ganzen hinfällig wird. Es bedarf hier vielmehr einer sorgfältigen Prüfung an Hand der gesamten Umstände des einzelnen Falles, um zu ermessen, inwieweit das Verlangen des Klägers in Anbetracht seiner eigenen . . . Handlungsweise mit den Grundsätzen von Treu und Glauben nicht mehr in Einklang zu bringen ist“ (RG 11. II. 1938 RGZ Bd 157 S. 75 [Ausw 1]).

[58] Im einzelnen hat die Rechtsprechung folgende Grundsätze entwickelt: Volle Verwirkung kann eintreten „mit Rücksicht auf den Umfang, die Hartnäckigkeit und die Gefährlichkeit der auf die Täuschung und die Schädigung des Vers abzielenden unlauteren Handlungsweise des Vmers“ (RG 11. II. 1938 RGZ Bd 157 S. 77 [Ausw 1]). Beispiele: Der Vmer hat seine gesamte wirtschaftliche Lage falsch dargestellt (RG 18. IX. 1936 VA 1936 S. 246 Nr. 2918 = JRPV 1936 S. 311), er hat bei einem angeblichen Schaden von 27000 DM hinsichtlich eines Postens von 10000 DM getäuscht (KG 15. I. 1951 VersR 1951 S. 81—82). Andererseits kann „im einzelnen Falle das Maß des Verschuldens des Vmers in Anbetracht aller Umstände so wenig ins Gewicht fallen . . ., daß es nach Treu und Glauben vertretbar erscheint, ihm trotz seiner Unredlichkeit die Vssumme ungeschmälert zuzusprechen“ (RG 11. II. 1938 RGZ Bd 157 S. 76—77 [Ausw 1]). Hier kommt besonders der Fall in Frage, „daß sich die wissentlich unwahren Angaben des Vmers auf besonders geringe Werte beziehen und er durch einen wegen dieser Angaben etwa eintretenden Verlust der gesamten Entschädigungsansprüche seine ganze Daseinsmöglichkeit verlieren würde“ (RG 31. I. 1936 RGZ Bd 150 S. 151 [Ausw 1], 9. VI. 1936 JRPV 1936 S. 216, 3. VII. 1936 JW 1936 S. 2979 = JRPV 1936 S. 265—266).

Zwischen diesen beiden Extremen liegt die Möglichkeit teilweiser Leistungsfreiheit des Vers (RG 31. I. 1936 RGZ Bd 150 S. 151 [Ausw 1], 9. VI. 1936 JRPV 1936 S. 216, 3. VII. 1936 JW 1936 S. 2979 = JRPV 1936 S. 265—266, 11. II. 1938 RGZ Bd 157 S. 76 [Ausw 1]). Dabei spielt in der Judikatur — neben dem bereits erwähnten Gesichtspunkt der Geringwerigkeit und der Existenzvernichtung — der subjektive Tatbestand eine Rolle (RG 3. VII. 1936 JW 1936 S. 2979 = JRPV 1936 S. 265—266), besonders aber der Kreis der vten Sachen.

Handelt es sich um mehrere Vsverträge, so beschränkt sich die Leistungsfreiheit regelmäßig (Ausnahme: RG 31. V. 1921 NeumannsZ 1921 S. 472) auf denjenigen Vertrag, in dessen Rahmen die Täuschung vorgenommen ist (RG 30. VI. 1933 VA 1933 S. 367—368 Nr. 2602 = JRPV 1933 S. 249—250, 9. II. 1934 VA 1934 S. 42—43 Nr. 2692 = JRPV 1934 S. 85—86, 31. I. 1936 RGZ Bd 150 S. 151—152 [Ausw 1]). Ist ein Vsvertrag für Gebäude und Haushaltsgegenstände als einheitlicher abgeschlossen, so kann dann eine arglistige Täuschung zur teilweisen Leistungsfreiheit führen, wenn gewöhnlich die V getrennt erfolgt (RG 31. I. 1936 RGZ Bd 150 S. 151—152 [Ausw 1]). Auch sonst können aber Gruppen vter Sachen, z. B. Warenlager und Inventar gesondert behandelt werden (RG 3. VII. 1936 JW 1936 S. 2980 = JRPV 1936 S. 266). Eine Teilverwirkung kann sich auch ergeben, wenn der Vsfall in zeitlichen Etappen eingetreten ist, speziell dann, wenn ein Bezirksdirektor des Vers durch Anweisungen eingegriffen hatte (vgl. RG 17. II. 1928 JW 1928 S. 1738—1739).

Damit ist die frühere Rechtsprechung, welche stets eine volle Verwirkung annahm, überholt, z. B. RG 8. XII. 1916 VA 1917 Anh. S. 26 Nr. 983, 11. X. 1927 VA 1928 S. 37 Nr. 1816 = JRPV 1927 S. 311, 7. VI. 1929 RGZ Bd 124 S. 345.

Die neuentwickelten Richtlinien, welche durch die Schaffung des § 6 III nicht berührt sind (zweifelnd Prölss[8] S. 298, anders Thees ÖffrechtlV 1941 S. 20), greifen auch dann Platz, wenn die AVB volle Verwirkung vorschreiben: RG 31. I. 1936 RGZ Bd 150 bis 151. Erst recht könnte nicht vereinbart werden, daß der Vmer „für alle an dem Brande beteiligten Ven" jeden Anspruch verliere (so RG 23. VI. 1880 RGZ Bd 2 S. 123 bis 127, richtig LG Stade 26. X. 1950 VersR 1951 S. 102).

Sicher entspricht die neue Rechtsprechung, soweit sie übermäßige Weichheit vermeidet, besser als das Alles-oder-Nichts Prinzip den Forderungen der Gerechtigkeit und Billigkeit, andererseits schafft sie aber auch eine beträchtliche Rechtsunsicherheit

**[59] c) Sonstige Rechtsbehelfe.**

Hat der Ver bereits geleistet, so ist der Vmer ungerechtfertigt bereichert. Der Bereicherungsanspruch kann sich nach § 419 I auch gegen einen Vermögensübernehmer richten: KG 23. V. 1928 JRPV 1928 S. 233—234.

Hat der Ver bereits geleistet, so kann auch ein Schadensersatzanspruch aus den §§ 823 II 1, 826 BGB in Betracht kommen (RG 28. V. 1935 VA 1935 S. 249 Nr. 2818 = JRPV 1935 S. 231). Wegen des Schadens durch Gutachterkosten und Porto vgl. OLG Hamburg 21. VI. 1951 VersR 1951 S. 227, durch Sachverständigen- und Regulierungskosten LG Bochum 25. IX. 1952 VersR 1952 S. 402.

In Einzelfällen kann sich ergeben, daß nach dieser Leistung des Vers ein Bereicherungsanspruch entfällt, weil der Ver von vornherein mit einer arglistigen Täuschung gerechnet hat und neue erhebliche Tatsachen nicht hervorgetreten sind (RG 3. VII. 1936 JW 1936 S. 2980 = JRPV 1936 S. 266 mit Hinweis auf RG 12. XI. 1919 RGZ Bd 97 S. 140—144, Pietzcker JW 1920 S. 486—488).

**[60] 5. Geltendmachung, Beweis.**

Da es sich nicht um eine Einrede handelt, ist es unerheblich, ob sich der Ver auf den Einwand unzulässiger Rechtsausübung beruft. Jedoch kann es für die Würdigung des Sachverhalts bedeutungsvoll sein, ob der Ver die Leistung als unzumutbar empfindet und das zum Ausdruck bringt. Ferner wird sich die Mißbräuchlichkeit der Rechtsausübung häufig nicht schon aus den Klagetatsachen, sondern aus den vom Beklagten vorgetragenen Tatsachen ergeben (Palandt[11] Anm. 1 zu § 242, S. 205).

Der Ver muß die von ihm vorgebrachten Tatsachen, aus denen sich die arglistige Täuschung ergibt, beweisen. Der Beweis des ersten Anscheins reicht aus, was aber nicht besagt, „daß eine Partei ihrer Beweislast genüge, wenn sie eine mehr oder minder große Wahrscheinlichkeit beweise, während es dem Gegner überlassen bleibe, die Wahrscheinlichkeit zu widerlegen"; erforderlich ist vielmehr ein bestimmter Tatbestand, der Schlüsse über die Entstehung dieses Tatbestandes an die Hand gibt, wobei die Typik gewisser Geschehensabläufe die Rechtfertigung für diese Schlüsse bildet (RG 21. VI. 1932 VA 1932 S. 283 Nr. 2473, vgl. auch KG 27. X. 1928 JRPV 1928 S. 387—388, OLG Köln 9. II. 1934 VA 1934 S. 2—3 Nr. 2662). Ein bloßer Verdacht, dem Möglichkeiten von gleicher oder ähnlicher Wahrscheinlichkeit gegenüberstehen, genügt noch nicht zum Primafaciebeweis (RG 17. X. 1930 VA 1930 S. 263 Nr. 2218), wohl aber genügt ein Sachverhalt, der nach dem regelmäßigen Zusammenhang der Dinge einen Schluß zuläßt (RG 12. X. 1930 JRPV 1931 S. 4—5).

## § 34a

**Auf eine Vereinbarung, durch welche von den Vorschriften der §§ 16 bis 29a und des § 34 Abs. 2 zum Nachteile des Versicherungsnehmers abgewichen wird, kann sich der Versicherer nicht berufen. Jedoch kann für die dem Versicherungsnehmer obliegenden Anzeigen die schriftliche Form bedungen werden.**

**Unabdingbarkeit, Schriftform.**

**Gliederung:**



[1] **Entstehung:** Seit der VO vom 19. XII. 1939 werden die zwingenden Vorschriften nach Möglichkeit jeweils am Ende der einzelnen Titel zusammengefaßt. Das ist auch in § 34a¹ n. F. geschehen, so daß § 31¹ a. F. und § 34 II 2 a. F. gestrichen werden konnten. § 34a² n. F. entspricht § 31² a. F. — Begr. III S. 8.

[2] **Schrifttum:** Einl. Anm. 40.

[3] **I. Beschränkungen der Vertragsfreiheit.**

Der 2. Titel kennt keine absolut zwingenden Bestimmungen, wohl aber relativ zwingende Normen und solche, die abdingbar sind.

[4] **1. Relativ zwingende Bestimmungen.**

§ 34a¹ zählt die §§ 16—29a, 34 II auf, jedoch ergibt der Wortlaut des § 33 II, daß auch diese Vorschrift relativ zwingend ist. Als geschützte Person, zu deren Nachteil die genannten Normen nicht voll wirksam abgeändert werden können, bezeichnet § 34a¹ nur den Vmer. Soweit aber die Obliegenheiten der §§ 16 I 1, 23, 27 II, 33 I, 34 II auch andere Personen als den Vmer belasten, sind auch diese anderen Personen geschützt (vgl. Anm. 6, 59 zu § 16, Anm. 14 zu § 19; Anm. 20, 29, 39 zu § 23; Anm. 8—9, 11 zu § 27; Anm. 12, 29 zu § 33; Anm. 29, 44 zu § 34).

Einzelheiten über die Tragweite des halbzwingenden Charakters der genannten Vorschriften in Anm. 59—60 zu § 16, Anm. 7 zu § 17, Anm. 10 zu § 18, Anm. 14 zu § 19, Anm. 23 zu § 20, Anm. 13 zu § 21, Anm. 30 zu § 22, Anm. 39 zu § 23, Anm. 15 zu § 24, Anm. 12 zu § 25, Anm. 9 zu § 26, Anm. 11 zu § 27, Anm. 11 zu § 28, Anm. 13 zu § 29, Anm. 8 zu § 29a, Anm. 29 zu § 33, Anm. 44 zu § 34.

Über die Folgen der Verletzung — also auch Umgehung — relativ zwingender Bestimmungen vgl. Einl. Anm. 48, 49.

Es ist ein kleiner Schönheitsfehler, daß die halbzwingende Norm des § 33 II nicht in § 34a¹ erscheint. Aus § 33 II läßt sich generell der zugunsten des Vmers zu beachtende Gedanke entnehmen, daß eine Anzeige- oder Auskunftspflicht nicht als verletzt betrachtet werden darf, sofern der Ver das zu übermittelnde Wissen in anderer Weise rechtzeitig erlangt hat. Dieser Rechtsgedanke hat auch in den §§ 16 III, 17 II, 25 II 2, 28 II 1, 71 II 1 gesetzlichen Niederschlag gefunden. Darüber, daß er zu verallgemeinern ist, vgl. schon Anm. 24 zu § 6. Über die entsprechende Anwendung auf die Belegpflicht vgl. Anm. 25 zu § 34.

[5] **2. Nicht zwingende Bestimmungen.**

Die Beschränkungen der Vertragsfreiheit, also § 34a, gelten nicht bei der Binnentransportv von Gütern, der Kredit- und der Kursverlustv (§ 187 I), ferner nicht bei der laufenden V (§ 187 II), bei der freiwilligen V bei öffentlichrechtlichen Vern (§ 192 II) und bei der Pflichthaftpflichtv von Unternehmern des Güterkraftverkehrs (§§ 27 I 2 GüKG, 187 I). Dazu Einl. Anm. 41.

Aber auch im übrigen läßt der 2. Titel der Vertragsfreiheit gewissen Spielraum, insbesondere sind in § 34a¹ nicht aufgeführt § 30 (dazu Anm. 25 zu § 30) und die §§ 32, 33 I, 34 I. Die hier in Betracht kommenden Obliegenheiten leben allerdings unter den

Einschränkungen des § 6 mit seinen relativ und zum Teil sogar absolut zwingenden Bestimmungen (§§ 6 I—III, 15a; 6 IV). Im übrigen aber kann der Vmer mit einer Vielzahl von vorbeugenden Obliegenheiten belastet werden (Anm. 12 zu § 32), die Anzeigepflicht des § 33 I kann ausgeweitet werden (Anzeige nicht nur vom Eintritt des Vsfalls, sondern auch von anderen Umständen: Anm. 7, 8, 29 zu § 33). Auch die Auskunftspflicht des § 34 I kann vertraglich erstreckt werden auf Auskünfte, die nicht zur Feststellung des Vsfalls oder des Umfanges der Leistungspflicht erforderlich sind (Anm. 44 zu § 34).

**[6] II. Vereinbarung der Schriftform.**

**1. Anwendungsbereich.**

Ist der Vmer mit einer Anzeigepflicht belastet, so kann nach dem allgemeinen Grundsatz der Formfreiheit die Anzeige formlos, also insbesondere mündlich, erstattet werden. Da die Vorschriften über die Anzeigepflichten der §§ 16 I 1, 23 II, 27 II in § 34a[1] für halbzwingend erklärt sind und ihrerseits schriftliche Anzeigen nicht vorsehen, würde es eine Benachteiligung für den Vmer darstellen, falls vertraglich die Schriftform vereinbart wird. Solche Vereinbarung aber gestattet dennoch § 34a[2].

Von der Gestattung wird vielfach Gebrauch gemacht, so in §§ 5[1], 6 I 2, 19 AFB, §§ 5[1], 6 I 1, 19 AEB, §§ 7 I 2, 19 AHausratB, § 11[1] AHaftpflB, § 9[1] AKB, § 6 I a GrundBed, vgl. auch die eigenartige Vorschrift des § 14 III ALB, wonach es der Ver in der Hand hätte, eine mündliche Anzeige entweder als erfolgt anzusehen oder nicht (vgl. Anm. 13 zu § 16, Anm. 32 zu § 8).

[7] § 34a[2] gilt nicht für die Obliegenheiten der §§ 32, 33 I, 34 I: Hier können also bei Anzeigen und Auskünften Formvereinbarungen völlig frei getroffen werden (vgl. Anm. 16 zu § 33, Anm. 20 zu § 34), z. B. käme auch gerichtliche oder notarielle Beurkundung in Betracht.

§ 34a[2] gilt ferner nicht für Willenserklärungen des Vmers. Deshalb kann für die Kündigung des Vmers nach § 30 II jede Form vorgeschrieben werden (Anm. 21 zu § 30, Anm. 34 zu § 8), zumal § 30 in § 34a[1] gar nicht genannt ist.

Schließlich hat § 34a[2] keine Bedeutung für Willens- und Wissenserklärungen des Vers. Deshalb kann für den Rücktritt, die Anfechtung, die Kündigung seitens des Vers jede Form vereinbart werden, zumal durch eine Erschwerung die Lage des Vmers verbessert wird. Vgl. Anm. 34 zu § 8, Anm. 13 zu § 20.

**[8] 2. Schriftform.**

Nach § 34a[2] kann für die Anzeigen die schriftliche Form bedungen werden. Es handelt sich dann um eine durch Rechtsgeschäft bestimmte Form i. S. des § 127[1] BGB. Danach gilt aber § 126 BGB nur im Zweifel. Bei Anzeigen dürfte es regelmäßig unschädlich sein, wenn sie nicht eigenhändig unterzeichnet sind (vgl. § 126 I BGB, RG 6. XII. 1910 JW 1911 S. 225 = VA 1911 Anh. S. 55—56 Nr. 598 [Anzeige], RG 25. VI. 1929 RGZ Bd. 125 S. 73—75 [Willenserklärung]). Ein Wissenserklärungsvertreter kann übrigens, ohne das Vertretungsverhältnis ersichtlich zu machen, mit dem Namen des Vertretenen unterzeichnen (RG 3. XII. 1926 JW 1927 S. 654 = VA 1927 S. 6 Nr. 1663 für eine Willenserklärung). Telegrafische Anzeige genügt (§ 127[2] BGB). Die Schriftform wäre dagegen nicht gewahrt, falls der Vmer dem Ver etwa nur einen Zeitungsausschnitt mit einem Brand- oder Unfallbericht ohne Anschreiben sendet.

Gerichtliche oder notarielle Beurkundung bedeutet ein Mehr gegenüber der Schriftform. Würde diese Form vereinbart, so verstieße das gegen 34a, Umdeutung in Vereinbarung gewöhnlicher Schriftform wäre geboten.

Nichts mit der Formfrage hat es zu tun, falls eine eidesstattliche Erklärung vom Vmer gefordert wird. Hier geht es um eine inhaltlich zusätzliche Äußerung. Da das Gesetz nur Anzeigen vorschreibt und sie genügen läßt, würde es den Vmer benachteiligen, falls eine eidesstattliche Erklärung gefordert würde. Es greift also § 34a[1] ein. Übrigens hat auch bei der Auskunftspflicht das RAA die Einforderung eidesstattlicher Versicherungen verboten (Anm. 20 zu § 34).

**[9] 3. Übermittlung.**

**a) Örtliche Anknüpfung.**

Eine Wissenserklärung muß ebenso wie eine Willenserklärung zugehen (dazu Anm. 2—7 zu § 10). Die hier in Betracht kommenden Anzeigen müssen dem Ver zugehen, ohnedem sind sie nicht erstattet, da jede Anzeige empfangsbedürftig ist.

Selbstverständlich kann der Vmer dem Ver die Anzeige bringen. Es fragt sich aber, ob auch das Schicken gestattet ist. Die Frage ist zu bejahen, gelegentlich geht das Gesetz selbst von der Übersendung der Anzeigen aus, besonders bei der Schadensanzeige (§§ 92 I 2, $110^2$, 153 III, 171 I 2). Selbstverständlich gehen dabei die Kosten zu Lasten des Vmers. Wegen der Empfangsbedürftigkeit trägt der Vmer auch die Gefahr der Übermittlung, jedoch beruht regelmäßig, soweit das Verschuldensprinzip gilt, eine nicht oder verspätet ankommende Anzeige nicht auf Verschulden, sofern der Vmer mit normalem Funktionieren der Post gerechnet hat (Anm. 34 zu § 6). Was die Zeit der Anzeigen anlangt, so ist die Verschuldensfrage so zu beurteilen, daß der Vmer für rechtzeitigen Zugang sorgen muß. Allerdings betrifft die Unverzüglichkeitsfrist der §§ 23 II, 27 II nur das eigene Verhalten des Vmers, also die Absendungshandlung. Bei bestimmten Vorschriften wird schlechthin auf die Absendung abgestellt (vgl. für die Anzeige des Vsfalls §§ 92 I 2, $110^2$, 153 III, 171 I 2). Bei der vorvertraglichen Anzeigepflicht ist zu beachten, daß es ausreicht, wenn die Anzeige vor dem formellen Vsbeginn abgesendet ist (Anm. 8 zu § 16).

**[10] b) Eingeschriebener Brief.**

Falls eine Anzeige durch eingeschriebenen Brief vereinbart wird, so bedeutet das die Vereinbarung der Schriftform, im übrigen aber lediglich eine Abrede hinsichtlich der postalischen Übermittlung. Solche Vereinbarung ist durch § 34a nicht verwehrt. Denn wenn es sich normalerweise bei den Anzeigen um Bring- oder Schickschulden handelt, so beschwert es den Vmer nicht über Gebühr, falls er bei Übersendung der Anzeige Sicherungsmaßnahmen treffen muß, welche besonders für die Beweislage bedeutsam sind. Die Mehrkosten können nicht entscheidend sein.

**[11] c) Telegrafische Übermittlung.**

Aus ähnlichen Gründen darf auch die telegrafische Anzeigenerstattung vereinbart werden, zumal diese in § $127^2$ BGB bei der Behandlung der Schriftform mit erwähnt wird.

**[12] 4. Formverletzung.**

Zeigt der Vmer in einer nicht genügenden Form an, also z. B. mündlich statt schriftlich, so entfällt dabei zuweilen ein Verschulden des Vmers (vgl. RG 18. VI. 1929 VA 1929 S. 224—225 Nr. 1990 = Praxis 1929 S. 82). Im übrigen ergeben sich — auch bei Verschulden des Vmers — nicht die Nichtigkeitskonsequenzen des § 125 BGB (a. A. AG Hamburg 25. III. 1938 HansRGZ 1938 A Sp. 379), also nicht die üblichen Rechtsfolgen der Nichtanzeige, sondern es wirkt sich der allgemeine Rechtsgedanke aus, wonach es genügt, wenn der Ver das zu übermittelnde Wissen in anderer Weise erlangt (Anm. 4): So auch RG 9. III. 1920 VA 1920 Anh. S. 44—45 Nr. 1143, OLG Hamm 25. III. 1935 JRPV 1935 Zus. S. 64 = HansRGZ 1935 A Sp. 401. Entsprechendes gilt, falls eine Anzeige nicht durch eingeschriebenen, sondern durch einfachen Brief erstattet wird (OLG Karlsruhe 14. VII. 1932 VA 1932 S. 262 Nr. 2453, OLG Köln 19. II. 1937 VA 1937 S. 155—156 Nr. 2973). Eine unverzügliche Zurückweisung mündlicher statt schriftlicher Anzeigen dürfte zulässig sein, nicht aber die Zurückweisung eines einfachen Briefes, der anstelle eines eingeschriebenen Briefes oder eines Telegrammes eingeht. Das OLG Hamm 17. III. 1927 VA 1927 S. 251 Nr. 1755 hält den Ver (bedenklicherweise) bei Vereinbarung der Schriftform für zurückweisungsberechtigt, falls der Vmer einem Agenten telefoniert, und dieser die Anzeige dem Ver schriftlich weiterleitet.

**[13] 5. Anzeigeadressat.**

§ 34a verschließt dem Ver nicht die Möglichkeit, positiv zu bestimmen, an welche seiner Stellen die Anzeige zu richten ist oder negativ zu vereinbaren, daß an einen bloßen Vermittlungsagenten die Anzeige nicht gerichtet werden kann (§§ 43 Ziff. 2,47).

Wird etwa verlangt, daß eine Anzeige dem Vorstand des Vers zugehen muß, so schadet dem Vmer die Übermittlung an eine andere Stelle des Vers in zwei Fällen nicht: Erstens dann nicht, wenn diese Stelle ihrerseits den Vorstand unterrichtet: KG 18. IX. 1940 JRPV 1940 S. 165—166 = HansRGZ 1940 A Sp. 218. Zweitens schadet dem Vmer die Unterrichtung einer anderen Stelle des Vers auch dann nicht, wenn eine Wissenzurechnung geboten ist, z. B. die an den Vorstand gerichteten Briefe von Angestellten allein zur Kenntnis genommen werden, z. B. einer Antragsabteilung oder dem Gesellschaftsarzt (nicht dagegen einem Vertrauensarzt) in der Lebensv (Haasen VersR 1951 S. 249). Ein Abschlußagent kann nicht stets als Wissensvertreter angesehen werden, § 44 ist nach § 47 abdingbar. Wird eine Anzeige fälschlich einem Agenten gemacht, so muß dieser den Vmer sofort auf die mangelnde Empfangsbefugnis aufmerksam machen, sonst ist der Vmer entschuldigt (RG 7. X. 1921 VA 1922 Anh. S. 16—17 Nr. 1243 mit OLG Celle 17. XII. 1920 VA 1920 Anh. S. 17—18 Nr. 1182, OLG Düsseldorf 5. VI. 1951 VersR 1951 S. 202—203 [mit kritischer Anm. Dörstling], OLG Hamm 9. II. 1921 VA 1922 Anh. S. 48—49 Nr. 1273). Außerdem kann der Abschlußagent nach § 45 Vertragsänderungen vereinbaren, also auch die Bestimmungen über den Empfänger der Anzeige dahin abändern, daß er selbst die Anzeige entgegenzunehmen vermag (dazu ähnlich KG 14. IV. 1926 VA 1926 S. 229—230 Nr. 1598). Sind Anzeigen dem Vorstand des Vers zu erstatten, so braucht der Vorstand nicht auf dem Briefumschlag oder -kopf genannt zu sein, es reicht aus, wenn der Brief an den Sitz des Vers adressiert ist.

## Dritter Titel.

## Prämie.

# § 35

**Der Versicherungsnehmer hat die Prämie und, wenn laufende Prämien bedungen sind, die erste Prämie sofort nach dem Abschlusse des Vertrags zu zahlen. Er ist zur Zahlung nur gegen Aushändigung des Versicherungsscheins verpflichtet, es sei denn, daß die Ausstellung eines Versicherungsscheins ausgeschlossen ist.**

### Vorbemerkungen.

### Prämienzahlung.

**Gliederung:**

[1] **Entstehung:** § 35 ist unverändert geblieben. — Begr. I S. 44—45.

[2] **Schrifttum:** Boueke, Der Prämienverzug, Göttinger Diss. 1927, Bruck S. 243—276 m. w. N., Ehrenzweig S. 131—147, von Gierke II S. 169—175, Gräber, Erstprämienzahlung und Haftungsbeginn nach dem Vsvertragsgesetz und den üblichen Vertragsklauseln, Kölner Diss. 1938, Thees, DJustiz 1942 S. 757—760.

[3] **I. Vorbemerkungen.**

**1. System des Gesetzes.**

Im Rahmen des ersten Gesetzesabschnittes, der Vorschriften für sämtliche Vszweige beschäftigt sich der 3. Titel mit der Prämie, nachdem der 1. Titel allgemeine Vorschriften und der 2. Titel Bestimmungen über gewisse Obliegenheiten des Vmers gebracht haben. Es ist sonach im 2. und 3. Titel von Verhaltensnormen die Rede, welche den Vmer belasten. Von der Leistung des Vers handeln erst die späteren Abschnitte des Gesetzes.

Der 3. Titel, welcher der Prämie gewidmet ist, befaßt sich mit der Prämienzahlung, insbesondere der Prämienfälligkeit (§ 35), mit dem Befriedigungsrecht Dritter (§ 35a), dem Abzugsrecht des Vers (§ 35b), der Ortsfrage (§§ 36, 37), dem Prämienverzug, und zwar getrennt für Erstprämien (§ 38) und Folgeprämien (§ 39), mit dem Problem der Unteilbarkeit (§ 40), der Prämienerhöhung (§ 41), der Prämienherabsetzung (§ 41 a) und der Unabdingbarkeit (§ 42).

[4] **2. Rechtspflichten des Versicherungsnehmers.**

**a) Hauptpflicht.**

Bei einem Vsvertrage sind Gefahrtragung des Vers und Prämienzahlung des Vmers in einem Austauschverhältnis, also synallagmatisch, verknüpft (Anm. 38—45 zu § 1). Da Geldleistungen nicht typenbildend wirken, erhält der Vsvertrag sein besonderes Gepräge durch die Gefahrtragung des Vers. Immerhin ist aber die Geldleistung des Vmers für den Begriff des Vsvertrages und überhaupt der V (Anm. 8 zu § 1) wesentlich: Unentgeltlichen Vsschutz gibt es nicht.

[5] **2. Nebenpflichten.**

Neben der Hauptpflicht des Vmers zur Prämienzahlung können Nebenpflichten stehen, die sich gleichfalls als echte Rechtspflichten darstellen. Hier kommen in erster Linie gewisse Zahlungspflichten in Frage, die der Prämienzahlungspflicht nahestehen, z. B. die Pflicht zur Zahlung von Nebengebühren (vgl. Anm. 8). Es gibt aber auch andere als Zahlungspflichten, z. B. die Pflicht zur Rückgabe des Vsscheins (Anm. 6 zu § 4), ferner die Pflicht, ein Gutachten über den Wert des vten Tieres zu liefern (LG Frankenthal 26. XI. 1952 VersR 1953 S. 141), weiterhin die Deklarationspflicht bei der laufenden V (§ 187 II) oder bei der Tierv nach Einzelbeschreibung die Verpflichtung des Vmers, bei Veränderungen im Tierbestand die Nachv zu beantragen (§ 6 I 1, 2 ATierB, dazu Schmitt VersR 1953 S. 385—387). Über die Anmeldungspflicht für Schoberv Anm. 12 zu § 6. Wird die Prämie auf Grund des Umsatzes oder der Arbeitnehmerzahl oder -löhne berechnet, so gehören auch die Verpflichtungen zur Meldung des Umsatzes usw. zu den echten Rechtspflichten (dazu Möller JW 1938 S. 1117). Bei einer Abschreibev, einer Sonderform der laufenden V, trifft den Vmer auch eine Verpflichtung, „unter die V fallende Verhältnisse zur Entstehung zu bringen“ (OLG Frankfurt 21. VI. 1935 HansRGZ 1936 B Sp. 200). Generell zur Betätigungs- und Erhaltungspflicht bei der laufenden V: Möller ITVMitt 1935 S. 123—126. Bei einer langfristigen, also besonders vorteilhaften V kann der Vmer (Pächter) im Falle einer Pachtaufhebung verpflichtet sein, auf eine Übernahme der V hinzuwirken (RG 22. IX. 1936 VA 1936 S. 275 bis 277 Nr. 2936). Dabei wird hervorgehoben, daß sich solche ergänzenden echten Rechtspflichten des Vmers auch aus Treu und Glauben ergeben können (Näheres Möller in: Kernfragen der Vs-Rechtsprechung, Berlin 1938, S. 45—46). Eine Treuepflicht des Vmers gibt es als selbständige Rechtspflicht nicht (Möller HansRGZ 1929 A Sp. 133 bis 142). Wird in der Lebensv ein Darlehen gewährt, so trifft den Vmer keine Rückzahlungspflicht derart, daß der Ver Barleistungen verlangen kann (vgl. § 7 III ALB, Prölss[8] S. 529).

Von den echten Rechtspflichten, also auch von den genannten Nebenpflichten, zu unterscheiden sind die Obliegenheiten des Vmers (Anm. 3—11 zu § 6), zu denen die Prämienzahlungspflicht nicht zählt (OLG Hamm 7. VII. 1952 VA 1953 S. 9 = VersR 1952 S. 422).

[6] **3. Begriff der Prämie.**

**a) Entgelt für Gefahrtragung.**

Die Prämie ist das vom Vmer zu zahlende Entgelt für die Gefahrtragung (§ 1 II 1). Sie kommt bei allen Unternehmungsformen vor und wird beim Vsverein auf Gegenseitigkeit auch Beitrag genannt (§§ 21 I, 24 I, II VAG). Im Rahmen des Vertragsrechtes werden die Beiträge den Prämien einer Aktiengesellschaft gleichgestellt (§ 1 II 2). Auch bei öffentlichrechtlichen Vseinrichtungen, besonders bei Körperschaften, spricht man oft von Beiträgen, hier ist § 1 II 2 analog anzuwenden. § 11 I 1 VAG hat versucht, den zusammenfassenden Ausdruck „Entgelte" einzuführen, jedoch ohne Erfolg (auch § 1 I VStG spricht von „Vsentgelt"). In der Praxis zeigt sich die Tendenz, von Beiträgen auch bei Aktiengesellschaften zu sprechen, so besonders in der Kraftfahrv (§ 1 I AKB und Einheitstarif) und in der Krankenv (§ 3 GrundBed), aber auch in der Hausratv (§ 8 AHausratB).

[7] **b) Geld- oder Naturalleistung.**

Die Prämie ist in aller Regel eine Geldleistung des Vmers. In der Geschichte des Gegenseitigkeitsvereins spielen Naturalleistungen gegenseitiger Hilfe eine große Rolle, sie wären begrifflich auch gegenwärtig nicht ausgeschlossen. In Betracht kommen auch geldeswerte Leistungen, die für den Ver anderweitige Ersparnisse bewirken, man denke an die provisionsfreie Zuführung von Vmern: KG 4. XI. 1931 HansRGZ 1932 A Sp. 33—34. Die besondere Technik der Lebensv wird es allerdings notwendig machen, z. B. im Falle einer V von Vorstandsmitgliedern oder Arbeitnehmern des Vers eine Kürzung des Arbeitseinkommens vorzusehen und den gekürzten Betrag als Prämie zu verbuchen.

[8] **c) Abgrenzung von Nebengebühren.**

Begrifflich von der Prämie zu unterscheiden sind Geldleistungen des Vmers, die nicht für die Gefahrtragung, sondern für andere Zwecke erbracht werden.

Zu unterscheiden sind Abschlußkosten (dazu bereits Anm. 82 zu § 1) und solche Nebengebühren, die erst nach dem formellen Vsbeginn zu zahlen sind: Gebühren für Ausfertigung von Verlängerungsscheinen und Nachträgen (Anhängen): Anm. 124 zu § 1, Kosten einer Ersatzurkunde: Anm. 35 zu § 3, Gebühren für Abschriften: Anm. 36 zu § 3, Inkassogebühr (Prämieneinziehungs-, Prämienabholungs-, Hebegebühr): VA 1927 S. 124—125, 134, 145—146, 1928 S. 140, Mahnkosten, Porto (Zustellungsgebühr; Postgebühr in der Hagelv: § 14a AHagelB), sonstige bare Auslagen, Überweisungskosten in der Krankenv, in der Lebensv Gebühren für Änderungen von Begünstigungsvermerken, für Steuerauskünfte: VA 1923 S. 21.

Wie bei Abschlußkosten wird auch hinsichtlich der übrigen Nebengebühren aufsichtsbehördlich besonders darauf gedrungen, daß der Vmer Klarheit gewinnt, positiv durch Gebührenübersichten in AVB (z. B. § 14 AHagelB) oder in Anträgen und Vsscheinen, negativ durch den Vermerk: „Weitere Nebengebühren und Kosten werden nicht erhoben" (VA 1939 S. 83). Weitere Nachweise Anm. 82 zu § 1.

Für das Vssteuerrecht vgl. § 3 VStG, wonach generelle und individuelle Zahlungen zu unterscheiden sind, letztere werden für Sonderleistungen oder aus anderen, in der Person des einzelnen Vmers liegenden Gründen beglichen, z. B. für Ersatzurkunden, Mahnkosten, vgl. auch für Ausfertigungsgebühren RFH 9. X. 1929 VA 1929 S. 342—344 Nr. 2092; für Inkassogebühren vgl. Ziff. 3 Erlaß betr. Änderung des VStG vom 25. IX. 1944 (RStBl. S. 601).

[9] **d) Zinsen, Geschäftsgebühr, Steuern.**

Besonders zu erwähnen sind vom Vmer geschuldete Verzugs-, Prozeß- oder Fälligkeitszinsen (über Zinsschulden des Vers vgl. Anm. 30 zu § 11). Soweit das Gesetz dem Ver Zinsen zubilligt, bedarf es keiner besonderen Vereinbarung. Der Satz, wonach weitere Nebengebühren nicht erhoben werden, schließt die Geltendmachung dieser Zinsen nicht aus. Auch die Darlehenszinsen auf Vorauszahlungen in der Lebensv (Vorauszahlungsprämien; § 7 ALB) gehören nicht zu den Nebengebühren.

An die Stelle einer Prämienschuld kann die Verpflichtung zur Zahlung einer Geschäftsgebühr treten (vgl. §§ 40 II 2, 3, 68 I).

Als öffentliche Abgabe kommt die Vssteuer (nach dem VStG vom 9. VII. 1937, RGBl. I S. 793, geändert durch VO vom 31. VIII. 1944, RGBl. I S. 208 und KontrollratsG Nr. 53 vom 31. V. 1947) in Betracht, die vom Vmer geschuldet wird, aber vom Ver zu entrichten ist (§ 8 I 1, 3 VStG). Der Vmer muß also die Vssteuer zunächst dem Ver zahlen, und zwar zusammen mit der Prämie. Nach § 5 II 1 VStG darf die Steuer in das Vsentgelt eingerechnet werden. Die Feuerschutzsteuer (nach dem FeuerschutzsteuerG vom 1. II. 1939, RGBl. I S. 113) trägt dagegen der Ver allein. Textausgabe beider Gesetze: VssteuerG, FeuerschutzsteuerG, München-Berlin 1950. Kommentare (z. T. veraltet): Wunschel-Kostboth, VStG, Berlin-Leipzig 1937, Zeine-Gambke, VStG, 2. Aufl., Berlin 1932.

**[10] e) Gleichstellung mit Prämie.**

Alle in Anm. 8—9 genannten Geldbeträge können privatrechtlich den Prämien gleichgestellt werden, in § 39 IV sind Zinsen und Kosten besonders erwähnt, nach § 8 IV VStG gilt im Verhältnis zwischen dem Ver und dem Vmer die Steuer als Teil des Vsentgelts. Eine Gleichstellung muß auch hinsichtlich aller Nebengebühren im Rahmen des § 39 erfolgen: Der Ver kann deshalb nicht nach § 326 I 1 BGB vom Vsvertrage zurücktreten, falls solche Nebengebühren rückständig sind (vgl. Anm. 38 zu § 39).

**[11] 4. Arten der Prämie.**

**a) Prämie i. e. S. und Beitrag.**

Wie bereits ausgeführt (Anm. 6) wird die Prämie beim Vsverein auf Gegenseitigkeit Beitrag genannt. Allerdings kommen beim sogen. gemischten Verein auch Vsgeschäfte mit Nichtmitgliedern, also „gegen feste Entgelte" (§ 21 II VAG), gegen Prämien i. e. S., in Betracht (dazu vgl. auch Anm. 41 zu § 22).

Es gibt verschiedene Beitragssysteme (dazu Kisch Gegenseitigkeitsverein S. 188 bis 199). Grundlegend ist die Unterscheidung zwischen dem Umlageverfahren, bei dem die Beiträge nachträglich festgesetzt werden, und dem Verfahren mit Erhebung von Vorprämien, die sich als zu niedrig oder als zu hoch erweisen können, so daß neben den Vorprämien Nachschüsse oder Ausschüttung von Überschußanteilen in Betracht kommen. — Bei dem System der Vorprämien (auch Vorbeitrag oder Vorschuß genannt) hat die Satzung zu bestimmen, ob Nachschüsse vorbehalten oder ausgeschlossen sind; letzterenfalls kann vorgesehen sein, daß die Vsansprüche gekürzt werden dürfen (§ 24 II VAG). Die Nachschußpflicht kann eine unbeschränkte oder beschränkte sein (§ 24 III VAG), die Beschränkung kann nicht nur auf einen bestimmten Geldbetrag, sondern auch auf einen Teil oder ein Mehrfaches der Vorprämie abstellen. Angesichts ihrer Nachschußpflicht können die Vereinsmitglieder eine Nachschußv abschließen, dazu VA 1909 S. 182—184, KG 20. IV. 1929 JRPV 1929 S. 248. Dadurch wird allerdings die Nachschußpflicht dem Gegenseitigkeitsverein gegenüber nicht beseitigt. — Auch beim Umlageverfahren kann übrigens ein Höchstbetrag für die Umlagen festgesetzt werden (§ 24 III VAG).

Gemäß § 1 II 2 werden die Beiträge ebenso behandelt wie Prämien, diese Gleichstellung ist im Bereich der Beschränkungen der Vertragsfreiheit zwingend (Anm. 5 zu § 15a).

**[12] b) Einmalige und laufende Prämie.**

§§ 38 I 1, 165 II erwähnen die einmalige Prämie, §§ $35^1$, 165 I die laufenden Prämien. Auch § 24 I VAG unterscheidet einmalige und wiederkehrende Beiträge. Einmalprämien spielen besonders in der Lebensv, auch aus steuerlichen Gründen, eine Rolle, kommen aber auch im übrigen nicht nur bei kurzfristigen Ven vor (vgl. Ziff. 5 Grundregeln des Einheitstarifes: Kurztarif), sondern z. B. auch bei der lebenslänglichen Unfallv und bei der „Hausrat-V unter Vorauszahlung der Prämie auf Lebenszeit" (VA 1954 S. 15 bis 16, Bischoff VA 1954 S. 29, auch schon VA 1930 S. 155). Regelmäßig aber ist die technische Vsdauer in Vsperioden (§ 9) eingeteilt und entsprechend sind laufende Prämien zu zahlen. Es handelt sich dann um ein Wiederkehrschuldverhältnis hinsichtlich der Prämie (Anm. 46 zu § 1).

**[13] c) Jahresprämie und Prämienraten.**

Die Vsperiode dauert nach § 9 regelmäßig ein Jahr, so daß laufende Prämien durchweg Jahresprämien sind. Die Jahresprämie bildet eine gewisse Einheit, insbesondere wegen § 40 I 1, II 1 (Unteilbarkeit der Jahresprämie). Kann der Vmer den Betrag einer Jahresprämie nicht auf einmal zahlen, so bestehen zwei Möglichkeiten:

[14] Theoretisch ist vorstellbar, daß die Vsperiode verkürzt wird (vgl. Anm. 4 zu § 9), so daß es keine Jahresprämie mehr gibt; die Unteilbarkeit der Prämie gilt dann nur für

den entsprechend kürzeren Zeitraum, sogar Tagesprämien sind denkbar. Für einen Lebensvsvertrag bestand eine Vierteljahresperiode und -prämie im Falle LG Köln 19. X. 1950 VersR 1951 S. 17. In der Krankenv wird vielfach mit Monatsperioden gearbeitet (§ 3 I GrundBed), allerdings kann auch dann der Begriff des Vsjahrs noch Bedeutung behalten (§ 2 I 2, II c Ziff. 1 GrundBed).

[15] Praktisch viel bedeutsamer ist der Fall, daß man bei dem Grundsatz der Jahresprämie verbleibt, aber eine unterjährige Ratenzahlung zuläßt. So heißt es im Prämientarif für Haftpflichtven: „Die Zahlung der Jahresprämien in $^1/_2$jährlichen oder $^1/_4$jährlichen Raten erfordert einen Zuschlag (für Zinsverlust und höhere Verwaltungskosten) von 3% bzw. 5% zur Prämie" (Ziff. 3 Vorbemerkungen), ähnlich für die Kraftfahrv: Ziff. 3 Grundregeln des Einheitstarifes: Zahlungsweise.

Bei solcher Ratenzahlung bleibt trotzdem der Gedanke der Unteilbarkeit der Prämie anwendbar. Stirbt in der Lebensv der Vmer im Januar und fällt die Vsperiode mit dem Kalenderjahr zusammen, so werden von der Vsleistung die Raten für Februar bis Dezember abgezogen. So auch § 3 IV ALB mit der Hervorhebung, daß die Jahresprämie stets zu Beginn jedes Vsjahres fällig wird; sie könne gegen ein Aufgeld allerdings in Teilbeträgen gezahlt werden. Angesichts dieser beabsichtigten juristischen Konstruktion liegt im Falle dieser Ratenvereinbarung keine Fälligkeitsverschiebung vor, sondern nur ein Einforderungsverzicht (pactum de non petendo: Reichel Iherings Jahrbücher Bd 85 S. 1—76).

Die Konstruktionsfrage hat anläßlich der Währungsreform Bedeutung gewonnen: Nach richtiger Ansicht waren jene Prämienraten, welche zu der Vsperiode gehörten, die am Währungsstichtag lief, vor dem Währungsstichtag fällig und deshalb nur mit einem Zehntel in Deutscher Mark zu begleichen (Möller in: Probleme der Währungsreform, Berlin-Frankfurt 1949, S. 133—135). Vgl. zu dieser Frage auch Böttcher BetrBer 1949 S. 106—107, Durst BetrBer 1949 S. 325, Eberhard VersR 1951 S. 26—29, Weber VW 1949 S. 357, AG Düsseldorf 13. V. 1950 Der Vmer 1950 S. 62—63, 76—77, LG Düsseldorf 10. V. 1951 VersR 1951 S. 157—158, AG Osnabrück 13. XII. 1950 VersR 1951 S. 74.

[16] **d) Erst- und Folgeprämie.**

Während der Ausdruck „Folgeprämie" in § 39 I 1 gebraucht wird, wird der Ausdruck „Erstprämie" vom Gesetz nicht benutzt. Er ist für § 38 bedeutungsvoll und nicht identisch mit dem Begriff der ersten Prämie in § 35[1].

Wie sich § 38 II — auch § 40 II 2 — entnehmen läßt, ist Erstprämie diejenige Prämie, ohne deren Zahlung die V nicht materiell einsetzt: Es besteht ein aufschiebendes Bedingungsverhältnis zwischen Zahlung der Erstprämie und materiellem Vsbeginn. Nähere Begründung Anm. 4 zu § 38.

Hierher gehört in erster Linie der Fall, daß eine Prämie vor oder bei dem materiellen Vsbeginn zu entrichten ist (vgl. § 38 I a. F.), weiterhin aber auch der Fall, daß eine Rückwärtsv erst mit der ersten Prämienzahlung (rückwirkend: vgl. § 159 BGB) einsetzt (dazu Anm. 18 zu § 2) und der Fall der §§ 3 I Abs. 3 Satz 2 AHaftpflB, 16 I 2 AUnfallB: „Wird die erste Prämie erst nach dem als Beginn der V festgesetzten Zeitpunkt eingefordert, alsdann aber ohne Verzug bezahlt, so beginnt der Vsschutz mit dem vereinbarten Zeitpunkt" (dazu Anm. 39, Anm. 19 zu § 2).

§ 35[1] läßt normalerweise die erste Prämie sofort nach dem Abschlusse des Vertrags, also nach dem formellen Vsbeginn, fällig werden. Deshalb ist normalerweise die erste Prämie auch Erstprämie. Jedoch läßt § 35[1] die Stundung der ersten Prämie zu, wodurch sie zur Folgeprämie werden kann (Näheres: Anm. 36—39). Erstprämie sind demnach besonders die Einmalprämie, die erste Jahresprämie und die erste Rate der in Raten gezahlten ersten Jahresprämie, soweit sie nicht deckend gestundet sind.

Alle Prämien, die keine Erstprämien sind, sind Folgeprämien, also die soeben genannten Prämien im Falle einer Stundung (Begr. I S. 46; a. M. Begr. III S. 8, 9, Prölss[8] Anm. 2 zu § 38, S. 140—141), vorauszusetzen ist allerdings, daß diese Stundung das Bedingungsverhältnis zwischen Prämienzahlung und materiellem Vsbeginn aufhebt (Näheres: Anm. 38). Ferner sind stets Folgeprämien die zweite und spätere laufende

Prämie oder Prämienraten, und zwar letztere auch im ersten Vsjahr (Begr. I S. 46, III S. 9, weitere Nachweise unten Anm. 43, a. M. teilweise Prölss[8] Anm. 2 zu § 38, S. 140—141).

Ist bei der Antragstellung eine Monatsprämie vorweggezahlt, verzögert sich jedoch der formelle Vsbeginn solange, daß inzwischen eine zweite Monatsprämie fällig ist, so soll es sich nach BGH 31. I. 1951 NJW 1951 S. 313—314 = VersR 1951 S. 114—115 nur bei der ersten Monatsprämie um die Erstprämie handeln (dagegen Ebel VersR 1951 S. 116). Zwar erscheint es billig, hier dem Vmer zu helfen, dies dürfte jedoch nur möglich sein, wenn man nach den Umständen die zweite Monatsprämie derart als gestundet ansieht, daß die V zunächst begonnen hat.

Beim Gegenseitigkeitsverein sind im ersten Vsjahr die Vorprämien, sofern keine Stundung vorliegt, Erstprämien, notwendig sind Umlagen und Nachschüsse Folgeprämien.

Über die Rechtslage bei Wechsel- und Scheckentgegennahme Anm. 44, bei Aushändigung des Vsscheins Anm. 45, bei Zusage vorläufiger Deckung Anm. 46. Weitere Einzelheiten Anm. 31.

[17] **e) Brutto- und Nettoprämie.**

Werden Prämien mathematisch errechnet, so läßt sich die Brutto- von der Nettoprämie trennen; diese Trennung wird im Geschäftsplan vorgenommen (§§ 11 I 1, 12 VAG). Die Nettoprämie ist derjenige Teil der Prämie, der ohne Rücksicht auf Verwaltungskosten usw. lediglich zur Deckung der Vsleistungen erforderlich ist (Rehm-Berliner-Fromm Anm. 2 zu § 11, S. 178). Hierzu benötigt aber der Ver Zuschläge, insbesondere für Verwaltungskosten. Bei Hinzurechnung dieser Zuschläge zur Nettoprämie ergibt sich die Bruttoprämie.

[18] **f) Risiko- und Sparprämie.**

Besonders bei Lebensven mit unbedingter Leistungspflicht des Vers muß bei gleichbleibender Leistung der Prämie ein Teil der Nettoprämie beiseitegelegt und angesammelt werden, weil die Sterblichkeit laufend zunimmt. Deshalb muß hier im Rahmen der Nettoprämie zwischen Spar- und Risikoprämie unterschieden werden. Die Sparprämienanteile werden zur Bildung der Deckungsrücklage (Prämienreserve) angesammelt, während der Risikoprämienanteil zur Verfügung steht für die Erbringung der Vsleistungen bei vorzeitigen Vsfällen.

[19] Die Aufteilung der Nettoprämie ist kein reines Internum des Lebensvers, sondern hat auch für das Vertragsrecht Bedeutung: §§ 173—176. Nach diesen Vorschriften ist der Ver berechtigt, von der Prämienreserve noch einen angemessenen Abzug zu machen (§§ 174 IV, 176 IV). Deshalb ist die Rückvergütung (Rückkaufswert) nicht identisch mit der Prämienreserve, sondern geringer. Ein Vmer verliert also beim Rückkauf alle Nebengebühren, alle Zuschläge zur Nettoprämie, alle Risikoprämienanteile und den soeben erwähnten Abzug. Andererseits hat aber der Ver bis zum Rückkauf die Gefahr getragen.

[20] **5. Höhe der Prämie.**

**a) Bedeutung der Prämientarife.**

Intern pflegen sich die Ver eines Prämientarifes zu bedienen, der im Bereiche der Lebensv (§ 11 I 1 VAG) und möglicherweise auch der Kranken- und Unfallv (§ 12 VAG) zum Geschäftsplan des Vers gehört (Starke VW 1949 S. 214—215 nimmt dies auch für alle anderen beaufsichtigten Vszweige an, dagegen VA 1903 S. 108, 1924 S. 56, 1928 S. 107, 1934 S. 120). Ein Prämientarif kann speziell für einen Ver aufgestellt sein oder für eine ganze Gruppe von Vern gelten (wie der Prämientarif für Haftpflichtven). Noch stärker ist die Bedeutung des Einheitstarifes für Kraftfahrtven, der vom Bundesminister für Wirtschaft festgesetzte Festpreise enthält (zuletzt: VO PR Nr. 77/52 vom 19. XII. 1952. VO PR Nr. 24/53 vom 2. IX. 1953, vgl. Einl. Anm. 13, auch Ossewski VA 1953 S. 230—232). Sieht man vom letztgenannten Falle ab, so hat der Vmer keinen Anspruch auf Vorlegung des Prämientarifes (VA 1934 S. 119—120 für die Haftpflichtv); die Haltung der Ver ist in den einzelnen Vszweigen verschieden: In der Lebens-, auch Krankenv wird unter Vorlegung der Tarife geworben (für die Lebensv verbreitet: Kahlo, Vergleichende Zusammenstellung der Vsbedingungen und Prämien 1953/1954, 42. Jahrgang, Berlin 1953), in der Haftpflichtv werden die Vertreter durchweg angewiesen, den Tarif nicht aus den Händen zu geben. Wird eine höhere oder niedrigere Prämie als die Tarifprämie vereinbart, so ist die Vereinbarung dennoch gültig (KG 27. VI. 1942 JRPV 1942 S. 135—136; zur abweichenden Rechtslage in der Kraftfahrtv Anm. 44 zu § 22), jedoch könnte der Grundsatz der Gleichbehandlung (§ 21 I VAG, vgl. Einl. Anm. 66) verletzt sein. Bei Benutzung eines einheitlichen Prämientarifes durch eine Gruppe von Vern kann ein Preiskartell dieser Ver bestehen. In der Feuerv gibt es Richtlinien für die Prämienbestimmung von Industrie-Feuer-Ven, worin möglicherweise ein Kalkulationskartell liegen kann.

**[21] b) Vereinbarung der Prämienhöhe.**

**aa) Zustandekommen der Vereinbarung.**

Oft wird die Höhe der Prämie ausdrücklich vereinbart. Ist im Antrag über die Prämie nichts gesagt, so ergibt sich doch aus der Entgeltlichkeit der V (Anm. 8 zu § 1), daß überhaupt Prämie zu zahlen ist. Die Höhe der Prämie ergibt sich kraft Gesetzes aus dem Einheitstarif in der Kraftfahrtv (Anm. 44 zu § 22), kraft stillschweigender Vereinbarung aus einem etwa veröffentlichten Prämientarif, aus der Üblichkeit oder aus der nach billigem Ermessen zu treffenden Bestimmung durch den Ver (§ 315 BGB): OLG Dresden 13. V. 1908 LZ 1908 Sp. 957, OLG Hamburg 11. V. 1925 HansRZ 1925 Sp. 688, Ehrenzweig S. 64—65. Der Vertrag ist also nicht nach § 154 I 1 BGB als nicht geschlossen anzusehen. Dagegen können Nebengebühren, die vertraglich nicht vereinbart sind, nicht gefordert werden (Anm. 8, OLG Dresden 13. V. 1908 LZ 1908 Sp. 957—958). Weicht der Vsschein hinsichtlich der Prämie von dem Antrag oder den getroffenen Vereinbarungen ab (was auch bei Einsetzung einer anomalen Prämie in einem lückenhaften Antrag zutrifft: Anm. 8 zu § 5), so gilt § 5. Das gilt auch bei Abweichungen zwischen verbriefter Einheitsprämie für eine Kraftfahrtv (Festpreis) und Antrag oder Vereinbarung (Anm. 8 zu § 5). Berechnet der Ver einen Prämienzuschlag wegen des Gesundheitszustandes des Vmers (hierzu für die Krankenv generell Geithe VW 1954 S. 12), so kann der Vmer das darin liegende Angebot nach § 151 1 BGB annehmen, was durch Einlösung des Vsscheins und jahrelanger Prämienzahlung zum Ausdruck kommt (OLG Naumburg 29. IX. 1933 VA 1933 S. 406—407 Nr. 2628).

**[22] bb) Modifikationen der Normalprämie.**

Modifikationen der Prämienhöhe ergeben sich einerseits aus Zuschlägen (z. B. wegen Ratenzahlung [Anm. 43]; Bauartklassen-, Geschoß-, Zelluloidzuschlag), andererseits aus Rabatten (Abschlägen, z. B. wegen Vorauszahlung der Prämie auf mehrere Jahre oder als Mehrheitsnachlaß: Ziff. 6 Grundregeln des Einheitstarifes, § 13 III AHagelB, oder als Keller-, Lösch-, Stillegungsrabatt). Zu erwähnen sind auch die Institute der Mindestprämie (Betrag der Ziff. 2 Vorbemerkungen zum Prämientarif für Haftpflichtven oder des § 13 II 4 AHagelB, Promillesatz des Merkblattes zu den Richtlinien für die Prämienbestimmung von Industrie-Feuer-Ven) und des Freijahres (Anm. 8 zu § 1).

Vereinbarungsgemäß steigende Prämien kommen in der Todesfallv vor, sinkende Prämien ergeben sich bei der Bausparerlebensv, wo erreicht werden muß, daß die Vssumme entsprechend der jeweiligen Darlehensrestschuld absinkt (dazu Möller in: Privates Bausparwesen 1950, Bonn-Frankfurt 1950, S. 172—178). Zum mindesten faktisch können sich Schwankungen der Prämienhöhe aus einer Prämienrückgewähr i. e. S., einer Prämienrückvergütung oder einer Vtendividende ergeben (Anm. 41—43 zu § 3).

**[23] cc) Veränderungen der Prämienhöhe.**

Eine schwankende Prämienhöhe kommt ferner beim Gegenseitigkeitsverein in Betracht, und zwar einerseits beim Umlagesystem, andererseits auch bei dem System der Vorprämien und Nachschüsse, es sei denn, daß die Vorprämien feststehen und Nachschüsse ausgeschlossen sind. Über bewegliche Prämien in der Lebensv Anonym ZfV 1954 S. 461—462. Über weitere Fälle von Prämienerhöhungen oder sonstigen Prämienveränderungen vgl. Anm. 22—34 zu § 41.

**[24] dd) Sondervergütungen und Begünstigungsverträge.**

Von Einfluß auf die Prämienhöhe ist es, daß nach § 81 II 3, 4, III VAG die Vsausfichtsbehörden VOen erlassen können, welche es untersagen, den Vmern Sondervergütungen zu gewähren oder Begünstigungsverträge abzuschließen und zu verlängern. Ein Unterfall der Sondervergütungen ist jener der Provisionsabgabe, Unterarten der Begünstigungsverträge sind die Gruppenvs-, Rahmen- und Empfehlungsverträge (über die verschiedenen Begriffe Möller Vsvermittlung S. 243—254, NeumannsZ 1939 S. 729 bis 730). Über die Rechtsquellen Anm. 86—87 zu § 1.

Für die Prämienhöhe ist es nur von mittelbarer Bedeutung, falls ein Vsvertreter von seiner Provision etwas an den Vmer abgibt (eigenartiger Fall: VA 1926 S. 182). Dagegen beeinflußt es die Prämienhöhe unmittelbar, falls ein Vsvermittler gegenüber dem Ver teilweise auf Provision verzichtet, damit eine entsprechende Prämienermäßigung dem Vmer zugute kommt. Auch der Fall ist zu beachten, daß ein Vmer unmittelbar mit einem Ver abschließt, damit der Ver keine Provision zu zahlen braucht und das Ersparte dem Vmer zugute kommt. Schließlich sind die Sachverhalte von Bedeutung, daß ein Vsvermittler für sich selbst einen Vertrag vermittelt; bei großen Objekten werden nicht selten Agenturverträge nur abgeschlossen, um dies zu ermöglichen.

Für Begünstigungs-, insbesondere für Gruppenvsverträge gilt eine Fülle von einengenden Sondernormen. Alle diese öffentlich-rechtlichen Verbote richten sich aber nicht an die Vmer, sondern nur an die Ver und Vermittler. Deshalb kann bei Verstößen nicht § 134 BGB angewendet werden, die verbotswidrige Prämienvereinbarung wird also auch nicht etwa korrigiert (Anm. 41 zu § 22).

**[25] ee) Dissens und Irrtum.**

Hinsichtlich der Prämie wird ein Dissens selten vorliegen, da ein unvollständiger Antrag, wie in Anm. 21 dargetan, zu ergänzen ist. Falls jedoch der Vermittlungsagent dem Antragsteller eine Prämie von etwa 600,— RM nennt und der Ver mit der tarifmäßigen Prämie von 918,— RM „annimmt", so ist Dissens gegeben (OLG Stuttgart 30. XII. 1926 VA 1928 S. 59 Nr. 1833 = HansRZ 1927 Sp. 678, wo außerdem darauf abgestellt wird, daß der Ver für die vom Agenten gegebenen Belehrungen einzustehen habe; weitere Fälle des Prämiendissenses Anm. 81 zu § 1).

Eine Anfechtung des Vsvertrages wegen der Prämienfrage kommt selten durch den Ver in Betracht, sie ist möglich bei einem Schreibfehler bezüglich der Prämienhöhe oder Prämienzahlungsdauer (§ 119 I BGB), nicht bei einem Motiv-, z. B. einem Kalkulationsirrtum (Anm. 6 zu § 22). Die Klausel: „Das Recht, Irrtümer in der Tarifierung zu berichtigen, bleibt vorbehalten" (dazu Weber VersR 1953 S. 121—123), begegnet im Hinblick auf § 5 II 2 Bedenken (vgl. auch LG Düsseldorf 21. II. 1952 VersR 1953 S. 132—133). Der Vmer kann wegen Irrtums über die Prämienhöhe anfechten nach KG 20. XI. 1926 VA 1927 S. 24—25 Nr. 1677 = JRPV 1927 S. 15—16, OLG Stuttgart 27. IV. 1931 VA 1931 S. 268 Nr. 2327 = HRR 1932 Nr. 1, vgl. aber auch KG 27. VI. 1942 JRPV 1942 S. 136, OLG Naumburg 29. IX. 1933 VA 1933 S. 407 Nr. 2628, OLG Posen 6. VI. 1904 VA 1904 S. 170—171 Nr. 76, sowie wegen arglistiger Täuschung über die Nachschußpflicht beim Gegenseitigkeitsverein nach RG 1. II. 1910 VA 1910 Anh. S. 74—75 Nr. 537, KG 29. X. 1915 VA 1917 Anh. S. 7 Nr. 972, 3. III. 1916 VA 1916 Anh. S. 7—8 Nr. 911, 12. VI. 1918 VA 1919 Anh. S. 28—30 Nr. 1080, vgl. aber auch KG 20. IV. 1929 JRPV 1929 S. 248—249. Vgl. Anm. 3—4 zu § 22.

**[26] II. Prämienzahlung.**

**1. Rechtsnatur.**

Die Prämienzahlungspflicht des Vmers ist eine vertragliche, echte Rechtspflicht (Anm. 4), keine Obliegenheit (unrichtig OLG Bamberg 19. VII. 1928 VA 1929 S. 12 Nr. 1924). Sie ist ganz regelmäßig (Anm. 7) gerichtet auf Zahlung eines Geldbetrages.

Es handelt sich also um eine Geldschuld. Prämie und Gefahrtragung stehen im Gegenseitigkeitsverhältnis (Anm. 38—45 zu § 1). Sind laufende Prämien oder Prämienraten zu entrichten, so ist ein Wiederkehrschuldverhältnis gegeben (Anm. 12).

[27] **2. Prämienschuldner.**

Aus dem Vsvertrage ist nur der Kontrahent des Vers, also der Vmer verpflichtet, Verträge zu Lasten Dritter gibt es nicht. Mehrere Vmer sind nach § 427 BGB Gesamtschuldner. An die Stelle des Vmers tritt sein Gesamtrechtsnachfolger, insbesondere sein Erbe (§ 1967 BGB); mehrere Erben haften gleichfalls als Gesamtschuldner (§ 2058 BGB). Eine befreiende Schuldübernahme kann nach den §§ 414, 415 BGB erfolgen, eine gesetzliche kumulative Schuldübernahme ergibt sich aus einer Vermögensübernahme nach § 419 BGB. Vsrechtliche Fälle einer Schuldübernahme ergeben sich kraft Gesetzes bei Veräußerung der vten Sache (hier haftet der Erwerber neben dem Veräußerer und später an seiner Stelle: §§ 69 I, II, 158h) und bei einer Zwangsversteigerung (§ 73). Kraft Willenserklärung ergibt sich eine Schuldübernahme, falls der Bezugsberechtigte, ein Ehegatte oder ein Kind in einen Lebensvsvertrag eintritt (§ 177).

Sind beim gesetzlichen Güterstand der Verwaltung und Nutznießung des bisherigen Rechtes von der Ehefrau Gegenstände, die zum eingebrachten Gute gehören, vert, so ist der Mann der Frau gegenüber verpflichtet, die Prämien zu tragen (§ 1385 Ziff. 3 BGB), also die Frau freizuhalten oder ihr die verauslagte Prämie zu erstatten. Im Außenverhältnis ist der Mann sogar Gesamtschuldner (§ 1388). Auch soweit es sich nicht um die V der zum eingebrachten Gut gehörenden Gegenstände handelt, sondern z. B. um Lebensven der Ehefrau, kommt gemäß §§ 1412 I, 1385 Ziff. 2, 1388 BGB eine gesamtschuldnerische Haftung beider Eheleute für die Prämie in Betracht (Fleischmann ZfV 1952 S. 456). Entsprechendes wie für den Mann gilt für den Vater (§ 1654[1,2] BGB) und evtl. die Mutter (§ 1686 BGB) hinsichtlich der Prämien aus Ven jener Vermögensstücke, die ihrer Nutznießung unterliegen.

Es gibt viele andere Fälle, in denen intern einem Vmer Prämien zu erstatten sind, besonders bei der V für fremde Rechnung, wo der Vmer dadurch geschützt wird, daß er den Vsschein erhält (§ 75 I 2): Beispiel bei einer Bewachungsgesellschaft Bischoff JRPV 1933 S. 295—296 gegen KG 5. X. 1927 JRPV 1927 S. 332. Bei einer Gruppenv ist oft intern ein Gruppenangehöriger verpflichtet, dem Vmer einen Prämienanteil zu erstatten, z. B. ein Vereinsmitglied dem Verein, ein Arbeitnehmer dem Arbeitgeber (für die Gruppenvsverträge von Arbeitgebern ist vorgeschrieben, daß letztere mindestens 20 v. H. der Beiträge auch intern tragen müssen: VA 1934 S. 102 = VA 1949 S. 68, VA 1951 S. 93 und dazu Ossewski VersR 1951 S. 156).

Keine Prämienschuldner sind: Vter, Bezugsberechtigter, Zessionar, Pfand- und Vollstreckungsgläubiger, Realgläubiger, Schiffshypothekengläubiger, geschädigter Dritter in der Haftpflichtv, Gefahrspersonen in der Lebens- und Unfallv, Vsvermittler, insbesondere Vsmakler. Auch gesetzliche Vertreter (Vormund, Pfleger, Beistand; wegen Vater und Mutter vgl. oben) und gesetzliche Verwalter (Konkursverwalter, Nachlaßverwalter, Zwangsverwalter, Testamentsvollstrecker) sind keine Prämienschuldner (irreführend Prölss[8] Anm. 4 zu § 35, S. 135), vielmehr schulden die von ihnen vertretenen Personen. Entsprechendes gilt für die Organe juristischer Personen.

Ob der Vmer sich die Prämienbeträge durch Kreditaufnahme beschafft, ist einkommensteuerrechtlich bedeutsam (vgl. Flick VerR 1954 S. 208—211).

[28] **3. Prämiengläubiger.**

Gläubiger der Prämienforderung ist der Ver, bei mehreren Vern, insbesondere bei der Mitv, sind diese Teilgläubiger (§ 420 BGB). Empfangsbevollmächtigt ist ein Agent, sofern er sich im Besitz einer vom Ver unterzeichneten Prämienrechnung befindet (§ 43 Ziff. 4), auch ein Abschlußagent ist nicht stets inkassobevollmächtigt (a. A. anscheinend Prölss[8] Anm. 5 zu § 35, S. 135). Über einen Fall der Bevollmächtigung eines Agenten, der keine Prämienquittung besaß: OLG Düsseldorf 18. XII. 1933 VA 1933 S. 398 Nr. 2624. Bei der Mitv hat regelmäßig der führende Ver Inkassovollmacht für die übrigen Ver. Ein Makler ist in der Regel nicht Bevollmächtigter des Vers, eine ihm gezahlte Prämie ist also noch nicht dem Ver gezahlt: Möller Vsvermittlung S. 108

bis 109, RG 20. II. 1926 VA 1926 S. 299—301 Nr. 1651, OLG Hamburg 25. V. 1932 JRPV 1932 S. 236—237, LG Berlin 22. III. 1932 JRPV 1932 S. 237—238, LG Hamburg 22. XII. 1927 HansRGZ 1928 A Sp. 291—292, LG Hamburg 9. V. 1935 HansRGZ 1936 B Sp. 513. Ausnahmsweise kann man eine Bevollmächtigung des Maklers annehmen bei ausdrücklicher Vollmachtserteilung (LG Hamburg 9. V. 1935 HansRGZ 1936 B Sp. 513, wo überdies unrichtig angenommen wird, daß bei bestehendem Kontokorrentverkehr Inkassovollmacht anzunehmen sei).

**[29] 4. Prämienfälligkeit.**

Die Prämienforderung des Vers wird begründet mit dem Abschluß des Vsvertrages, von ihrer Begründung ist die Fälligkeit zu unterscheiden als der Zeitpunkt, von dem an der Vmer leisten soll, der Ver fordern darf. Diese Fälligkeit ist für Erst- und Folgeprämien (Anm. 16) getrennt zu betrachten. Schon vor der Fälligkeit kann der Vmer leisten und der Ver muß annehmen nach § 271 II BGB. Diese Regel gilt allerdings nur in normalen Zeiten; kurz vor der Währungsreform geriet ein Ver nicht in Annahmeverzug, wenn eine Prämie vorzeitig geleistet werden sollte (vgl. aber auch LG Hamburg 29. XI. 1949 Der Vmer 1950 S. 12—13).

**[30] a) Fälligkeit bei Erstprämie.**

**aa) Zeitpunkt.**

§ $35^1$ stellt die Regel auf, daß die Einmalprämie und die erste laufende Prämie „sofort nach dem Abschlusse des Vertrags zu zahlen" ist. Bei einer zweiten laufenden Prämie, auch einer zweiten Rate einer ersten laufenden Prämie, kann begriffsnotwendig die Prämie nicht sofort nach dem Abschlusse gezahlt werden. Wohl aber ist es umgekehrt denkbar, daß nach einer Parteivereinbarung die Einmalprämie oder die erste laufende Prämie oder erste Rate nicht sofort nach dem formellen Vsbeginn zu zahlen ist. Hierzu bedarf es aber einer besonderen Vereinbarung (§ 3 III 2 GrundBed: „spätestens bei Aushändigung des Vsscheins").

Bei mangelnder Vereinbarung, also im Zweifel, gilt die Regel des § $35^1$, soweit sie überhaupt logisch gelten kann, nämlich für einmalige und erste Zahlungen.

Sofort ist nicht gleichbedeutend mit unverzüglich (§ 121 I 1 BGB). Das Wort „sofort" stellt nicht auf ein Verschuldenselement ab, sondern es entscheidet objektiv die Tatsache, daß der Vertrag formell zustandegekommen ist. Unmittelbar nach Vertragsabschluß ist zu zahlen: OLG Kiel 14. VII. 1927 JRPV 1927 S. 302—303. Anders RG 24. IX. 1926 RGZ Bd 114 S. 324 [Ausw 1], 28. II. 1928 JW 1928 S. 1740 = VA 1928 S. 191 Nr. 1850, OLG Kiel 30. VI. 1928 VA 1928 S. 202 Nr. 1858, wo dem Vmer eine „angemessene Zeit", die „freilich kurz zu bemessen" ist, zugebilligt wird, anders auch KG 8. XII. 1949 VersR 1950 S. 102, wonach die Erstprämienzahlung als rechtzeitig gilt, „wenn in Anbetracht bestehender Hinderungsgründe dem Vmer eine frühere Zahlung nicht möglich war". Die Streitfrage ist von Bedeutung, wenn der Vsfall während dieser angemessenen Zeit oder Behinderungszeit eintritt, ohne daß die Prämie gezahlt ist. Nach der hier vertretenen Ansicht setzt der Vsschutz nie vor der Zahlung der Erstprämie ein (§ 38 II, Begr. III S. 9). Widerspruchsvoll Prölss[8] Anm. 3 zu § 35, S. 134, Anm. 4 zu § 38, S. 141—142, der einerseits unter Berufung auf das Reichsgericht den Begriff „sofort" in „unverzüglich" umdeutet, andererseits aber entgegen dem RG annimmt, die Gefahrtragung des Vers beginne nicht vor der Zahlung.

**[31] bb) Einzelfälle.**

Die Unterscheidung zwischen Erst- und Folgeprämie beruht auf dem Gedanken, daß der Vsschutz, sofern er begonnen hat, dem Vmer nicht leicht wieder verloren gehen soll. Während für Erstprämien das Einlösungsprinzip des § 38 II gilt, schreibt für Folgeprämien § 39 I eine qualifizierte Mahnung vor (zu diesem Grundgedanken Begr. I S.48).

Unter diesem Gesichtspunkt ist auch die Frage zu entscheiden, ob Prämien, die anläßlich einer Vertragsänderung zu zahlen sind, sich als Erst- oder Folgeprämien darstellen (dazu Anm. 128 zu § 1). Man wird hinsichtlich der Prämienbehandlung die Tendenz des Gesetzes beachten müssen, wonach der Vsschutz möglichst nicht unterbrochen werden soll. Eine Folgeprämie ist deshalb angenommen von RG 23. XI. 1926 VA 1927 S. 46—48 Nr. 1697, KG 14. II. 1931 JRPV 1931 S. 165. In der Haftpflichtv ist die Prämie aus einer Vorsorgev stets Folgeprämie (a. A. Anonym VW 1953 S. 402, Frick VersR 1952 S. 337, Prölss[8] S. 444, 459, richtig Oberbach I S. 126). Über die Prämie aus der Nachv von Tieren: Schmitt VersR 1953 S. 385. Über die Mehrprämie bei Erhöhung der Vssumme: Hannak Vsrundschau 1954 S. 103—105. Bei stillschweigender und ausdrücklicher Verlängerung ist die Verlängerungsprämie Folgeprämie (Anm. 9, 11, 10 zu § 8; OLG Dresden 29. I. 1926 JRPV 1926 S. 58 = HansRZ 1926 Sp. 332). Bei einem Anschlußvertrag, der erst nach materieller Beendigung des ursprünglichen Vertrages vereinbart wird, ist § 38 II anwendbar, es handelt sich um eine neue Erstprämie (Anm. 12 zu § 8; OLG Karlsruhe 14. XI. 1929 JRPV 1930 S. 173—174: Neuordnung der V nach Leistungsfreiheit des Vers). Etwas anderes kann allerdings gelten, falls der zeitliche Anschluß völlig gewahrt wird, also bei Vertragsidentität: OLG Breslau 30. IV. 1932 JW 1932 S. 2552—2553. Auch bei einer V nach § 105 handelt es sich um eine Erstprämie, es sei denn, daß der Hypothekengläubiger keine neue V abschließt, sondern die frühere fortsetzt. Besonders problematisch ist die Rechtslage bei Wiederinkraftsetzungen, Wiederherstellungen. Zwar deuten diese Ausdrücke hin auf den Willen zur Identität (Anm. 109 zu § 1), aber die neue Prämie wird vielfach als Erstprämie zu behandeln sein, z. B. falls „bei Abschluß des späteren Vertrags die Verbindlichkeiten aus dem früheren infolge der Geldentwertung hinfällig geworden waren" (RG 11. XI. 1927 VA 1928 S. 5—6 Nr. 1789 = JRPV 1927 S. 362—363, auch OLG Karlsruhe 14. XI. 1929 JRPV 1930 S. 173—174). Nach einem Ruhen der V ist die Prämie Folgeprämie (Anm. 10 zu § 2 m. w. N., vgl. aber auch KG 8. XII. 1949 VersR 1950 S. 101—102).

Bei einer laufenden V sind die auf Grund der einzelnen Deklarationen zu zahlenden Prämien Folgeprämien (Helberg VW 1950 S. 32—33 m. w. N., a. A. Ehrenzweig S. 146).

Verwickelt kann die Lage bei einer Gruppenv sein, weil hier dem einheitlichen Vsvertrag die einzelnen Vsverhältnisse gegenüberstehen. Werden z. B. Arbeitnehmer auf Grund von Listen vert, so sind Anfangsbestand und Zugang zu unterscheiden. Wird der Anfangsbestand und Zugang dem Ver in mehreren Listen nacheinander aufgegeben und werden die Prämien vom Ver getrennt berechnet, so handelt es sich fraglos um eine Erstprämie bei jener für die Arbeitnehmer der ersten Liste des Anfangsbestandes. Es ist aber höchst zweifelhaft, ob das Einlösungsprinzip auch noch gilt im Hinblick auf die Arbeitnehmer der weiteren Listen des Anfangbestandes, jedenfalls gilt es nicht für den Zugang. Insoweit handelt es sich bei der Einheitlichkeit der Gruppenv um Folgeprämien.

Folgeprämien sind auch die nach § 6 V 3 VVO nacherhobenen Prämien (Ziff. I 4 II 2 Amtliche Hinweise: VA 1948 Nr. 7 S. 7—8, dazu Höring-Markowski VersR 1950 S. 17, auch LG Berlin 5. VII. 1949 VersR 1950 S. 38—39 [mit Anm. Bronisch], KG 5. I. 1950 NJW 1950 S. 709—710 = VersR 1950 S. 70 zum Agentenrecht).

Vgl. ferner die in Anm. 43—46 behandelten Sonderfälle. Soweit es sich nach dem Gesagten um Erstprämien handelt, ist auch § $35^1$ anzuwenden, d. h. die Prämie ist sofort nach dem Abschlusse der entsprechenden Verträge zu zahlen.

**[32] b) Fälligkeit bei Folgeprämie.**

Über die Fälligkeit der Folgeprämien (zum Begriff Anm. 16, 31) sagt § $35^1$ nichts. Fehlt es an einer Vereinbarung, so wird man entsprechend § 271 I BGB annehmen müssen, daß jeweils am ersten Tage des neuen vstechnischen Abschnitts (der neuen Vsperiode, des neuen Ratenzeitraumes) die Folgeprämie fällig wird, und zwar gleichfalls sofort, also am ersten Tage.

Regelmäßig aber wird hinsichtlich der Folgeprämien eine Vereinbarung über die Fälligkeit getroffen, so sind nach §§ 8 I 1 AFB, AEB, AHausratB Folgeprämien bei Beginn jeder Vsperiode zu zahlen, nach § 3 II GrundBed im voraus am Ersten eines jeden Monats, nach § 3 IV 2, V 1 ALB werden Jahresprämien zu Beginn jedes Vsjahres fällig, sie sind innerhalb eines Monats vom Fälligkeitstage an zu zahlen (Teilbeträge innerhalb zweier Wochen). Da während der Frist keine Zinsen zu zahlen sind (Bruck-

Dörstling Anm. 22 zu § 3, S. 71), müßte man genauer von einer Fälligkeitsfrist sprechen, bei deren Ablauf erst die Fälligkeit voll gegeben ist.

**[33] 5. Prämienstundung.**

Die Prämienfälligkeit (Anm. 29—32) kann durch Parteivereinbarung verändert werden, sei es, daß die gesetzliche, sei es, daß die ursprüngliche oder normale vertragliche Regelung eine Umgestaltung erfährt. Der Fälligkeitsverschiebung ist der Einforderungsverzicht verwandt. Besonders wegen des Zusammenhanges von Prämienzahlung und Gefahrtragung des Vers (vgl. §§ 38 II, 39 II) sind solche Parteivereinbarungen bedeutungsvoll, man spricht in der Praxis durchweg von Stundung.

**[34] a) Rechtsnatur.**

Der Ausdruck „Stundung" ist mehrdeutig. Regelmäßig versteht man darunter eine Fälligkeitsverschiebung, die vor Eintritt der ursprünglich vorgesehenen Fälligkeit, aber auch nachträglich erfolgen kann. Andererseits kann es sich aber auch um einen Einforderungsverzicht des Gläubigers (pactum de non petendo) handeln, der die Fälligkeit unberührt läßt, dem Schuldner aber ein Leistungsverweigerungsrecht gibt (vgl. hierzu im Ergebnis übereinstimmend, terminologisch abweichend Reichel Iherings Jahrbücher Bd 85 S. 9—11, auch oben Anm. 15).

Was die rechtliche Bedeutung der Unterscheidung angeht, so ist hinsichtlich der Zahlungspflicht festzustellen, daß im Prozeß die Fälligkeitsverschiebung von Amts wegen zu berücksichtigen, die Einrede des Einforderungsverzichts dagegen parteiseitig geltend zu machen ist. Die Zinspflicht in bezug auf Fälligkeitszinsen (§ 353[1] HGB) wird durch den Einforderungsverzicht im Zweifel nicht berührt (Reichel Iherings Jahrbücher Bd 85 S. 59), während sie bei einer Fälligkeitsverschiebung naturgemäß nicht entstehen kann; war die Fälligkeit schon eingetreten, so fällt sie wieder fort. Verzug kann auch beim Einforderungsverzicht mangels Vertretenmüssens nicht entstehen (vgl. Palandt[11] Anm. 2 zu § 284, S. 293), daher auch keine Verzugszinsenschuld. Wohl aber bleiben beim Einforderungsverzicht bereits entstandene Verzugszinsen weiterhin geschuldet, während die Fälligkeitsverschiebung auch dem bestehenden Verzug eine seiner Voraussetzungen — die Fälligkeit — entzieht und daher seine Folgen rückwirkend beseitigt. Speziell für die Prämienstundung ist hinsichtlich der Unterscheidung darüber hinaus Folgendes zu sagen:

Bei einer Erstprämie kann sowohl durch eine Fälligkeitsverschiebung als auch durch einen Einforderungsverzicht die Prämienzahlung über den faktischen materiellen Vsbeginn hinausgeschoben, die Gefahrtragung des Vers also zum vorgesehenen Zeitpunkt in Lauf gesetzt und die Prämie damit zur Folgeprämie gemacht werden: Es handelt sich daher hier um eine deckende Stundung. Vgl. hierzu Näheres Anm. 38. Der Rücktritt des Vers (§ 38 I) ist, da in beiden Fällen dem Vmer eine Zahlungsfrist zur Verfügung steht, stets ausgeschlossen (vgl. Anm. 22 zu § 38).

Bei einer Folgeprämie ist für Leistungsfreiheit (§ 39 II) und für die Kündigung (§ 39 III 1, 2) des Vers u. a. Verzug des Vmers Voraussetzung. Beide Rechtsbehelfe sind daher nicht gegeben, wenn eine vorzeitige Stundung, gleich welcher Art, das Entstehen des Verzuges hindert — verzughindernde Stundung — oder eine nachträgliche ihn wieder beseitigt (Palandt[11] Anm. 5 zu § 284, S. 294) — verzugheilende Stundung —, sei es rückwirkend wie bei der Fälligkeitsverschiebung, sei es für die Zukunft wie im Falle des Einforderungsverzichts. Näheres Anm. 40—41. Die Wirkungen einer Kündigung nach § 39 III[1,2] vermag nur eine Fälligkeitsverschiebung zu beseitigen, und auch sie nur, sofern sie innerhalb der Monatsfrist des § 39 III 3 vereinbart wird. Eine spätere Vereinbarung stellt sich nicht mehr als Stundung, sondern als Wiederinkraftsetzung dar.

Hervorzuheben ist, daß die Möglichkeit einer unvollkommenen Stundung besteht, die nicht alle Wirkungen der gewöhnlichen Stundung hervorbringt, also z. B. dem Vmer zwar ein Leistungsverweigerungsrecht hinsichtlich der Erstprämie gewährt, die Gefahrtragung des Vers aber nicht zum vorgesehenen Zeitpunkt beginnen läßt. Hierher gehört auch der Fall, daß bei einer Folgeprämie der Verzug nicht geheilt, wohl aber dem Vmer vor der Einklagung eine Karenzfrist gewährt wird. Näheres Anm. 37, 42.

Welche Art der Stundung von den Parteien gewollt ist, kann in aller Regel nur durch Auslegung ermittelt werden, zumal die Unterscheidung von Fälligkeitsverschiebung und Einforderungsverzicht terminologisch kaum vorgenommen wird. Im Zweifel wird man nicht annehmen können, daß eine nur unvollkommene Stundung gewollt ist.

**[35] b) Vereinbarung.**

Alle Arten der Stundung erfordern einen Vertrag gemäß § 305 BGB. Die Stundung kann auch durch konkludente Handlung erfolgen (Moschel JW 1931 S. 3177), jedoch ist bei der Konstruktion stillschweigend angenommener Stundungsofferten des Vmers Zurückhaltung geboten (LG Berlin 21. VI. 1951 VersR 1951 S. 193). Zur Frage, ob als stillschweigende Stundung eine Scheck- oder Wechselentgegennahme durch den Ver anzusehen ist, vgl. Anm. 44, ob sie in der Aushändigung des Vsscheins liegt, vgl. Anm. 45. Stets bringt ein Kontokorrentvertrag eine Stundung mit sich (Anm. 63).

Keine Stundung liegt in der Anstrengung eines Prämienprozesses (OLG Hamburg 11. V. 1925 JRPV 1926 S. 105, 263 = HansRZ 1925 Sp. 690) oder in einer Verlegung des Versteigerungstermins zur Befriedigung des Vers wegen eines Teiles der Erstprämie (OLG Karlsruhe 14. XI. 1929 JRPV 1930 S. 173—174). Ferner hebt OLG Hamburg 11. V. 1925 JRPV 1926 S. 105, 263 = HansRZ 1925 Sp. 690 hervor: „Nach der Ausdrucksweise des Gesetzes liegt in der rein tatsächlichen Handhabung, daß der den Beginn seiner Deckung möglichst früh legende Vmer den Vsschein, dessen Ausstellung und Übermittlung einige Zeit in Anspruch nimmt, meist nach Beginn der V erhält, eine rechtlich wirksame Stundung nicht", auf die erste Prämie ist also nicht § 39 anwendbar. Der Vsschutz beginnt vielmehr erst mit der Zahlung der Prämie (§ 38 II), und zwar nicht rückwirkend. Näheres Anm. 16 zu § 2.

Zur Vereinbarung ist zwar nicht ein Vermittlungsagent, wohl aber ein Abschlußagent befugt (§ 45), es sei denn, daß im Vsvertrag etwas anderes vereinbart worden ist wie in dem von LG Dortmund 6. VII. 1950 VersR 1950 S. 145—146 behandelten Fall, wo es zur Verbindlichkeit einer Stundung der schriftlichen Einwilligung des Vorstandes des Vers bedurfte, ähnlich § 3 V 2 ALB, wonach für eine „Verlängerung der Zahlungsfrist" für Folgeprämien die schriftliche Einwilligung des Vorstandes der Gesellschaft erforderlich ist, vgl. ferner § 15 III AHagelB, wonach die Prämie „von der zuständigen Bezirksdirektion mit Genehmigung der Direktion" gestundet werden kann. Vom OLG Celle 3. VII. 1931 VA 1932 S. 8—9 Nr. 2371 ist zwar keine Stundung der Erstprämie angenommen, aber gesagt, der Ver könne sich nach Treu und Glauben nicht darauf berufen, daß er wegen nicht rechtzeitiger Zahlung der Prämie leistungsfrei sei, wenn sein Subdirektor den Vmer in den Glauben versetzt hat, daß „alles in Ordnung" sei. Ein Verschulden eines Prokuristen des Vers bei Stundungsverhandlungen kann den Ver schadensersatzpflichtig machen (RG 3. XII. 1937 ÖffrV 1938 S. 65—66).

Gesetzliche Stundungen bringen Prämienmoratorien mit sich (dazu Evers, Moratorien im Privatvsrecht, ungedr. Hamburger Diss. 1952, S. 43—44, speziell für Lebensvsprämien S. 55—70 mit Hinweis auf R 49/39 vom 3. XI. 1939 [NeumannsZ 1939 S. 959—960]). Zur Rechtslage bei Verschollenheit vgl. VA 1947 S. 26, VW 1951 S. 90, Schmidt MDR 1950 S. 16—17.

**[36] c) Erstprämie.**

**aa) Stundung bis zum vorgesehenen materiellen Versicherungsbeginn.**

Nach § $35^1$ ist die erste Prämie sofort nach dem formellen Vsbeginn zu zahlen. Diese Regelung ist dann für den Vmer unbequem, wenn der Vertragsschluß lange vor dem vorgesehenen Beginn der Gefahrtragung erfolgt, wie es bei (wettbewerbsrechtlich oft bedenklichen: Anm. 4 zu § 2) Vorvsverträgen der Fall ist. Es wird daher hierbei häufig eine Stundung bis zu dem als materiellem Vsbeginn vorgesehenen Zeitpunkt (dazu Anm. 3 zu § 2) gewährt. Die Einlösungsklausel des § 38 II wird hierdurch nicht berührt: Vor Zahlung der ersten Prämie trägt der Ver keine Gefahr, die Prämie bleibt Erstprämie.

**[37] bb) Stundung bis zum faktischen materiellen Versicherungsbeginn.**

Es sind auch dahingehende Parteivereinbarungen denkbar, daß die erste Prämie bis zu einem Zeitpunkt gestundet wird, der nach dem im Vsvertrag vorgesehenen materiellen Vsbeginn liegt, daß aber die Gefahrtragung des Vers erst mit der Zahlung beginnen soll. Es handelt sich also hier um eine unvollkommene Stundung (vgl. Anm. 34), für die jedoch zu fordern ist, daß der die Wirkungen der Stundung einschränkende Parteiwille sich klar aus den Vereinbarungen ergibt. Auch hier wird der Charakter der Prämie als Erstprämie nicht verändert, die Stundung erfolgt nur bis zum tatsächlichen materiellen Beginn der V (dazu Anm. 3 zu § 2). Sie wird solchenfalls in der Regel den Sinn haben, dem in Schwierigkeiten befindlichen Schuldner eine Frist zu gewähren, in der er nicht zu zahlen braucht, ohne daß ihm darüber hinaus weitere Rechte gegeben werden sollen.

Hierzu aus der Rechtsprechung: RG 4. X. 1912 RGZ Bd 80 S. 139, 142—143, ein Fall, in welchem dem Vmer zur Zahlung der ersten Prämie eine Frist von zwei Wochen nach Empfang der Zahlungsaufforderung und damit Stundung über den in § 35¹ festgelegten Zahlungszeitpunkt sowie über den vorgesehenen materiellen Vsbeginn hinaus gewährt worden war. Hier wurde angenommen, daß ein „Recht des Vmers darauf, daß die Gesellschaft die Gefahr eines Vsfalles trage", erst „mit der Tatsache der Einlösung des Vsscheins zur Entstehung" komme (S. 143), daß also diese Stundung keine deckende Wirkung habe. KG 3. X. 1928 VA 1929 S. 9—10 Nr. 1922 = JRPV 1928 S. 351 läßt es dahingestellt, ob ganz allgemein aus einer Stundung eines Teiles der Erstprämie herzuleiten sei, daß die V nunmehr materiell beginne und damit der gestundete Teil der Prämie als Folgeprämie anzusehen sei; nach der hier vertretenen Meinung ist dies im Zweifel anzunehmen.

**[38] cc) Stundung bis nach dem materiellen Versicherungsbeginn.**

**aaa) Deckende Stundung.**

Die in Anm. 37 angegebenen Fälle, in denen eine unvollkommene Stundung vereinbart wird (mithin eine Stundung der Erstprämie zwar über den vorgesehenen materiellen Vsbeginn hinaus erfolgt, aber doch nur bis zum tatsächlichen Vsbeginn), müssen als Ausnahmen angesehen werden. In aller Regel wird sich aus der Stundungsvereinbarung der Parteien ergeben, daß eine vollkommene Stundung gewollt ist, daß also die V materiell in Kraft treten und die Erstprämie zur Folgeprämie werden soll (deckende Stundung). Das würde die Anwendbarkeit von § 39 zur Folge haben, wonach für Leistungsfreiheit nicht nur Nichtzahlung der Prämie, sondern die qualifizierte Mahnung, fruchtloser Ablauf der Zahlungsfrist und Verzug Voraussetzung sind, wonach ferner an die Stelle des Rücktrittsrechts aus § 38 I das Kündigungsrecht des § 39 III tritt.

Diese rechtliche Bedeutung legen der Stundung der Erstprämie wie hier bei: Begr. I S. 46, Moschel JW 1931 S. 3177, RG 27. XI. 1920 RGZ Bd 101 S. 31, wonach § 39 den Fall im Auge hat, „daß . . . durch Stundung des Vers die Zahlung der ersten Prämie über den vereinbarten Beginn der V hinausgeschoben ist", RG 26. II. 1926 VA 1926 S. 12—13 Nr. 1530, wonach durch Stundung der Erstprämie die V in Kraft tritt, RG 19. III. 1926 RGZ Bd 113 S. 151—152 [Ausw 1], 24. IX. 1926 JW 1927 S. 170—171, KG 2. V. 1931 VA 1931 S. 2 Nr. 2235 = JRPV 1931 S. 272, wonach bei Stundung der Erstprämie sich die Folgen eines Verzuges des Vmers nach § 39 bestimmen, KG 8. VII. 1931 JRPV 1931 S. 338, wonach die Stundung der Erstprämie der Einlösung des Vsscheins gleichkommt und mit ihr der Vmer vollen Vsschutz genießt, OLG Köln 14. IV. 1926 VA 1926 S. 236 Nr. 1603, wonach die Stundung der Erstprämie die Rechtswirkung hat, daß bei Eintritt des Vsfalls der Ver trotz Nichtzahlung der Prämie durch den Vmer nicht leistungsfrei ist. — KG 3. X. 1928 VA 1929 S. 9—10 Nr. 1922 = JRPV 1928 S. 351—352 läßt es „dahingestellt, ob schon ganz allgemein aus solcher 'Stundung' herzuleiten sein möchte, daß der Vsschutz nunmehr einzusetzen habe und der gestundete Teil der ersten Prämie nunmehr als Folgeprämie im Sinne des § 39 VVG anzusprechen ist", sagt aber dann: „Für den vorliegenden Fall ist festzustellen, daß der beiderseitige Parteiwille in dieser Richtung gegangen und zum Ausdruck gekommen ist." OLG Hamburg 11. V. 1925 JRPV 1926 S. 105, 263 = HansRZ 1925 Sp. 690 fordert für eine rechtlich wirksame Stundung, die auf die erste Prämie § 39 anwendbar werden läßt, eine ausdrückliche Vereinbarung, wonach „ausnahmsweise und abweichend von § 35 . . . die Prämie später zu entrichten ist".

Im Gegensatz zu den eben Zitierten vertreten die Auffassung, daß durch eine Stundung die V nicht materiell in Lauf gesetzt und die Erstprämie nicht zur Folgeprämie wird: Begr. III S. 8, 9, Prölss[8] Anm. 2 zu § 38, S. 140. — Ehrenberg NeumannsZ 1927 S. 15—18 räumt zwar ein, daß eine Stundung die V materiell in Lauf setze, bestreitet dagegen, daß sie die Erstprämie zu einer Folgeprämie werden lasse, ebenso Raiser Anm. 27 zu § 9, S. 241. Nach der hier vertretenen Auffassung, wonach die Erstprämie diejenige Prämie ist, ohne deren Zahlung die V nicht materiell einsetzt (Anm. 16), ist auch die letztgenannte Ansicht abzulehnen, zumal angesichts der jetzigen Fassung des § 38.

**[39] bbb) Negative Abgrenzung.**

Von der Stundung bis nach dem materiellen Vsbeginn, der deckenden Stundung, sind gewisse Sachverhalte abzugrenzen, in denen zwar die Zahlung der Prämie zu einem späteren Zeitpunkt als dem des Beginns der Gefahrtragung erfolgt, in denen aber keine Prämienstundung vorliegt. Es sind dies zwei Fälle, in denen die Zahlung der Erstprämie auf einen vergangenen Zeitpunkt zurückwirkt (vgl. schon Anm. 16):

Einmal ist hier die Rückwärtsv zu nennen, bei der die Zahlung notwendig nach dem vorgesehenen materiellen Vsbeginn erfolgt. Eine Stundung liegt jedoch nicht vor, die Prämie ist Erstprämie. Erst wenn diese gezahlt ist, setzt rückwirkend der Vsschutz ein (Anm. 18 zu § 2). Es wäre für den Ver nicht tragbar, bei Rückwärtsven nur mit Folgeprämien zu arbeiten.

Ferner ist auf §§ 3 I Abs. 3 Satz 2 AHaftpflB, 16 I 2 AUnfallB hinzuweisen, wo es heißt: „Wird die erste Prämie erst nach dem als Beginn der V festgesetzten Zeitpunkt eingefordert, alsdann aber ohne Verzug bezahlt, so beginnt der Vsschutz mit dem vereinbarten Zeitpunkt." Auch hierin liegt keine Stundung, es wird weder die Fälligkeit verschoben noch dem Schuldner ein Leistungsverweigerungsrecht eingeräumt, denn der Ver kann die Prämie sofort nach Vertragsschluß einfordern (§ 35[1]). Ist die Prämie aber nicht gestundet, so ist die Erstprämie geblieben, d. h. der vereinbarte frühzeitige Vsbeginn ist „von der Bedingung abhängig gemacht, daß auf die nachträgliche Einforderung der ersten Prämie die Zahlung ohne Verzug bewirkt wird" (RG 4. X. 1912 RGZ Bd 80 S. 141). Zu der oben zitierten Klausel vgl. im Einzelnen RG 25. V. 1937 RGZ Bd 155 S. 105—106 [Ausw 1], wonach die Beweislast dafür, daß die Zahlung ohne Verzug erfolgt ist, dem Vmer obliegt, LG Breslau 14. IX. 1937 JRPV 1937 S. 348, wonach „ohne Verzug" gleichbedeutend ist mit „unverzüglich". Sofort braucht der Vmer nicht zu zahlen: Es „muß ihm eine angemessene Zeit zur Zahlung der angeforderten Prämie zustatten kommen. Dabei sind auch die dem Ver bekannten Umstände des Vmers zu berücksichtigen" (OLG Hamburg 25. V. 1932 VA 1932 S. 234 Nr. 2430 = JRPV 1932 S. 236). Vgl. auch Anm. 19 zu § 2.

**[40] d) Folgeprämie.**

**aa) Stundung vor Verzugseintritt.**

Wird dem Vmer eine Folgeprämie gestundet, bevor er mit ihrer Zahlung in Verzug geraten ist — also regelmäßig vor ihrer Fälligkeit, da ja meist für seine Leistung ein Tag nach dem Kalender bestimmt ist (§ 284 II 1 BGB) —, so kann er auch während der Stundungsfrist mit dieser Prämie nicht in Verzug geraten (vgl. Anm. 34): Die Stundung wirkt verzughindernd. Daher kann weder Leistungsfreiheit (§ 39 II) eintreten noch entsteht das Kündigungsrecht des Vers (§ 39 III). — Ist im Zeitpunkt der Stundung das Verfahren aus § 39 I schon durchgeführt (ohne daß der Vmer sich bereits im Verzug befindet, also in den seltenen Fällen, in denen der Verzug nicht gemäß § 284 II 1 BGB, sondern erst durch Mahnung, bei der qualifizierten Mahnung des § 39 I mit Ablauf der Zahlungsfrist, entsteht), so muß er nach Ablauf der Stundungsfrist wiederholt werden, da der Vmer bis dahin noch rechtzeitig im Sinne von § 39 I 1 leisten konnte (a. A. Prölss[8] Anm. 11 zu § 39, S. 149). Die Wiederholung ist nur dann nicht erforderlich, wenn es sich nicht um eine Stundung, sondern nur um die Verlängerung der vom Ver gesetzten Zahlungsfrist gehandelt hat.

**[41] bb) Stundung nach Verzugseintritt.**

**aaa) Verzugheilende Stundung.**

Für die Leistungsfreiheit und das Kündigungsrecht des Vers aus § 39 II, III ist neben der qualifizierten Mahnung und dem Nachfristablauf Voraussetzung, daß sich der Vmer im Verzug befindet. Der Verzug entfällt infolge der Stundung des geschuldeten Betrages, die Stundung wirkt verzugheilend (Anm. 34): Wird sie vor Fristablauf vereinbart, so kommt die günstige Rechtsposition des Vers aus § 39 II, III nicht zum Entstehen, wird nachträglich gestundet, so wird diese im Zeitpunkt der Stundung wieder beseitigt.

Vgl. hierzu aus der Rechtsprechung: RG 10. XI. 1933 VA 1933 S. 399—400 Nr. 2625, eine Entscheidung, in der das Gericht die Auffassung der Parteien als richtig ansah, wonach durch Stundungsbewilligung der Verzug des Vmers mit der Folgeprämie und damit die Leistungsfreiheit des Vers gemäß § 39 II beseitigt wird, ebenso LG Berlin 17. XI. 1950 VersR 1951 S. 65, 16. II. 1951 VA Berlin 1951 S. 67—69 = VersR 1951 S. 171 (mit ablehnender Anm. Behne). Nach Treu und Glauben mit Rücksicht auf die Verkehrssitte kann sich aus den Umständen eines Einzelfalles ergeben, daß der Ver sich schon nach Abgabe eines zur Zeit des Vsfalles noch nicht angenommenen Stundungsangebotes auf die Leistungsfreiheit aus § 39 II nicht berufen kann (RG 26. II. 1935 VA 1935 S. 221—222 Nr. 2796 = JRPV 1935 S. 103—104). Grundsätzlich ist jedoch für Beseitigung der Verzugsfolgen ein wirksam zustandegekommener Stundungsvertrag erforderlich (KG 17. V. 1933 Praxis 1933 S. 45, OLG Hamm 7. VII. 1952 VA 1953 S. 9 = VersR 1952 S. 421—422, vgl. auch Anm. 35).

Gerät der Vmer nach Ablauf der Stundungsfrist abermals in Verzug, so ist das als Voraussetzung für die Leistungsfreiheit (§ 39 II) und das Kündigungsrecht (§ 39 III) vorgesehene Verfahren des § 39 I erneut durchzuführen, denn die Wirkungen der ersten Mahnung sind ja als Verzugsfolgen mindestens für die Zukunft beseitigt worden (vgl. Anm. 34), die Zahlung konnte rechtzeitig im Sinne von § 39 I 1 noch im Zeitpunkt des Ablaufes der Stundungsfrist erfolgen, so daß eine Voraussetzung der Mahnung zeitweilig nicht mehr bestand.

Hierzu im Ergebnis übereinstimmend RG 3. IV. 1928 JW 1928 S. 1740 = JRPV 1928 S. 136, OLG Königsberg 23. IX. 1927 VA 1928 S. 39 Nr. 1818 = JRPV 1927 S. 335—336 (zu den Bedenken, die im übrigen gegen diese Entscheidungen geltend gemacht werden, Anm. 42). A. A. Prölss[8] Anm. 11 zu § 39, S. 150. Moschel JW 1931 S. 3178 unterscheidet zwischen der Stundung vor und nach Ablauf der Zahlungsfrist des § 39 I: Bei der ersten soll sich die erneute Mahnung erübrigen, bei der zweiten nicht. Hiergegen ist einzuwenden, daß eine Stundung nicht einer bloßen Zahlungsfristverlängerung gleichzusetzen ist: Letztere läßt den bereits eingetretenen Verzug unberührt, während erstere ihn beseitigt. Eine gleichzeitig mit der Stundung getroffene Vereinbarung, durch die das Erfordernis abermaliger Mahnung nach Ablauf der Stundungsfrist wegbedungen wird, ist mit Rücksicht auf den gemäß § 42 relativ zwingenden Charakter von § 39 abzulehnen (vgl. VA 1932 S. 143, a. A. Lesser JRPV 1932 S. 194 bis 195, 227).

Hat der Ver das Kündigungsrecht aus § 39 III 1, 2 bereits ausgeübt, so ist als auflösende Bedingung, die die Wirkungen der Kündigung gemäß § 39 III 3 fortfallen läßt, nach dem Gesetz zwar nur die Zahlung vorgesehen. Doch werden die Kündigungswirkungen auch durch eine Fälligkeitsverschiebung — nicht dagegen durch einen Einforderungsverzicht — beseitigt, da diese der Kündigung eine Wirksamkeitsvoraussetzung, nämlich die Fälligkeit der Prämie, entzieht.

**[42] bbb) Unvollkommene Stundung.**

Von der verzugheilenden ist die unvollkommene Stundung (Anm. 34, 37) der Folgeprämie abzugrenzen. Als solche ist eine Vereinbarung zu erachten, nach welcher der Ver zwar auf die Einforderung der Prämie für eine bestimmte Zeit verzichtet, der Verzug mit seinen Folgen jedoch aufrechterhalten wird. Diese Einschränkung der Stundungswirkung bedarf ausdrücklicher Vereinbarung, der Ver muß z. B. in seinem die Stundung bewilligenden Schreiben besonders darauf hinweisen, „daß der Vmer erst dann wieder Vsschutz genieße, wenn er mit der Prämienzahlung auf dem laufenden sei"; andernfalls liegt eine den Verzug heilende Stundung vor (KG 12. VII. 1930 JRPV 1930 S. 430). Entgegengesetzt anscheinend OLG Nürnberg 14. VII. 1952 VersR 1952 S. 371, wonach „auch im Falle einer Stundung die Zahlungen vor dem Vsfalle geleistet sein müssen, um die Leistungspflicht des Vers wieder zu begründen." Nach der hier vertretenen Meinung liegt im Zweifel eine verzugheilende, nur ausnahmsweise eine unvollkommene Stundung vor. Vgl. außerdem zu dieser Frage KG 19. IX. 1931 JRPV 1931 S. 370—371 mit einem Sachverhalt aus der Kleinlebensv, ferner OLG Celle 18. IX. 1940 HansRGZ 1942 A Sp. 40—42 und — im Ergebnis richtig — OLG Düsseldorf 27. II. 1930 JRPV 1930 S. 188.

Einen ausdrücklichen Hinweis, daß Leistungsfreiheit trotz der Stundung bestehen bleibt, fordert auch OLG Königsberg 23. IX. 1927 VA 1928 S. 39 Nr. 1818 = JRPV 1927 S. 335—336. Doch ist diese Entscheidung insofern irreführend, als sie davon spricht, „daß eine nachträgliche Stundung ... nicht ohne weiteres einen Verzicht auf Geltendmachung der bereits eingetretenen Verzugsfolgen enthält". Dieser Satz ist zwar richtig, doch geht er an der Rechtsnatur der verzugheilenden Stundung vorbei: Diese läßt — soweit es sich nur um einen Einforderungsverzicht und nicht um eine Fälligkeitsverschiebung handelt (Anm. 34) — bereits eingetretene Verzugsfolgen unberührt, ändert also nichts daran, daß der Ver vom Ende der Nachfrist bis zur Stundung leistungsfrei gewesen ist und daß in dieser Zeit sein Kündigungsrecht bestanden hat. Wesentlich ist aber, daß für die Zukunft der Verzug beseitigt wird, daß der Ver also mit der Stundung wieder die Gefahr zu tragen beginnt, denn es kommt nicht darauf an, ob der Vmer sich in der Vergangenheit einmal im Verzug befunden hat, sondern nach dem klaren Gesetzeswortlaut in § 39 II, III 1, 2 darauf, ob im Zeitpunkt des Eintritts des Vsfalles oder der Ausübung des Kündigungsrechts (bzw. des Wirksamwerdens der Kündigung) Verzug besteht. Das ist jedoch nicht der Fall, wenn vorher die Prämie gestundet wurde. Ähnlichen Bedenken wie das obengenannte Urteil müssen auch RG 3. IV. 1928 JW 1928 S. 1740 = JRPV 1928 S. 136, 8. IV. 1932 JRPV 1932 S. 308, OLG Hamburg 27. IV. 1933 VA 1933 S. 333—334 Nr. 2576 = HansRGZ 1933 A Sp. 436 (ein Urteil, das sich auf die zitierte Königsberger Entscheidung beruft), LG Hamburg 14. XII. 1950 VersR 1951 S. 76 und die von Raiser Anm. 44 zu § 9, S. 249—250 vertretene Auffassung begegnen.

**[43] e) Sonderfälle.**

**aa) Zahlung in Raten.**

Die Vsperiode beträgt regelmäßig ein Jahr (§ 9), laufende Prämien sind regelmäßig Jahresprämien. Dies gilt auch dann, wenn Zahlungen des Vmers in kürzeren Zeitabständen erfolgen. Es handelt sich hier im Zweifel nicht um eine Verkürzung der Vsperiode, sondern um ratenweise Zahlung der Jahresprämie (Anm. 13—15). Die Vereinbarung der Ratenzahlung bedeutet rechtlich zunächst einen Verzicht des Vers auf Ablehnung von Teilleistungen (§ 266 BGB, vgl. auch KG 8. VII. 1931 JRPV 1931 S. 338, insoweit billigenswert). Darüber hinaus bedeutet sie jedoch eine unterschiedlich befristete Stundung der später zu zahlenden Raten (so schon OLG Königsberg 3. V. 1904 VA 1906 Anh. S. 46 Nr. 204, ferner KG 10. XII. 1927 JRPV 1928 S. 46, anders KG 8. VII. 1931 JRPV 1931 S. 338). Hieraus ergibt sich, daß hinsichtlich der zweiten und der folgenden Raten das für die gestundete Prämie in Anm. 34—35 Gesagte gilt. Es muß sich also bei der Ratenvereinbarung entweder um eine Fälligkeitsverschiebung oder um einen Einforderungsverzicht handeln (Beispiel für letzteren: § 3 IV 2 ALB, hierzu Anm. 15, 34).

Bei ratenweiser Zahlung der ersten Jahresprämie ist die erste Rate als Erstprämie und sind die folgenden stets als Folgeprämien anzusehen (Begr. I S. 46, III S. 9; VA 1914 S. 136; Brockmann VersR 1953 S. 345—346; KG 13. VII. 1932 JRPV 1933 S. 9, OLG Stuttgart 1. XI. 1934 JW 1935 S. 2448 = JRPV 1935 S. 176, a. M. Ehrenzweig S. 140, Prölss[8] Anm. 2 zu § 38, S. 140—141 mit unhaltbarer Unterscheidung). Sogar eine Einmalprämie kann in Raten gezahlt werden, wodurch die späteren Raten zu Folgeprämien werden (so richtig § 8 III 2 Sonderbedingungen für die Hausrat-V unter Vorauszahlung der Prämie auf Lebenszeit: VA 1954 S. 16).

Bei einer zweiten oder späteren Jahresprämie hebt die in der nachträglichen Ratenvereinbarung liegende Stundung den Verzug stets mindestens für die Zukunft auf, es sei denn, daß ein gegenteiliger Parteiwille zum Ausdruck gekommen und die Stundung daher als unvollkommene anzusehen ist (Anm. 42 und OLG Düsseldorf 27. II. 1930 JRPV 1930 S. 188).

Als Besonderheit der Stundung durch Ratenvereinbarung ist hervorzuheben, daß sie vielfach nur bedingt erfolgt, und zwar unter der auflösenden Bedingung termingerechter Ratenzahlung (oder Nichteintrittes eines ersatzpflichtigen Schadens, so Klausel 11 II für die Glasv: VA 1953 S. 219). Diese Bedingung wird allerdings dann nicht Vertragsbestandteil, wenn sie nur in dem dem Vmer nicht ausgehändigten Vsschein, nicht aber in dem (angenommenen) Vsantrag enthalten ist (KG 13. VII. 1932 JRPV 1933 S. 9). Ist sie dagegen wirksam vereinbart, so ist bei ihrem Eintritt die ganze restliche Jahresprämie sofort zu zahlen. Wird bei der ersten Jahresprämie die Stundung schon infolge Nichtzahlung der ersten Rate hinfällig, so ist nunmehr Zahlung des gesamten Jahresprämie erforderlich, um die V materiell beginnen zu lassen (KG 10. XII. 1927 JRPV 1928 S. 46). Ist dagegen die V infolge Tilgung der ersten Rate schon in Kraft getreten, so ist der restliche Betrag auch nach Bedingungseintritt als Folgeprämie anzusehen. Bei einer in Raten gezahlten Folgeprämie bewirkt der Bedingungseintritt, daß bei einer Fälligkeitsverschiebung hinsichtlich der gestundeten Raten wieder der ursprüngliche Fälligkeitstermin gilt, bei einem Einforderungsverzicht das Einrederecht des Vmers fortfällt. Doch lebt ein Verzug, der zur Zeit der (nachträglichen) Stundung bestanden hat, nur dann wieder auf, wenn alle seine Voraussetzungen nach Bedingungseintritt erneut vorliegen. Auch das Verfahren aus § 39 I ist erneut durchzuführen (vgl. Anm. 41).

Ratenzahlung bewilligt der Ver häufig nur gegen ein gewisses Aufgeld auf die Prämie: Vgl. § 3 IV 2 ALB, Ziff. 3 Vorbemerkungen des Prämientarifs für Haftpflichtven, Ziff. 3 Grundregeln des Einheitstarifs für die Kraftfahrtv, Klausel 11 I für die Glasv: VA 1953 S. 219. Das Aufgeld steht rechtlich der Prämie gleich. Nach OLG Königsberg 3. V. 1904 VA 1906 Anh. S. 46 Nr. 204 wird in solchen Fällen der Ratenzuschlag hinfällig, in denen der Ver infolge Verweigerung der Polizeneinlösung die ganze Prämie einfordert.

**[44] bb) Scheck- oder Wechselentgegennahme.**

Gibt der Vmer zum Zwecke der Prämientilgung einen Scheck oder einen Wechsel, der nicht sofort verwertet werden kann oder soll, so erfolgt zwar die Annahme durch den Ver in aller Regel nicht an Erfüllungsstatt, sondern nur erfüllungshalber. Aber „mit der Annahme des Wechsels zahlungshalber" wird „der Beitrag unter der auflösenden Bedingung der Nichteinlösung des Wechsels gestundet" (RG 5. VII. 1929 JRPV 1929 S. 262). Gleiches gilt für die Annahme eines Schecks. Es handelt sich in diesen Fällen um den Abschluß eines Stundungsvertrages durch konkludente Handlungen, klarstellend: § 15 III AHagelB, vgl. im einzelnen Anm. 35 m. w. N.

**[45] cc) Aushändigung des Versicherungsscheins.**

Die Vereinbarung einer Stundung durch konkludente Handlung könnte auch in der Aushändigung des Vsscheins ohne Zahlung der Prämie gesehen werden; ein entsprechender Rechtssatz war vorgeschlagen, ist aber nicht geschaffen worden (Begr. I S. 47—48). De lege lata wird man verlangen müssen, daß bei der Aushändigung der Stundungswille besonders erkennbar wird (Moschel JW 1931 S. 3177). Ob dies der Fall ist, ist Tatfrage; jedoch ist der Stundungswille zu vermuten, da § 35² als Regelfall vorsieht, daß die Aushändigung nur gegen Zahlung der Erstprämie erfolgt (a. A. Ehrenzweig S. 135). Der Ver muß also Gegenteiliges beweisen, also z. B. dartun, daß der Vsschein nur zu getreuen Händen ausgehändigt wurde.

Rechtsprechung: RG 26. II. 1926 VA 1926 S. 12—13 Nr. 1530 = JRPV 1926 S. 83—84 hat für den damals zugrundeliegenden Sachverhalt verneint, daß die V durch Aushändigung des Vsscheins in Kraft getreten sei, ebenso erachtete OLG Hamburg 11. V. 1925 JRPV 1926 S. 105, 263 = HansRZ 1925 Sp. 690 den Fall des § 39 nicht dadurch für gegeben, daß dem Vmer der Vsschein ohne Prämieneinziehung ausgehändigt wurde. Dagegen sagt KG 24. VI. 1931 JRPV 1931 S. 321: Hätte der Ver dem

Vmer den Vsschein „ohne Zahlung überlassen, so hätte man darin vielleicht die Vereinbarung einer Stundung sehen können", stellt also in Übereinstimmung mit der hier vertretenen Auffassung auf die Umstände des Falles ab. OLG Köln 14. IV. 1926 VA 1926 S. 236—237 Nr. 1603 = JRPV 1926 S. 167 und OLG Hamburg 8. II. 1913 Das Recht 1913 Nr. 1047 folgern aus der vorbehaltlosen Aushändigung des Vsscheins im Zusammenhang mit den übrigen Gegebenheiten des Sachverhalts, daß die Erstprämie gestundet und damit zur Folgeprämie geworden sei.

Zu der besonderen Lage, die bei der Aushändigung der Vsbestätigung nach § 4 PflichtVsDVO ohne Zahlung gegeben ist, vgl. Anm. 51.

**[46] dd) Zusage vorläufiger Deckung.**

Mit einer vorläufigen Deckungszusage ist nicht notwendig die Stundung der für sie geschuldeten Prämie verbunden. Es ist vielmehr im Hinblick darauf, daß eine Deckungszusage verschiedenen Inhalt hat (Bruck JW 1927 S. 169), von Fall zu Fall zu prüfen, was die Parteien gewollt haben, wobei zu berücksichtigen ist, daß auch die Deckungszusage einen Vsvertrag entstehen läßt, dessen Inhalt sich nicht nur nach den besonderen, beim Abschluß getroffenen Vereinbarungen, sondern auch nach den AVB bestimmen kann (Anm. 100 zu § 1).

Aus dem Vertragsinhalt kann sich ergeben, daß Vsschutz vor Prämienzahlung nicht besteht (so in dem vom OLG Königsberg 19. I. 1926 VA 1926 S. 24 Nr. 1540 entschiedenen Fall). Meistens wird dagegen — entsprechend dem Zweck der vorläufigen Deckungszusage, alsbaldigen Vsschutz ohne Risikoprüfung und Prämienberechnung zu schaffen — die Gefahrtragung des Vers ohne vorgängige Prämienzahlung beginnen sollen (Anm. 103 zu § 1 mit Hinweis auf RG 20. XII. 1940 DR 1941 S. 998 = JRPV 1941 S. 44).

Gleichwohl braucht auch in diesem Falle eine Stundung nicht vorzuliegen, die Prämie nicht zur Folgeprämie zu werden, nämlich dann nicht, wenn etwa wie in § 3 I Abs. 3 Satz 2 AHaftpflB, § 16 I 2 AUnfallB vereinbart wird: „Wird die erste Prämie erst nach dem als Beginn der V festgesetzten Zeitpunkt eingefordert, alsdann aber ohne Verzug bezahlt, so beginnt der Vsschutz mit dem vereinbarten Zeitpunkt." Zu dieser Klausel Anm. 16, 39, Anm. 19 zu § 2. Vgl. in diesem Zusammenhang ferner KG 11. XII. 1926 HansRZ 1927 Sp. 138—139 mit einem Fall aus der Tierv, in dem die Deckungszusage durch Zahlung der Prämie bis drei Tage vor Abfohlen bedingt war.

Immer muß es sich um eine aufschiebende Bedingung handeln: Erst mit der Prämienzahlung setzt der Vsschutz ein, dann allerdings kraft der Deckungszusage und aufschiebenden Bedingung (§ 159 BGB) rückwirkend. Eine auflösende Bedingung dergestalt, daß die Fortdauer der vorläufigen Deckung von der rechtzeitigen Einlösung des Vsscheins abhängig sein soll (VA 1921 S. 136—137), widerstreitet dem nach § 42 zwingenden § 39 II, wonach der einmal begonnene Vsschutz immer erst nach einer Mahnung des § 39 I und unter weiteren erschwerenden Voraussetzungen erlischt. Die Einlösungsklausel des § 38 II setzt voraus, daß vor der Einlösung der Ver noch nicht die Gefahr getragen hat. Durch die Konstruktion einer auflösenden Bedingung kann man die zwingenden Gesetzesvorschriften nicht umgehen. Unzulässig deshalb auch § 1 II 3 AKB, AKHB, wonach die vorläufige Deckung rückwirkend außer Kraft tritt, wenn der Vsschein nicht unverzüglich eingelöst wird (dazu Anm. 97 zu § 1), unrichtig Bühring ZVersWiss 1924 S. 299—302, der es für möglich erachtet, daß der Beginn der Deckung in auflösend bedingte Abhängigkeit von der Zahlung der ersten Prämie gesetzt wird. Vgl. Anm. 104 zu § 1, Anm. 52 zu § 39.

Ist der (deckenden) Deckungszusage eine Bedingung nicht beigefügt, ist also die Prämie nach dem materiellen Vsbeginn zu entrichten und dieser von ihrer Zahlung unabhängig, dann liegt in der vorläufigen Deckungszusage eine Stundung, die die Erstprämie zur Folgeprämie werden läßt. Hierzu Bühring ZVersWiss 1924 S. 293—299 und aus der Rechtsprechung RG 28. X. 1925 VA 1926 S. 22 Nr. 1537, OLG Hamburg 4. I. 1926 JRPV 1926 S. 73 = HansRZ 1926 Sp. 174, OLG Köln 14. IV. 1926 VA 1926 S. 236—237 Nr. 1603 = JRPV 1926 S. 167, wo das Gericht aus dem ihm vorliegenden Sachverhalt entnommen hatte, daß durch die Deckungszusage die Prämie gestundet worden sei.

In der Praxis wird in aller Regel die vorläufige Deckung mit dem ersten Teil der endgültigen V zu einer durchlaufenden Vsperiode zusammengezogen und für diese eine einheitliche Prämie erhoben. Gemäß der hier vertretenen Einheitstheorie, nach der im Zweifel beide Verträge ein kontinuierliches Vsverhältnis bilden (Anm. 94 zu § 1), ist diese Gesamtprämie als erste Prämie einer einheitlichen V anzusehen, von der die vorläufige Deckung einen Teil darstellt. Für die Frage der Stundung dieser Gesamtprämie gilt das für die Stundung der allein für die vorläufige Deckung geschuldeten Prämie Gesagte, die dort zitierten Entscheidungen haben vielfach diesen Sachverhalt im Auge. Über die Möglichkeit abweichender Vereinbarungen vgl. Anm. 97 zu § 1. — Ehrenzweig Logik S. 45 vertritt jetzt sogar von der Trennungstheorie her den Standpunkt, die Prämie des endgültigen Vertrags sei Folgeprämie, die (in Anm. 105 zu § 1 referierte) frühere abweichende Meinung ist in „Erkenntnisfreude" aufgegeben.

**[47] f) Beweislast.**

Im Prozeß ist die Fälligkeitsverschiebung von Amts wegen zu berücksichtigen, die Einrede des Einforderungsverzichts muß dagegen vom Vmer vorgetragen werden. Die Beweislast für beide Arten der Stundung trägt diejenige Partei, die sich auf sie beruft. In aller Regel obliegt sie daher dem Vmer (RG 4. III. 1930 JRPV 1930 S. 127, KG 8. VII. 1931 JRPV 1931 S. 338).

**[48] 6. Versicherungsschein.**

**a) Zurückbehaltungsrecht des Versicherungsnehmers.**

Nach § 35² ist der Vmer zur Zahlung nur gegen Aushändigung des Vsscheins verpflichtet, es sei denn, daß die Ausstellung eines Vsscheins ausgeschlossen ist. Nach § 3 I 1 ist regelmäßig der Ver verpflichtet, einen Vsschein auszuhändigen.

Die Aushändigung des Vsscheins beruht auf einer Leistungspflicht des Vers, welche jedoch nicht zu den synallagmatisch verknüpften Hauptpflichten gehört (Anm. 14 zu § 3). Deshalb kommt nicht die Einrede des nichterfüllten gegenseitigen Vertrages aus § 320 I 1 BGB in Betracht, wohl aber handelt es sich um einen Unterfall des Zurückbehaltungsrechtes aus § 273 I BGB, allerdings mit der Modifikation, daß der Ver nicht durch Sicherheitsleistung die Ausübung abwenden kann (vgl. § 273 III BGB). Die Fälligkeit der Erstprämie wird durch § 35² nicht berührt (OLG Hamburg 11. V. 1925 JRPV 1926 S. 263—264 = HansRZ 1925 Sp. 690: keine Stundung). Das nicht von Amts wegen zu berücksichtigende Zurückbehaltungsrecht gibt dem Vmer nur eine Einrede, ein Leistungsverweigerungsrecht (widerspruchsvoll AG Köln 24. I. 1953 VersR 1953 S. 365). Wird im Prämienprozeß die Einrede erhoben, so führt das nicht zur Abweisung der Klage, sondern nur zur Verurteilung des Vmers Zug um Zug gegen Empfang des Vsscheins (§ 274 I BGB). Der Eintritt des Verzuges des Vmers wird schon durch das Bestehen des Einrederechtes ausgeschlossen; es ist nicht nötig, daß dieses Recht geltend gemacht wird (RG 14. XII. 1929 RGZ Bd 126 S. 285). Wird dem Vmer der Vsschein angeboten, was auch stillschweigend geschehen kann, so entfällt das Einrederecht (AG Köln 24. I. 1953 VersR 1953 S. 365). Dadurch, daß der Vsschein nach § 35² Zug um Zug gegen Zahlung der Erstprämie auszuhändigen ist, ändert sich nichts am Einlösungsprinzip des § 38 II: Auch wenn der Ver den Vsschein nicht angeboten hat, beginnt der Vsschutz nicht.

Aus der Rechtsprechung: OLG Hamburg 11. V. 1925 JRPV 1926 S. 263—264 = HansRZ 1925 Sp. 690, wonach die Zahlung rechtzeitig, d. h. unter Vermeidung irgendwelcher Rechtsnachteile für den Vmer, noch erfolgen kann gegen Aushändigung des Vsscheins, selbst wenn schon vorher der Betrag der Prämie mitgeteilt, evtl. gar Mahnung erfolgt war; der Vsschutz beginnt jedoch vor der Zahlung noch nicht. OLG Frankfurt JRPV 1929 S. 190 spricht von einer Leistung Zug um Zug; erst wenn der Ver zur Aushändigung des richtigen Vsscheines in der Lage ist, ist der Vmer zur Prämienzahlung verpflichtet.

**[49] b) Schadensersatzpflicht des Versicherers.**

Die gewonnenen Ergebnisse erfahren jedoch eine gewisse Modifikation dadurch, daß der Ver sich schadensersatzpflichtig machen kann: RG 26. II. 1935 RGZ Bd 147

S. 103—112 [Ausw 1] nimmt eine culpa in contrahendo des Vers an, falls der Agent als Erfüllungsgehilfe nicht den Auftrag erfüllt, den ausgestellten Vsschein Zug um Zug gegen Zahlung der Erstprämie dem Antragsteller auszufolgen und damit formell und materiell den Vertrag beginnen zu lassen; die Frage des Verschuldens des Agenten bei bekannter Insolvenz des Antragstellers und des mitwirkenden Verschuldens des untätigen Antragstellers wird geprüft (vgl. Anm. 90 zu § 1 m. w. N.). Regelmäßig wird der Vmer einen Schadensersatzanspruch nur auf einen bereits abgeschlossenen Vsvertrag stützen können, was bereits ROHG 13. X. 1874 ROHG Bd 15 S. 39—43 betont, vgl. auch Ehrenzweig S. 67. OLG Oldenburg 17. VI. 1931 VA 1932 S. 7—8 Nr. 2370 geht dabei davon aus, daß zwar regelmäßig nach § 36 die Prämie dem Ver zu übermitteln ist, daß aber der Ver diese Regel abändern kann durch die Mitteilung, er werde dem Vmer den Vsschein rechtzeitig zugehen lassen. Erfolgt solchenfalls kein rechtzeitiger Zugang infolge eines Verschuldens eines Erfüllungsgehilfen des Vers, so ist der Ver schadensersatzpflichtig. OLG Marienwerder 20. I. 1916 VA 1916 Anh. S. 23—24 Nr. 921 nimmt sogar an, daß im Falle des § 36 den Ver die Verpflichtung trifft, den Vmer von der Aushändigungsmöglichkeit des Vsscheins, also von seinem Eingange bei dem Agenten, zu benachrichtigen, wobei der Ver ein Verschulden des Agenten als seines Erfüllungsgehilfen zu vertreten hat und so zu behandeln ist, als sei die Prämie rechtzeitig bezahlt. KG 21. IX. 1935 JRPV 1936 S. 107 behandelt den Fall, daß am 10. V. 1935 der Lebensver dem Vmer geschrieben hat, der Vsschein sei einer Bezirksdirektion zur Weitergabe ausgehändigt; aber bis zum Tode des Vmers am 13. VI. 1935 war der Vsschein nicht weitergegeben, erst am 14. VI. 1935 bot die Bezirksdirektion ihn zur Einlösung an: Der Ver ist schadensersatzpflichtig.

**[50] c) Bedeutung der Aushändigung.**

Über den Begriff der Aushändigung Anm. 14 zu § 3. Über die Möglichkeit des Vertragsschlusses durch Aushändigung des Vsscheins Anm. 18—19 zu § 3. Hat der Vmer den Vsschein in Händen, so muß wegen der Regel des § $35^2$ der Ver im Bestreitensfalle beweisen, daß die Erstprämie nicht gezahlt sei. Wird dem Vmer der Vsschein ohne Zahlung ausgehändigt, so ist es Tatfrage, ob eine Stundung der ersten Prämie gegeben ist. Im Zweifel wird dies anzunehmen sein, weil § $35^2$ von der Regel ausgeht, daß der Vsschein nur gegen Zahlung der Erstprämie ausgehändigt wird (Anm. 45).

**[51] d) Aushändigung der Versicherungsbestätigung.**

Nach § 4 PflichtVsDVO kann bei der Pflichtv für Kraftfahrzeughalter die Aushändigung auch der Vsbestätigung von der Zahlung der ersten Prämie abhängig gemacht werden. Erfolgt hier die Aushändigung ohne Prämienzahlung, so muß nach dem Zweck der Vsbestätigung stets angenommen werden, daß die erste Prämie gestundet, also Folgeprämie ist (dazu vgl. OLG Celle 14. II. 1952 VersR 1952 S. 92—93). Die Ver müssen also mit den Vsbestätigungen besonders sorgsam verfahren. Über die Frage des Vertragsabschlusses durch Aushändigung einer Vsbestätigung Anm. 5 zu §3.

**[52] 7. Prämienwährung.**

Die Begründung von Prämienverbindlichkeiten in anderer Währung als in Deutscher Mark ist durch Verbotsvorschriften gehemmt.

Nach dem Kriege untersagte das KontrollratsG Nr. 47 die Auslandstätigkeit deutscher Vsunternehmen. Soweit Ausnahmen bestanden, waren doch nur Verträge in deutscher Währung zugelassen. Das KontrollratsG Nr. 47 ist inzwischen weitgehend aufgehoben durch G Nr. A—15 der Alliierten Hohen Kommission vom 26. IV. 1951 (VA 1951 S. 100, vgl. zu allem Einl. Anm. 88).

Auch heute noch sind aber Fremdwährungsven dem Verbot des § $3^1$ WährungsG (dazu Sieg BetrBer 1953 S. 17) unterworfen sowie jenem des Art. I G Nr. 53 der amerikanischen und britischen Militärregierung (Neufassung) (dazu Anm. 45 zu § 22, auch Art. I VO Nr. 235 des Hohen Kommissars der französischen Republik und Art. I Westberliner VO vom 15. VII. 1950 [Verordnungsblatt I S. 304]). Diese Verbote gelten jedoch unter Erlaubnisvorbehalt. Solche Erlaubnis ist bereits vielfach erteilt worden. Ein Überblick über den Stand der unübersichtlichen, häufigem Wechsel unterworfenen Materie findet sich im Geschäftsbericht 1952/53 des Gesamtverbandes der Vswirtschaft, Köln 1953, S. 48—51, ferner bei Herzog VW 1951 Nr. 20 Sonderbeilage.

Immer noch hat sich die Rechtsprechung zu befassen mit dem G über die Umwandlung der inländischen Fremdwährungsven vom 26. VIII. 1938 mit VO vom 10. IX. 1938, das für Lebens- und solche Kranken- und Unfallsvsverträge galt, die eine Deckungsrücklage erfordern. Vgl. dazu Anm. 45 zu § 22.

Ist eine Prämienschuld in fremder Währung wirksam begründet, so kann der Vmer doch in deutscher Währung bezahlen, es sei denn, daß Zahlung in fremder Währung ausdrücklich vereinbart worden ist (§ 244 I BGB). Unter einer „ausdrücklichen“ Vereinbarung versteht die Rechtsprechung „eine in besonderem Maße unzweideutige Offenbarung“ des entsprechenden Parteiwillens (RG 22. II. 1937 RGZ Bd 153 S. 385). Dabei kann jene Offenbarung aber nicht nur durch Worte, sondern auch „durch Tatsachen von einer sich aufdrängenden Schlüssigkeit erfolgen“ (RG 13. X. 1932 RGZ Bd 138 S. 54 m. w. N.). Für den Zeitpunkt der Umrechnung in deutsche Währung kommt es nicht auf die Fälligkeit, sondern auf die tatsächliche Zahlung an (§ 244 II BGB, RG 24. I. 1921 RGZ Bd 101 S. 312—320).

[53] 8. **Prämientilgung.**

**a) Zahlung und Überweisung.**

Vom Problem der Tilgung, das den Leistungserfolg anlangt und das hier allein behandelt wird, ist die Frage der Leistungshandlung zu unterscheiden, wobei besonders die Leistungszeit eine Rolle spielt, dazu Anm. 8—13 zu § 36.

Die Prämienschuld ist vollständig zu tilgen, der Vmer ist zu Teilleistungen nicht berechtigt (§ 266 BGB). Zur Frage, welchen Einfluß es hat, daß ein geringfügiger Betrag ungezahlt bleibt, vgl. Anm. 8 zu § 38, Anm. 35 zu § 39. Soweit der Vmer eine Prämie oder Prämienrate gezahlt hat, erlischt das Prämienschuldverhältnis (BGH 11. XI. 1953 VA 1953 S. 264—265 = VersR 1953 S. 444—445, DOG 21. VI. 1950 VersR 1950 S. 132, Möller ZfV 1951 S. 82—83, a. A. Ebel VersR 1951 S. 6).

Die Prämienschuld ist durch den Vmer oder sonstigen Prämienschuldner (Anm. 27) zu tilgen; über die Zahlung durch Dritte vgl. § 35a.

Die Prämienschuld ist erfüllt, sobald die geschuldete Geldleistung in bar an den Ver oder seinen Inkassobevollmächtigten (Anm. 28) bewirkt ist (§ 362 I BGB), das Geld muß also vom Empfänger angenommen sein. Zur Barzahlung gehört auch die Zahlung durch Postanweisung.

Hat der Ver ein Bank- oder Postscheckkonto auf der Prämienrechnung oder sonstigen dem Vmer oder der Öffentlichkeit kundgemachten Verlautbarungen bezeichnet, so kann der Vmer auch eine Einzahlung (beim Postscheckkonto mittels Zahlkarte) oder Überweisung auf dieses Konto vornehmen, über die Tilgung entscheidet die Gutschrift für einen bestimmten Tag; Benachrichtigung des Vers von der Gutschrift ist nicht erforderlich: BGH 15. V. 1952 BGHZ Bd 6 S. 122—123, RG 25. IV. 1903 RGZ Bd 54 S. 331—332, 31. III. 1925 JRPV 1925 S. 131—132, 23. VI. 1926 RGZ Bd 114 S. 142—143, 14. X. 1931 RGZ Bd 134 S. 76, KG 23. II. 1929 JRPV 1929 S. 125, 26. II. 1948 JR 1948 S. 225—226. In den Fällen der Einzahlung oder Überweisung auf ein Konto erlangt der Ver nicht Bargeld, sondern im Wege einer Leistung an Erfüllungsstatt eine Forderung gegen seine Bank, gegen die Post usw. In der Kontenbezeichnung liegt die Erklärung, daß solche Leistung angenommen werde (RG 14. X. 1931 RGZ Bd 134 S. 76). Nach AG Flensburg 19. XII. 1950 VersR 1951 S. 52 kann man davon ausgehen, „daß nach heutiger Verkehrsauffassung jeder, der ein Bankkonto unterhält, grundsätzlich damit einverstanden ist, daß Zahlungen auf sein Bankkonto an Erfüllungsstatt erfolgen können“, daß es also nicht einmal mehr der Kontenbezeichnung bedarf (ähnlich von Caemmerer JZ 1953 S. 446—448 gegen BGH 13. III. 1953 JZ 1953 S. 470).

[54] **b) Scheck und Wechsel.**

In bezug auf die Prämienzahlung mittels Schecks oder Wechsels lassen sich nach der Rechtsprechung vier Möglichkeiten unterscheiden:

**[55] aa) Annahme erfüllungshalber.**

Nach der einen Ansicht erfolgt die Hingabe des Wertpapiers nur erfüllungshalber, die Prämientilgung erfolgt erst mit seiner Einlösung, die Annahme durch den Ver als solche hat auf das Bestehen der Schuld keinen Einfluß, die Gefahrtragung des Vers beginnt bei einer Erstprämie erst mit der Einlösung des Wertpapiers (§ 38 II), bei einer Folgeprämie wird eine eingetretene Leistungsfreiheit des Vers durch Hingabe des Schecks oder Wechsels nicht aufgehoben (§ 29 II), die Wirkungen der Kündigung fallen nicht fort (§ 39 III 2). Dazu RG 4. XI. 1927 VA 1928 S. 4—5 Nr. 1788 = JRPV 1927 S. 346 mit KG 30. III. 1927 VA 1927 S. 217—218 Nr. 1731 = JRPV 1927 S. 163 bis 164, wonach Schuldtilgung bei einem vordatierten, nach dem Willen des Ausstellers erst einige Tage nach Hingabe einzulösenden Scheck erst mit der Einlösung erfolgt und in der Annahme auch keine Stundung liegt, OLG Köln 17. X. 1930 JW 1930 S. 3649 = JRPV 1931 S. 131—132, wonach bei einem Wechsel Erfüllung erst mit der Einlösung eintritt. Nach OLG Hamm 7. II. 1936 HansRGZ 1937 A Sp. 141 ist der Ver allerdings verpflichtet, die Einlösung und damit die Schuldtilgung durch „zweckentsprechende Behandlung" des Schecks alsbald zu bewirken.

**[56] bb) Bedingte Stundung.**

Nach einer zweiten Auffassung in der Judikatur liegt in der Annahme des erfüllungshalber hingegebenen Schecks oder Wechsels eine Stundung der Prämienschuld; eine Erstprämie wird also nach der hier vertretenen Auffassung (Anm. 16) zur Folgeprämie, bei einer Folgeprämie wird der Verzug beendet; tritt jetzt der Vsfall ein, so ist der Ver leistungspflichtig: Dazu §§ 13 VI 1, 10 I 1 AHagelB, RG 5. X. 1926 RGZ Bd 114 S. 348 bis 349 [Ausw 1]: „Die Annahme eines Wechsels zahlungshalber enthält .... stets eine Stundung bis zu dem Zeitpunkt, wo übersehen werden kann, ob der Wechsel eingelöst werden wird", RG 20. IX. 1927 VA 1928 S. 2—3 Nr. 1786 = JRPV 1927 S. 344 bis 345 sagt gleiches für einen Scheck, der nach dem Willen des Vmers nicht sofort verwertet werden soll, RG 20. III. 1931 VA 1931 S. 13—14 Nr. 2243 = Praxis 1931 S. 37 legt dar, daß bei einer Folgeprämie die eingetretenen Verzugsfolgen beseitigt werden, falls der Ver einen Scheck entgegennimmt. OLG Kiel 30. III. 1927 JRPV 1927 S. 228 spricht von einer Stundung bei einem Wechsel, der nicht sofort verwertet werden kann; KG 28. XI. 1934 VA 1935 S. 216 Nr. 2792 = JRPV 1935 S. 124—125 sieht in der Annahme eines Verrechnungsschecks eine Stundung. Konstruktiv genauer sagt RG 5. VII. JRPV 1929 S. 262, daß „mit der Annahme des Wechsels zahlungshalber der Beitrag unter der auflösenden Bedingung der Nichteinlösung des Wechsels gestundet worden sei". Nach § 158 II BGB wirkt der Bedingungseintritt nur ex nunc; wird also der Wechsel nicht eingelöst, so fallen die Wirkungen der Stundung erst für die Zukunft fort, die nunmehr wieder fällige Prämie bleibt aber eine Folgeprämie.

Offengelassen wird die Frage, ob in einer Wechselannahme eine Stundung liegt, von RG 8. XI. 1927 JRPV 1927 S. 345. Bei der Annahme eines vordatierten Schecks wird (trotz Art. 28 II ScheckG) besonders häufig eine Stundung gewollt sein.

**[57] cc) Fingierte Zahlung.**

Nach einer dritten höchstrichterlichen Auffassung kann sich, auch wenn die Hingabe nur zahlungshalber erfolgt, ergeben, daß sie unmittelbar als Zahlung gelten solle. Nach Treu und Glauben kann sich im Falle der Einlösung der Ver nicht darauf berufen, seine Gefahrtragung habe nicht begonnen (§ 38 II) oder er sei leistungsfrei (§ 39 II). Die Zahlungsfiktion wird namentlich bei einem Scheck, der gedeckt ist und prompt eingelöst werden kann, angenommen von RG 11. I. 1912 RGZ Bd 78 S. 142—143: Der Gläubiger darf, besonders wenn es um die Wahrung von Zahlungsfristen geht, die Hingabe eines solchen Schecks nach Treu und Glauben mit Rücksicht auf die Verkehrssitte nicht anders ansehen als eine zum gleichen Zeitpunkt erfolgte Geldleistung. Nach RG 20. IX. 1927 VA 1928 S. 3 Nr. 1786 = JRPV 1927 S. 344 „kann es bei der Hingabe und Annahme eines vollgedeckten Schecks unter Umständen, insbesondere bei Wahrung von Fristen, so angesehen werden, als ob die Zahlung schon mit der Hingabe .... ins Werk gesetzt ist, .... wenn der Gläubiger durch den Scheck in die Lage versetzt wird, sofort die Schecksumme zu erheben". Nach KG 1. XII. 1926 VA 1927

S. 11 Nr. 1666 = JRPV 1927 S. 61 kann die Annahme des Schecks auch dann als Zahlung gelten, wenn er zwar nicht gedeckt ist, aber etwa auf Grund der Kreditwürdigkeit des Vmers von der Bank jederzeit honoriert wird. Nach OLG Hamburg 12. IV. 1926 JRPV 1926 S. 169 hat „die Zahlung .... so lange als erfolgt zu gelten, bis der Wechsel zur Zahlung präsentiert und nicht eingelöst" wird. Nach OLG Köln 12. VIII. 1938 VA 1938 S. 213—214 Nr. 3068 = HansRGZ 1939 A Sp. 38 muß sich der Vmer nach Treu und Glauben mit Rücksicht auf den Handelsbrauch so behandeln lassen, als ob er sich mit dem Zeitpunkt des Scheckeingangs als befriedigt betrachte, falls die Einlösung glatt erfolgt; will er dies nicht gegen sich gelten lassen, so muß er das eindeutig zum Ausdruck bringen.

**[58] dd) Leistung an Erfüllungsstatt.**

Ausnahmsweise kann sich ergeben, daß ein Wechsel oder ein Scheck nicht erfüllungshalber, sondern an Erfüllungsstatt hingegeben wird. Denn der Wechsel- oder Scheckaussteller geht zwar eine neue selbständige Verbindlichkeit ein, doch ist die Vermutung des § 364 II BGB widerlegbar, vgl. RG 21. III. 1930 JRPV 1930 S. 147—148, KG 16. III. 1909 VA 1909 Anh. S. 100—101 Nr. 485. In diesem Fall ist unmittelbar mit der Annahme die Schuld getilgt. Die Beweislast dafür, daß Annahme an Erfüllungsstatt vorliegt, trägt der Vmer.

**[59] ee) Eigene Auffassung.**

Eine Leistung an Erfüllungsstatt kann wegen § 364 II BGB regelmäßig nicht angenommen werden. Im übrigen wird man unterscheiden müssen, ob bei der Hingabe des Schecks oder Wechsels an die sofortige Einlösung gedacht ist oder nicht. Auch beim Scheck kann an eine Leistungsverzögerung gedacht sein, besonders bei Vordatierung. Soll eine sofortige Realisierung des Wertpapiers erfolgen, so scheidet die Annahme einer Stundung aus, jedoch dürfte regelmäßig keine bloße Annahme erfüllungshalber vorliegen, sondern zugleich nach Treu und Glauben im Falle der Einlösung die Zahlungsfiktion Platz greifen. Sollte jedoch dem Vmer eine gewisse Frist eingeräumt werden, so kommt die Annahme einer Stundung in Betracht.

Für die Ver ist also Zurückhaltung bei der Annahme von Schecks und Wechseln empfehlenswert. Was die Vsvertreter anlangt, so kann auch ein bloßer Vermittlungsagent im Falle des § 43 Ziff. 4 die Wirkungen der Zahlungsfiktion auslösen, aber nur ein Abschlußagent kann gemäß § 45 eine Stundungsvereinbarung treffen (vgl. RG 20. IX. 1927 VA 1928 S. 3 Nr. 1786 = JRPV 1927 S. 344—345). Eine Annahme an Erfüllungsstatt kann ebenfalls nur der Abschlußagent vereinbaren.

**[60] c) Aufrechnung und Restfälle.**

**aa) Voraussetzungen der Aufrechnung.**

Die Prämienschuld kann auch durch Aufrechnung seitens des Vers oder Vmers getilgt werden. — Es müssen sich aber nach § 387 BGB gegenseitige Forderungen gegenüberstehen, woran es fehlt, falls der Prämienschuldner nur eine Forderung gegen einen Agenten hat, mag auch der Agent inkassobevollmächtigt und mit der Verrechnung einverstanden sein (KG 11. X. 1930 JRPV 1930 S. 429). Zur Frage der Gegenseitigkeit bei Einschaltung von Agenten und Maklern vgl. auch RG 27. VI. 1900 RGZ Bd 46 S. 208—212. Nach OLG Hamburg 21. VI. 1951 VersR 1951 S. 226 kann der Agent, der die Prämienschuld des Vmers tilgen will, dies durch Aufrechnung mit einer ihm gegen den Ver zustehenden Forderung nur bewirken, soweit der Ver zustimmt. Zur Frage, ob die in § 35a I Genannten aufrechnen können: Anm. 7 zu § 35a. Der Grundsatz der Gegenseitigkeit ist zugunsten des Vers durchbrochen in § 35b (vgl. Anm. 4 zu § 35b). Der Aufrechnende muß „die ihm gebührende Leistung fordern und die ihm obliegende Leistung bewirken" können. Ist also bei einer Folgeprämie vereinbart, daß sie innerhalb eines Monats vom Fälligkeitstage an zu zahlen ist (§ 3 V 1 ALB; Anm. 32), so kann der Ver erst am letzten Tage des Monats aufrechnen, der Vmer jedoch schon vom ersten Tage des Monats an. — Aufrechnung setzt Gleichartigkeit der Leistungsgegenstände voraus, jedoch nicht Identität der Leistungsorte (§ 391 I 1

BGB). Ist der Vsfall eingetreten, hat sich also die Gefahrtragung des Vers konkretisiert, so schuldet der Ver regelmäßig eine Geldleistung (vgl. § 49), so daß einer Aufrechnung mit der Prämie nichts entgegensteht, auch nichts einer Aufrechnung mit Prämien, die dem Ver der Vmer aus anderen Vsverhältnissen schuldet (LG Stuttgart 7. IV. 1951 VersR 1951 S. 162). Zur Gleichartigkeit vgl. auch Anm. 5 zu § 35b.

**[61] bb) Ausschluß der Aufrechnung.**

Die Aufrechnung kann durch Gesetz oder Vereinbarung ausgeschlossen sein. Soweit eine Vsforderung der Pfändung nicht unterworfen ist (vgl. z. B. § 15), findet nach der gesetzlichen Vorschrift des § 394[1] BGB auch eine Aufrechnung gegen die Forderung nicht statt, es kann also nicht einmal der Ver mit seiner Prämienforderung aufrechnen. Eine Ausnahme gilt nach § 394[2] BGB zugunsten der Beitragsforderungen des Vers, sofern es sich handelt um „Hebungen" „aus Kranken-, Hilfs- oder Sterbekassen" (dazu Anm. 26 zu § 15). Ein weiteres gesetzliches Aufrechnungsverbot, diesmal gerichtet gegen den Vmer, enthält § 26 VAG: „Gegen eine Forderung des Vereins aus der Beitragspflicht kann das Mitglied nicht aufrechnen"; Einzelheiten bei Kisch Gegenseitigkeitsverein S. 204—206, KG 3. II. 1914 VA 1914 Anh. S. 65—67 Nr. 821, 12. I. 1918 VA 1918 Anh. S. 81—82 Nr. 1064, 1. V. 1918 VA 1918 Anh. S. 82—84 Nr. 1065, AG Stuttgart 12. I. 1950 VersR 1950 S. 84. Soweit die Aufrechnung durch das Gesetz ausgeschlossen ist, darf das Verbot nicht durch eine Zurückbehaltung umgangen werden (so allgemein RG 7. XI. 1913 RGZ Bd 83 S. 268—269, 7. XII. 1928 RGZ Bd 123 S. 10 und speziell zu § 26 VAG: KG 3. II. 1914 VA 1914 Anh. S. 66 Nr. 821, 12. I. 1918 VA 1918 Anh. S. 82 Nr. 1064, auch OLG Frankfurt 22. II. 1906 VA 1908 Anh. S. 42—43 Nr. 376). Oft wird auch vertraglich die Aufrechnung ausgeschlossen, z. B. durch die Vereinbarung, die Erstprämie sei gegen Auslieferung der Polize bar zu zahlen (OLG Hamburg 13. VII. 1921 HansRZ 1921 Sp. 703—704) oder: „Gegen eine Beitragsforderung des Vers kann der Vmer nur mit einer vom Ver anerkannten Forderung aufrechnen" (§ 4 IV ATierB). Hat ein Vmer in Unkenntnis des vertraglichen Ausschlusses der Aufrechnung eine solche erklärt und hat der Ver der Aufrechnung nicht widersprochen, so soll doch eine Aufrechnung nicht zustandegekommen sein gemäß KG 2. IV. 1932 JRPV 1932 S. 171.

**[62] cc) Wirkungen der Aufrechnung.**

Die Aufrechnung erfolgt durch Erklärung gegenüber dem anderen Teile, auch der Vermittlungsagent des Vers ist nach § 43 Ziff. 2 regelmäßig (§ 47) empfangsberechtigt.

Nach § 389 BGB gelten die Forderungen als in dem Zeitpunkt erloschen, in welchem sie zuerst aufrechenbar einander gegenüberstanden, die Aufrechnung wirkt also zurück. Bei einer Erstprämie trägt demzufolge der Ver auch die Gefahr in der zurückliegenden Zeit, frühestens jedoch vom vorgesehenen materiellen Vsbeginn an. Hat also ein Vmer aus einem anderen Vsvertrage einen Entschädigungsanspruch und schließt er nun am 15. I. für die Zeit vom 1. II. an eine neue V, so bewirkt eine am 10. II. dem Ver zugegangene Aufrechnungserklärung, daß der Ver vom 1. II., nicht etwa schon vom 15. I. die Gefahr trägt. Bei einer Folgeprämie ist der Ver trotz Ablaufes der Zahlungsfrist im Vsfall nicht nach § 39 II leistungsfrei, wenn nach dem Vsfall der Vmer aufrechnet mit einer Forderung, die ihm schon vor dem Vsfall zustand. Verfehlt Bruck 7. Aufl. S. 146, Prölss[8] Anm. 6 zu § 35, S. 136. Eine vertragliche Wegbedingung des § 389 BGB hat RG 25. XI. 1904 VA 1905 Anh. S. 31—32 Nr. 107 nur für den Fall angenommen, daß bedingungsgemäß innerhalb der Nachfrist die Prämie „tatsächlich bezahlt" werden sollte. In der Lebensv dient häufig eine Vorauszahlung (§ 7 I ALB) dazu, Mittel für die Tilgung fälliger Prämienverbindlichkeiten zu beschaffen, die Tilgung erfolgt dann im Wege der Aufrechnung. Der Ver kann keine Barrückzahlung des Darlehens fordern, sondern sich nur im Wege der Aufrechnung befriedigen (Prölss[8] S. 529).

**[63] dd) Restfälle des Erlöschens.**

Als sonstiger Fall des Erlöschens des Prämienschuldverhältnisses kommt der Erlaß (§ 397 I BGB) in Betracht, der besonders auf Seiten des Vers eine eindeutige Willenserklärung voraussetzt, während auf Seiten des Vmers oft § 151 BGB angewendet werden kann. — Wird eine Erstprämie nicht eingeklagt (dazu für die Lebensv: VA 1927 S. 126, 1928 S. 112), so fingiert § 38 I 2 einen Rücktritt. — Auch im übrigen ist oft von den Parteien kein Erlaß im Sinne eines Erfüllungssurrogates gewollt (mit Gefahrtragung des Vers), sondern eine Aufhebung des ganzen Vsverhältnisses. — Eine Hinterlegung ist mit schuldtilgender Wirkung nur aus besonderen Gründen zulässig, besonders bei Annahmeverzug des Vers (§ 372[1] BGB). — Ein Kontokorrentverhältnis, wie es bei laufenden Ven vorkommt, bringt eine Stundung mit sich; die Tilgung erfolgt durch Aufrechnung (Saldierung). Das hat besonders für eigene Ven von Vsvertretern Bedeutung (OLG Stettin 12. XII. 1918 LZ 1919 Sp. 1033: Erstprämie). Über den Einfluß des Ruhens der V auf die Prämienschuld Anm. 10 zu § 2.

[64] **d) Rechnung und Quittung.**

Die Prämienrechnung spielt eine Rolle wegen § 43 Ziff. 4, wonach ein Agent als inkassobevollmächtigt gilt, sofern er sich im Besitz einer vom Ver unterzeichneten Prämienrechnung befindet.

Eine Prämienquittung hat nach § 368[1] BGB der Ver auf Verlangen zu erteilen. Dies gilt auch dann, wenn die Prämienschuld nicht durch Barzahlung, sondern z. B. durch Überweisung getilgt ist. In der Transportv hat der cif-Verkäufer ein rechtliches Interesse daran, daß auf der Polize die Prämienquittung erteilt wird (vgl. § 368[2] BGB).

[65] **9. Abdingbarkeit.**

§ 35 ist in § 42 nicht aufgeführt und demzufolge abänderlich. Es kann also nicht nur die erste Prämie gestundet und dadurch zu einer Folgeprämie gemacht werden, sondern es kann auch zu Lasten des Vmers vereinbart werden, daß der Vsschein erst nach Zahlung der Erstprämie ausgehändigt werden soll, daß insoweit also der Vmer vorleistungspflichtig ist.

# § 35a

**(1) Fällige Prämien oder sonstige ihm auf Grund des Vertrags gebührende Zahlungen muß der Versicherer vom Versicherten bei der Versicherung für fremde Rechnung, ferner vom Bezugsberechtigten, der ein Recht auf die Leistung des Versicherers erworben hat, sowie vom Pfandgläubiger auch dann annehmen, wenn er nach den Vorschriften des bürgerlichen Rechts die Zahlung zurückweisen könnte.**

**(2) Ein Pfandrecht an der Versicherungsforderung kann auch wegen der Beträge und ihrer Zinsen geltend gemacht werden, die der Pfandgläubiger zur Entrichtung von Prämien oder sonstigen dem Versicherer auf Grund des Vertrags gebührenden Zahlungen verwendet hat.**

**Befriedigungsrecht, Pfandrechtserweiterung.**

**Gliederung:**

[1] **Entstehung:** § 35a ist durch das G vom 7. XI. 1939 nach österreichischem Vorbild eingefügt. Dadurch ist § 105 a. F. überflüssig geworden (Begr. III S. 15). — Begr. II S. 1773.

[2] **Schrifttum:** Ehrenzweig S. 240—242.

[3] **I. Befriedigungsrecht.**

**1. Systematische Stellung.**

Der Vsvertrag schafft wie jedes Schuldverhältnis nur Rechtsbeziehungen zwischen Schuldner und Gläubiger. Dies schließt nicht aus, daß bei allen nicht höchstpersönlichen Schulden der Schuldner das Recht hat, durch einen anderen zu leisten. Prämienschulden sind als Geldschulden nicht höchstpersönlich. Deshalb gerät der Ver in Annahmeverzug, falls er die ihm von einem Vertreter oder Boten des Vmers angebotene Prämie von diesem Erfüllungsgehilfen nicht annimmt (§ 293 BGB).

Bei nicht höchstpersönlichen Leistungen kommt aber auch die Bewirkung der Leistung durch einen Dritten nach § 267 I BGB in Betracht, der Dritte ist kein Vertreter, Bote, Erfüllungsgehilfe. Selbstverständlich ist der Dritte auch kein Schuldner. Deshalb sind Gesamtschuldner und Bürgen von den Dritten des § 267 BGB zu unterscheiden.

Nach § 267 BGB hat jeder Dritte regelmäßig nur eine schlichte Befriedigungsbefugnis, die jedoch entfällt, wenn der Schuldner — hier der Prämienschuldner — widerspricht. Einer Zustimmung des Vers bedarf es nicht. Bis zu einem Widerspruch hat deshalb jeder Dritte ein Gestaltungsrecht, ist er doch in der Lage, die Forderung des Vers zum Erlöschen zu bringen. Der Widerspruch des Vmers kann nur bis zur Bewirkung der Leistung erfolgen. Das Innenverhältnis zwischen dem Vmer und dem Dritten kann sehr verschiedenartig sein (Schenkung, Geschäftsführung ohne Auftrag, ungerechtfertigte Bereicherung). Bei der schlichten Befriedigungsbefugnis geht nicht etwa die Prämienforderung des Vers kraft Gesetzes auf den Dritten über. Der Dritte kann nur die Leistung bewirken (auch durch Überweisung), nicht aber z. B. aufrechnen (RG 11. XI. 1927 RGZ Bd 119 S. 4, OLG Hamburg 21. VI. 1951 VersR 1951 S. 226).

Die schlichte Befriedigungsbefugnis des Dritten kann erweitert werden zu einem qualifizierten Befriedigungsrecht (Ablösungsrecht), das durch Widerspruch des Schuldners nicht beseitigt werden kann und einen gesetzlichen Forderungsübergang zur Folge hat (§ 268 III BGB). Zwei solche Fälle des Befriedigungsrechtes kennt § 268 I BGB, einen dritten Fall schafft § 35a I (§ 38 I SchiffsG).

[4] **2. Gesetzliche Voraussetzungen.**

**a) Fälle des § 268 I BGB.**

Betreibt der Ver wegen der Prämie die Zwangsvollstreckung in einen dem Vmer gehörenden Gegenstand, so haben die in § 268 I BGB genannten Personen (z. B. der Mieter, Besitzer) eines Grundstücks, das der Ver sonst zwangsversteigern lassen könnte, ein Befriedigungsrecht, das nach § 268 II BGB auch durch Hinterlegung oder Aufrechnung (mit eigenen Forderungen des Dritten) ausgeübt werden kann.

[5] **b) Fälle des § 35a I.**

**aa) Berechtigte Personen.**

§ 35a I verleiht ein Befriedigungsrecht dem Vten (auch im Falle des § 179 II und nach § 38 I SchiffsG), gewissen Bezugsberechtigten und dem Pfandgläubiger.

In Betracht kommt nur ein Bezugsberechtigter, der ein Recht auf die Leistung des Vers erworben hat. Dies trifft zu beim unwiderruflich Bezugsberechtigten, nach Eintritt des Vsfalls aber auch beim widerruflich Bezugsberechtigten: Dieser kann also z. B. eine rückständige Folgeprämie auch nach dem Tode des Vmers und trotz des Widerspruches der Erben zahlen, falls die Zahlungsfrist bei Eintritt des Vsfalls noch nicht abgelaufen war (zu eng Prölss[8] Anm. 2 zu § 35a, S. 137). Bei den Pfandgläubigern ist vorauszusetzen, daß sie ein Pfandrecht an der Vsforderung erworben haben, ein Pfandrecht an dem vten Gegenstand genügt nicht. Es ist nicht erforderlich, daß die Vsforderung dem Vmer zusteht, es kann sich z. B. um eine V für fremde Rechnung handeln. Es kann eine primäre Verpfändung der Vsforderung vorliegen, genügt jedoch auch, daß sich ein Grundpfandrecht sekundär auf die Vsforderung erstreckt (§ 1127 I BGB für die Hypothek, § 1192 I BGB für die Grundschuld), vgl. auch §§ 32 I, 38 I SchiffsG für die Schiffshypothek. Durch § 35a I ist § 105 a. F. überflüssig geworden (Begr. III S. 15). Einem Vertragspfandrecht steht ein Pfändungspfandrecht gleich, auch nach § 38 I SchiffsG. Ein Pfändungspfandrecht entsteht auch durch Vollziehung des Arrestes (§ 930 ZPO) sowie durch Vorpfändung (§ 845 ZPO).

Die Ausnahmevorschrift des § 35a I ist eng auszulegen. Ein Befriedigungsrecht haben deshalb nicht der widerruflich Bezugsberechtigte vor Eintritt des Vsfalles, der Zessionar, der Drittgeschädigte in der Haftpflichtv, der Inhaber einer Inhaberpolize, der Indossatar einer Orderpolize, die Gefahrsperson in einer Lebens- oder Unfallv, mögen sie auch ein Interesse an der Tilgung der Prämienschuld des Vmers haben (ebenso Prölss[8] Anm. 2 zu § 35a, S. 137).

**[6] bb) Erbringbare Leistungen.**

Die in Anm. 5 genannten Personen haben ein Befriedigungsrecht nur hinsichtlich fälliger Prämien und sonstiger Zahlungen, die dem Ver auf Grund des Vertrags gebühren. Es muß sich also um Geldschulden des Vmers handeln, wobei auch Nebengebühren, Zinsen, Vssteuern in Betracht kommen. Allerdings ist vorauszusetzen, daß nicht nur die sonstigen Zahlungen, sondern auch die Prämien gerade aus jenem Vsverhältnis geschuldet werden, aus dem auch der Vte usw. berechtigt sind. Für Deklarationen und andere Leistungen, die nicht in § 35a I genannt sind, gilt die Vorschrift nicht.

**[7] cc) Ausübung des Rechts.**

Der Vmer kann nicht nur die Zahlung (auch durch Überweisung) leisten, sondern in entsprechender Anwendung des § 268 II BGB kommt auch die Befriedigung des Vers durch Hinterlegung oder Aufrechnung in Frage, so daß auch eigene Forderungen des Vten usw. aus anderen Ven oder sonstigen Rechtsgründen zur Aufrechnung gestellt werden können.

**[8] dd) Folgen der Ausübung.**

Der Ver gerät in Annahmeverzug, falls er die ihm vom Vten usw. angebotene Leistung nicht annimmt. Damit beginnt allerdings bei einer Erstprämie nicht schon die Gefahrtragung des Vers, sondern es ist hierzu notwendig, daß der Vte oder sonstige Dritte die Erstprämie nach § 372[1] BGB hinterlegt.

Analog § 268 III BGB wird man annehmen müssen, daß die Prämienforderung des Vers gegen den Vmer auf den Befriedigenden übergeht.

**[9] ee) Pflicht zur Benachrichtigung.**

Eine Mahnung ist im Falle des Prämienverzuges des Vmers den Dritten des § 35a I deshalb nicht zu senden, weil sie keine Prämienschuldner sind. Es fragt sich aber, ob der Ver verpflichtet ist, einem ihm bekannten Vten, Bezugsberechtigten oder Pfandgläubiger Mitteilung zu machen von einer dem Vmer übermittelten Mahnung. Solche Mitteilung ist hinsichtlich einer Folgeprämie vorgesehen in §§ 101[1], 107b gegenüber einem Realgläubiger bei der Gebäudefeuerv, der sein Pfandrecht angemeldet hat, und unter den gleichen Voraussetzungen auch gegenüber einem Schiffshypothekengläubiger, jedoch hinsichtlich aller Prämien (§ 34 I 1 SchiffsG). Auch entsprechende Vereinbarungen, besonders in Sicherungsscheinen, kommen vor. Man wird jedoch annehmen müssen, daß auch über den Rahmen der genannten Fälle hinaus nach Treu und Glauben der Ver zu einer Mitteilung gegenüber den privilegierten Personen des § 35a I verpflichtet ist. Sogar gegenüber den in dieser Vorschrift nicht genannten Zessionaren besteht solche Mitteilungspflicht (Möller HansRGZ 1930 A Sp. 87—98), a. A. jedoch Prölss[8] Anm. 3 zu § 35a, S. 138.

**[10] II. Pfandrechtserweiterung.**

Zahlt ein Pfandgläubiger Prämien oder sonstige dem Ver auf Grund des Vertrags gebührende Geldbeträge (Anm. 6), so geht die Forderung des Vers gegen den Vmer auf den Pfandgläubiger (analog § 268 III BGB) über. § 35a II (auch § 38 SchiffsG) bestimmt nun, daß der Pfandgläubiger in Höhe der entrichteten Prämie usw. nicht nur eine persönliche Forderung gegen den Vmer hat, sondern daß sich auch sein dingliches Recht, sein Pfandrecht an der Vsforderung (am Schiff), erweitert. Es handelt sich um eine kraft Gesetzes eintretende Pfandrechtserweiterung (§ 1257 BGB). Es ist gleichgültig, ob der zahlende Pfandgläubiger ein Vertrags- oder Pfändungspfandrecht innehat. Steht die mit dem Pfandrecht belastete Vsforderung nicht dem Vmer, sondern z. B. einem Vten zu, so richtet sich die persönliche Forderung des Pfandgläubigers aus § 268 III BGB gegen den Vmer, das Pfandrecht jedoch trifft den Vten. Prölss[8] Anm. 5 zu § 35a, S. 138, spricht von einer Forderungserweiterung, die durch § 35a II erfolge. In Wahrheit handelt es sich um eine neue Forderung, die nicht auf § 35a II, sondern auf § 268 III BGB beruht.

[11] **III. Unabdingbarkeit.**

In § 42 ist § 35a nicht aufgeführt. Die Frage, ob das Befriedigungsrecht oder die Pfandrechtserweiterung durch eine Vereinbarung im Vsvertrag zu Lasten der begünstigten Personen ausgeschlossen werden könnte, ist trotzdem zweifelhaft und wohl zu verneinen (vgl. Anm. 4 zu § 42).

# § 35b

**Der Versicherer kann den Betrag einer fälligen Prämienforderung oder einer anderen ihm aus dem Vertrag zustehenden Forderung von der ihm nach diesem Vertrag obliegenden Leistung in Abzug bringen, auch wenn er die Leistung nicht dem Versicherungsnehmer, sondern einem Dritten schuldet.**

**Abzugsrecht.**

**Gliederung:**



[1] **Entstehung:** § 35b ist durch das G vom 7. XI. 1939 nach österreichischem Vorbild eingefügt. Dadurch ist § 78 a. F. überflüssig geworden (Begr. III S. 14). — Begr. II S. 1773.

[2] **Schrifttum:** Hagemann JRPV 1939 S. 313—315.

[3 **I. Grenzen der Aufrechnung.**

Der Ver kann sich wegen einer ihm zustehenden Forderung durch Aufrechnung befriedigen, jedoch setzt dies insbesondere Gegenseitigkeit und Gleichartigkeit voraus (zur Aufrechnung vgl. Anm. 60—62 zu § 35). An der Gegenseitigkeit fehlt es, sofern der Ver seine Leistung nicht dem Vmer, sondern einem Dritten schuldet. An der Gleichartigkeit könnte es mangeln, falls der Ver Befreiung oder andere Naturalleistungen, also kein Geld schuldet, während seine eigene Forderung auf eine Geldleistung gerichtet ist.

Das Erfordernis der Gegenseitigkeit wird schon durch § 406 BGB durchbrochen für den Fall, daß der Ver die Leistung nicht dem Vmer, sondern einem Zessionar schuldet. Die Vorschrift ermöglicht dem Ver die Aufrechnung, falls diese schon vor der Abtretung möglich gewesen wäre. Aber auch wenn die Prämienforderung erst nach der Abtretung der Vsforderung fällig geworden ist, kann der Ver aufrechnen, sofern die Fälligkeit eingetreten ist vor der Kenntnis des Vers von der Abtretung und nicht später, als die abgetretene Vsforderung fällig geworden ist.

§ 406 BGB soll entsprechende Anwendung bei Veräußerung der vten Sache finden (§ 69 III).

Durch die genannten beiden Vorschriften wird der Ver nicht geschützt, falls Prämien nach der Abtretung oder Veräußerung fällig werden und der Ver in diesem Zeitpunkt Kenntnis von der Abtretung oder Veräußerung hat.

Keinen Schutz genießt der Ver bei Vsverträgen zugunsten Dritter. Denn nach herrschender Auffassung kann der Ver nicht gegenüber dem Dritten (z. B. Vten, Bezugsberechtigten) aufrechnen, weil es sich hier nicht um eine Einwendung aus dem Vertrage (§ 334 BGB) handelt (Palandt[11] Anm. 1 zu § 334, S. 371).

In allen diesen Fällen soll jedoch jetzt § 35b dem Ver helfen, das Erfordernis der Gegenseitigkeit wird beseitigt (Begr. II S. 1773), desgleichen wird jenes der Gleichartigkeit abgeschwächt.

**[4] II. Voraussetzungen des Abzugsrechtes.**

**1. Schuld gegenüber Dritten.**

§ 35b setzt voraus, daß der Ver die Vsleistung „einem Dritten schuldet". Hierher gehören die Fälle der Zession der Vsforderung und der Veräußerung der vten Sache (§ 69 I: Recht des Erwerbers), ferner die Fälle eines Vsvertrags zugunsten Dritter, also insbesondere der V für fremde Rechnung (§ 75 I 1: Recht des Vten, vorkommend gemäß § 179 II auch in der Unfallv: VA 1949 S. 42) und der (unwiderruflichen oder widerruflichen) Bezugsberechtigung nach Eintritt des Vsfalles. Einen eigenen Anspruch gegen den Ver hat aber auch der Realgläubiger im Falle des § 102 I und der Schiffshypothekengläubiger im Falle des § 36 I SchiffsG. Dagegen hat nach § 158c V auch bei der Pflichtv der geschädigte Dritte in der Haftpflichtv kein Recht gegen den Ver; § 158g stellt klar, daß hier § 35b keine Anwendung findet.

Kann der Ver schon aufrechnen nach den §§ 406 BGB, 69 III, so tritt zu diesem Aufrechnungsrecht das Abzugsrecht aus § 35b hinzu, welches in seinen Voraussetzungen teils enger, teils weiter ist: Enger hinsichtlich der in § 35b geforderten Konnexität, weiter, weil es nach § 35b auf die Kenntnis des Vers nicht ankommt.

**[5] 2. Konnexität der Forderungen.**

Der Ver muß eine fällige Prämienforderung oder eine andere ihm aus dem Vsvertrag zustehende Forderung haben (dazu Anm. 4—10 zu § 35), dem Dritten muß aus dem gleichen Vertrage eine Forderung zustehen, wobei es sich regelmäßig um die Vsforderung handeln wird. Vertragsfremde Forderungen kommen nicht in Betracht, auch wenn ein gewisser Lebenszusammenhang bestehen sollte, der im Falle der Gegenseitigkeit eine Zurückbehaltung rechtfertigen könnte.

Es fragt sich, ob die beiderseitigen Forderungen gleichartig sein müssen, was für die Aufrechnung § 387 BGB fordert. Aus dem Zwecke des § 35b, der den Ver weitgehend schützen soll, läßt sich entnehmen, daß volle Gleichartigkeit nicht gegeben zu sein braucht, es reicht eine Abzugsmöglichkeit aus, und diese ist z. B. wirtschaftlich auch dann vorliegend, falls ein Haftpflichtver nicht Geld, sondern Schuldbefreiung zu leisten hat (im Ergebnis ebenso Hagemann JRPV 1939 S. 314).

**[6] III. Ausübung des Abzugsrechtes.**

Es handelt sich um ein Kannrecht, also ein Gestaltungsrecht des Vers, der die Forderungen zum Erlöschen zu bringen vermag. Die Aufrechnung erfolgt nach § 388[1] BGB durch Erklärung gegenüber dem anderen Teile. Man wird diese Vorschrift analog auf die Ausübung des Abzugsrechtes anzuwenden haben. Denn der Dritte muß Klarheit erhalten, zumal er oft gar nicht wissen kann, ob und in welcher Höhe z. B. Prämien rückständig sind. Die Aufrechnungserklärung kann nicht unter einer Bedingung oder unter einer Zeitbestimmung abgegeben werden (§ 388[2] BGB analog) und ist als rechtsgestaltende Erklärung unwiderruflich.

**[7] IV. Abdingbarkeit der Vorschrift.**

§ 35b ist in § 42 nicht aufgeführt. Die Vorschrift könnte unfraglich zugunsten der Dritten geändert werden. Ob auch eine Verschärfung zu Lasten der Dritten, z. B. durch Erweiterung oder Beseitigung der Konnexität, zulässig wäre, ist zweifelhaft und wohl zu bejahen.

# § 36

**[1] Leistungsort für die Entrichtung der Prämie ist der jeweilige Wohnsitz des Versicherungsnehmers; der Versicherungsnehmer hat jedoch auf seine Gefahr und seine Kosten die Prämie dem Versicherer zu übermitteln.**

**[2] Hat der Versicherungsnehmer die Versicherung in seinem Gewerbebetriebe genommen, so tritt, wenn er seine gewerbliche Niederlassung an einem anderen Orte hat, der Ort der Niederlassung an die Stelle des Wohnsitzes.**

**Leistungsort, Leistungszeit.**

**Gliederung:**



[1] **Entstehung:** § 36 ist unverändert geblieben. — Begr. I S. 45.

[2] **Schrifttum:** Anm. 2 zu § 35.

[3] **I. Leistungsort.**

**1. Grundlegung.**

Der Begriff Leistungsort (auch Erfüllungsort) ist mehrdeutig (Möller Schuldrecht S. 27—29). So wie man das Leistungsverhalten und den Leistungserfolg unterscheiden kann, müssen auch der Leistungshandlungsort, besser Vollzugsort, und der Leistungserfolgsort, kürzer Erfolgsort, unterschieden werden. Daneben steht drittens der Schuldort, der für Fragen des Gerichtsstandes, des internationalen Privatrechtes, der Verkehrssitte, des Handelsbrauches entscheidend ist. Bei einem gegenseitigen Vertrage wie dem Vsvertrag ist die Ortsfrage gesondert für die beiderseitigen Leistungen zu prüfen.

Die §§ 36, 37 befassen sich mit der Ortsfrage in bezug auf die Prämienleistung des Vmers, die Vorschriften sind auf andere Geldleistungen des Vmers, z. B. Nebengebühren entsprechend anzuwenden.

[4] **2. Vollzugsort.**

Wenn das deutsche Zivilrecht von Leistungen spricht, denkt es primär an das Leistungsverhalten (§ $241^2$ BGB). Wenn § 36 I vom Leistungsort redet, so ist darunter demnach der Ort zu verstehen, an dem der Vmer die für die Entrichtung der Prämie erforderliche Leistungshandlung zu vollziehen hat, also der Vollzugsort.

Aus § 36 I ergibt sich, daß der jeweilige Wohnsitz des Vmers, die politische Gemeinde der Vollzugsort ist. Nach § 269 I BGB kommt es darauf an, wo der Schuldner zur Zeit der Entstehung des Schuldverhältnisses seinen Wohnsitz hatte, und dieser Vollzugsort bleibt konstant. § 36 I stellt jedoch auf den jeweiligen Wohnsitz ab (Begr. I S. 45). Entscheidend ist deshalb, wo zur Zeit der Prämienzahlung der Vmer wohnt. Zahlt er nicht, so entscheidet der bei der Mahnung bzw. bei der Klagerhebung bestehende Wohnsitz.

Hat der Vmer die V in seinem Gewerbebetriebe genommen, so tritt gegebenenfalls der Ort der Niederlassung an die Stelle des Wohnsitzes. Entscheidend ist nicht die rein äußerliche Tatsache, von wo aus der Vmer kontrahiert hat, sondern der innere Zusammenhang mit dem Gewerbebetriebe. Bei einem Einzelkaufmann gilt § 36 II demzufolge für solche Ven, welche Handelsgeschäfte sind, wofür nach § 344 I HGB eine widerlegbare Vermutung spricht. Eine vom Büro aus genommene V des auswärts liegenden Privathauses ist jedoch nach § 36 I zu behandeln.

Was hinsichtlich des Vollzugsortes im Sinne der politischen Gemeinde gilt, ist entsprechend maßgebend für die Leistungsstelle, also die speziellere Örtlichkeit, an der das Leistungsverhalten zu beobachten ist.

[5] **3. Erfolgsort.**

Würde nur der Wohnsitz oder die gewerbliche Niederlassung des Vmers örtlich eine Rolle spielen, so würde es sich bei der Prämie um eine Holschuld handeln. Aber nach § 36 I hat der Vmer die Prämie dem Ver zu übermitteln. Der Leistungserfolg soll also beim Ver eintreten. Dort ist dem Ver die Prämie anzubieten, dort gerät er bei Nichtannahme in Annahmeverzug (wo zu hinterlegen sei, ist streitig; nach § 374 I BGB dürfte der Vollzugsort maßgebend sein). Der Sitz des Vers ist nach alledem Erfolgsort. Auch dieser Ort ist nicht konstant (§ 270 III BGB gilt nicht; vgl. Begr. I S. 45). Bei einer Sitzverlegung wechselt demzufolge auch der Erfolgsort. Im Falle eines Doppelsitzes kann dem Ver die Prämie an jeden der beiden Sitze übermittelt werden. Hat der Ver eine Zweigniederlassung, einen Agenten (vgl. auch § 43 Ziff. 4) oder eine sonstige Stelle als Zahlstelle bezeichnet, so kann der Vmer die Prämie auch dorthin übermitteln, aber er muß es nicht tun, es sei denn, daß vereinbart ist, eine Zahlung dürfe ausschließlich an die vereinbarte Stelle erfolgen. Selbst dann kann aber in der Entgegennahme der Prämie durch eine andere Stelle, sofern sie abschlußbevollmächtigt ist, eine Änderungsvereinbarung erblickt werden.

Wie beim Vollzugsort (Anm. 4) kann man auch beim Erfolgsort nicht nur auf die politische Gemeinde abstellen, sondern auch auf die genauere Örtlichkeit (Wohnung, Büro usw.), also die Leistungsstelle.

[6] **4. Schuldort.**

Der Vollzugsort ist regelmäßig zugleich Schuldort. Deshalb ist für eine Prämienklage (auch für eine Feststellungsklage des Vmers oder Vers) der Wohnsitz oder die gewerbliche Niederlassung des Vmers im Zeitpunkte der Klageerhebung maßgebend (§ 29 ZPO; VA 1919 S. 106—107). Auch für die Verkehrssitte und den Handelsbrauch kommt es auf die am Orte des Vmers bestehende Übung an. Probleme des internationalen Privatrechtes werden allerdings beim Vsvertrag nicht auf Grund des Statutes des Erfüllungsortes (Schuldortes) gelöst, sondern auch hinsichtlich der Prämie ist das Statut des Betriebsortes, also jenes des Sitzes oder der Niederlassung des Vers maßgebend (Einl. Anm. 89, 91—92).

[7] **5. Folgerungen.**

Sofern bei einer Schuld Vollzugsort und Erfolgsort auseinanderfallen, und das trifft nach § 36 zu, liegt eine Schickschuld vor, während bei einer Holschuld beide Orte beim Schuldner, bei einer Bringschuld beide Orte beim Gläubiger liegen. Die Prämienschuld ist demnach eine Schickschuld (a. A. VA 1920 S. 213, RG 11. I. 1912 RGZ Bd 78 S. 141—142, Bruck 7. Aufl. S. 148, Prölss[8] Anm. 1 zu § 36, S. 139, die eine Bringschuld annehmen, worin allerdings eine rein terminologische Differenz liegt, wie sogleich bei Behandlung der Gefahrtragung deutlich werden wird).

Hieraus ergeben sich einige Folgerungen:

Was die Leistungszeit anlangt, so kommt es nur darauf an, ob der Vmer seine Leistungshandlung an seinem Wohnsitz oder an seiner gewerblichen Niederlassung rechtzeitig vollzogen hat. Näheres zur Leistungszeit Anm. 8—13.

Mit der hier vertretenen Ansicht, wonach es sich um eine Schickschuld handelt, steht es auch in Einklang, daß nach § 36 I die Kosten der Übermittlung den Vmer treffen, also dürfen z. B. Portokosten und Überweisungsgebühren nicht seitens des Vmers abgezogen werden.

Dagegen ist es mit dem Charakter der Prämienschuld als Schickschuld unvereinbar, wenn § 36 I — ebenso wie § 270 I BGB — den Schuldner mit der Gefahrtragung belastet. Es handelt sich um die Leistungsgefahr, also darum, daß der Vmer erneut Geld absenden muß, wenn das zuerst gesandte nicht ankommt. Diese Leistungsgefahr trägt nach § 243 II BGB der Schuldner bei einer echten Schickschuld nicht (vgl. auch § 447 I BGB). Dadurch, daß Geld auf Gefahr des Prämienschuldners übermittelt wird, nähert sich die Geldschuld einer Bringschuld. Geldschulden können nach der etwas zwiespältigen Regelung der §§ 270 BGB, 36 demnach als qualifizierte Schickschulden bezeichnet werden, wobei die Qualifikation in einer Annäherung an die Bringschuld in puncto der Leistungsgefahr liegt (umgekehrt könnte man natürlich auch von einer qualifizierten Bringschuld sprechen mit Qualifikation hinsichtlich der Leistungszeit).

Unter Gefahrtragung versteht man den Einfluß zufälliger Ereignisse, zu denen auch Kriegsereignisse zu rechnen sind (OLG Braunschweig 5. X. 1948 VW 1949 S. 230). Trifft einen Erfüllungsgehilfen des Vmers ein Verschulden, so hat der Vmer hierfür nach § 278[1] BGB einzustehen (so für den Buchhalter nach OLG Colmar 16. II. 1912 LZ 1912 Sp. 716). Ein mit der Übermittlung betrauter Dritter, z. B. die Post oder eine Bank, ist nicht Erfüllungsgehilfe des Vmers. Umgekehrt liegt es in der Sphäre des Vers, wenn dieser Wert- und Einschreibsendung sowie Postanweisungen bei der Post abholen läßt und ein Betrüger die Abholung vornimmt (vgl. RG 7. VII. 1908 RGZ Bd 69 S. 138—141). Da der Vmer die Gefahr trägt, muß er nicht nur die Absendung (KG 11. VII. 1913 VA 1914 Anh. S. 45—46 Nr. 807), sondern auch den Eingang des Geldes beweisen, wobei ein Postanweisungsabschnitt, weniger ein Wertbriefeinlieferungsschein, noch weniger ein Einlieferungsschein für eine Einschreibsendung Gewicht hat.

**[8] II. Leistungszeit.**

Wie dargelegt, kommt es bei der Regelung des § 36 nur darauf an, ob der Vmer seine Leistungshandlung rechtzeitig vorgenommen hat, die Zeitfrage ist also vom Vollzugsort aus zu beurteilen. Es müssen jedoch im einzelnen die verschiedenen Wege der Prämientilgung auseinandergehalten werden (dazu auch Anm. 53—64 zu § 35):

**[9] 1. Zahlung von Bargeld.**

In Betracht kommen Barzahlungen, auch durch die Post, etwa durch Brief, Wertbrief, Postanweisung, telegraphische Postanweisung.

Hier „genügt es, wenn die Einzahlung bei der Post vor Fristablauf geschieht", und zwar kann das „auch innerhalb derselben Ortschaft oder politischen Gemeinde stattfinden" (RG 11. I. 1912 RGZ Bd 78 S. 140, 141). Die §§ 270 BGB, 36 gelten also nicht nur im Fern-, sondern auch im Platzverkehr. Für den Fall einer Geldübermittlung mittels Briefes entscheidet zeitlich die Einlieferung der Sendung unter der Voraussetzung des Einganges des Geldes (RG 8. VII. 1920 RGZ Bd 99 S. 258). Für Verfallklauseln gilt der Grundsatz, daß sie nicht eingreifen, falls „der Schuldner den geschuldeten Betrag innerhalb der gegebenen Frist an seinem Wohnsitz bei der Post eingezahlt hat" (KG 22. X. 1926 JW 1927 S. 526—527).

Speziell für das Vsrecht ergibt sich also, daß eine Erstprämie i. S. des § 38 II gezahlt ist durch „Hingabe des Geldes an den Schalterbeamten der Post . . ., vorausgesetzt, daß das Geld später ankommt" (KG 28. X. 1931 VA 1931 S. 259 Nr. 2322). Bei Folgeprämien ist der Vmer zur Zeit des Eintritts des Vsfalls nicht im Verzuge und der Ver ist demzufolge nicht nach § 39 II leistungsfrei, falls der Vmer „an seinem Wohnsitz das seinerseits Erforderliche getan hat, um den geschuldeten Gegenstand in die Hände bzw. in das Vermögen des Gläubigers gelangen zu lassen, einerlei, ob er an diesem Tage bereits in das Vermögen gelangt ist . . . Und das würde für das Platzgeschäft nicht minder zu gelten haben, wie für die Distanzzahlung" (KG 12. VII. 1930 JRPV 1930 S. 430); vgl. auch schon KG 11. VII. 1913 VA 1914 Anh. S. 45—46 Nr. 807. „Bei Übersendung durch Postanweisung ist daher die Zahlung im Augenblicke der Einzahlung des Geldes bei der Post als erfolgt anzusehen, vorausgesetzt, daß das Geld demnächst ankommt" (OLG Stuttgart 27. IV. 1928 VA 1928 S. 197 Nr. 1854 = JRPV 1928 S. 258). — Über einen Fall versuchter Barzahlung, bei dem die Geschäftsräume des Vers früh geschlossen waren: OLG Köln 31. I. 1933 VA 1933 S. 83—84 Nr. 2527.

**[10] 2. Übermittlung auf Konten.**

**a) Zahlkarte.**

Einer Zahlung steht die Leistung mittels Zahlkarte, also die Einzahlung auf ein Postscheckkonto des Vers, sehr nahe. Die Leistungshandlung des Vmers besteht in der Einzahlung von Bargeld, auf der anderen Seite erlangt allerdings der Ver kein

Bargeld, sondern eine Forderung gegen die Post, also eine Leistung an Erfüllungsstatt (Anm. 53 zu § 35). Angesichts dieser Zwischenstellung ist es umstritten, ob der Fall wie eine Barzahlung oder wie eine Überweisung zu behandeln ist. Entsprechendes müßte übrigens gelten, falls bei einer Bank Geld bar für das Konto des Vers eingezahlt wird, etwa bei einer anderen Filiale. Die Auffassung der Judikatur ist geteilt, es gibt drei Ansichten:

Erstens: Eine völlige Gleichstellung mit der Barzahlung (also auch der durch Postanweisung) nehmen vor: RG 8. VII. 1920 RGZ Bd 99 S. 258, speziell für das Vsrecht bei einer Erstprämie KG 28. X. 1931 VA 1931 S. 259 Nr. 2322, bei Folgeprämien KG 17. VII. 1930 JRPV 1930 S. 430, OLG Braunschweig 22. X. 1929 VA 1930 S. 5 Nr. 2099 = HansRGZ 1930 A Sp. 367—368, wonach die am Wohnsitz des Vmers erfolgte Einzahlung auf Postscheckkonto der Aufgabe des Betrags durch Postanweisung oder Wertbrief gleichstehen soll, obgleich der Auftrag zur Gutschrift auf Postscheckkonto widerrufen werden kann. Nach dieser Auffassung wird der Verzug durch die Einzahlung beseitigt.

Zweitens: Eine Mittellösung wählt KG 23. II. 1929 JRPV 1929 S. 125. Dort heißt es für den Fall, daß die Frist des § 39 I abgelaufen war: „Der einmal bestehende Verzug wird nur dadurch beseitigt, daß der Schuldner die Schuld erfüllt oder den Gläubiger seinerseits in Verzug setzt", die Erfüllung erfolge erst mit der Gutschrift des eingezahlten Betrages (zur Tilgung vgl. Anm. 53 zu § 35). Andererseits aber wird gesagt: „In einem solchen Falle wird vielleicht das Eintreten des Verzuges verhindert, wenn der Schuldner erst am Fälligkeitstage das Geld bei dem Postscheckamte seines Wohnortes einzahlt. Hier handelt es sich aber nicht darum, ob der Verzug eingetreten ist, sondern darum, ob der schon eingetretene Verzug beseitigt worden ist. Dies konnte aber nur durch wirkliche Erfüllung geschehen."

Drittens: Dagegen behandeln die Zahlung durch Zahlkarte wie eine Überweisung, bei der es auf den Zeitpunkt der Gutschrift ankommt (Anm. 11), allgemein: RG 11. V. 1927 JW 1927 S. 2134, speziell für das Vsrecht bei einer Folgeprämie: OLG Bamberg 19. VII. 1928 VA 1929 S. 11—12 Nr. 1924, OLG Düsseldorf 10. X. 1932 VA 1932 S. 319 Nr. 2499.

Die erste der drei geschilderten Auffassungen verdient den Vorzug: Die Leistungshandlung des Vmers besteht in einer Bargeldweggabe. Ohne nennenswerte Mehrkosten und ohne größere Mühe könnte der Vmer das Geld auch z. B. durch Postanweisung übermitteln. Wenn er es auf Postscheckkonto einzahlt, so beruht das auf der Kontenangabe des Vers. Ein Übermittlungsrisiko kommt bei der Post praktisch nicht in Betracht. Es entscheidet somit nicht nur hinsichtlich des Eintrittes des Verzuges, sondern auch hinsichtlich der Beseitigung der Verzugsfolgen der Zeitpunkt der Einzahlung.

**[11] b) Überweisung.**

Ist eine Überweisung auf ein Bank- oder Postscheckkonto statthaft, so handelt es sich um eine Leistung an Erfüllungsstatt, der Ver erlangt nicht Bargeld, sondern eine Forderung gegen die Bank oder die Post (Anm. 53 zu § 35).

Das Leistungsverhalten des Vmers ist hier mit der Beauftragung der Bank oder Post noch nicht abgeschlossen. Damit der Ver die Forderung erlangt, bedarf es einer Mitwirkung dritter Stellen, wobei es im Falle einer Einschaltung einer Bank des Vmers, welche von jener des Vers verschieden ist, besonders deutlich wird, daß dieses weitere Verhalten noch in die Sphäre des Schuldners gehört. Die bargeldlose „Zahlung" liegt auch im Interesse des Vmers, der übrigens bis zur Gutschrift auf dem Konto des Vers die Überweisung widerrufen kann.

Unter diesen Gesichtspunkten läßt es sich rechtfertigen, daß man bei Prämienüberweisung die Zeitpunkte der Zahlung und der Prämientilgung regelmäßig zusammenfallen läßt: Erst die Gutschrift auf dem Konto des Vers kann „als Ersatz der Zahlung gelten" (RG 19. III. 1913 RGZ Bd 82 S. 97, 13. X. 1922 RGZ Bd 105 S. 269, 23. VI. 1926 RGZ Bd 114 S. 142—143, 14. X. 1931 RGZ Bd 134 S. 76) (sämtlich Bank). Speziell für das Vsrecht hinsichtlich einer Erstprämie RG 9. XI. 1920 VA 1921 Anh. S. 35 Nr. 1195 (Postscheck), KG 28. X. 1931 VA 1931 S. 259 Nr. 2322 (bargeldlose Überweisungen allgemein), hinsichtlich einer Folgeprämie RG 31. III. 1925 JRPV 1925 S. 131 (Bank), OLG Celle 4. I. 1935 HansRGZ 1935 A Sp. 268 (Postscheck).

Eine gewisse Modifikation dieser Regel ergibt sich, falls bei der Bank des Vers sich Verzögerungen ergeben; diese liegen in der Sphäre des Vers und gehen zu seinen Lasten. Deshalb sagt allgemein RG 13. X. 1922 RGZ Bd 105 S. 269, der Schuldner habe seiner Zahlungspflicht dadurch genügt, daß die Überweisung „so zeitig einging, daß die Buchung auf das Konto des Beklagten bei normaler Erledigung noch an demselben Tag erfolgen konnte". Speziell für das Vsrecht RG 31. III. 1925 JRPV 1925 S. 131: „Der Schuldner hat also seiner Zahlungspflicht an dem Tage genügt, an welchem die Überweisung bei der Bank des Gläubigers so zeitig eingeht, daß die Buchung auf sein Konto bei ordnungsmäßiger Erledigung noch am Eingangstage vorgenommen werden kann."

[12] **3. Scheck und Wechsel.**

Wie in Anm. 54—59 zu § 35 geschildert, kann hinsichtlich der Prämientilgung der Hingabe eines Schecks oder Wechsels verschiedene Bedeutung zukommen. Die verschiedenen Möglichkeiten wirken sich auch aus hinsichtlich der Leistungszeit.

Beschränkt sich der Rechtsvorgang auf eine Annahme erfüllungshalber, so bedeutet die Hingabe und Annahme des Wertpapiers keine Zahlung. Liegt in der Annahme zugleich eine bedingte Stundung, so wird damit die Leistungszeit verschoben, aber eine Zahlung erfolgt zunächst gleichfalls nicht.

Gilt dagegen die Annahme des Schecks oder Wechsels, mag sie auch nur zahlungshalber erfolgen, als Zahlung, so ist zugleich auch hinsichtlich des Leistungszeitpunktes zu fingieren, die Zahlung sei bewirkt. Es beginnt also bei einer Erstprämie die Gefahrtragung, und bei einer Folgeprämie ist der Ver nicht leistungsfrei. Wird ausnahmsweise das Wertpapier an Erfüllungsstatt hingegeben, so ist die Leistungshandlung in jenem Zeitpunkt abgeschlossen, in welchem der Ver die Forderung aus dem Wertpapier erlangt. Wird die Urkunde geschickt, so kommt es ebenso wie bei der Übersendung von Bargeld auf die Absendung an (vgl. Anm. 9).

[13] **4. Aufrechnung und Restfälle**

Bei der Aufrechnung fallen Schuldtilgung und „Zahlungs"zeitpunkt zusammen, § 389 BGB ist zu beachten. Näheres Anm. 62 zu § 35.

Bei Hinterlegung unter Ausschluß der Rücknahme wird es so angesehen, wie wenn der Vmer zur Zeit der Hinterlegung sein Leistungsverhalten beobachtet hätte (§ 378 BGB).

[14] **III. Abdingbarkeit.**

§ 36 ist nicht in § 42 genannt, also abdingbar. Demnach kann durch Vertragsabrede jeder der drei in Betracht kommenden Orte (Vollzugs-, Erfolgs-, Schuldort) verändert werden, insbesondere kann durch Vereinbarung die Prämienschuld zur Holschuld oder Bringschuld gemacht werden, übrigens auch zu einer echten Schickschuld, während sie sich nach § 36 als qualifizierte Schickschuld darstellt (Anm. 7).

Die Frage, wann und in welchem Punkte eine Abweichung von § 36 gewollt ist, ist oft nicht leicht zu entscheiden, zumal dann nicht, wenn die mehrdeutigen Ausdrücke Leistungs- oder Erfüllungsort benutzt werden. Im Zweifel dürfte sich eine Vereinbarung nur auf den Schuldort beziehen. Oft wird auch in AVB § 36 nur wiederholt (VA 1919 S. 106—107).

[15] Im einzelnen vgl. aus der **Rechtsprechung:** RG 9. XI. 1920 VA 1921 Anh. S. 35—36 Nr. 1195 ergibt, daß in dem Vermerk „Zahlungen erbitte auf mein Postscheckkonto" keine Veränderung der Regel liegt, wonach bei einer Überweisung erst die Gutschrift entscheidet. KG 11. VII. 1913 VA 1914 Anh. S. 45—46 Nr. 807 betont, daß eine Klausel der AVB, wonach in einer Prämienmahnung die zuständige Zahlungsstelle zu bezeichnen ist, keine Vereinbarung des Inhalts liegt, daß der Ver „den Leistungsort nach freiem Ermessen einseitig bestimmen dürfe", es wird also der Vollzugsort nicht verändert.

Dagegen nimmt KG 12. VII. 1930 JRPV 1930 S. 430 an, die Klausel: „Erfüllungsort für beide Teile sind die Geschäftsräume der Gesellschaft in Berlin" mache Berlin zum Vollzugsort (Bringschuld des Vmers), bei Einzahlung auf das Postscheckkonto des Vers komme es also ausnahmsweise auf den Zeitpunkt der Gutschrift an. Umgekehrt nimmt bei einer Volksv mit Heimsparbüchse eine Holschuld an: KG 5. XI. 1930 JRPV 1931 S. 30. OLG Stuttgart 25. X. 1926 JRPV 1927 S. 98 sieht in der Abrede, daß die erste Prämie „bei Aushändigung des Vsscheins zur Erhebung gelange" eine Holschuldvereinbarung. Vgl. auch Anm. 49 zu § 35.

Was die **AVB** anlangt, so sagt § 3 V 1 GrundBed: „Die Beitragsschuld ist Bringschuld; die Beiträge sind kostenfrei an eine vom Ver zu bezeichnende Stelle zu entrichten." Hierin dürfte, zumal da auf die Übermittlungskosten hingewiesen ist, keine ausreichend deutliche Abweichung von § 36 liegen, wird doch auch bei § 36 öfters von einer Bringschuld gesprochen (Anm. 7). In §§ 8 II AKB, 18 II AUnfallB findet sich eine Schuldortsklausel betreffend den Gerichtsstand. § 3 V 1 ALB ändert § 36 nicht, wohl aber § 12 I ALB, der bestimmt, daß Erfüllungsort für beide Teile die Geschäftsräume des Vorstandes der Gesellschaft sind. Da von den Geschäftsräumen die Rede ist, handelt es sich nicht um eine bloße Regelung des Schuldortes, vielmehr wird ein von § 36 abweichender Vollzugsort bestimmt, die Prämienschuld wird zur Bringschuld (vgl. OLG Braunschweig 5. X. 1948 VW 1949 S. 230, anscheinend auch OLG Karlsruhe 4. III. 1914 VA 1914 Anh. S. 73 Nr. 827 mit Ausführungen über die Bedeutung eines frühen Geschäftsschlusses des Vers bei telegrafischer Postanweisung).

Im Wesen der Volksv liegt keine Wegbedingung des § 36 I begründet: Wenn auch die Prämie regelmäßig abgeholt wird, entsteht dadurch doch keine Holschuld (VA 1920 S. 212—214), vgl. jedoch § 37.

# § 37

**Ist die Prämie regelmäßig bei dem Versicherungsnehmer eingezogen worden, so ist dieser zur Übermittelung der Prämie erst verpflichtet, wenn ihm schriftlich angezeigt wird, daß die Übermittelung verlangt werde.**

## Prämienabholung.

**Gliederung:**



[1] **Entstehung:** § 37 ist unverändert geblieben. — Begr. I S. 45—46.

[2] **Schrifttum:** Anm. 2 zu § 35.

[3] **I. Tatbestand.**

§ 37 geht von der Tatsache aus, daß die Prämie regelmäßig bei dem Vmer eingezogen wird und knüpft hieran gewisse Rechtsfolgen. Im einzelnen müssen folgende Voraussetzungen gegeben sein:

[4] **1. Prämie.**

§ 37 spricht von der Prämie, umfaßt aber auch die Nebengebühren, etwaige Zinsen, z. B. Vorauszahlungszinsen. Der auf Treu und Glauben beruhende Rechtsgedanke des § 37 könnte aber auch entsprechend angewendet werden, falls z. B. bei einer laufenden V Deklarationen des Vmers regelmäßig abgeholt werden.

[5] **2. Einziehung.**

Die Prämie wird vom Ver eingezogen, falls er sie durch einen Inkassobevollmächtigten beim Vmer oder sonstigen Prämienschuldner (Anm. 27 zu § 35) abholt. Dabei kommt es nicht darauf an, ob die Direktion des Vers davon weiß, daß z. B. ein Vsvertreter die Abholung vornimmt. Eine Prämieneinziehung erfolgt auch dann, wenn nicht der Inkassobevollmächtigte selbst zum Wohnsitz oder zur gewerblichen Niederlassung kommt, sondern ein Bote des Inkassobevollmächtigten, etwa ein selbst nicht inkassobevollmächtigter Unteragent eines inkassobevollmächtigten Generalagenten. Daß die Einziehung durch den Gerichtsvollzieher keine Einziehung ist, bemerkt humorvoll Prölss[8] Anm. 1 zu § 37, S. 139—140. Die Abholung muß gerade bei dem sich auf § 37 berufenden Vmer erfolgen, es reicht nicht aus, daß bei anderen Vmern eingezogen wird.

[6] **3. Regelmäßigkeit.**

§ 37 setzt laufende Prämien voraus, kommt dann aber auch für Jahresprämien in Betracht. Hauptanwendungsfall aber sind die Monats- und Wochenraten und -prämien, etwa in der Kranken- oder Kleinlebensv. Von Regelmäßigkeit kann nur nach mindestens zweimaliger Abholung die Rede sein. Einer Abholung steht es hinsichtlich der Regelmäßigkeit gleich, falls der Vsvertreter den Vmer nicht antrifft und eine Zahlkarte hinterläßt. Sind zwei Prämien hintereinander nicht pünktlich geschickt und muß deshalb der Ver zweimal Mahnbesuche machen, so liegt darin keine regelmäßige Abholung.

[7] **II. Rechtsfolgen.**

Die regelmäßige Prämienabholung macht aus der gesetzlichen (qualifizierten) Schickschuld (§ 36; Anm. 7 zu § 36) eine übungsmäßige Holschuld, von der aus nur unter erschwerten Voraussetzungen zu der gesetzlichen Schickschuld zurückgekehrt werden kann.

[8] **1. Holschuld kraft Übung.**

**a) Abgrenzung.**

Die regelmäßige Einziehung der Prämie beim Vmer bewirkt, daß der Vmer wie bei einer Holschuld behandelt wird. Dies beruht allerdings nicht auf Vereinbarung der Parteien, sondern auf der tatsächlichen Übung.

Liegt eine Parteivereinbarung vor, welche die Prämienschuld zu einer vertraglichen Holschuld macht, so gilt § 37 nicht; der Ver kann sich also nicht einseitig von der Vereinbarung lossagen, indem er für die Zukunft Übermittlung der Prämie verlangt. Beispiele für echte Holschuldvereinbarungen sind selten; KG 5. XI. 1930 JRPV 1931 S. 30 nimmt für die Volksv bei Hingabe einer Heimsparbüchse in Verbindung mit der grundsätzlichen Abholung durch eigene Kassierer eine stillschweigende Holschuldvereinbarung an. Aus § 37 ist zu entnehmen, daß allein in der Tatsache der Abholung keine stillschweigende Offerte des Vers für eine Holschuldvereinbarung gesehen werden darf. Regelmäßig gilt also auch für die Volksv § 37: VA 1920 S. 212—214.

[9] **b) Wesen.**

Liegt eine nur übungsmäßige Abholung vor, so erheischt es die Rücksichtnahme auf den Vmer, aber auch das Interesse des Vers an pünktlichem Prämieneingang (Begr. I S. 45—46), den Vmer zunächst weiterhin wie bei einer Holschuld zu behandeln, es entsteht also eine Holschuld kraft Übung (RG 22. X. 1912 JW 1913 S. 54—55 = LZ 1913 Sp. 868—869, a. A. Prölss[8] Anm. 1 zu § 37, S. 139: „Die Prämienschuld bleibt Bringschuld.").

[10] **c) Folgen.**

Solange eine Holschuld kraft Übung gegeben ist, liegen nicht nur der Vollzugs- und Schuldort, sondern auch der Erfolgsort beim Vmer. Kosten und Gefahr der Weiterleitung der Prämie an den Ver liegen also bei diesem. Hinsichtlich der Leistungszeit kommt es auf die rechtzeitige Übergabe an den Inkassobevollmächtigten oder seinen Boten an. Der Ver gerät in Annahmeverzug durch schriftliches oder mündliches Angebot oder die Aufforderung zur Abholung (§ 295 BGB). Regelmäßig gerät der Vmer nicht in Schuldnerverzug, wenn die Prämie nicht abgeholt wird: RG 26. XI. 1887 RGZ Bd 22 S. 57, 12. XI. 1909 JW 1910 S. 36 = GerhardPrax Bd 3 S. 133—134, 22. X. 1912 JW 1913 S. 55 = LZ 1913 Sp. 869.

**[11] 2. Schickschuld kraft Verlangens.**

Dadurch, daß die Prämie regelmäßig eingezogen ist — ohne daß eine echte Holschuldvereinbarung vorliegt —, ist es dem Ver nicht verwehrt, zu der gesetzlichen Regelung zurückzukehren.

Treu und Glauben erheischen es jedoch, daß hiervon der Vmer benachrichtigt wird (Begr. I S. 46). Diese Benachrichtigung nennt § 37 Anzeige.

Es handelt sich in Wahrheit um eine rechtsgestaltende Willenserklärung des Vers, nicht um eine Wissenserklärung. Durch den Zugang der Willenserklärung wird aus der Holschuld kraft Übung wiederum die (qualifizierte) Schickschuld des § 36 (evtl. die vereinbarte Bringschuld; z. B. in der Lebensv nach § 12 I ALB: Anm. 14 zu § 36). Das Recht auf die Prämie wird also durch die Erklärung des Vers hinsichtlich des Leistungsortes umgestaltet. Deshalb liegt in dem Verlangen des § 37 die Ausübung eines Gestaltungsrechtes des Vers (eine Obliegenheit oder echte Rechtspflicht des Vers liegt nicht vor).

Die Erklärung ist vom Ver oder einem Bevollmächtigten abzugeben. Nicht jeder Inkassobevollmächtigte kann auch die Erklärung des § 37 abgeben, wohl aber in analoger Anwendung des § 45 der Abschlußagent (zu weit Begr. I S. 46). Die Erklärung ist an den Prämienschuldner, bei dem bislang abgeholt wurde, zu richten und ist empfangsbedürftig.

Inhaltlich muß die Erklärung klar zum Ausdruck bringen, daß künftig die Übermittlung der Prämie verlangt werde, d. h. Schicken (oder Bringen bei entsprechender Vertragsabrede). Es wäre statthaft, das Verlangen auf eine gewisse Zeit oder gewisse Zahlungen zu beschränken, z. B. bei Urlaub des Kassierers. Es kann in einer Mahnung enthalten sein (Anm. 24 zu § 39).

§ 37 erfordert eine schriftliche Anzeige. Nach den generellen Ausführungen von RG 25. VI. 1929 RGZ Bd 125 S. 73 handelt es sich nicht um eine gesetzliche, sondern um eine durch Rechtsgeschäft bestimmte schriftliche Form. Danach gilt nicht § 126 BGB, sondern § 127 BGB. Nach Bruck 7. Aufl. S. 149—150 soll auch eine Drucksache, überhaupt jede nicht mündliche Anzeige genügen, es wird also angenommen, daß die Zweifel des § 127[1] BGB ausgeräumt sind; auch Ehrenzweig S. 137 sagt: „Schriftlich bedeutet hier nicht mehr als 'nicht mündlich'". Das ist bedenklich: Der Vmer soll auf die Umstellung des Inkasso nachdrücklich hingewiesen werden. Eine nicht unterschriebene Drucksache bleibt oft unbeachtet. Es muß deshalb eigenhändige Namensunterschrift (§§ 127[1], 126 I BGB) gefordert werden, mag das auch für den Ver bei Umstellung seines gesamten Inkassos große Mühe machen. Faksimilierte Unterschrift genügt nicht; das Gesetz würde das sonst ausdrücklich sagen (Prölss[8] Anm. 3 zu § 34a, S. 133). Denn man hat 1939 die Frage, wo faksimilierte Unterschrift genüge, gründlich geprüft und die entsprechenden Fälle speziell hervorgehoben. Trotzdem hält Ehrenzweig Logik S. 60 insoweit einen Umkehrschluß für falsch, im Geschäftsverkehr seien nachgebildete Unterschriften allgemein zulässig.

Mit dem Zugang der formgerechten Erklärung des Vers treten deren Wirkungen ein, d. h. die Prämienschuld wird regelmäßig wieder zur qualifizierten Schickschuld. Jedoch gerät der Vmer bei fälligen Prämien nicht sofort in Schuldnerverzug, sondern es würde z. B. nach einer sonnabends eingegangenen Erklärung ausreichen, wenn die Prämie am Montag mittels Postanweisung abgesandt wird.

**[12] III. Unabdingbarkeit.**

§ 37 ist nach § 42 zugunsten des Vmers, aber auch der übrigen Prämienschuldner, relativ zwingend. Es kann also nicht vereinbart werden, daß trotz regelmäßiger Prämieneinziehung die Schuld Schick- oder Bringschuld bleiben solle oder daß eine mündliche Anzeige ausreichen solle.

# § 38

**(1) Wird die erste oder einmalige Prämie nicht rechtzeitig gezahlt, so ist der Versicherer, solange die Zahlung nicht bewirkt ist, berechtigt, vom Vertrage zurückzutreten. Es gilt als Rücktritt, wenn der Anspruch auf die Prämie nicht innerhalb von drei Monaten vom Fälligkeitstage an gerichtlich geltend gemacht wird.**

**(2) Ist die Prämie zur Zeit des Eintritts des Versicherungsfalls noch nicht gezahlt, so ist der Versicherer von der Verpflichtung zur Leistung frei.**

**Prämienverzug bei Erstprämie.**

**Gliederung:**



[1] **Entstehung:** § 38 a. F. ist durch die VO vom 19. XII. 1939 weitgehend geändert. Während von dem Einfluß der Nichtzahlung einer Erstprämie auf die Gefahrtragung früher in § 38 I a. F. die Rede war, wird hiervon in anderer Form in § 38 II n. F. gesprochen. Während das frühere Recht eine Kündigung kannte (§ 38 II a. F.), gibt es heute einen Rücktritt (§ 38 I n. F.) wegen Nichtzahlung einer Erstprämie. — Begr. I S. 46—48, III S. 8—9.

[2] **Schrifttum:** Anm. 2 zu § 35, Knollmann JRPV 1941 S. 133.

[3] **I. Tatbestand.**

§ 38 setzt hinsichtlich aller in dieser Vorschrift geregelten Rechtsfolgen voraus, daß eine erste oder einmalige Prämie nicht gezahlt ist.

[4] **1. Erstprämie.**

**a) Begriff.**

§ 38 I 1 spricht von der ersten oder einmaligen Prämie, auch § 38 I 2, II hat es nur hiermit zu tun. Früher war in § 38 I a. F. die Rede von „Prämienzahlung, die vor oder bei dem Beginne der V zu erfolgen hat". Jedoch hat sich sachlich nichts geändert. Eine erste oder einmalige Prämie, die erst nach dem materiellen Vsbeginn zu zahlen ist, kann nicht nach § 38 behandelt werden. Denn bei solcher Prämie paßt der Rechtsbehelf des Rücktritts, welcher das Vsverhältnis wirtschaftlich ex tunc erlöschen läßt, nicht: Der Ver hat ja bereits die Gefahr getragen und es wäre deshalb auch ungerecht, ihn gemäß § 40 II 2 mit einer Geschäftsgebühr abzufinden. Auch die Vorschrift des § 38 II läßt sich logischerweise nur auf Prämien anwenden, die vor oder bei dem materiellen Beginn der V zu zahlen sind: Es wird allgemein anerkannt, daß vor Zahlung der Prämie der Ver überhaupt noch keine Gefahr getragen hat. Nach alledem ist § 38 nicht auf alle ersten oder einmaligen Prämien anzuwenden, sondern nur auf solche, die sich zugleich als wirkliche Erstprämien (Anm. 16 zu § 35) darstellen. Dem entspricht es auch, daß § 39 I 1 von der ,,Folgeprämie" spricht.

Die Frage ist höchst umstritten. Widerspruchsvoll ist besonders die Begr. III S. 8—9, wonach auch die gestundete erste laufende Prämie § 38 n. F. unterliegen soll; andererseits aber wird gesagt, vor der Zahlung einer Prämie des § 38 trage der Ver keine Gefahr. Es ist doch gerade der normale Zweck der Stundung, die Gefahrtragung des Vers beginnen zu lassen (Anm. 36—39 zu § 35). — Ähnlich widerspruchsvoll Prölss[8] Anm. 2, 4 zu § 38, S. 140—141, 142.

Man muß sich besinnen auf den Grundgedanken der Unterscheidung zwischen den Prämien der §§ 38 und 39: Der Beginn der Gefahrtragung des Vers darf von der objektiven Tatsache der Zahlung abhängig sein. Hat aber einmal diese Gefahrtragung als Dauerleistung des Vers begonnen, so ,,kann das Unterbleiben einer . . . Prämienzahlung niemals dahin führen, daß ohne weiteres eine Befreiung des Vers von seiner Haftung eintritt" (Begr. I S. 47, 48). Es ist sehr bedauerlich, daß die VO vom 19. XII. 1939 in den ganzen Fragenkreis eine Unklarheit hineingetragen hat.

**[5] b) Beispiele.**

Eine Erstprämie ist hiernach eine solche Einmalprämie, erste Jahresprämie oder erste Rate der in Raten gezahlten ersten Jahresprämie, die nicht bis zu einem Zeitpunkt nach dem materiellen Vsbeginn gestundet ist. Da § 35[1] die Fälligkeit ,,sofort nach dem Abschlusse des Vertrags", also nach dem formellen Vsbeginn, eintreten läßt, sind die einmaligen und ersten Prämien fast immer Erstprämien i. S. des § 38. Werden sie gestundet, so können sie Erstprämien nur dann bleiben, wenn der formelle Vsbeginn und der materielle Vsbeginn zeitlich auseinanderfallen und die Stundung nur bis zu einem Zeitpunkt erfolgt, der vor oder bei dem materiellen Vsbeginn liegt. Wird also am 15. V. ein Vsvertrag derart abgeschlossen, daß der Vsschutz am 1. VII. beginnen soll, und wird die Prämie bis zum 20. VI. oder 1. VII. gestundet, so bleibt die Prämie Erstprämie (vielleicht hat nur an solche Fälle Begr. III S. 8, 9 gedacht). Weitere Beispiele für Erstprämien Anm. 16, 31, 33—39, 43—46 zu § 35.

**[6] c) Gleichstellung.**

§ 38 spricht übrigens nur von der Prämie, während § 39 II, IV auch Zinsen und Kosten erwähnt. Trotz dieser Diskrepanz kann § 38 auch auf Nebengebühren, Zinsen und Steuern angewendet werden. Dies ergibt sich für Steuern aus § 8 IV VStG, für Nebengebühren und Zinsen aus deren engem wirtschaftlichem Zusammenhang mit der Erstprämie. Allerdings ist eine entsprechende Vereinbarung erforderlich, enthalten z. B. in § 8 I, II AFB, AEB nach Raiser Anm. 21 zu § 9, S. 237, § 3 III 1 ATierB, § 3 I Abs. 1 AHaftpflB, § 1 I AKB, § 2 I 2 ALB, § 16 I 1 AUnfallB. Immerhin ist die Rechtslage nicht unzweifelhaft (Anm. 30).

**[7] 2. Nichtzahlung.**

**a) Grundsätze.**

Bei den Rechtsfolgen des § 38 kommt es stets darauf an, ob die geschuldete Erstprämie gezahlt ist. In § 38 I 1 wird zusätzlich noch auf die Rechtzeitigkeit abgestellt: Selbstverständlich kann der Ver nicht zurücktreten, solange die nicht gezahlte Prämie noch gar nicht fällig ist. Für die in § 38 nicht geregelten Rechtsfolgen der Prämiennichtzahlung kommt es auch auf die Mahnung und das Vertretenmüssen möglicherweise an.

Der objektive Tatbestand einer Nichtzahlung der Erstprämie ist nicht zu beurteilen vom Ereignis der Prämientilgung her, sondern vom Leistungsverhalten des Prämienschuldners aus. Hat dieser das geschuldete Leistungsverhalten beobachtet, also z. B. bei Barzahlung die Prämie abgeschickt, so ist die Prämie gezahlt, mag sie auch noch nicht beim Ver eingegangen sein, so daß es an der Schuldtilgung noch fehlt. Näheres über den Leistungszeitpunkt Anm. 8-13 zu § 36.

[8] **b) Teilzahlungen.**

Bei Bestehen mehrerer Prämienschulden usw. des Vmers nebeneinander gelten §§ 366, 367 BGB, dazu Ehrenzweig S. 140, Anm. 15, KG 24. III. 1928 JRPV 1928 S. 171—172, OLG Düsseldorf 28. X. 1935 JRPV 1936 Zus. S. 2—3, OLG Stuttgart 27. IV. 1928 VA 1928 S. 197—198 Nr. 1854 = JRPV 1928 S. 258—259, LG Bremen 10. X. 1951 VersR 1952 S. 138—139. Bei gebündelten Ven soll der Ver Rückfrage halten (VA 1954 S. 52—53). Sind ein Anhänger und ein Lastwagen getrennt vert, so kann Prämienverzug hinsichtlich des Lastwagens auch auf den Anhänger ausstrahlen (LG Lüneburg 7. I. 1954 VersR 1954 S. 117—118).

Besonderer Behandlung bedarf das Problem der teilweisen Nichterfüllung. Der Vmer ist nach § 266 BGB zu Teilleistungen nicht berechtigt, der Ver gerät bei Nichtannahme nicht in Gäubigerverzug. Grundsätzlich bedeutet Zahlung i. S. des § 38 I 1, II vollständigen Vollzug der Leistung. Auch wenn ein Teilbetrag an der vollständigen Prämie fehlt, so liegt Nichtzahlung vor, der Ver kann also zurücktreten und § 38 II läßt den Vsschutz nicht beginnen (KG 2. VI. 1937 JRPV 1937 S. 234, RG 8. IV. 1932 JRPV 1932 S. 308 für eine Folgeprämie).

Aber alles das kann zu Härten führen. Deshalb ist § 266 BGB von Treu und Glauben her einzuengenen (Palandt[11] Anm. 1 zu § 266, S. 248). Deshalb greifen — übrigens auch bei Folgeprämien — die strengen Regeln der §§ 38, 39 bei geringfügigen Rückständen nicht Platz. Nach RG 7. XII. 1917 JW 1918 S. 226—227 = VA 1918 Anh. S. 47—49 Nr. 1042 war die Folgeprämie mit 439,78 M bezahlt, es fehlten jedoch 7,68 M Verzugszinsen; das Gericht sagt: „Es ist . . . nicht als ein gegen Treu und Glauben im Verkehr verstoßendes Verhalten zu beurteilen, wenn die Beklagte aus der Nichtzahlung eines verhältnismäßig geringen Betrags, wie er hier in Betracht kommt, ihre Freiheit von der Verpflichtung zur Leistung herleitet . . . Es ist das ein relativer, nicht zu umgrenzender Begriff. Nur ganz ausnahmsweise kann ein Einzelfall so gestaltet sein, daß der Ver aus dem Fehlen einiger Pfennige . . . Folgerungen für sich herzuleiten nicht für berechtigt zu erachten ist". In einem Falle des Folgeprämienverzuges hatte der Vmer 105 RM bezahlt, aber ein Aufgeld von 4 RM war unbeglichen: Die Kage der Erbin ist abgewiesen (KG 29. VI. 1929 JRPV 1929 S. 299). Desgleichen ist ein Rückstand von einem Siebentel einer Folgeprämie nicht unerheblich (OLG Stuttgart 27. IV. 1928 VA 1928 S. 198 Nr. 1854 = JRPV 1928 S. 259). Dagegen ist bei einem Rückstand von anderthalb Monatsbeiträgen von 95,58 RM angenommen, der Ver verstoße gegen Treu und Glauben, wenn er sich auf diesen Rückstand berufe, nachdem er in früheren Verhandlungen nicht auf die Möglichkeit einer Verrechnung eines etwa zehnfachen Gewinnguthabens hingewiesen habe (RG 8. X. 1935 VA 1935 S. 265—266 Nr. 2832 = JRPV 1935 S. 361—363, anders die Vorinstanz OLG Celle 4. I. 1935 HansRGZ 1935 A Sp. 268). Ein angemahnter Folgeprämienteilbetrag von 6,60 DM ist als stets absolut unerheblich bezeichnet, aber er wird berücksichtigt, falls bis zum Eintritt des Vsfalls weitere Rückstände (Gesamtschuld: 72,60 DM) aufgelaufen sind, mögen diese auch nicht qualifiziert angemahnt sein (OLG Nürnberg 14. VII. 1952 VersR 1952 S. 370—371). Zugunsten des Vmers haben entschieden: OLG Düsseldorf 17. X. 1927 JRPV 1928 S. 29—30 bei Rückstand von 6,40 RM Zinsen und Porto auf insgesamt 257,40 RM, OLG Kiel 25. I. 1929 Praxis 1929 S. 53 bei Rückstand von 5,41 RM Kostenrest auf insgesamt 60,73 RM unter Betonung des geistigen Verfalls des Vmers.

[9] **II. Rechtsfolgen.**

Wird eine Erstprämie nicht gezahlt, so können sich drei Gruppen von Rechtsfolgen ergeben, je nachdem, ob sie die Prämienzahlungspflicht des Vmers, die Gefahrtragungspflicht des Vers oder das Schicksal des Gesamtvertrages betreffen. § 38 befaßt sich nur mit dem Einfluß auf die Gefahrtragung (§ 38 II) und dem Rücktritt vom Gesamtvertrage (§ 38 I), also insbesondere nicht mit der Prämienzahlungspflicht selbst. Insoweit gilt das allgemeine bürgerliche Recht. Jedoch ist überall zu prüfen, inwieweit die Spezialregelung des § 38 die allgemeine Regelung zurückdrängt.

**[10] 1. Einfluß der Nichtzahlung auf die Prämienzahlungspflicht.**

**a) Klagerhebung.**

Genügt der Prämienschuldner nicht freiwillig seiner Zahlungsverpflichtung, so kann der Ver auf Vertragserfüllung klagen, wobei nur er selbst, nicht etwa ein Vsvertreter oder Inkassobevollmächtigter Partei sein kann. Ob eine Inkassovollmacht auch die Vollmacht enthält, eine Klage in Vertretung des Vers anzustrengen, ist Auslegungsfrage. Regelmäßig kann auch ein Abschlußagent keine Prämien einklagen ohne besondere Prozeßvollmacht (Möller Vsvermittlung S. 107). Darüber, ob der Ver dem Agenten gegenüber zur Klageerhebung verpflichtet ist, vgl. VA 1927 S. 126, 1928 S. 112, AG Hamburg 29. II. 1928 HansRGZ 1928 A Sp. 583—584, auch § 87a II, III 2 HGB.

Für die Klage ist örtlich zuständig der Schuldort der Prämienzahlungspflicht, also nach § 36 der Wohnsitz oder die gewerbliche Niederlassung des Vmers. Sachlich zuständig ist im Landgerichtsprozeß die Kammer für Handelssachen, sofern der Beklagte ein Kaufmann und der Vsvertrag ein beiderseitiges Handelsgeschäft ist oder sofern aus einer Transportvspolize an Order geklagt wird (§ 95 Ziff. 1, 2 GVG).

[11] Praktisch kommt nur eine Leistungsklage des Vers in Frage, für eine Feststellungsklage würde es an dem nach § 256 ZPO erforderlichen rechtlichen Interesse fehlen, da dem Ver der Weg einer Leistungsklage offensteht (Rosenberg[6] S. 383). Umgekehrt ist allerdings eine negative Feststellungsklage des Vmers zulässig.

Auf sofortige Leistung kann der Ver mit Aussicht auf Erfolg klagen, sobald die Prämienforderung fällig ist. Dabei ist wichtig, daß nach Ratenklauseln oft bei Nichtzahlung einer Rate auch die folgenden Raten der Vsperiode fällig werden (Anm. 43 zu § 35, weitergehend anscheinend Prölss[8] Anm. 6 zu § 38, S. 143). Stellt sich heraus, daß der Prämienanspruch bis zum Schluß der letzten Tatsachenverhandlung noch nicht fällig ist, so wird die Klage als (zur Zeit) unbegründet abgewiesen, sofern der Antrag nicht auf künftige Leistung umgestellt wird (§ 268 Ziff. 2 ZPO; Rosenberg[6] S. 376).

Wird geklagt, hat aber der Vmer nicht durch sein Verhalten zur Erhebung der Klage Veranlassung gegeben, so fallen nach § 93 ZPO dem Ver die Prozeßkosten zur Last, wenn der Vmer den Anspruch sofort anerkennt. Der Vmer hat nicht zur Klageerhebung Veranlassung gegeben, wenn er weder in Verzug geraten war noch den Prämienanspruch bestritten hat (Rosenberg[6] S. 343). Darüber, wann der Prämienschuldner mit der Erstprämie in Verzug gerät, Anm. 15.

Auf künftige Leistung der erst später fällig werdenden Prämie kann nur unter den Voraussetzungen des § 259 ZPO geklagt werden, d. h. es muß den Umständen nach die Besorgnis gerechtfertigt sein, daß der Vmer sich der rechtzeitigen Leistung entziehen werde, also die Leistung bei Fälligkeit nicht bewirken wolle. § 258 ZPO kommt nicht zur Anwendung (Rosenberg[6] S. 376—377).

Ein Verbot der Aufsichtsbehörde, in der Lebensv gewisse Erstprämien einzuklagen (VA 1910 S. 89, 1927 S. 126, 1928 S. 112), bewirkt nicht, daß die Prämienklage unbegründet ist, vielmehr hat das Verbot nur interne verwaltungsrechtliche Bedeutung. Immerhin könnte der Beklagte die Aufsichtsbehörde auf den Verstoß hinweisen, worauf letztere vielleicht die Zurücknahme der Klage verfügt. Über die Einklagung von Einmalprämien: VA 1910 S. 89. Es kann sittenwidrig sein, wenn der Ver den Vmer wegen eines geringfügigen Prämienbetrages zum Offenbarungseid lädt, sofern der Vmer unverschuldet in Not geraten ist (Verwaltungsgericht Berlin 19. IX. 1953 VA 1954 S. 92—93).

Als gerichtliche Geltendmachung kommt nicht nur die Klageerhebung in Betracht, vgl. Anm. 27.

Über Ausschlußfristen für die Klagerhebung, jetzt wegen § 38 I 2 bei Erstprämien unwichtig, vgl. VA 1910 S. 89, OLG Kiel 16. VI. 1925 JW 1927 S. 189—190 (bedenklich); über die Verjährung § 12 I.

**[12] b) Zinszahlung.**

Bei Nichtzahlung einer Erstprämie kommen drei Arten von Zinsen in Frage: Prozeßzinsen, Fälligkeitszinsen und Verzugszinsen.

[13] **aa) Prozeßzinsen** sind nach § 291¹ BGB von dem Eintritte der Rechtshängigkeit, frühestens jedoch von der Fälligkeit an, zu zahlen, und zwar ohne Rücksicht auf den Verzug des Vmers. Sie belaufen sich auf 4% (§§ 291², 288 I 1 BGB), bei beiderseitigen Handelsgeschäften 5% für das Jahr (§ 352 I 1 HGB).

[14] **bb) Fälligkeitszinsen** gibt es im übrigen — auch ohne Eintritt der Rechtshängigkeit — bei beiderseitigen Handelsgeschäften, wiederum in Höhe von 5% (§§ 353¹, 352 I 1 HGB).

[15] **cc) Verzugszinsen** setzen bürgerlichrechtlichen Verzug des Prämienschuldners voraus, also neben der Fälligkeit grundsätzlich eine Mahnung und ein Vertretenmüssen (§§ 284 I 1, 285 BGB).

Die Fälligkeit der Erstprämie ergibt sich regelmäßig aus § 35, wobei daran zu erinnern ist, daß sie durch Nichtangebot des Vsscheines nicht berührt wird (Anm. 48 zu § 35).

Eine Mahnung ist im Falle des § 35 nicht nach § 284 II 1 BGB überflüssig, da die Bezeichnung „sofort nach dem Abschlusse des Vertrags" keine Bestimmung einer Zeit nach dem Kalender enthält. Auch wenn dem Vmer in den AVB eine Frist ab Vertragsschluß eingeräumt wird, bleibt eine Mahnung erforderlich. Erhebung der Leistungsklage sowie Zustellung eines Zahlungsbefehls stehen der Mahnung gleich (§ 284 I 2 BGB). Einzelheiten Anm. 7—15 zu § 39.

Wegen § 279 BGB hat der Vmer die Nichtzahlung der Prämie bei Zahlungsunfähigkeit stets zu vertreten (Näheres Anm. 26 zu § 39). Jedoch kommt der Vmer dann nicht in Verzug, wenn der Ver den Vsschein nicht anbietet (Anm. 48 zu § 35). Ferner gerät der Vmer nicht in Verzug, falls eine vom Ver abzuholende Prämie nicht abgeholt wird (Anm. 10 zu § 37).

Liegen die Voraussetzungen des Verzuges im bürgerlichrechtlichen Sinne vor, so ist die Prämienschuld während des Verzugs mit 4% (§ 288 I 1 BGB), unter Kaufleuten mit 5% (§ 352 I 1 HGB) für das Jahr zu verzinsen.

[16] **c) Verzugsschaden.**

Bei den Vorzugszinsen handelt es sich um einen standardisierten Schadensersatz, zugebilligt wegen der vereitelten Nutznießung an dem Prämienbetrage. Nach § 288 II BGB ist die Geltendmachung eines weiteren Schadens nicht ausgeschlossen. Zu ihm zählen nicht die Kosten der ersten Mahnung, da sie schon vor dem Verzuge entstehen. Will der Ver sie ersetzt verlangen, so bedarf es einer vorherigen Vereinbarung. Zu dem „durch den Verzug entstehenden Schaden" (§ 286 I BGB) gehören jedoch die Kosten späterer Mahnschreiben (auch bei anwaltlicher Mahnung).

Hat der Vmer in der Schadensanzeige fälschlich angegeben, er habe die Erstprämie gezahlt, so billigt das OLG Hamburg 21. VI. 1951 VersR 1951 S. 226—227 dem hierauf vertrauenden Ver einen Schadensersatzanspruch in Höhe der Schadensgutachtenkosten zu.

[17] **2. Einfluß der Nichtzahlung auf die Gefahrtragungspflicht.**

**a) Geltung des Einlösungsprinzips.**

Nach § 38 II ist der Ver „von der Verpflichtung zur Leistung frei", falls die Erstprämie zur Zeit des Eintritts des Vsfalls noch nicht gezahlt ist. Es kommt auf die „nackte Tatsache" der Nichtzahlung, nicht auf die Verschuldensfrage an (KG 16. II. 1909 GerhardPrax Bd 3 S. 128—129). Man redet hier gern von der Einlösungsklausel, obgleich keine Vereinbarung nötig ist, auch schon nach § 38 I a. F. galt das Einlösungsprinzip kraft Gesetzes (zur vorgesetzlichen Rechtslage: RG 26. I. 1911 RGZ Bd 75 S. 377—378[Ausw 1]). Das Einlösungsprinzip (zu Unrecht geleugnet von Ehrenzweig S. 141, Logik S. 23—24), beruht auf dem Gedanken, daß regelmäßig billigerweise ein Vmer die riskante Gefahrtragungsleistung des Vers nicht verlangen kann, bevor er seinerseits zunächst einmal geleistet hat (Begr. I S. 46—47). Deshalb beginnt die Gefahrtragung des Vers nicht vor der Zahlung der Erstprämie, selbst wenn im Vsschein ein früherer materieller Vsbeginn vorgesehen ist (vgl. z. B. RG 8. X. 1909 VA 1910 Anh. S. 16—17 Nr. 500).

Heißt es im Vsvertrag, die Haftung des Vers beginne mit der Einlösung der Vsurkunde, so kommt es auf den Besitz des Vmers am Vsschein doch nicht an (BGH 31. I. 1951 NJW 1951 S. 314 = VersR 1951 S. 115 KG 13. VII. 1932 JRPV 1933 S. 9, Behne VersR 1951 S. 141, unrichtig KG 2. VI. 1937 JRPV 1937 S. 234). Ist im Vsschein ein nach dem Zeitpunkt der Zahlung liegender Zeitpunkt für den materiellen Vsbeginn vorgesehen, so beginnt selbstverständlich die Gefahrtragung erst mit dem (späteren) vorgesehenen Zeitpunkt (RG 23. IX. 1921 HansRZ 1922 Sp. 59).

§ 38 II spricht allerdings von Leistungsfreiheit des Vers, was regelmäßig bedeutet, daß eine schon bestehende Leistungspflicht des Vers in Wegfall kommt (Anm. 20 zu § 6). Aber das Gesetz nimmt es auch sonst mit diesem Ausdruck nicht ganz genau, z. B. ist auch in § 61 bei schuldhafter Herbeiführung des Vsfalles von Leistungsfreiheit des Vers die Rede, obgleich sich hier gar nicht die vte Gefahr verwirklicht (besser deshalb § 130[1]: „Der Ver haftet nicht . . .“). Nach § 38 II haftet der Ver noch nicht, sofern die Erstprämie noch nicht gezahlt ist. Es handelt sich um eine aufschiebende Bedingung der Gefahrtragung (RG 26. I. 1911 RGZ Bd 75 S. 378 [Ausw 1], 4. X. 1912 RGZ Bd 80 S. 140, 23. IX. 1921 HansRZ 1922 Sp. 59).

Aus dem Bedingungsrecht erwägt eine Heranziehung des § 162 I BGB das Urteil RG 26. II. 1935 RGZ Bd 147 S. 112 [Ausw 1], falls der Ver durch Nichtvorlegung des Vsscheins die Zahlung der Erstprämie vereitelt. Über Schadensersatzpflicht des Vers bei Nichtvorlegung vgl. Anm. 49 zu § 35.

In der Rückv gilt § 38 II auch analog nicht (KG 16. I. 1926 VA 1926 S. 68—69 Nr. 1575).

**[18] b) Bedeutung vor Versicherungsfall.**

§ 38 II ist bei Eintritt eines Vsfalls besonders wichtig, aber auch schon vor dem Vsfall hat die Vorschrift Bedeutung, z. B. benötigt der Ver noch keinen Rückvsschutz. Denn der Ver trägt noch keine Gefahr. Immerhin kann aber der Vmer den Beginn der Gefahrtragung durch die Zahlung mit Wirkung für die Zukunft auslösen.

Haftet der Ver nach § 38 II nicht, so hat das keinen Einfluß auf seine Prämienforderung und auf den Fortbestand des Vsvertrages. Den Vsschein kann der Ver bis zur Zahlung der Erstprämie zurückbehalten (Anm. 14 zu § 3).

**[19] c) Bedeutung nach Versicherungsfall.**

Zahlt der Vmer nach Eintritt eines „Vsfalls“ — der in Wahrheit noch keiner ist —, so nützt ihm das für die Vergangenheit nicht. Entscheidend ist die Realisierung der vten Gefahr. Handelt es sich um einen gedehnten Vsfall (Anm. 49 zu § 1), so kommt es grundsätzlich darauf an, ob der Vmer vor dem Beginn des gedehnten Vsfalls gezahlt, also die Prämie abgesandt hat: Ein brennendes Haus kann nicht mehr unter Vsschutz kommen (dazu LG Frankfurt 30. V. 1928 JRPV 1928 S. 263, OLG Frankfurt 30. I. 1929 JRPV 1929 S. 190). Für die Krankenv definiert § 5 I a GrundBed den Vsfall und stellt auf den Eintritt in die Heilbehandlung ab. Danach könnte ein Scharlachkranker noch vor dem Eintritt in die Heilbehandlung die Erstprämie begleichen (für ihn entfällt die Wartezeit). Die Ausnahmevorschrift des § 4 X 2 GrundBed gilt nur bei Folgeprämien. Dem Ver könnte jedoch § 4 II 2 GrundBed helfen, wonach sich die Leistungspflicht des Vers nicht auf Krankheiten erstreckt, die zwischen formellem und materiellem Vsbeginn dem Vmer bekannt geworden sind (jedoch ist diese Vorschrift bedenklich: Anm. 21 zu § 41). Bei der Haftpflichtv wird man darauf abstellen müssen, ob dem Vmer die Tatsache, welche seine Verantwortlichkeit zur Folge haben könnte (§ 153 I 1), als solche vor der Zahlung bekanntgeworden ist (vgl. RG 23. X. 1936 RGZ Bd 152 S. 242 [Ausw 2]).

Wie sich aus § 102 II ergibt, wirkt die „Leistungsfreiheit“ des § 38 II auch gegenüber einem Realgläubiger in der Feuerv (OGH Wien 15. IV. 1953 Vsrundschau 1953 S. 269). Entsprechendes gilt hinsichtlich des Schiffshypothekengläubigers nach § 36 II Ziff. 1 SchiffsG. Bei der Zwangshaftpflichtv hat der Fall des § 38 II geringe Bedeutung, weil entweder die Vsbestätigung nur Zug um Zug gegen Zahlung der Erstprämie ausgehändigt wird (§ 4[a] PflichtvDVO) oder in der vorzeitigen Aushändigung eine Prämienstundung liegt, die § 39 anwendbar werden läßt (Anm. 51 zu § 35). Prinzipiell aber läßt sich feststellen, daß bei der Leistungsfreiheit des § 38 II der § 158 c I eingreift (Prölss[8] Anm. 2 zu § 158c, S. 430, OGH Wien 15. IV. 1953 Vsrundschau 1953 S. 269, LG Bremen 20. VII. 1950 VersR 1951 S. 291.

Der Ver kann auf die Geltendmachung der „Leistungsfreiheit" verzichten, z. B. durch vorbehaltlose Annahme der verspäteten Zahlung gegen Aushändigung des Vsscheins trotz Eintritts des Vsfalles in Verbindung mit Berufung der Sachverständigenkommission (KG 18. II. 1931 JRPV 1931 S. 225).

**[20] d) Besonderheit bei Rückwärtsversicherung.**

Liegt der vorgesehene materielle Beginn der V vor dem formellen Vsbeginn (Rückwärtsv), so trägt bis zur Zahlung der Erstprämie der Ver die Gefahr selbstverständlich auch nicht für die zurückliegende Zeit. Wird allerdings die Erstprämie bei einer Rückwärtsv gezahlt, so wirkt diese Zahlung nicht nur wie sonst ex nunc, sondern sie wirkt zurück auf den Zeitpunkt des vorgesehenen materiellen Vsbeginns (Anm. 18 zu § 2). Sonst hätte eine Rückwärtsv überhaupt keine Bedeutung, falls eine Erstprämie geschuldet sein soll. Es wäre dem Ver unzumutbar, bei Rückwärtsven nur mit Folgeprämien zu arbeiten.

Das Gesagte kann übrigens nur bei einer echten Rückwärtsv gelten. Wird in einem Antrag vom 28. VI. der 1. VII. als materieller Vsbeginn vorgesehen, verzögert sich jedoch die Annahme bis zum 3. VII., so handelt es sich nicht um eine echte Rückwärtsv, die Zahlung der Erstprämie löst also keinen rückwirkenden Vsschutz aus (Anm. 16 zu § 2).

**[21] 3. Einfluß der Nichtzahlung auf den Gesamtvertrag.**

Während die bisher behandelten Rechtsfolgen entweder nur die Prämienzahlungspflicht des Vmers oder nur die Gefahrtragungspflicht des Vers betreffen, gibt es auch Rechtsfolgen, welche den Gesamtvertrag angehen. Diese Rechtsfolgen sind in § 38 I abschließend geregelt. Neben dieser Vorschrift gelten also nicht im Falle des Verzuges des Prämienschuldners die §§ 326 I 1, 2, II, 327[1] BGB. Es gibt also nicht die Nachfristsetzung des allgemeinen Zivilrechtes, noch weniger den Totalschadensersatzanspruch wegen Nichterfüllung des ganzen Vertrages; an die Stelle des Rücktrittsrechtes bei Verzug ist jenes aus § 38 I getreten, das einen Verzug des Vmers nicht voraussetzt. Früher kannte § 38 II a. F. ein Kündigungsrecht des Vers. Da jedoch die Gefahrtragung des Vers kraft des Einlösungsprinzips noch nicht begonnen hat, erscheint es angemessener, hier dem Ver ein Rücktrittsrecht zu verleihen (Begr. III S. 8—9). Über die Konkurrenz des Rücktrittsrechts mit anderweitigen Kündigungsrechten OGH Wien 16. XII. 1953 Vsrundschau 1954 S. 206—208.

Entsprechend den beiden Fällen des § 38 I muß man einen echten und einen fingierten Rücktritt unterscheiden.

**[22] a) Echter Rücktritt.**

**aa) Voraussetzungen des Rücktritts.**

§ 38 I 1 gibt dem Ver das Recht, vom Vertrage zurückzutreten, falls eine Erstprämie nicht rechtzeitig gezahlt ist und auch bis zur Rücktrittserklärung nicht beglichen wurde.

Die Nichtzahlung allein verleiht dem Ver das Rücktrittsrecht noch nicht (während nach § 38 II die Nichtzahlung ausreicht). Erforderlich ist, daß die Erstprämie nicht zur rechten Zeit gezahlt ist. Steht dem Vmer also eine Frist zur Verfügung, so kann vor deren Ablauf der Rücktritt nicht erklärt werden. Aber auch im Normalfalle des § 35[1] wird man nach Treu und Glauben dem Ver das Rücktrittsrecht versagen müssen, falls er es allzu voreilig ausübt, um sich von einem ihm leidgewordenen Vertrag zu lösen. Auch dann, wenn der Ver eine abzuholende Prämie nicht abholt oder er den Vsschein trotz § 35[2] nicht anbietet, wird man ihm das Rücktrittsrecht nach Treu und Glauben versagen müssen. § 38 I 1 ist in seinen Voraussetzungen allzu hart.

Weiterhin ist der Rücktritt nur möglich, „solange die Zahlung nicht bewirkt ist" (§ 38 I 1). Auch eine verspätete Zahlung des Vmers beraubt also den Ver seines Rücktrittsrechtes.

Verzug des Vmers, also insbesondere eine Mahnung und ein Verschulden, setzt allerdings § 38 I 1 nicht voraus, es genügt grundsätzlich die Fälligkeit. Die Einforderung oder Einklagung der Prämie schließt den Rücktritt nicht aus, macht allerdings die Klage wegen § 40 II 2 unbegründet, so daß Klagezurücknahme empfehlenswert ist.

**[23] bb) Ausübung des Rücktritts.**

Rücktrittsberechtigt ist der Ver, auch ein Abschlußagent (§ 45), nicht der Vermittlungsagent oder Makler. Bei der Mitv gilt § 356[1] BGB, es gibt nur einen einheitlichen Rücktritt aller Ver. Der führende Ver kann die mitbeteiligten Ver zuweilen vertreten, jedoch nicht nach Feuerklauseln D 6/27.

Empfänger der Rücktrittserklärung: Das hinsichtlich des Kündigungsempfängers in Anm. 32 zu § 8 Gesagte gilt für die empfangsbedürftige Rücktrittserklärung entsprechend, jedoch kann bei Beteiligung mehrerer Vmer das Rücktrittsrecht nur gegen alle ausgeübt werden (§ 356[1] BGB), der § 30 I, II gilt nicht (Anm. 24 zu § 30).

Wegen des Inhalts und der Form der Rücktrittserklärung vgl. Anm. 12, 13 zu § 20.

Eine Mitteilung vom Rücktritt braucht dem Realgläubiger in der Feuerv nicht gesandt zu werden (§ 103 I 2), ebensowenig dem Schiffshypothekengläubiger (§ 34 I 2 SchiffsG spricht nur von einer Mitteilung von der Kündigung bei Folgeprämien).

**[24] cc) Wirkung des Rücktritts.**

Der Rücktritt, eine rechtsgestaltende Willenserklärung, wirkt juristisch ex nunc, wirtschaftlich ex tunc. Entscheidend ist der Zugang der Rücktrittserklärung beim Vmer: Der Rücktritt wirkt also nicht, wenn der Vmer die Prämie wenige Minuten vor dem Zugang des Rücktrittsschreibens abgesandt hat. Hat der Vmer etwa einen Teil der Prämie bezahlt, so ist dieser Betrag nach § 346[1] BGB vom Ver zurückzugewähren. Da der Ver die Gefahr noch nicht getragen hat, trifft den Vmer keine Rückgewährpflicht. Wohl aber sieht § 40 II 2, 3 vor, daß der Ver eine angemessene Geschäftsgebühr erhält.

Das Problem, ob der Rücktritt auch gegenüber einem Realgläubiger in der Feuerv wirkt, hat keine Bedeutung, weil der Ver sowieso nicht die Gefahr trägt. Immerhin erwähnt den Fall § 103 I 2, nicht jedoch § 34 II 2 SchiffsG, was an der Sache nichts ändert.

Leistet der Vmer die Erstprämie nach Zugang der Rücktrittserklärung, so liegt darin ein Angebot auf Abschluß eines neuen Vsvertrages.

**[25] b) Fingierter Rücktritt.**

**aa) Zweck.**

Früher wurden in den Karteien der Ver viele „Papiersoldaten" mitgeschleppt: Man unterließ bei Vmern, welche schon die Erstprämie nicht zahlten, die (Kosten verursachende) Klage oder Kündigung nach § 38 II a. F. im Vertrauen auf die Nichthaftung kraft des Einlösungsprinzips. Immerhin hatte theoretisch der Vmer noch nach Jahren die Möglichkeit, durch Zahlung der Erstprämie die V materiell beginnen zu lassen, er schuldete allerdings auch alle Prämienrückstände. Diese Unzuträglichkeit hat § 38 I 2 durch Schaffung eines fingierten Rücktritts beseitigt (Begr. III S. 9). Auch ansonsten, z. B. in § 6 I 2, 3, hat ja die Novellengesetzgebung sich um Klarstellungen bemüht (Anm. 40—43 zu § 6).

**[26] bb) Rechtsnatur.**

Es handelt sich um eine Fiktion, denn in Wahrheit ist der Rücktritt nicht erklärt (OGH Wien 29. XI. 1950 Vsrundschau 1951 S. 44). Prölss[8] Anm. 6 zu § 38, S. 143 spricht fälschlich zugleich von einer widerleglichen Rücktrittsvermutung (dagegen Ehrenzweig Logik S. 19—20). OGH Wien 2. IV. 1952 Vsrundschau 1952 S. 173 spricht von einer „nicht widerlegbaren Vermutung". Hat der Vmer unter Anerkennung seiner Zahlungspflicht gebeten, mit der Erhebung der Klage noch zu warten, so bewilligt bei Nichtklage der Ver eine unvollkommene Stundung (dazu Anm. 37 zu § 35). Nur wegen dieser Fälligkeitsverschiebung greift die Rücktrittsfiktion erst später Platz (Ehrenzweig Logik S. 19—20 arbeitet hier mit dem Gesichtspunkt von Treu und Glauben, von Gierke II S. 172 hält mit Rücksicht auf solche Fälle den Ausdruck Fiktion für verkehrt).

**[27] cc) Voraussetzungen.**

Die Fiktion setzt voraus, daß die Erstprämie nicht innerhalb von drei Monaten vom Fälligkeitstage an gerichtlich geltend gemacht wird. Sie gilt auch für die Pflichtven der Kraftfahrhaftpflichtv (AG Hamburg 6. VII. 1954 ZfV 1954 S. 418, vgl. Anm. 21 zu § 40).

Über den Fälligkeitstag vgl. Anm. 30—31 zu § 35. Die Dreimonatsfrist wird so berechnet, daß der Fälligkeitstag nicht mitgerechnet wird (§ 187 I BGB), sie endet nach § 188 II, III BGB mit dem Ablauf desjenigen Tages des dritten Monats, welcher durch seine Zahl dem Fälligkeitstage entspricht. War die Prämie am 4. IX. fällig, so endet die Frist am 4. XII. abends. § 193 BGB dürfte anwendbar sein, da die gerichtliche Geltendmachung der Abgabe einer Willenserklärung gleichzuachten ist. Wird durch Vereinbarung die Fälligkeit hinausgeschoben, so verschiebt sich auch die Dreimonatsfrist (Thees WallmannsZ 1940 S. 117—118).

Selbst dann greift § 38 I 2 analog ein, falls der Ver die endgültige Höhe der Prämie noch nicht bemessen kann, weil der Vmer ein tierärztliches Gutachten über den Wert des vten Tieres noch nicht vorgelegt hat (LG Frankenthal 26. XI. 1952 VersR 1953 S. 141—142) oder weil er schon die erste Anmeldung im Rahmen einer Schlachttierv nicht vorgenommen hat (LG Hildesheim 13. V. 1953 VersR 1953 S. 255 = MDR 1954 S. 364—366 mit Anm. Schmidt). In diesen Fällen muß die Rechtslage so behandelt werden, wie wenn der Vmer seine Rechtspflichten rechtzeitig erfüllt hätte, wodurch die Erstprämie fällig geworden wäre.

Der fingierte Rücktritt greift Platz, falls innerhalb der Dreimonatsfrist nicht die gerichtliche Geltendmachung erfolgt. Sie muß sich auf die Erstprämie beziehen, die Einklagung von Folgeprämien ist an und für sich irrelevant. Unerheblich ist es auch, ob der Vmer den Ver durch Zahlungsversprechen von der gerichtlichen Geltendmachung abgehalten hat (VW 1951 S. 128, Görtz ZfV 1952 S. 75). Der Begriff gerichtliche Geltendmachung spielt nach § 12 III 1 auch bei der Klagefrist eine große Rolle, er ist viel weiter als jener der Klage. Es wird wegen der Einzelheiten verwiesen auf Anm. 33—42 zu § 12. Jedoch muß bei § 38 I 2 stets eine Teilklage als ausreichend angesehen werden, sie macht deutlich, daß der Ver den Vertrag nicht aufgelöst sehen will (Begr. III S. 9, a. A. Ehrenzweig S. 139 Anm. 8).

Die gerichtliche Geltendmachung läßt zwar den fingierten Rücktritt entfallen, schließt aber einen echten Rücktritt nach § 38 I 1 nicht aus, solange die Erstprämie nicht beglichen ist (Prölss[8] Anm. 6 zu § 38, S. 143). Über die Anwendung des § 38 I 2 zur Zeit der Geltung des früheren Vertragshilferechtes: Fleischmann VersR 1952 S. 77—78, Thees WallmannsZ 1940 S. 119—120.

**[28] dd) Wirkungen.**

Der fingierte Rücktritt wirkt genau so wie der echte (Anm. 24). Er wirkt nicht, wenn der Vmer die Prämie ganz kurz vor dem Ablauf der Dreimonatsfrist abgesandt hat, so daß sie möglicherweise erst nach Fristablauf beim Ver ankommt. § 40 II 2, 3 gilt auch für den fingierten Rücktritt, so daß der Ver eine angemessene Geschäftsgebühr erhält. Eine verspätet gezahlte Prämie ist vom Ver zurückzuzahlen (OGH Wien 16. XII. 1953 Vsrundschau 1954 S. 208).

**[29] III. Unabdingbarkeit.**

§ 38 ist nach § 42 zugunsten des Vmers relativ zwingend, selbstverständlich aber nur im Bereiche der Beschränkungen der Vertragsfreiheit (vgl. §§ 187, 192 II; 27 I 2 GüKG). Außerdem kann von § 38 abgewichen werden unter den Voraussetzungen des § 189, also bei der Kleinlebensv, bei der Unfallv mit kleineren Beträgen, bei Ven, die bei einem kleineren Gegenseitigkeitsverein genommen werden sowie bei Werkpensionskassen mit Zwangsbeitritt. Erforderlich ist jedoch, daß in den Vsbedingungen mit Genehmigung der Aufsichtsbehörde eine von § 38 abweichende Bestimmung getroffen ist.

[30] Der grundsätzlich relativ zwingende Charakter des § 38 macht es unstatthaft die darin enthaltenen Vorschriften vertraglich noch zu verschärfen, wobei in der Erstreckung auf Nebengebühren allerdings keine unzulässige Verschärfung liegen dürfte (Anm. 6). Unwirksam wäre z. B. eine Klausel, wonach der Vsschutz immer erst eine

Woche nach Zahlung der Erstprämie einsetzen soll (vgl. für Folgeprämien: VA 1910 S. 33 bis 34, 90; spezielle Wartezeiten können dagegen auch vom materiellen Vsbeginn an rechnen, vgl. § 3 III ATierB mit Anm. 6 zu § 2). Unwirksam wäre auch ein vertragliches Rücktrittsrecht bei Nichtzahlung der Erstprämie, bevor diese fällig geworden ist. Darüber, daß andererseits eine Folgeprämie nicht den strengeren Regeln betreffend die Erstprämie unterworfen werden darf, vgl. Anm. 52 zu § 39.

Soweit § 38 nichts über die Folgen der Nichtzahlung aussagt, also hinsichtlich des Schicksals der Prämienforderung selbst, herrscht Vertragsfreiheit. Deshalb ist z. B. die Ratenklausel (Anm. 43 zu § 35) zulässig, wonach bei Nichtzahlung der ersten Rate alle folgenden der Vsperiode fällig werden.

# § 39

**(1) Wird eine Folgeprämie nicht rechtzeitig gezahlt, so kann der Versicherer dem Versicherungsnehmer auf dessen Kosten schriftlich eine Zahlungsfrist von mindestens zwei Wochen bestimmen; zur Unterzeichnung genügt eine Nachbildung der eigenhändigen Unterschrift. Dabei sind die Rechtsfolgen anzugeben, die nach Abs. 2, 3 mit dem Ablaufe der Frist verbunden sind. Eine Fristbestimmung, die ohne Beachtung dieser Vorschriften erfolgt, ist unwirksam.**

**(2) Tritt der Versicherungsfall nach dem Ablaufe der Frist ein, und ist der Versicherungsnehmer zur Zeit des Eintritts mit der Zahlung der Prämie oder der geschuldeten Zinsen oder Kosten im Verzuge, so ist der Versicherer von der Verpflichtung zur Leistung frei.**

**(3) Der Versicherer kann nach dem Ablaufe der Frist, wenn der Versicherungsnehmer mit der Zahlung im Verzuge ist, das Versicherungsverhältnis ohne Einhaltung einer Kündigungsfrist kündigen. Die Kündigung kann bereits bei der Bestimmung der Zahlungsfrist dergestalt erfolgen, daß sie mit Fristablauf wirksam wird, wenn der Versicherungsnehmer in diesem Zeitpunkte mit der Zahlung im Verzuge ist; hierauf ist der Versicherungsnehmer bei der Kündigung ausdrücklich hinzuweisen. Die Wirkungen der Kündigung fallen fort, wenn der Versicherungsnehmer innerhalb eines Monats nach der Kündigung oder, falls die Kündigung mit der Fristbestimmung verbunden worden ist, innerhalb eines Monats nach dem Ablaufe der Zahlungsfrist die Zahlung nachholt, sofern nicht der Versicherungsfall bereits eingetreten ist.**

**(4) Soweit die in Abs. 2, 3 bezeichneten Rechtsfolgen davon abhängen, daß Zinsen oder Kosten nicht gezahlt worden sind, treten sie nur ein, wenn die Fristbestimmung die Höhe der Zinsen oder den Betrag der Kosten angibt.**

## Prämienverzug bei Folgeprämie.

**Gliederung:**

[1] **Entstehung:** § 39 a. F. ist zweimal geändert, nämlich durch die VO vom 12. II. 1924 und die VO vom 19. XII. 1939. Die erste Änderung hat die mit der Mahnung verbundene Kündigung geschaffen und den Wegfall der Kündigungswirkungen unter bestimmten Voraussetzungen vorgesehen. Die zweite Änderung hat in der Hauptsache formelle Verbesserungen angestrebt, sachlich neu ist besonders die Vorschrift, daß die Mahnung mit Faksimile unterzeichnet werden kann (§ 39 I 1). — Begr. I S. 48—49, III S. 9.

[2] **Schrifttum:** Anm. 2 zu § 35, Kniepmeyer, Beginn und Ende des Verzugs des Vmers mit der Folgeprämie gemäß § 39 VVG, Kölner Diss. 1934, Mentzel, Der Eintritt des Vsfalls, insbesondere im Hinblick auf § 39 VVG, Kölner Diss. 1933.

[3] **I. Tatbestand.**

§ 39 setzt voraus, daß eine Folgeprämie nicht rechtzeitig gezahlt ist. Solche Nichtzahlung führt zu Rechtsfolgen regelmäßig nur unter der weiteren Voraussetzung, daß eine einfache oder qualifizierte Mahnung erfolgt, daß der Vmer das Unterbleiben der Leistung zu vertreten hat und daß der Ver nicht auf die Geltendmachung der Rechtsfolgen verzichtet hat.

[4] **1. Folgeprämie.**

§ 39 I 1 spricht von der „Folgeprämie", welche in Gegensatz steht zu der in § 38 behandelten Erstprämie und welche in § 39 I 1 a. F. glücklich definiert war als „eine Prämienzahlung, die nach dem Beginne der V zu erfolgen hat".

Es ist unbestritten, daß Folgeprämie jede Prämie ist, die sich nicht als Erstprämie i. S. des § 38 darstellt (vgl. Prölss[8] Anm. 1 zu § 39, S. 145). Aber es wirkt sich aus, daß der Begriff der Erstprämie so sehr umstritten ist (vgl. Anm. 16, 31, 43—46 zu § 35, Anm. 4—5 zu § 38).

Folgeprämie ist nicht nur die laufende Prämie des zweiten und jeden folgenden Vsjahres sowie beim Gegenseitigkeitsverein jede Umlage und jeder Nachschuß, sondern nach der hier vertretenen Auffassung auch die zweite und jede folgende Rate des ersten Vsjahres (ebenso Begr. III S. 9), ferner jede einmalige oder erste Prämie (also die Prämie des ersten Vsjahres und die erste Rate des ersten Vsjahres), falls eine Stundung mit der

Wirkung erfolgt ist, daß der Vsschutz materiell trotz der Nichtzahlung, also entgegen dem Einlösungsprinzip des § 38 II, beginnen soll (Anm. 38 zu § 35).

Diese Definition der Folgeprämie und dieser Anwendungsbereich des § 39 ergeben sich aus dem schon herausgestellten Grundsatz, daß ein Vmer einen einmal begonnenen Vsschutz nicht ohne weiteres verlieren soll (Anm. 4 zu § 38). § 39 umfaßt die Fälle, in denen „die Versicherung wirksam und insbesondere unabhängig von der Zahlung ... begonnen hat" (RG 4. X. 1912 RGZ Bd 80 S. 141, 27. XI. 1920 RGZ Bd 101 S. 31).

§ 39 II, IV läßt ersehen, daß auch Zinsen und Kosten grundsätzlich der Folgeprämie gleichzustellen sind. Das gilt überhaupt für die zu einer Folgeprämie gehörenden Nebengebühren und Vssteuern, für Darlehenszinsen: VA 1909 S. 161; RG 9. I. 1917 RGZ Bd 89 S. 309, OLG Dresden 12. II. 1915 VA 1915 Anh. S. 40—41 Nr. 877, OLG Hamm 26. III. 1934 VA 1934 S. 215 Nr. 2715 = JRPV 1935 Zus. S. 44—45, 26. X. 1935 VA 1936 S. 173—174 Nr. 2868, § 7 IV 1 ALB, für Kosten eines Prämienprozesses: a. A. Prölss[8] Anm. 6 zu § 39, S. 146.

**[5] 2. Nichtzahlung.**

§ 39 I 1 setzt die nicht rechtzeitige Zahlung einer Folgeprämie voraus, § 39 II, III 1, 2 erfordert, daß der Vmer mit der Zahlung im Verzuge ist, § 39 III 3 behandelt die Nachholung der Zahlung.

Es kommt nach alledem einerseits auf den objektiven Tatbestand der Nichtzahlung oder Zahlung an, andererseits aber auf die Zeitfrage: § 39 I 1 spricht von der mangelnden Rechtzeitigkeit, und auch der Verzug des Vmers (§ 39 II, III 1, 2) setzt den Eintritt der Fälligkeit nach § 284 I 1 BGB voraus.

Über die Fälligkeit der Folgeprämie vgl. Anm. 32 zu § 35. — Über die Frage, wann gezahlt ist, und wie bei Bestehen mehrerer Prämienschulden und bei Teilleistungen die Rechtslage zu beurteilen ist, vgl. Anm. 7—8 zu § 38.

Ist zwischen einem Vsvertreter und dem Ver vereinbart, daß die Prämie für die eigenen Ven des Agenten über sein Provisionskonto verrechnet werden sollen, und erfolgt solche Verrechnung nicht, so kann von einer nicht rechtzeitigen Bewirkung der Prämienzahlung erst die Rede sein, nachdem das Verrechnungsabkommen aufgehoben ist, vorher kann auch eine Mahnung nicht erfolgen (KG 30. IV. 1938 JRPV 1938 S. 235 bis 236).

**[6] 3. Mahnung.**

Die in § 39 behandelten Rechtsfolgen der Nichtzahlung einer Folgeprämie hängen sämtlich von der qualifizierten Mahnung des § 39 I, IV ab. Die im bürgerlichen Recht geregelten Verzugsfolgen setzen nach § 284 I BGB grundsätzlich eine einfache Mahnung voraus. Häufig geht in der Praxis einer qualifizierten Mahnung eine einfache Mahnung (Erinnerung) voraus.

**[7] a) Einfache Mahnung.**

Zu den drei Voraussetzungen eines bürgerlichrechtlichen Verzuges zählt (neben der Fälligkeit und dem Vertretenmüssen) regelmäßig die Mahnung, der die Klageerhebung und die Zustellung eines Zahlungsbefehls gleichstehen (§ 284 I BGB).

**[8] aa) Rechtsnatur.** Die Mahnung ist eine einseitige empfangsbedürftige formlose Aufforderung, keine Willenserklärung (da der Mahnende keinen Geschäftswillen zu haben braucht), sondern eine bloße Rechtshandlung, die jedoch analog einer Willenserklärung zu behandeln ist.

**[9] bb) Mahnender.** Mahnen kann der Ver oder sein Vertreter. Der Inkassobevollmächtigte muß als auch zur Mahnung berechtigt angesehen werden, desgleichen der Abschlußagent; denn wenn er nach § 45 sogar kündigen kann, muß er erst recht als zur Mahnung befugt angesehen werden (Möller Vsvermittlung S. 107). Bei einer Mitv muß jeder Ver mahnen, es sei denn daß eine Führungsklausel eine Bevollmächtigung des führenden enthält, was nach Feuerklauseln D 6/27 nicht zutrifft. Bei Mahnung durch einen Vertreter ohne Vertretungsmacht gilt analog § $180^{1,2}$ BGB. Bedenklich KG

21. IX. 1929 JRPV 1929 S. 370—371, wonach es ausreicht, falls ein (vom Ver bevollmächtigter) Makler im eigenen Namen ohne Hinweis auf die Vollmacht mahnt.

[10] cc) **Empfänger** der Mahnung ist der Prämienschuldner (Anm. 27 zu § 35) oder sein Vertreter oder Verwalter oder Empfangsbote: Auf die Darlegungen beim Empfang einer Kündigungserklärung (Anm. 32 zu § 8) wird verwiesen. Die Mahnung ist empfangsbedürftige Aufforderung, § 10 (Wohnungsänderung) ist analog anzuwenden (Anm. 15 zu § 10).

[11] dd) **Inhalt.** Die Mahnung muß inhaltlich bestimmt und eindeutig sein, eine bedingte Mahnung genügt nicht. Jedoch ist eine stillschweigende Mahnung, z. B. durch wiederholte Rechnungsübersendung, möglich. Bei Zuvielforderung kommt es nach Treu und Glauben darauf an, ob auch eine Mahnung richtigen Inhalts nichts genützt hätte und der Ver die Annahme des geschuldeten Betrages nicht abgelehnt haben würde (RG 8. I. 1904 SeuffArch Bd 59 S. 390—391, 4. II. 1925 Das Recht 1925 S. 100, 15. I. 1931 JW 1931 S. 1184).

[12] ee) **Form.** Eine Form ist für die einfache Mahnung nicht vorgeschrieben.

[13] ff) **Mitwirkung.** Mahnung allein genügt nicht, wenn zur Vornahme der Leistung ein weiteres Handeln des Vers erforderlich ist wie z. B. bei einer Holschuld kraft Übung (§ 37; Anm. 8—10 zu § 37). In einer schriftlichen Mahnung könnte allerdings ein Verlangen nach § 37 gesehen werden.

[14] gg) **Mitteilung** an Dritte, z. B. an Vte, Realgläubiger, Schiffshypothekengläubiger, Bezugsberechtigte, braucht bei der hier behandelten einfachen Mahnung nicht zu erfolgen, da durch sie der Vsschutz nicht beeinträchtigt wird.

[15] hh) **Entbehrlichkeit.** Die Mahnung erübrigt sich jedoch in mehreren Fällen, insbesondere dann, wenn für die Leistung der Folgeprämie eine Zeit nach dem Kalender bestimmt ist, was bei der Folgeprämie regelmäßig zutrifft (§ 284 II 1 BGB, Prölss[8] Anm. 1 zu § 39, S. 145). Solche Bestimmung liegt z. B. vor, wenn nach § 2 II GrundBed Krankenvsprämien am Ersten eines jeden Monats zu begleichen sind, ausreichend ist jedoch auch die in §§ 8 I 1 AFB, AEB, AHausratB erfolgte Abstellung auf den Beginn der Vsperiode oder die Regelung in § 3 IV 2, V 1 ALB (zahlbar innerhalb eines Monats vom Beginn jedes Vsjahres an). Nach Treu und Glauben braucht der Ver auch dann nicht zu mahnen, wenn der Vmer vor oder nach der Fälligkeit die Leistung bestimmt und endgültig verweigert hat (RG 10. I. 1908 RGZ Bd 67 S. 317).

[16] **b) Qualifizierte Mahnung.**

Damit die schwerwiegenden Rechtsfolgen des § 39 (Leistungsfreiheit und Kündigungsrecht des Vers) eingreifen, genügt nicht eine einfache Mahnung, auch kann nicht die Mahnung wie im Falle des § 284 II 1 BGB völlig entbehrt werden. Vielmehr muß der Vmer in besonders eindringlicher Weise auf seine Verpflichtung hingewiesen werden: § 39 I verlangt die schriftliche Bestimmung einer Zahlungsfrist mit Rechtsfolgenangabe, also eine qualifizierte Mahnung.

[17] **aa) Rechtsnatur, Mahnender, Empfänger.**

Es kann verwiesen werden auf Anm. 8—10; in diesen Fragen stehen sich die einfache und die qualifizierte Mahnung gleich. Den Fall einer Mahnung gegenüber dem Zwangsverwalter des vten Grundstücks behandelt RG 15. I. 1943 RGZ Bd 170 S. 285—290 [Ausw 1] (keine Mahnung gegenüber dem Erwerber, falls die Zwangsverwaltung bei der Veräußerung noch fortbesteht), zur Mahnung bei Veräußerung auch RG 23. XI. 1926 VA 1927 S. 46—48 Nr. 1697 = HansRZ 1927 Sp. 94—97. Nicht zu mahnen ist u. a. der Zessionar (OG Wien 15. III. 1933 JRPV 1934 S. 160, KG 3. II. 1934 JRPV 1934 S. 233, OLG Hamm 11. I. 1937 HansRGZ 1937 A Sp. 224—225, Möller HansRGZ 1930 A Sp. 87—91). Probleme des Zugangs behandeln OLG Celle 4. I. 1935 JRPV 1935 S. 303—304 (schwere Erkrankung des Vmers schließt Zugang nicht aus) und OLG Frankfurt 18. XII. 1950 VersR 1951 S. 99 (Mitwirkung eines Empfangsboten, vgl. Anm. 5 zu § 10).

[18] **bb) Inhalt, Zahlungsfrist, Rechtsbelehrung.**

Die Mahnung kann nach § 39 III 2 mit der Kündigung verbunden sein. Sieht man jedoch von diesem Falle ab, so gilt folgendes: Das Mahnschreiben, welches durch Klage oder Zahlungsbefehl nicht ersetzt werden kann (KG 8. XI. 1907 VA 1908 Anh. S. 6 Nr. 353, 12. VII. 1930 JRPV 1930 S. 429), muß Folgendes enthalten, wobei die Judikatur „außerordentlich formalistisch" (Prölss[8] Anm. 6 zu § 39, S. 147) sein muß:

[19] **aaa) Benennung der Prämienschuld,** nicht auch die Bezifferung. Die Höhe der angemahnten Prämie (Prämienrate) braucht nicht angegeben zu werden, wenn sie aus dem Vsschein hervorgeht, gewöhnlich aber wird sie angegeben (obligatorische Angabe gemäß § 15 I 2 AHagelB; Ehrenzweig Logik S. 53—54 hält die Angabe generell für nötig). Dagegen muß die Höhe von Umlagen und Nachschüssen bezeichnet werden, auch müssen die Höhe der Zinsen und der Betrag der Kosten angeführt werden (§ 39 IV); das gilt entsprechend für alle Nebenbeträge. Die zahlenmäßige Angabe der aufgelaufenen Summe an Verzugszinsen kann fehlen (VA 1911 S. 115).

Werden die geschuldeten Beträge fälschlich zu hoch angegeben, dann ist die qualifizierte Mahnung unwirksam, denn an sie sind besonders strenge Anforderungen zu stellen (vgl. Ehrenzweig Logik S. 54, OLG Hamburg 28. VI. 1926 JRPV 1926 S. 261, dagegen Prölss[8] Anm. 6 zu § 39, S. 146, Weber VW 1948 S. 298—299, OLG Hamm 7. VII. 1952 VA 1953 S. 9 = VersR 1952 S. 421; für die einfache Mahnung vgl. Anm. 11). Werden die geschuldeten Beträge zu niedrig angegeben, dann treten die Wirkungen der Mahnung nur beschränkt ein; wegen der Differenz muß der Ver erneut mahnen.

[20] **bbb) Setzung einer Zahlungsfrist,** die im Bereich der Beschränkungen der Vertragsfreiheit mindestens zwei Wochen (§ 39 I 1), bei der Gebäudev mindestens einen Monat (§ 91) zu betragen hat. Bei kürzerer Frist ist die Mahnung unwirksam, dagegen kann unbedenklich eine längere Frist gesetzt werden. Die Frist berechnet sich nach §§ 187 I, 188 II, 193 BGB, sie beginnt also mit dem Anfang des auf den Tag des Zugehens der Mahnung folgenden Tages und endigt mit dem Ablauf des letzten Tages der Frist vorbehaltlich der sich aus § 193 BGB ergebenden Verlängerung. § 7 ist unanwendbar (Anm. 9 zu § 7, RG 3. XII. 1937 JW 1938 S. 683 = JRPV 1939 S. 154 bis 155). Das Mahnschreiben kann aber ausdrücklich eine bestimmte Stunde für das Ende der Frist angeben sofern dadurch die Frist nicht verkürzt wird. Die Fristbestimmung kann durch Klage auf Prämienzahlung nicht ersetzt werden (KG 22. III. 1930 JRPV 1930 S. 239—240).

[21] **ccc) Aufforderung zur Zahlung,** also die Mahnung, innerhalb der Zahlungsfrist die rückständigen Prämien (Prämienraten) nebst Zinsen und Kosten an den Ver oder an die in der Aufforderung genannte Stelle zu begleichen.

[22] **ddd) Angabe aller Rechtsfolgen,** die mit dem fruchtlosen Ablauf der Frist verbunden sind (§ 39 I 2). Bei einer umwandlungsfähigen Lebensv (§ 173) ist auf die nach § 175 I und II eintretende Umwandlung der V in eine prämienfreie hinzuweisen (§ 175 III). In jedem Falle sind die jeweils in Betracht kommenden Rechtsfolgen (Leistungsfreiheit bzw. Umwandlung sowie Kündigungsrecht des Vers) anzugeben (RG 13. XI. 1914 RGZ Bd 86 S. 27 [Ausw 1], 20. III. 1917 VA 1917 Anh. S. 41 Nr. 992 = LZ 1917 Sp. 1138—1139, 4. VI. 1918 RGZ Bd 93 S. 81—82 [Ausw 1] OLG Hamm 26. X. 1935 VA 1936 S. 174 Nr. 2868, OLG Königsberg 23. IX. 1927 VA 1928 S. 38 Nr. 1818 = JRPV 1927 S. 335), auch dann, wenn von vornherein nur eine geltend zu machen beabsichtigt wird (RG 13. XI. 1914 RGZ Bd 86 S. 27—28 [Ausw 1], 20. III. 1917 VA 1917 Anh. S. 41 Nr. 992 = LZ 1917 Sp. 1138—1139, 4. VI. 1918 RGZ Bd 93 S. 82 [Ausw 1]. Statt Leistungsfreiheit darf nicht Ruhen der V angedroht werden (RG 20. III. 1917 VA 1917 Anh. S. 41—42 Nr. 992 = LZ 1917 Sp. 1138—1139), statt von Kündigung darf nicht davon gesprochen werden, der Vertrag werde als aufgehoben betrachtet (RG 4. VI. 1918 RGZ Bd 93 S. 82 [Ausw 1]), aber im übrigen kommt es auf den Gebrauch des Worte des Gesetzes nicht an (RG 27. IV. 1915 LZ 1915 Sp. 1244). Zur Angabe der Rechtsfolgen gehören auch deren Voraussetzungen, z. B. bei der Leistungsfreiheit: Eintritt des Vsfalls und Fortbestehen des Verzugs bei Eintritt des Vs-

falls; denn sonst könnte der Vmer glauben, daß eine Zahlung nach Fristablauf ihm nichts mehr nützt (RG 27. IV. 1915 VA 1915 Anh. S. 38—39 Nr. 876, 16. II. 1917 VA 1917 Anh. S. 4—5 Nr. 970 = LZ 1917 Sp. 733, 20. III. 1917 VA 1917 Anh. S. 41 bis 42 Nr. 992 = LZ 1917 Sp. 1138—1139, Arnold ZfV 1953 S. 549, Bruck HansRZ 1918 Sp. 233—234). Auch auf § 39 III 3 (Wegfall der Kündigungswirkungen) ist hinzuweisen (Arnold ZfV 1953 S. 549, Prölss[8] Anm. 6 zu § 39, S. 147, JRPV 1936 S. 277 bis 278, a. A. Bruck 7. Aufl. S. 161—162), selbst wenn die Kündigung noch nicht mit der Mahnung verbunden ist. Hat ein Vsverein auf Gegenseitigkeit mit einem Vmer mehrere selbständige Verträge nebeneinander abgeschlossen, ist jedoch die Mahnung nur hinsichtlich einer V gerechtfertigt, so muß der Ver klar herausstellen, daß es sich nur um den einen Vertrag handelt, und jede Darstellung vermeiden, die darauf hindeutet, daß auch die übrigen Vsverhältnisse berührt würden (Starke VersR 1950 S. 143). In der Haftpflichtv braucht bei einer Pflichtv vom Ver nicht auf die den geschädigten Dritten schützenden Normen, insbesondere § 158c I hingewiesen zu werden. Wiedergabe des Gesetzestextes genügt ebensowenig (VA 1915 S. 8—9) wie mündliche ergänzende Aufklärung (RG 20. III. 1917 LZ 1917 Sp. 1139).

[23] eee) **Vorschläge für Mahnschreiben** bringen Ehrenberg HansRZ 1918 Sp. 713—722, Gottschalk NeumannsZ 1919 S. 191—192; VA 1911 S. 114—116, 1915 S. 172—174, 1916 S. 112—113, vgl. auch OLG Hamm 26. III. 1934 VA 1934 S. 215—216 Nr. 2715 Betriebswirtschaftliche Anregungen für ein rationelles Mahnverfahren: Schubert VW 1953 S. 128—129.

[24] cc) **Form, Mitwirkung, Mitteilung.**

Für die qualifizierte Mahnung schreibt § 39 I 1 die Schriftform vor. Es handelt sich nach RG 25. VI. 1929 RGZ Bd 125 S. 72—73 dennoch um eine rechtsgeschäftlich bestimmte schriftliche Form, deshalb könnte gemäß § 127[2] BGB die Mahnung auch telegrafisch übermittelt werden. Selbstverständlich braucht das Mahnschreiben nicht mit der Post gesandt, es kann auch von einem Kassierer (VA 1932 S. 143) oder einem Vsvertreter (OLG Hamm 2. XI. 1952 VersR 1953 S. 19) übergeben werden. § 39 I 1 stellt ausdrücklich klar, daß zur Unterzeichnung eine Nachbildung der eigenhändigen Unterschrift genügt, also ein Faksimile, nicht aber der Name in Druckbuchstaben. Eine Versendung der Mahnung als Drucksache ist aufsichtsrechtlich, aber wohl kaum zivilrechtlich, zu beanstanden (vgl. VA 1937 S. 48). Vertraglich kann Mahnung durch eingeschriebenen Brief vereinbart werden; solange der Brief wegen Abwesenheit des Vmers von der Post nicht ausgehändigt werden kann, ist er nicht zugegangen (KG 8. XI. 1907 VA 1908 Anh. S. 5—6 Nr. 353), jedoch kann u. U. ein Empfangsbote mitwirken, selbst wenn er keine Postvollmacht zum Empfang von Einschreibsendungen hat (OLG Frankfurt 18. XII. 1950 VersR 1951 S. 99). Die Kosten der qualifizierten Mahnung trägt nach § 39 I 1 der Vmer, über Kosten als Verzugsschaden vgl. Anm. 16 zu § 38.

Bei einer Holschuld kraft Übung (§ 37) liegt in der qualifizierten Mahnung das Verlangen, mindestens die angemahnte Prämie zu übermitteln. Bei einer vereinbarten Holschuld (Anm. 8 zu § 37) jedoch müßte in der Mahnung zum Ausdruck kommen, daß der Ver bereit sei, die Prämie zu einem vom Vmer auszuwählenden Termin abzuholen; es genügt, daß diese Erklärung stillschweigend abgegeben wird (vgl. RG 2. II. 1924 RGZ Bd 108 S. 69—70).

Nach § 101[1] hat bei der Gebäudev der Ver einem Realgläubiger, der seine Hypothek usw. angemeldet hat, unverzüglich von der qualifizierten Mahnung Mitteilung zu machen (Erleichterung: § 107a). Entsprechendes gilt bei der Schiffshypothek nach § 34 I 1 SchiffsG (Erleichterung: § 35 II SchiffsG). Diese Pfandgläubiger haben das Befriedigungsrecht aus § 35a I. Es muß angenommen werden, daß nach Treu und Glauben der Ver verpflichtet ist, auch den übrigen nach § 35a I berechtigten Personen, z. B. Vten, gewissen Bezugsberechtigten, Pfandgläubigern Mitteilung von der Mahnung zu machen (a. A. OG Wien 15. III. 1933 JRPV 1934 S. 160 und für die Zeit vor der Geltung des § 35a RG 23. VI. 1908 VA 1908 Anh. S. 77—78 Nr. 397 für einen Vsforderungsvertragspfandgläubiger). Man wird sogar noch weiter gehen und annehmen müssen, daß auch eine Mitteilungspflicht gegenüber dem durch § 35a I nicht begünstigten Zessionar besteht, sofern der Ver von der Zession Kenntnis hat (Möller HansRGZ 1930 A Sp. 91—95, a. A. OG Wien 15. III. 1933 JRPV 1934 S. 160, KG 3. II. 1934 JRPV 1934 S. 233). Wird solche Mitteilungspflicht verletzt, so treten doch die Wirkungen der Mahnung ein, nur entsteht eine Schadensersatzpflicht gegenüber dem Mitteilungsberechtigten (dazu LG Berlin 12. IV. 1954 VersR 1954 S. 254—255). Lediglich zugunsten des Realgläubigers gilt die Regelung des § 102 II 2 (auch hier spricht von einem Schadensersatzanspruch Prölss[8] Anm. 4 zu § 101, S. 264). Eine Mitteilungspflicht ist gegenüber einem Erwerber verneint von RG 15. I. 1943 RGZ Bd 170 S. 291—292 [Ausw 1]. — Öffentlichrechtliche Anzeigepflichten des Vers ergeben sich aus § 29c StVZO und § 109 LuftverkVO.

**[25] dd) Zeit, Unwirksamkeit, Beweisfragen.**

Der Ver darf frühestens mahnen, nachdem die Folgeprämie fällig geworden ist, bei Zubilligung einer Fälligkeitsfrist (§ 3 IV 2, V 1 ALB) also erst nach deren Ablauf (OLG Dresden 27. III. 1917 LZ 1917 Sp. 694, OLG Düsseldorf 14. VII. 1927 HansRZ 1927 Sp. 777—778). Liegt jedoch die Voraussetzung der nicht rechtzeitigen Zahlung vor, so steht es dem Ver frei, wann er mahnen will. Eine klarstellende Vorschrift, wie sie § 38 I 2 für die Erstprämie bringt, ist hinsichtlich der Folgeprämien unnötig, weil ohne qualifizierte Mahnung der Ver weiterhaftet.

Eine Mahnung, welche die Vorschriften des § 39 I 1, 2 nicht in jeder Hinsicht beachtet, ist unwirksam (§ 39 I 3). Die qualifizierte Mahnung ist demnach als nicht erfolgt anzusehen, allerdings ist eine Umdeutung in eine einfache Mahnung statthaft. Die Heilung einer unwirksamen Mahnung kann nicht durch Nachbringung fehlender Bestandteile, z. B. der Rechtsbelehrung, erfolgen, vielmehr muß neu gemahnt werden, so daß in einem einheitlichen Schreiben allen gesetzlichen Anforderungen genügt wird. Ist von zwei nacheinander fälligen Prämien die zweite in unwirksamer Weise angemahnt, so hebt das die Wirkungen der ersten wirksamen Mahnung nicht auf (OLG Düsseldorf 28. X. 1935 JRPV 1936 Zus. S. 3). Eine Vereinbarung oder ein Verzicht des Vmers, durch die er schlechter gestellt wird als nach § 39, ist unwirksam (RG 8. IV. 1913 JW 1913 S. 692 = VA 1914 Anh. S. 4—5 Nr. 782).

Der Ver hat zu beweisen, daß dem Prämienschuldner eine inhaltlich und förmlich wirksame Mahnung zugegangen ist (RG 4. III. 1930 JRPV 1930 S. 127). Weist er die Absendung nach, so muß prima facie der Beweis als geführt angesehen werden (noch weitergehend OLG Nürnberg 12. IV. 1937 JRPV 1938 S. 141, a. A. OLG Königsberg 11. XII. 1931 VA 1932 S. 12 Nr. 2374 = JRPV 1932 S. 187—188). Bei einem Einschreibebrief reicht die Vorlage des Einlieferungsscheines zunächst aus (OLG Nürnberg 14. VII. 1952 VersR 1952 S. 371). Die Beweisfrage wird vertraglich geklärt, falls nach den AVB ein Aktenvermerk beim Ver genügt (vgl. KG 8. II. 1939 JRPV 1939 S. 172 = HansRGZ 1939 A Sp. 234—235, LG Dortmund 6. VII. 1950 VersR 1950 S. 145—146) oder ein Durchschlag des Mahnschreibens (§ 3 VI 2 GrundBed).

**[26] 4. Vertretenmüssen.**

Nach § 39 I kommt es hinsichtlich der qualifizierten Mahnung nur darauf an, daß die Prämie nicht rechtzeitig gezahlt ist, die Verschuldensfrage spielt dabei keine Rolle. Aber nach dem Ablaufe der Frist hebt § 39 II, III 1, 2 darauf ab, ob der Vmer sich im Verzuge befindet, und auch die in § 39 nicht behandelten Verzugszinsen sowie der Verzugsschadensersatz setzen nach § 285 BGB voraus, daß die Leistung infolge eines Umstandes unterbleibt, den der Prämienschuldner zu vertreten hat.

Da Geldschulden Gattungsschulden sind, hat nach § 279 BGB der Vmer sein Unvermögen zur Leistung, also seine Zahlungsunfähigkeit, stets zu vertreten. Über eine Zusatzv für Fälle wirtschaftlicher Not mit Erlaß fernerer Prämienzahlung: VA 1931 S. 100.

Im übrigen kommt es nach §§ 276 I 1, 278[1] BGB darauf an, ob den Vmer oder einen Erfüllungsgehilfen (z. B. seine Bank: AG Straubing 29. IX. 1950 VersR 1951 S. 122) ein Verschulden trifft. Dies trifft nicht zu, falls der Vmer am Fälligkeitstage bewußtlos darniederliegt und das Bewußtsein bis zu seinem Ableben nicht wiedererlangt (KG

12. VII. 1930 JRPV 1930 S. 429), wohl aber bei einer schweren Bronchitis (OLG Stuttgart 27. V. 1952 VersR 1953 S. 18). Vgl. auch Anm. 35. Ferner hat ein Vmer eine nicht rechtzeitige Zahlung nicht zu vertreten, falls eine abzuholende Prämie nicht abgeholt wird (Anm. 10 zu § 37) oder falls er einen Schadensersatzanspruch gegen den Ver besitzt und dieserhalb zurückbehalten kann (OLG Celle 6. VI. 1931 VA 1931 S. 3 Nr. 2237). Erklärt ein Agent, an welchen vertragsgemäß die Prämie zu begleichen ist, er habe die Prämienquittung noch nicht erhalten, so liegt gleichfalls kein Verzug vor (RG 22. XI. 1879 RGZ Bd 1 S. 196—197). Auch außergewöhnliche Ereignisse wie Streik, Krieg, Revolution, Devisenbewirtschaftung können den Verzug ausschließen. Der Vmer muß sich exkulpieren. Ein Verschulden des Vmers liegt dagegen vor, falls der Vmer die Bezahlung vergißt oder im Falle des § 51 I die Prämie in zu starkem Umfange mindert (KG 7. VII. 1928 VA 1929 S. 52 Nr. 1961 = JRPV 1928 S. 277).

**[27] 5. Verzicht, Verwirkung.**

Der Ver kann von der Geltendmachung der Rechtsfolgen eines Prämienverzugs absehen, zunächst rein faktisch, indem er nicht klagt, nicht kündigt usw. Es kann aber auch juristisch dem Ver verwehrt sein, sich auf die Nichtzahlung einer Folgeprämie oder auf eine sich daraus ergebende Rechtsfolge zu berufen.

Die Prämienforderung selbst kann nur durch Vertrag erlassen werden (§ 397 I BGB). Auch eine Stundung setzt nach § 305 BGB einen Vertrag voraus (Näheres Anm. 33—47 zu § 35). Der Vertragsschluß wird erleichtert durch § 151 BGB.

Eine einseitige Willenserklärung des Vers reicht für den Verzicht auf das Kündigungsrecht und auf den Einwand der Leistungsfreiheit (Anm. 45 zu § 6) aus. Die Willenserklärung ist dem Vmer gegenüber abzugeben (OLG Hamm 7. VII. 1952 VA 1953 S. 9 = VersR 1952 S. 422).

Ein Verzicht des Vers liegt regelmäßig darin, daß er nach dem Vsfall die Vsleistung ganz oder teilweise erbringt, nicht dagegen darin, daß er Prämienrückstände einklagt (OLG Nürnberg 14. VII. 1952 VersR 1952 S. 371) oder nach eingetretenem Vsfall trotz Leistungsfreiheit die Prämienrückstände vorbehaltlos annimmt (OLG Königsberg 25. XI. 1941 JRPV 1942 S. 15 = HansRGZ 1942 A Sp. 33, OLG Stuttgart 27. V. 1952 VersR 1953 S. 18; RG 12. XI. 1909 GerhardPrax Bd 3 S. 134—135 auf die Kenntnis des Vers vom Vsfall abstellend) oder darin, daß er nach dem Vsfall einen Krankheitsbericht in der Tierv einfordert (OLG Düsseldorf 17. X. 1927 JRPV 1928 S. 30) oder daß er die üblichen Maßnahmen zur Schadensfeststellung veranlaßt (KG 23. XI. 1929 JRPV 1930 S. 34—35, OLG Düsseldorf 27. II. 1930 JRPV 1930 S. 188, bedenklich OLG Hamm 21. I. 1952 VersR 1952 S. 125—126 mit kritischer Anm. Schmitt VersR 1952 S. 204) oder daß nach einem Vsfall der mit der Beitreibung der rückständigen Prämien beauftragte Angestellte des Vers sich bereiterklärt, in einigen Tagen, wenn der Vmer einen Radioapparat verkauft habe, wiederzukommen, um die Prämien zu kassieren (OLG Düsseldorf 4. X. 1949 VersR 1950 S. 22) oder daß der Ver den Vmer auffordert, sich eine — nach dem Verzug vom Vmer erklärte — Kündigung nochmals zu überlegen (LG Stade 14. I. 1954 VersR 1954 S. 177—178).

Während ein Verzicht Verzichtswillen voraussetzt, greift eine Verwirkung auch gegen den Willen des Vers Platz (Anm. 49 zu § 6). Nach Treu und Glauben ist es unstatthaft, daß ein „Ver" „regelmäßig die Vsprämien einziehen, bei einem Schadenfall aber die Entschädigung verweigern dürfe, weil in der Vergangenheit einmal irgend eine Prämie nicht entrichtet ist" (OLG Hamm 12. VI. 1914 VA 1915 Anh. S. 22 Nr. 865, VA 1918 S. 176, 1919 S. 108, dagegen Prölss[8] Anm. 8 zu § 39, S. 149). Reichlich weit geht es, anzunehmen, daß der Ver sich bei Zahlung jeder späteren Prämie die Rechte wegen der angemahnten früheren noch unbezahlten Prämie vorbehalten müsse (so VA 1918 S. 176, 1919 S. 108, auch Arnold ZfV 1953 S. 548, einschränkend OLG Düsseldorf 27. II. 1930 JRPV 1930 S. 188). Treu und Glauben kann es widerstreiten, falls der Ver nach Entgegennahme eines Teiles des angemahnten Betrages bei Unklarheit der AVB den Vmer nicht darüber belehrt, die Leistungsfreiheit dauere weiter an (KG 19. I. 1924 VA 1924 S. 102—103 Nr. 1402). Steht für die Prämientilgung ein Gewinnanteil zur Verfügung, so läßt es sich nicht mit Treu und Glauben vereinbaren, daß der Ver „die ganze Strenge" des § 39 anwenden will, obgleich er rechtlich nicht gehindert war, sich aus dem Gewinnanteil sofort bezahlt zu machen (RG 8. X. 1935 JW 1936 S. 177—178 = VA 1935 S. 265—266 Nr. 2832, gebilligt von BGH 24. I. 1951 NJW 1951 S. 316 = VersR 1951 S. 77). Vgl. auch Anm. 41 zu § 35 (Stundungsverhandlungen).

Mit einem Schadensersatzanspruch aus dem Gesichtspunkt des Verschuldens bei Wiederinkraftsetzungsverhandlungen arbeitet RG 3. XII. 1937 JRPV 1939 S. 155. Aus einem unterlassenen Hinweis des Vers wird von RG 26. II. 1935 VA 1935 S. 221—222 Nr. 2796 = JRPV 1935 S. 102—104 entnommen, daß „auf Zeit", nämlich bis zur Erklärung des Vmers auf ein Neuordnungsanerbieten, der Ver sich nicht auf den Ablauf der Zahlungsfrist berufen könne.

**[28] II. Rechtsfolgen.**

Wie bei der Erstprämie (Anm. 9 zu § 38) lassen sich drei Gruppen von Rechtsfolgen unterscheiden, nämlich der Einfluß der Nichtzahlung auf die Prämienzahlungspflicht selbst, auf die Gefahrtragungspflicht des Vers und auf das Schicksal des Gesamtvertrages. Hinsichtlich der ersten Frage sagt § 39 nichts, es gilt das allgemeine bürgerliche Recht.

**[29] 1. Einfluß der Nichtzahlung auf die Prämienzahlungspflicht.**

**a) Klagerhebung.**

Auf Anm. 10—11 zu § 38 wird verwiesen. Für die Frage der Prozeßkosten kommt es nach § 93 ZPO darauf an, ob der Vmer in Verzug geraten war, wobei keine qualifizierte, sondern nur eine einfache Mahnung in Betracht kommt, wenn nicht überhaupt nach § 284 II 1 BGB eine Mahnung sich erübrigt (unrichtig AG Hamburg 11. V. 1954 ZfV 1954 S. 419). Ein Ver, der nur klagt, bleibt doch leistungspflichtig. Eine Ausschlußfrist normieren §§ 8 III 2 AFB, AEB, AHausratB, wonach eine gerichtliche Einziehung rückständiger Folgeprämien nur innerhalb eines Jahres seit Ablauf der Zahlungsfrist erfolgen darf (dazu VA 1920 S. 101, aber auch Raiser Anm. 49 zu § 9, S. 252—253), ähnlich § 8 I 5 AHaftpflB (6 Monate). Prölss[8] Anm. 7 zu § 39, S. 148 nimmt eine Verkürzung der Verjährungsfrist, keine Ausschlußfrist an. Eine unklare Ausschlußfristvereinbarung behandelt KG 25. II. 1928 JRPV 1928 S. 154—155.

**[30] b) Zinszahlung.**

Auf Anm. 12—15 zu § 38 wird hinsichtlich der Prozeß-, Fälligkeits- und Verzugszinsen verwiesen. Auch hier bedarf es zum Verzugseintritt keiner qualifizierten Mahnung.

**[31] c) Verzugsschaden.**

Auf Anm. 16 zu § 38 wird verwiesen. Auch hier ist eine qualifizierte Mahnung nicht vorauszusetzen. Erfolgt sie nach Eintritt des bürgerlichrechtlichen Verzuges, so sind ihre Kosten nicht nur nach § 39 I 1, sondern auch als Verzugsschaden zu ersetzen.

**[32] 2. Einfluß der Nichtzahlung auf die Gefahrtragungspflicht.**

**a) Grundsätze bei Folgeprämien.**

Während bei der Erstprämie das Einlösungsprinzip gilt (Anm. 17 zu § 38), soll ganz im Gegensatz dazu bei einer Folgeprämie dem Vmer der Vsschutz möglichst erhalten bleiben. An die bloße Unterlassung der Zahlung sollten keine zu strengen Rechtsfolgen geknüpft werden dürfen (Begr. I S. 48). Wohl mag der Vmer mit Prozeßkosten, Zinsen, auch Verzugsschadensersatz belastet werden (Anm. 29—31), aber den Vsschutz soll der Vmer erst nach einer vergeblichen qualifizierten Mahnung verlieren.

Im Interesse des Vmers begnügt sich § 39 nicht damit, dem Vmer noch eine Zahlungsfrist einzuräumen, sondern die Leistungspflicht des Vers kann auch noch nach Ablauf der Zahlungsfrist wiederbelebt werden und die Leistungsfreiheit des Vers setzt Verzug des Vmers, und zwar auch noch bei Eintritt des Vsfalles voraus (Begr. I S. 48—49).

Neuerdings ist die Frage aufgetaucht, ob die strengen, im Interesse des Vmers erlassenen Schutzvorschriften unter dem Gesichtspunkt von Treu und Glauben ausnahmsweise außer Betracht gelassen werden können, dazu Anm. 36—37.

**[33] b) Rechtslage während Zahlungsfrist.**

So wie vor der Bestimmung der Zahlungsfrist wird auch während ihres Laufes die Gefahrtragung des Vers nicht berührt. Tritt also der Vsfall ein, so ist der Ver leistungspflichtig, mag auch bei einem gedehnten Vsfall dieser noch über die Zahlungsfrist hinausreichen. Zahlt der Vmer trotz des Vsfalls nicht, so kann der Ver aufrechnen oder nach § 35b von seinem Abzugsrecht Gebrauch machen. Zahlt der Vmer während der Zahlungsfrist, so werden die Verzugsfolgen für die Zukunft beseitigt, für die Vergangenheit bleiben Zinsen geschuldet.

**[34] c) Rechtslage nach Fristablauf.**

**aa) Vor Eintritt des Versicherungsfalles.**

Hier kann auch nach Ablauf der Zahlungsfrist der Vmer die Prämie noch mit der Wirkung begleichen, daß die Verzugsfolgen für die Zukunft beseitigt werden; vorauszusetzen ist aber eine volle, auch Zinsen und Kosten mitumfassende Zahlung (RG 7. XII. 1917 JW 1918 S. 226, 4. VI. 1918 RGZ Bd 93 S. 82—83 [Ausw 1], aber auch KG 19. I. 1924 VA 1924 S. 102—103 Nr. 1402). Der Ver würde in Annahmeverzug geraten, wenn er die Folgeprämie nicht annimmt.

Die Zahlung braucht sich nur auf das Angemahnte zu beziehen, damit der Ver wieder die Gefahr trägt. Sind inzwischen neue Folgeprämien fällig, so bedarf es einer weiteren qualifizierten Mahnung, damit der Ver nach Zahlung des Angemahnten wieder leistungsfrei wird (KG 12. VII. 1930 JRPV 1930 S. 429—430, Brockmann VersR 1954 S. 449—450; falsch Köppen VersR 1953 S. 173—174; unentschieden VA 1932 S. 143). Irreführend KG 20. IV. 1929 VA 1929 S. 227 Nr. 1993 = JRPV 1929 S. 222, ein Fall, in dem nur eine frühere Prämie angemahnt, aber nur eine spätere bezahlt war: Es hätte genügt, wenn statt der späteren die angemahnte gezahlt worden wäre. Auch OLG Frankfurt 12. XII. 1950 VersR 1951 S. 98 behandelt solchen Sachverhalt und sagt, daß die Zahlung einer späteren als der angemahnten Prämie die Leistungsfreiheit des Vers nicht beseitigt. Zur Rechtslage in dem Fall, daß der Vmer nur eine anläßlich der Währungsumstellung entstehende erhöhte Prämienschuld nicht erfüllt, alle späteren Prämien aber bezahlt, vgl. Höring-Markowski VersR 1950 S. 17 (z. T. bedenklich). Der Ver braucht zur Aufrechterhaltung seiner Leistungsfreiheit nicht immer erneut zu mahnen, wenn neben der angemahnten auch weitere Folgeprämien nicht beglichen werden (VA 1918 S. 176, 1919 S. 108, OLG Düsseldorf 27. II. 1930 JRPV 1930 S. 188, OLG Nürnberg 14. VII. 1952 VersR 1952 S. 371). Vgl. auch Anm. 27. Es darf nicht bestimmt werden, daß die Ersatzpflicht des Vers erst acht Tage nach bewirkter Zahlung wieder in Kraft tritt (VA 1910 S. 33—34, 90). Nach einer Kündigung kommt die Fortdauer der Gefahrtragung grundsätzlich nicht mehr in Betracht, vgl. jedoch auch § 39 III 3 und dazu Anm. 50.

**[35] bb) Nach Eintritt des Versicherungsfalles.**

Hier ist gemäß § 39 II der Ver unter bestimmten Voraussetzungen von der Verpflichtung zur Leistung frei. In der Lebensv tritt an die Stelle der Leistungsfreiheit im Falle der §§ 173, 175 II die Leistung aus der umgewandelten V.

Vorauszusetzen ist zunächst, daß die Zahlungsfrist fruchtlos abgelaufen ist und daß auch nach deren Ablauf bis zum Eintritt des Vsfalls der Vmer nicht den vollen geschuldeten Betrag abgesandt, bei einer Bringschuld gebracht hat (ein einseitiger Vermerk des Vers auf der Prämienrechnung, wonach es bei Überweisungen auf die Gutschrift ankomme, ist irrelevant; deshalb bedenklich LG Stade 14. I. 1954 VersR 1954 S. 172—173). Eine nach Eintritt des Vsfalls erfolgende Zahlung nützt nichts, wirkt insbesondere nicht zurück (KG 20. IV. 1929 VA 1929 S. 227 Nr. 1993 = JRPV 1929 S. 222). Der Eintritt des Vsfalles ist ebenso wie im Rahmen des § 38 zu bestimmen, es kommt also auf den Beginn eines gedehnten Vsfalles an (Anm. 19 zu § 38; im Ergebnis richtig für die Haftpflichtv RG 14. I. 1938 RGZ Bd 156 S. 378—384 [Ausw 2], 19. XII. 1939 RGZ Bd 162 S. 238—243 [Ausw 2], 17. IX. 1943 DR 1944 S. 77—78, Schmidt VersR 1950 S. 96; für die Krankenv AG Aschaffenburg 20. VI. 1952 VersR 1952 S. 366; für die Tierv unrichtig KG 9. I. 1929 JRPV 1929 S. 82, OLG Düsseldorf 10. X. 1932 VA 1932 S. 319 Nr. 2499, bedenklich der Entwurf ZfV 1951 S. 63 [Zahlung nach Erkrankung des vten Tieres, vgl. § 121]).

Vorauszusetzen ist aber weiterhin, daß zur Zeit des Eintritts des Vsfalles der Vmer im Verzuge ist, sei es auch nur mit einem Teilbetrage (§ 29 II erwähnt den Verzug mit Zinsen oder Kosten, wobei jedoch nicht nur § 39 IV zu beachten ist, sondern auch die Judikatur bezüglich geringfügiger Rückstände: Anm. 8 zu § 38).

Auf den Verzug im Zeitpunkt des Vsfalles muß § 39 II abheben, weil die qualifizierte Mahnung ihrerseits noch keinen Verzug voraussetzt (Begr. I S. 48). Auch auf den Verzug im Zeitpunkt des Ablaufes der Zahlungsfrist wird nicht abgestellt, sondern auf jenen im Zeitpunkte des Eintritts des Versicherungsfalls (Prölss[8] Anm. 7 zu § 39, S. 147, verkannt von Köppen VersR 1953 S. 172—174). Die Vorschrift läßt Auslegungsschwierigkeiten auftreten, falls der Vmer sich zunächst in Verzug befunden hat, dann aber — wie oft in der Todesfallv — vor dem Vsfall einige Tage so schwer krank darniederliegt, daß er entschuldigt ist. KG 12. VII. 1930 JRPV 1930 S. 429—430 geht hierüber hinweg mit dem Bemerken, daß der Vmer vor seiner Krankheit im Verzuge war und mit einem Hinweis auf § 287[2] BGB. Angesichts des beabsichtigten Gesetzeswortlautes wird man jedoch darauf abstellen müssen, ob wirklich im Augenblick des Eintritts des Vsfalls Verzug vorhanden ist (so auch RG 27. IV. 1915 VA 1915 Anh. S. 38—39 Nr. 876, 16. II. 1917 VA 1917 Anh. S. 4—5 Nr. 970 = LZ 1917 Sp. 733, OLG Hamm 7. VII. 1952 VA 1953 S. 9 = VersR 1952 S. 421): Ein besonders für die Lebensver schwer tragbares Ergebnis, welches es ihnen nahelegt, mit der Mahnung sogleich eine Kündigung zu verbinden (§ 39 III 2). Bei mehreren Prämienschuldnern wirkt die Nichtzahlung der Folgeprämie nur leistungsbefreiend gegenüber demjenigen Gesamtschuldner, der qualifiziert gemahnt ist und sich in Verzug befindet (§ 425 BGB).

Die Leistungsfreiheit des Vers bezieht sich nur auf den nach Fristablauf eintretenden Vsfall. Tritt ein Teilschaden ein und zahlt nachträglich der Vmer den Prämienrückstand, so ist er (nur) für die Zukunft wieder gedeckt.

Die Leistungsfreiheit wirkt grundsätzlich auch gegenüber einem Realgläubiger (§ 102 II) und einem Schiffshypothekengläubiger (§ 36 II Ziff. 1 SchiffsG). Dagegen ist bei der Zwangshaftpflichtv der geschädigte Dritte durch § 158c I begünstigt.

[36] **d) Treu und Glauben.**

Ohne qualifizierte Mahnung kann grundsätzlich der Ver nicht leistungsfrei werden. Treu und Glauben sind grundsätzlich nicht geeignet, den Ver von einer Beobachtung der formalen Bestimmungen des § 39 I zu entbinden.

Jedoch haben sich nach dem zweiten Weltkriege Fälle ergeben, in denen der Ver nicht in der Lage war, zu mahnen, auch nicht bei Berücksichtigung des § 10 und der Möglichkeiten einer öffentlichen Zustellung (Anm. 9 zu § 10). Man denke daran, daß manche Ver ihrerseits — auch bei der Außenorganisation — ihre Unterlagen verloren haben, z. B. durch Ausbombung oder Sitzverlegung.

Bei solcher Sachlage konnte es Treu und Glauben widerstreiten, wenn ein Vmer Folgeprämien nicht bezahlt hat, obgleich er die Anschrift des Vers zu ermitteln vermochte oder sie sogar kannte und wenn er dann trotzdem nach einem Vsfall den Ver in Anspruch nehmen wollte. Hier kam der rechtliche Gesichtspunkt einer unzulässigen Rechtsausübung, einer Verwirkung, eines venire contra factum proprium, einer Argлистeinrede in Betracht.

Vgl. hierzu VA 1947 S. 20—21; Büchner VA 1950 S. 42, Frels VW 1948 S. 33—35, Prölss MDR 1947 S. 216—219, Thees VW 1948 S. 35; LG Lüneburg 9. II. 1950 VersR 1950 S. 65—66 mit Anm. Kolmerer. Daß auch § 39 nur unter dem höheren Gesichtspunkt von Treu und Glauben gesehen werden darf, betonten schon — zu Lasten des Vmers — RG 14. I. 1938 RGZ Bd 156 S. 378—384 [Ausw 2], auch OLG Celle 10. VII. 1934 VA 1934 S. 207—208 Nr. 2710 = JRPV 1935 Zus. S. 1.

[37] Auf Grund des § 8 Ziff. 4 VVO (dazu Einl. Anm. 14) haben die Aufsichtsbehörden VOen über den **Aufruf unbekannter Ven** außerhalb der Sozialv (VA 1948 S. 52, 1949 S. 9, 1940 S. 57) erlassen mit der Sanktion, daß Ansprüche aus einer V nicht mehr geltendgemacht werden können, wenn die Anmeldung nicht fristgemäß vorgenommen ist, es sei denn, daß dem Ver die am 20. VI. 1948 bestehende Anschrift des Vmers oder nach Eintritt des Vsfalls des Anspruchsberechtigten bekannt war. Die Anmeldefrist

ist bis zum 31. XII. 1951 verlängert (VA 1950 S. 57); bei Kriegsgefangenen, Vermißten oder auf Grund ihrer deutschen Staatsangehörigkeit im Ausland Internierten sowie bei Verhinderung durch unabwendbare Zufälle gelten Erleichterungen (VA 1949 S. 9, dazu von Mirbach VA 1950 S. 28—30).

Nimmt man an, daß die wiedergegebene Regelung durch die Delegation des § 8 Ziff. 4 VVO tatsächlich gedeckt wird (Wahrung der Interessen der Vmer?, vgl. auch Anonym VW 1950 S. 313), so hat damit der Gesichtspunkt der unzulässigen Rechtsausübung künftig wieder seine Bedeutung verloren. Einem Vmer, der innerhalb der Anmeldefrist seine V angemeldet hat, kann übrigens der Einwand unzulässiger Rechtsausübung nicht entgegengehalten werden.

Wichtig ist für die Lebensv auch § 3 VVO (dazu Anm. 38).

**[38] 3. Einfluß der Nichtzahlung auf den Gesamtvertrag.**

Die bislang behandelten Rechtsfolgen betreffen entweder nur die Prämienzahlungspflicht des Vmers oder nur die Gefahrtragungspflicht des Vers. Dagegen beeinflußt die in § 39 III geregelte Kündigung das Schicksal des Gesamtvertrages.

Neben § 39 III gelten nicht die bürgerlichrechtlichen Bestimmungen der §§ 326 I 1, 2, II, 327[1] BGB, der Ver kann also nicht zurücktreten oder Totalschadensersatz bei Verzug mit einer Folgeprämie verlangen (Grieshaber, Das Synallagma des Vsvertrages, Mannheim-Berlin-Leipzig 1914, S. 68—88). Das gilt auch bei Verzug mit Nebengebühren, Zinsen oder Vssteuern (Anm. 10 zu § 35). Dagegen kommt ausnahmsweise eine Anwendung der §§ 323—325 BGB in Betracht, so wenn Dollarprämien ohne Verschulden von dem Vmer infolge der Devisengesetzgebung nicht mehr bezahlt werden können (KG 23. XI. 1935 VA 1935 S. 267—268 Nr. 2833 = JRPV 1936 S. 27—29 unter nur entsprechender Anwendung des § 323 I BGB, auch RG 30. X. 1936 RGZ Bd 152 S. 270 [Ausw 2]).

Während bei der Erstprämie eine Auflösung des Vsvertrages durch Rücktritt erfolgt, kommt bei einer Folgeprämie — da es sich um ein Dauerschuldverhältnis handelt, das teilweise abgewickelt ist — nur eine Kündigung in Betracht. Auch diese scheidet aber selbstverständlich aus, sofern die Parteien nach einem Folgeprämienverzug das Vsverhältnis durch Vereinbarung aufgehoben haben (OGH 23. VI. 1950 OGHZ Bd 4 S. 80).

§ 39 III kennt nur die echte Kündigung. **§ 3 VVO** hat neben diese für die Lebensv einen Fall fingierter Kündigung gesetzt, Wortlaut:

„1. Falls am 20. Juni 1948 der Vmer in der Lebensv eine seit zwölf Monaten oder länger fällige Folgeprämie nicht bezahlt hat, gilt das Vsverhältnis von diesem Tage als gekündigt. Die V wird, falls möglich, in eine prämienfreie V umgewandelt.

2. Im Falle des Absatz 1 sind die Bestimmungen des Gesetzes über den Vsvertrag vom 30. Mai 1908 (Reichsgesetzblatt S. 263) in der jetzt geltenden Fassung über die Kündigung des Vsverhältnisses und die Vertragshilfeverordnungen nicht anzuwenden.

3. Das Vsunternehmen kann im Falle des Absatz 1 die Zahlung ausstehender Prämien nur dann fordern, wenn der Vsfall vor dem 21. Juni 1948 eingetreten ist. Die Ansprüche aus solchen Ven unterliegen den Bestimmungen über bestehende Forderungen. Das Recht des Vsunternehmens, die Leistung ganz oder teilweise zu verweigern, bleibt unberührt.

4. Falls auf Grund des Absatz 1 eine Lebensv in eine prämienfreie V umzuwandeln oder der Rückkaufswert auszuzahlen ist, so ist die Berechnung auf das Ende der Vsperiode abzustellen, für welche die Prämie ganz oder teilweise bezahlt worden ist, frühestens jedoch auf den Schluß der Vsperiode, in welche der 8. Mai 1945 fällt.

5. Ist ein Vmer, dessen letzter inländischer Wohnsitz im Währungsgebiet war, zur Zeit noch kriegsgefangen, vermißt oder auf Grund seiner deutschen Staatsangehörigkeit im Ausland interniert, so kann er im Falle des Absatz 1 verlangen, daß der Vertrag innerhalb von sechs Monaten nach seiner Rückkehr wieder in Kraft gesetzt wird. Ergeben sich aus der Anwendung des Absatz 1 für die Vmer unbillige Härten, so kann die Aufsichtsbehörde abweichende Verordnungen erlassen.

6. Absatz 1 findet keine Anwendung, wenn das Vsverhältnis gemäß § 39 des Gesetzes über den Vsvertrag von dem Vsunternehmen vor dem 21. Juni 1948 gekündigt worden ist.

7. Ven, die nach Absatz 1 und 6 in prämienfreie Ven umgewandelt werden oder bereits vor Erlaß dieser Verordnung in prämienfreie Ven umgewandelt waren, werden gemäß § 6 Absatz 2 umgestellt."

Einzelheiten hierzu bei Prölss[8] S. 514—517.

Bei der echten Kündigung lassen sich Voraussetzungen, Ausübung und Wirkungen unterscheiden:

**[39] a) Voraussetzungen der Kündigung.**

§ 39 III 1, 2 kennt einerseits die Kündigung nach Fristablauf, andererseits die Kündigung vor Fristablauf.

[40] **aa) Kündigung nach Fristablauf.**

„Der Ver kann nach dem Ablaufe der Frist, wenn der Vmer mit der Zahlung im Verzuge ist, das Vsverhältnis ... kündigen" (§ 39 III 1).

Diese Kündigung setzt zunächst Ablauf der in der qualifizierten Mahnung gesetzten Zahlungsfrist und weiterhin Nichtzahlung oder nicht vollständige Zahlung bis zum Zeitpunkte des Zuganges der Kündigungserklärung voraus. Hat bei Anwendbarkeit des § 36 der Vmer die Prämie abgesandt, bevor ihm die Kündigung zugegangen ist, so ist die Kündigung unwirksam (Anm. 9 zu § 36).

Hinzutreten muß aber noch — ähnlich wie bei der Leistungsfreiheit des § 39 II —, daß der Vmer mit der Zahlung im Verzuge ist. Trotz des irreführenden Wortlautes von § 39 III 1 kommt es nicht auf den Verzug im Zeitpunkt des Fristablaufes, sondern auf jenen im Zeitpunkt der Kündigung an (VA 1915 S. 173, a. A. anscheinend Prölss[8] Anm. 7 zu § 39, S. 148), wobei wohl gleichfalls auf den Zugang der Kündigungserklärung abzustellen ist. Zum Verzuge vgl. Anm. 26.

[41] **bb) Kündigung vor Fristablauf.**

Es dient der Vereinfachung des Geschäftsbetriebes, daß nach § 39 III 2 die Kündigung bereits mit der qualifizierten Mahnung verbunden werden kann. Während grundsätzlich eine Kündigung ein bedingungsfeindliches Rechtsgeschäft ist, konnte sie hier zugelassen werden, weil der Eintritt der Bedingung von dem eigenen Verhalten des Vmers abhängt.

Vorauszusetzen ist primär, daß qualifizierte Mahnung und Kündigung in einer Urkunde verbunden werden. Dadurch erweitert sich der Inhalt des Mahnschreibens, insbesondere hinsichtlich der Rechtsfolgenbelehrung: Es ist ausdrücklich darauf hinzuweisen, daß die Kündigung mit Fristablauf wirksam wird, wenn der Vmer in diesem Zeitpunkt mit der Zahlung im Verzuge ist (§ 39 III 2). Auf § 39 III 3 (Wegfall der Kündigungswirkungen) ist sowieso hinzuweisen (Anm. 22).

Weiterhin muß auch nach § 39 III 2 für den Eintritt der Kündigungswirkungen vorausgesetzt werden, daß die in der qualifizierten Mahnung gesetzte Zahlungsfrist abläuft, daß der Prämienschuldner nicht oder nicht vollständig zahlt und daß der Prämienschuldner im Zeitpunkte des Fristablaufes mit der Zahlung im Verzuge ist. Das Gesetz muß hier auf diesen Zeitpunkt abstellen. Ist der Vmer zu diesem Zeitpunkt nicht in Verzug, so treten die Wirkungen der Kündigung nicht ein, wohl aber jene der qualifizierten Mahnung (also Leistungsfreiheit, wenn Verzug bei Eintritt des Vsfalls). Zum Verzuge vgl. Anm. 26.

[42] **b) Ausübung der Kündigung.**

**aa) Rechtsnatur.**

Es handelt sich um ein gesetzliches außerordentliches Kündigungsrecht des Vers. Die Kündigung ist eine rechtsgestaltende, empfangsbedürftige Willenserklärung.

[43] **bb) Erklärender.**

Vgl. Anm. 31 zu § 8 (Fall der Kündigung durch einen Bevollmächtigten: OLG Köln 12. III. 1953 VersR 1953 S. 233). Während man annehmen kann, daß ein Inkassobevollmächtigter auch zu mahnen vermag (Anm. 9), geht die Kündigung über seine typische Aufgabe hinaus. Ein Abschlußagent kann nach § 45 kündigen.

[44] **cc) Empfänger.**

Vgl. Anm. 32 zu § 8. Ist neben dem Vmer ein weiterer Prämienschuldner vorhanden, so kann wegen § 39 III 2 angenommen werden, daß das verbundene Mahn- und Kündigungsschreiben stets auch an ihn gerichtet werden kann.

[45] **dd) Zeitfragen.**

Die Kündigung aus § 39 III 1 kann jederzeit nach Fristablauf erfolgen (vgl. aber für die Lebensv VA 1936 S. 59, Arnold ZfV 1953 S. 547—548). Hat der Ver zweimal (für zwei Prämienraten) Fristen gesetzt, so kann er nach Ablauf der ersten Frist jederzeit kündigen, braucht also nicht den Ablauf der zweiten Frist abzuwarten (LG Verden 2. III. 1954 VersR 1954 S. 185). Die Kündigung aus § 39 III 2 ist an die qualifizierte Mahnung zeitlich gebunden.

Die Kündigung ist eine fristlose, es braucht also zwischen dem Zugang der Kündigungserklärung und dem Eintritt der Kündigungswirkung kein Mindestzeitraum zu liegen. Bestritten ist die Frage, ob der Ver überhaupt eine Kündigungsfrist wählen kann. Die Frage dürfte zu bejahen sein, soweit dadurch der Vmer besser gestellt wird (Möglichkeit, die Verzugsfolgen noch länger zu beseitigen). Niemals aber erwirbt der Ver einen über § 40 II 1 hinausgehenden Prämienanspruch.

[46] **ee) Inhalt.**

Vgl. Anm. 33 zu § 8. Über den Inhalt bei kombinierter qualifizierter Mahnung und Kündigung vgl. schon Anm. 41.

[47] **ff) Form.**

§ 39 III bringt keine Formvorschrift. Für die Kündigung nach Fristablauf reicht also Mündlichkeit aus. Ist Schriftform vertraglich für diese isolierte Kündigung vereinbart, so muß mit RG 27. II. 1923 RGZ Bd 106 S. 330—333 angenommen werden, daß der Ver sich einer faksimilierten Unterschrift bedienen darf (a. A. Prölss[8] Anm. 7 zu § 39, S. 148, Begr. III S. 9), desgleichen ist telegrafische Kündigung statthaft (§ 127[2] BGB). Dagegen ist für die mit der qualifizierten Mahnung verbundene Kündigung wegen § 39 I 1 notwendig die Schriftform zu wahren, und es läßt sich dieser Vorschrift entnehmen, daß die für die Mahnung ausreichende faksimilierte Unterschrift auch für die damit verbundene Kündigung genügt (Dörstling, Die Unterzeichnung der Erklärungen des Vers, Hamburg 1948, S. 3—13, a. A. Prölss[8] Anm. 5, 7 zu § 39, S. 146, 148, Thees WallmannsZ 1940 S. 119, Begr. III S. 9). Ist Kündigung durch eingeschriebenen Brief vorgesehen, so gilt das in Anm. 34 zu § 8 Gesagte.

[48] **gg) Mitteilung.**

Von der erfolgten Kündigung ist nach § 101[2] dem Realgläubiger, nach § 34 I 2 SchiffsG dem Schiffshypothekengläubiger unverzüglich Mitteilung zu machen. Keine Mitteilungspflicht besteht gegenüber einem Zessionar (Anm. 35 zu § 8).

[49] **c) Wirkungen der Kündigung.**

Die Kündigung hat Beendigung des Vsverhältnisses zur Folge, ausnahmsweise in der Lebensv nach §§ 173, 175 I 1 die Umwandlung der V in eine prämienfreie, nicht etwa nach § 176 I die Erstattung des Rückkaufswertes (Begr. I S. 166, a. A. Bruck 7. Aufl. S. 165). Bei Prämienteilzahlung beschränken sich die Kündigungswirkungen nicht auf einen Teil der V (anders vielleicht § 2 II c Ziff. 3 GrundBed.) Nach § 40 II 1 gebührt dem Ver die Prämie bis zur Beendigung der laufenden Vsperiode (vgl. jedoch für die Lebensv bei isolierter Kündigung VA 1936 S. 59, Arnold ZfV 1953 S. 547—548). Mit dem Zugang der Kündigungserklärung (§ 39 III 1) oder dem Fristablauf (§ 39 III 2) treten die Kündigungswirkungen ein, insbesondere endet die Gefahrtragung des Vers endgültig. Die Kündigung wirkt auch gegenüber einem Realgläubiger (§ 103 I 2) und einem Schiffshypothekengläubiger (§ 34 II 2 SchiffsG), während zum Schutze der Drittgeschädigten bei der Zwangshaftpflichtv § 158 c II 1 gilt (vgl. AG Bremen 15. XII. 1950 VersR 1951 S. 291).

[50] **d) Wegfall der Wirkungen.**

Nach der eigenartigen Vorschrift des § 39 III 3 **fallen** die **Wirkungen** der Kündigung unter gewissen Voraussetzungen **wieder fort:** Erforderlich ist die Nachholung der Zahlung innerhalb eines Monats nach der Kündigung (Begr. III S. 9) oder, falls die Kündigung mit der Fristbestimmung verbunden ist, innerhalb eines Monats nach dem Ablauf der Zahlungsfrist. Ferner darf vor der Absendung des angemahnten Betrages der Vsfall nicht bereits eingetreten sein. Dies kann jedoch nur dahin verstanden werden, daß für solchen Vsfall die Kündigungswirkungen nicht mehr entfallen. Ist jedoch kein Totalschaden eingetreten oder sind sonstwie weitere Vsfälle denkbar, so bestehen keine Bedenken dagegen, daß auch noch nach Eintritt eines Vsfalles für die Zukunft die Wirkungen der Kündigung aufgehoben werden, vorausgesetzt, daß die Wiederbelebungsfrist noch nicht abgelaufen ist. Ist am 15. XII. gekündigt und die Vsperiode am 31. XII. abgelaufen, die Nachholung der Zahlung jedoch am 10. I. erfolgt, so muß der Vmer auch für die Zeit vom 1.—10. I. Prämie bezahlen. Die Nachholung der Zahlung, welche die Wiederbelebung bewirkt, braucht sich allerdings zunächst nur auf die qualifiziert angemahnte Prämie zu beziehen. Die Wiederbelebung erfolgt durch den Vorgang der Zahlungsnachholung, also die Leistungshandlung des Vmers (dazu vgl. Anm. 8—13 zu § 36). Einer besonderen Willenserklärung des Prämienschuldners oder des sonstigen Zahlenden bedarf es nicht. Infolge der Möglichkeit, die Wirkungen der Kündigung wieder aufzuheben, kann man sagen, daß die Kündigung eine auflösend bedingte sei.

Nach Beendigung der Monatsfrist des § 39 III 3 kommt eine Wiederherstellung (oder Wiederinkraftsetzung) der V nur durch Vereinbarung in Frage. Es handelt sich um einen neuen Vsvertrag, für den § 4 IV 2 ALB eine Offerte enthält. Die erste Prämie für die wiederhergestellte V ist grundsätzlich Erstprämie (Anm. 31). Über Vorbehalte des Vers bei der Wiederherstellung VA 1933 S. 211.

Über den Fall einer doppelten Kündigung eines Lebensvsvertrages: Dörstling VersR 1950 S. 26—27, Arnold ZfV 1953 S. 548—549, OLG Braunschweig 6. IV. 1954 Vers 1954 S. 313—314.

**[51] 4. Beweis bei Prämienverzug.**

Will der Ver aus der Nichtzahlung einer Folgeprämie Rechtsfolgen herleiten, so muß gegenüber der Behauptung des Vers, die Zahlung sei nicht oder nicht vollständig erfolgt, der Vmer die Erfüllung dartun (Palandt[11] Anm. 1 zu § 345, S. 378, Anm. 1 zu § 363, S. 388—389). Sodann muß der Ver die erfolgte Mahnung beweisen (Näheres Anm. 25), während für sein mangelndes Verschulden nach § 285 BGB der Schuldner ebenso beweispflichtig ist wie für einen Verzicht oder eine Verwirkung seitens des Vers oder wie für eine Stundung (hierzu RG 4. III. 1930 JRPV 1930 S. 127).

**[52] III. Unabdingbarkeit.**

Nach § 42 ist im Bereiche der Beschränkungen der Vertragsfreiheit auch § 39 zugunsten des Vmers relativ zwingend. In der Kleinlebensv usw. kann nach § 189 von § 39 auch zu Lasten der Vmer abgewichen werden (vgl. Anm. 29 zu § 38, auch Arnold ZfV 1953 S. 548). Für die Volks- und Kleinunfallv ist VA 1950 S. 81 zu beachten, vgl. auch AG Hechingen 10. XI. 1950 VersR 1951 S. 125—126. Für das Bezugsgeld in der Zeitschriftenv gilt § 39 nicht, da der Vsvertrag zwischen Verleger und Ver zustandekommt (OLG Breslau 10. I. 1931 JRPV 1931 S. 108, OLG Düsseldorf 7. IX. 1936 JRPV 1937 S. 361—362, vgl. auch OLG Köln 5. III. 1937 VA 1937 S. 157 Nr. 2975).

Der relativ zwingende Charakter des § 39 macht es unstatthaft zu vereinbaren, daß der Ver ohne qualifizierte Mahnung leistungsfrei sein solle (dazu vgl. Anm. 25, aber auch Anm. 36—37). Solche Klausel enthält § 1 II 3 AKB, wonach eine vorläufige Deckung rückwirkend außer Kraft tritt, wenn der Vsschein nicht unverzüglich eingelöst wird. Nach richtiger Ansicht bilden vorläufige Deckung und endgültiger Vsschutz grundsätzlich eine Einheit, allerdings gilt in der Kraftfahrv eine Ausnahme (Anm. 94—97 zu § 1). Betrachtet man die vorläufige Deckung isoliert, so ist die Prämie insoweit gestundet, es handelt sich um eine Folgeprämie. Ein rückwirkendes Außerkrafttreten kennt § 39 II überhaupt nicht (Anm. 97 zu § 1 m. w. N.). Zu einem mit dem Gesetz unvereinbaren Ergebnis führt es auch, wenn Prölss[8] Anm. 2 zu § 38, S. 140—141 hinsichtlich der zweiten und folgenden Raten des ersten Vsjahres annimmt, der Ver werde bei Nichtzahlung einer solchen Rate ohne weiteres frei. Unwirksam ist auch eine Vereinbarung, wonach bei Nachholung der Zahlung die Leistungspflicht des Vers erst acht Tage nach bewirkter Zahlung wieder in Kraft tritt (VA 1910 S. 33—34, 90). Die Nachholung der Zahlung vor Eintritt des Vsfalls macht den Ver wieder leistungspflichtig. Deshalb ist es bedenklich, wenn § 5 I a[1] GrundBed den Vsfall erst mit dem Eintritt in die Heilbehandlung beginnen läßt und dennoch § 4 X 2 GrundBed erreichen will, daß der Vmer die Leistungspflicht nicht wieder auslöst, wenn er „erst in einem

Zeitpunkt zahlt, in dem er bereits weiß, daß der Eintritt des Vsfalles nicht mehr ungewiß ist". Andererseits könnte aber die Leistungsfreiheit des Vers zugunsten des Vmers wegbedungen werden (VA 1915 S. 174).

Der Leistungsfreiheit steht ein Ruhen der V im Ergebnis nahe. Deshalb kann nicht gültig vereinbart werden, eine V solle bei Nichtzahlung einer Folgeprämie ohne weiteres ruhen. Handelt es sich materiell um eine Folgeprämie, so ist eine Vereinbarung unwirksam, die eine nach der Ruhenszeit zu zahlende Prämie als Erstprämie konstruiert. Zu beiden Fällen Anm. 10 zu § 2.

Was das Kündigungsrecht anlangt, so darf es vertraglich nicht zu einem Rücktrittsrecht verstärkt werden, auch wäre eine Vereinbarung einer auflösenden Bedingung unwirksam oder eine Vereinbarung, welche die Kündigung vom Verzuge des Vmers unabhängig macht oder die den Wegfall der Kündigungswirkungen an die Zahlung sämtlicher Rückstände, also auch der gar nicht qualifiziert angemahnten knüpft (so § 4 IV 2 ALB). Andererseits könnte aber der Ausschluß des Kündigungsrechtes zugunsten des Vmers vereinbart werden, auch dürfte es zulässig sein, daß bei einer lebenslänglichen Hausratv sich „die V geschäftsplanmäßig in eine V mit abgekürzter Dauer umwandelt" (§ 8 III 2 Sonderbedingungen für die Hausrat-V unter Vorauszahlung der Prämie auf Lebenszeit: VA 1954 S. 16).

Generell läßt sich sagen, daß eine Folgeprämie nicht den strengeren Vorschriften betreffend Erstprämien unterworfen werden darf (Anm. 30 zu § 38).

# § 40

**(1) Wird das Versicherungsverhältnis wegen Verletzung einer Obliegenheit oder wegen Gefahrerhöhung auf Grund der Vorschriften des zweiten Titels durch Kündigung oder Rücktritt aufgehoben oder wird der Versicherungsvertrag durch den Versicherer angefochten, so gebührt dem Versicherer gleichwohl die Prämie bis zum Schluß der Versicherungsperiode, in der er von der Verletzung der Obliegenheit, der Gefahrerhöhung oder von dem Anfechtungsgrunde Kenntnis erlangt hat. Wird die Kündigung erst in der folgenden Versicherungsperiode wirksam, so gebührt ihm die Prämie bis zur Beendigung des Versicherungsverhältnisses.**

**(2) Wird das Versicherungsverhältnis wegen nicht rechtzeitiger Zahlung der Prämie nach § 39 gekündigt, so gebührt dem Versicherer die Prämie bis zur Beendigung der laufenden Versicherungsperiode. Tritt der Versicherer nach § 38 Abs. 1 zurück, so kann er nur eine angemessene Geschäftsgebühr verlangen. Ist mit Genehmigung der Aufsichtsbehörde in den Versicherungsbedingungen ein bestimmter Betrag für die Geschäftsgebühr festgesetzt, so gilt dieser als angemessen.**

**(3) Endigt das Versicherungsverhältnis nach § 13 oder wird es vom Versicherer auf Grund einer Vereinbarung nach § 14 gekündigt, so kann der Versicherungsnehmer den auf die Zeit nach der Beendigung des Versicherungsverhältnisses entfallenden Teil der Prämie unter Abzug der für diese Zeit aufgewendeten Kosten zurückfordern.**

**Frage der Unteilbarkeit der Prämie.**

**Gliederung:**

[1] **Entstehung:** § 40 ist durch die VO vom 19. XII. 1939 stark erweitert: Während in § 40 I a.F. nur von Rücktritt oder Kündigung wegen Verletzung der vorvertraglichen Anzeigepflicht oder wegen Gefahrerhöhung die Rede war, behandelt § 40 I n.F. auch die Verletzung gewisser sonstiger Obliegenheiten sowie die Anfechtung durch den Ver. Nachdem § 40 I a.F. für die Unteilbarkeit der Prämie auf die Vsperiode abstellte, in welcher Rücktritt oder Kündigung wirksam werden, berücksichtigt § 40 I n. F. zugunsten des Vmers die Kenntniserlangung durch den Ver. Auch § 40 II und III sind geändert, § 40 III gilt jetzt auch bei Konkurs- oder Vergleichsverfahren über das Vermögen des Vmers. — Begr. I S. 49—50, III S. 9—10.

[2] **Schrifttum:** Anm. 2 zu § 35, Thees VersPrax 1941 S. 4—7.

[3] **I. Lösungsmöglichkeiten.**

**1. Aufzählung der Tatbestände.**

Ist ein Vsvertrag unwirksam oder kommt er zur Aufhebung, so fragt es sich, ob und bejahendenfalls für welche Zeit dem Ver die Prämie gebührt. Hier bestehen verschiedene Lösungsmöglichkeiten: Der Ver erhält nichts, z. B. nach § 51 III bei Kenntnis. Der Ver erhält statt der Prämie eine Geschäftsgebühr, z. B. nach § 40 II 2, 3. Der Ver erhält die vereinbarte Prämie, herabgesetzt pro rata temporis, z. B. nach § 68 III. Der Ver erhält eine pro rata temporis herabgesetzte Prämie nach Kurztarif, z. B. nach § 68 II. Dem Ver gebührt eine Prämie pro rata temporis zuzüglich der für die Zukunft aufgewendeten Kosten, z. B. nach § 40 III. Am weitesten geht es, falls dem Ver für die ganze laufende Vsperiode die Prämie gebührt. Dabei kann man noch eine Unterscheidung treffen, falls der Zeitpunkt der Kenntniserlangung und des Wirksamwerdens der Vertragsaufhebung auseinanderfallen: Nach § 40 I gebührt dem Ver die volle Prämie für die Vsperiode der Kenntniserlangung und die ratierliche Prämie für die überhängende Zeit bis zur Beendigung des Vsverhältnisses. Nach § 40 II 1 dagegen gebührt dem Ver auch die volle Prämie für die Vsperiode des Wirksamwerdens der Kündigung.

[4] **2. Unhaltbarkeit des Unteilbarkeitsgrundsatzes.**

Welche von diesen Möglichkeiten bildet die Regel? Bruck 7. Aufl. S. 140—141, RG 13. XI. 1920 RGZ Bd 100 S. 217 [Ausw 3] gingen von dem Grundsatz der Unteilbarkeit der Prämie aus, also dem Prinzip, daß die Prämie stets bis zum Ende der laufenden Vsperiode zu begleichen ist. Aber dieser Grundsatz war schon für das frühere Recht problematisch (Begr. I S. 49), die Novellen sind immer stärker von ihm abgerückt (richtig Thees VersPrax 1941 S. 5—7). Die Gefahrengemeinschaft erheischt die Unteilbarkeit nicht in allen Fällen, vstechnisch ist es durchaus möglich, kürzere Zeiträume als den nach § 9 vorgesehenen Jahresabschnitt der Prämienkalkulation zugrundezulegen. So wie sich die Vsperiode abkürzen läßt — auch auf Tageseinheiten —, kann man auch völlig darauf verzichten, die Prämienfrage mit dem Begriff der Vsperiode in Verbindung zu bringen.

[5] **3. Prinzip interessengemäßer Lückenergänzung.**

Das Gesetz bringt eine sehr kasuistische Regelung, und zwar für die in den §§ 1 bis 39 vorkommenden Fälle (abgesehen vom Fall des § 2 II) in § 40, dagegen für alle späteren Fälle bei den Einzelbestimmungen. Soweit diese kasuistische Regelung lückenhaft ist, muß jeweils geprüft werden, welcher Fallgruppe der zu behandelnde Tatbestand am nächsten steht. Immer dann, wenn die Gefahrtragung des Vers eingesetzt hat und der Vmer sich gemeinschaftswidrig verhalten hat, erscheint es nicht bedenklich, die Unteilbarkeit der Prämie im Interesse der Gefahrengemeinschaft anzunehmen.

[6] **4. Berechnung von Teilprämien.**

Für Zwecke der Prämienberechnung ist nötigenfalls eine Einmalprämie in Jahresprämien oder auf noch kleinere Zeiteinheiten umzurechnen, wobei die Zinsfrage zu berücksichtigen ist. Sind Jahresprämien für mehrere Jahre im voraus mit Nachlaß gezahlt worden, so ist es für die Rückgewähr entscheidend, welcher Nachlaß gewährt wäre, wenn die V von vornherein für jene Zeit abgeschlossen wäre, für die nunmehr Prämie zu bezahlen ist (so auch §§ 8 IV Abs. 5 AFB, AHausratB, § 8 IV Abs. 3 AEB: ,,War die Prämie für mehrere Jahre vorausgezahlt, so wird der Betrag einbehalten, den der Ver bei Abschluß der V für die abgelaufene Zeit berechnet haben würde; der Mehrbetrag wird zurückerstattet"). Entsprechend ist bei einem ,,Freijahr" zu verfahren (vgl. VA 1948 S. 72 = VW 1948 S. 340, VA 1949 S. 11 = VW 1949 S. 38). Wie schon erwähnt, ist bei Prorataprämien jeweils zu prüfen, ob sie durch Division der Jahresprämie oder nach Kurztarif zu berechnen sind.

[7] **II. Fallgruppen.**

**1. Unteilbarkeit für Versicherungsperiode der Kenntniserlangung** (insonderheit § 40 I).

Es handelt sich hier um die Tatbestände des § 40 I, welche hinsichtlich Kündigung und Rücktritt Bezug nehmen auf die ,,Vorschriften des zweiten Titels", während sprachlich diese Anknüpfung fehlt bei der Anfechtung durch den Ver (vgl. Wortlaut des § 40 I 1).

Die Unteilbarkeit der Prämie wird nur vorgesehen für die Vsperiode, in welcher der Ver von der Obliegenheitsverletzung, der Gefahrerhöhung oder dem Anfechtungsgrunde Kenntnis erlangt hat. Läuft die Vsperiode bis zum 31. XII. 1954, erlangt der Ver Kenntnis von einer Verletzung der vorvertraglichen Anzeigepflicht am 27. XII. 1954, so kann er gemäß § 20 I 1 noch innerhalb eines Monats, also bis zum 27. I. 1955, zurücktreten, aber Prämie erhält er nur bis zum 31. XII. 1954 (§ 40 I 2 spricht nur von der Kündigung). Hat der Vmer arglistig getäuscht, so kann die Anfechtung seitens des Vers nach § 124 I, II 1 BGB sogar noch bis zum 27. XII. 1955 erfolgen, aber die Prämie gebührt dem Ver nach § 40 I doch nur bis zum 31. XII. 1954. Lediglich bei der Kündigung stellt § 40 I 2 den Ver etwas besser: Erlangt der Ver am 27. VII. 1954 Kenntnis von einer subjektiv verschuldeten Gefahrerhöhung, so kann er bis zum 27. I. 1955 das Vsverhältnis ohne Einhaltung einer Kündigungsfrist kündigen (§ 24 I 1, II) und erhält dann die Prämie bis zu diesem Tage. Bei einer anderen Art von Gefahrerhöhung kann der Ver bis zum 27. I. auf den 27. II. 1955 kündigen (§§ 24 I 2, II, 27 I) und erhält dann die Prämie bis zum 27. II. 1955. Der Vmer kann nicht etwa unter Berufung auf § 24 I 2 nach befristeter Kündigung erklären, er wünsche das Vsverhältnis früher aufgelöst zu sehen (Anm. 9 zu § 24). Im Falle des § 40 I 2 wird die überhängende Prämie nicht nach Kurztarif berechnet, sondern pro rata temporis.

Im einzelnen betrifft § 40 I folgende Fälle, neben welche noch jene der §§ 2 II 2, 41 II, 51 III, 59 III zu setzen sind:

[8] **a) Kündigung.**

Die Vorschriften des zweiten Titels erwähnen eine Kündigung seitens des Vers in §§ 24 I, 27 I 1, 30 I, eine Kündigung seitens des Vmers in § 30 II (dazu Näheres Anm. 19—21 zu § 30). Wird eine Kündigung als Folge der Verletzung der Obliegenheiten der §§ 32, 33 I, 34 vertraglich vorgesehen, so wird man gleichfalls § 40 I anwenden müssen, solche Verletzung sonstiger Obliegenheiten erwähnt Begr. III S. 10. Wie aber ist die Rechtslage, wenn bei einer vorbeugenden Obliegenheit des § 32 Leistungsfreiheit vereinbart wird und nunmehr das gesetzliche Kündigungsrecht des § 6 I 2, 3 zusätzlich verliehen wird? Auch hier kann gesagt werden, das Vsverhältnis sei wegen Verletzung einer Obliegenheit auf Grund der Vorschriften des zweiten Titels durch Kündigung aufgehoben (Prölss[8] Anm. 2 zu § 40, S. 151).

[9] **b) Rücktritt.**

Die Vorschriften des zweiten Titels kennen nur einen Rücktritt des Vers nach §§ 16 II, 17 I, 30 I, ein Rücktritt des Vmers ist nicht vorgesehen. Bei den Obliegenheiten der

§§ 32, 33 I, 34 kann wegen § 6 IV eine Rücktrittsvereinbarung nicht getroffen werden. § 40 I 2 gilt bei Rücktritt nicht.

Handelt es sich um Vszweige mit gedehnten Vsfällen, so kann ein einheitlicher Vsfall sich noch über die Vsperiode hinaus auswirken: Der Krankenver tritt wegen eines verschwiegenen Herzleidens zurück, nachdem ein Gemütsleiden eingetreten ist, das gemäß § 21 den Ver noch jahrelang zu Leistungen verpflichtet (vgl. Anm. 13 zu § 21). Dennoch erhält auch hier der Ver die Prämie nur für die Vsperiode der Kenntniserlangung. Der überhängende Vsfall ist aus den Prämien dieser Vsperiode zu decken (dazu Köppen VersR 1953 S. 353).

**[10] c) Anfechtung.**

§ 40 I 1 spricht schlechthin von der Anfechtung des Vsvertrages durch den Ver. § 22 erwähnt das Recht des Vers, den Vertrag wegen arglistiger Täuschung über Gefahrumstände anzufechten. Hier gilt fraglos § 40 I 1. Aber auch für alle anderen Fälle der Anfechtung durch den Ver ist diese Bestimmung anzuwenden (a. A. Prölss[8] Anm. 2 zu § 40, S. 151—152, Thees VersPrax 1941 S. 5), z. B. bei Täuschung über andere als Gefahrumstände, bei Drohungsanfechtung (§ 123 I BGB) oder bei ausnahmsweise zulässiger Irrtumsanfechtung (§§ 119—120 BGB). Zu alledem vgl. Anm. 5—8 zu § 22. Bei Irrtumsanfechtung kann allerdings das Ergebnis unbillig erscheinen, falls der Ver seinen Irrtum, z. B. einen Schreibfehler, vielleicht sogar verschuldet hat. Solche Unbilligkeit wird jedoch durch § 122 BGB korrigiert, der vom Ver zu ersetzende Vertrauensschaden umfaßt auch die nach § 40 I zu zahlende Prämie.

Zur vorgesetzlichen Rechtslage bei Anfechtung Ehrenzweig Logik S. 50—51.

**[11] 2. Unteilbarkeit für Versicherungsperiode der Vertragsbeendigung** (insonderheit § 40 II 1).

Hier kommt der Tatbestand des § 40 II 1 in Betracht, aber auch eine größere Reihe von später im Gesetz behandelten Einzelfällen.

Kündigt der Ver nach § 39 III 1, 2, so treten die Wirkungen der Kündigung mit dem Zugang der Kündigungserklärung (§ 39 III 1) oder dem Fristablauf (§ 39 III 2) ein, aber dem Ver gebührt noch die Prämie für die ganze laufende Vsperiode, und zwar auch dann, wenn er auch schon während der vorhergehenden Vsperiode hätte kündigen können (so auch Prölss[8] Anm. 3 zu § 40, S. 152, a. A. Begr. III S. 10). Dem Ver gebührt die Prämie für die ganze laufende Vsperiode auch dann, wenn der Kündigung des Vers eine solche des Vmers voraufgegangen war, sofern letztere erst auf einen späteren Zeitpunkt als die Kündigung des Vers gewirkt hätte: Der Vmer kündigt im September 1952 per 31. XII. 1952, der Ver kündigt am 4. XII. 1952 fristlos. Hier wirkt sich die (spätere) fristlose Kündigung aus mit der Folge, daß der Ver nicht nur bis zum 31. XII. 1952 Prämie erhält, sondern für die ganze Vsperiode, im Beispielsfalle bis zum 31. VIII. 1953 laufend (OLG Braunschweig 6. IV. 1954 VersR 1954 S. 313—314).

Weitere Fälle solcher Unteilbarkeit der Prämie bringen § 68 IV (Wegfall des Interesses durch Eintritt des Vsfalls), § 70 III (Kündigung bei Veräußerung), §§ 96 III 1, 2 erster Halbsatz, 113[2], 158 III 1 (Kündigung durch Ver nach Eintritt eines Vsfalls), 128 I 1 (Vsbeendigung infolge Veräußerung eines vten Tieres).

Die Unteilbarkeit der Prämie wirkt sich auch aus bei Herabsetzung der Prämie nur für künftige Vsperioden (§§ 41 a, 60 III 1), bei der Prämienverbesserung (§ 41 I), ferner bei der Haftung des Veräußerers für die zur Zeit der Veräußerung laufende Vsperiode (§ 69 II) und bei der Berechnung der Prämienreserve für den Schluß der laufenden Vsperiode (§§ 174 III, 175 I 2, 176 III). Mindert sich die Vssumme infolge eines Vsfalles, so ist doch für die laufende Vsperiode die Prämie noch voll zu bezahlen (§§ 95, 119). Sieht das Gesetz nur eine Kündigung zum Ende der Vsperiode vor (§§ 8 II, 165 I, 113[1], 114 I), so wirkt sich auch dies dahin aus, daß die Prämie für die Vsperiode ungeteilt zu zahlen ist.

**[12] 3. Beschränkung der Zahlungspflicht auf Geschäftsgebühr** (insonderheit § 40 II 2, 3).

Hat der Ver noch keine Gefahr getragen, so erscheint es bei vorzeitiger Beendigung des Vsverhältnisses ausreichend, ihm nur eine Geschäftsgebühr zuzubilligen.

Dies geschieht in § 40 II 2 für den Fall des Rücktritts bei Verzug mit der Erstprämie (zur Unabdingbarkeit: Anm. 21). Der Betrag der Geschäftsgebühr ist vom Gesetz nicht festgelegt, „er wird je nach der Art der V und der Höhe der dem Ver entstehenden Kosten verschieden sein" (Begr. I S. 50), wobei auch die allgemeinen Geschäftsunkosten zu berücksichtigen sind. Besonders kommen aber spezielle Kosten wie bezahlte oder geschuldete Agenten- und Maklerprovisionen in Betracht. Mit Genehmigung der Aufsichtsbehörde kann in den Vsbedingungen ein bestimmter Betrag festgesetzt werden (vgl. z. B. VA 1910 S. 89—90), der dann als angemessen gilt (§ 40 II 3). Die Genehmigung wirkt also konstitutiv. Die Genehmigung kommt auch bei nicht aufsichtspflichtigen Vszweigen in Betracht. Fehlt die Genehmigung, so ergibt sich, „daß ein ohne Genehmigung der Aufsichtsbehörde zum voraus getroffenes Abkommen über die Höhe der Geschäftsgebühr für den Vmer nicht bindend ist und den Ver nicht von dem Nachweise der Angemessenheit des geforderten Betrags befreit. Nur für solche Ven, auf welche die ... Beschränkungen der Vertragsfreiheit keine Anwendung finden, steht auch der Wirksamkeit eines derartigen ohne Genehmigung der Aufsichtsbehörde getroffenen Abkommens nichts im Wege" (Begr. I S. 50, auch VA 1909 S. 101—102). Zur Frage der Angemessenheit bei mangelnder Genehmigung vgl. AG Aachen 1. VI. 1950 VersR 1951 S. 35—36: Hier wurde eine unangemessen hoch erscheinende Geschäftsgebühr (25% der Jahresprämie zuzüglich 13,30 DM) nach § 287 II ZPO vom Gericht herabgesetzt.

Die Zahlung einer Geschäftsgebühr sieht auch § 68 I vor (Nichtbestehen oder Nichtentstehung des vten Interesses).

[13] 4. **Zahlung der Proratprämie zuzüglich Kosten** (insonderheit § 40 III).

Nach der Regel des § 13[1] endigt bei Konkurs über das Vermögen des Vers das Vsverhältnis mit dem Ablaufe eines Monats seit der Eröffnung, die Regel gilt — etwas ungenau umschrieben — für die Schadensv (Anm. 6 zu § 13). Ist die Prämie zur Zeit der Konkurseröffnung noch nicht bezahlt, dann gebührt der Konkursmasse analog § 40 III die Prämie pro rata temporis, also bis zu dem Ablauf der Monatsfrist, zuzüglich der aufgewendeten Kosten (Anm. 9 zu § 13). Ist die Prämie nach der Konkurseröffnung fälschlich voll bezahlt, so hat der Prämienschuldner wegen des überschießenden Betrages eine Masseforderung. Ist dagegen die Prämie schon zur Zeit der Konkurseröffnung bezahlt, so hat der Prämienschuldner einen in bestimmter Weise aufschiebend bedingten Rückforderungsanspruch aus § 40 III, der sich als Konkursforderung darstellt (Näheres Anm. 10 zu § 13). Die Proratprämie wird nicht nach Kurztarif berechnet. Über die Kosten, welche nach dem Gesagten abzuziehen oder hinzuzurechnen sind, vgl. Anm. 11 zu § 13. — Auch im Falle des § 13[2], also im Konkurs des Lebensvers ist § 40 III anzuwenden, nur erlöschen hier die Vsverhältnisse bereits mit der Konkurseröffnung (§ 77 III VAG, Anm. 17, 20 zu § 13, RG 21. II. 1934 RGZ Bd 144 S. 30).

§ 40 III erwähnt durch Hinweis auf § 14 auch die Kündigung im Falle des Konkurses oder des Vergleichsverfahrens über das Vermögen des Vmers (dazu Anm. 6 zu § 14).

[14] 5. **Zahlung der Proratprämie ohne Kosten.**

Zwei hierhergehörige Fälle behandelt § 68 II, III (Interessewegfall nach materiellem Vsbeginn, und zwar nicht durch Eintritt des Vsfalles, § 68 IV). Bei kriegsbedingtem Interessewegfall gebührt dem Ver nur der Teil der Prämie, welcher der Dauer der Gefahrtragung entspricht. Ein Kurztarif ist also nicht zugrunde zu legen. Bei Interessewegfall aus anderen Gründen kommt es dagegen nach § 68 II darauf an, welche Prämie der Ver hätte erheben können, wenn die V nur bis zu dem Zeitpunkt beantragt worden wäre, in welchem der Ver von dem Wegfall des Interesses Kenntnis erlangt: Entscheidend ist also der Kurztarif.

Dem Falle des § 68 III entspricht die Regelung, welche Platz greift, falls nach § 51 I, II eine Beseitigung der Überv unter verhältnismäßiger Minderung der Prämie verlangt wird, ähnlich § 96 III 2 Halbsatz 2, § 158 III 2.

In allen genannten Fällen werden die für die spätere Zeit aufgewendeten Kosten nicht berücksichtigt.

[15] 6. **Nichtzahlung einer Prämie bei Vertragsauflösung.**

Nicht einmal eine Geschäftsgebühr erhält der Ver nach §§ 51 III, 59 III dann, wenn er bei einer betrügerischen Über- oder Doppelv beim Vertragsschluß von der Nichtigkeit Kenntnis hatte. Entsprechendes gilt bei einer Rückwärtsv nach § 2 II 1.

[16] **III. Restfälle.**

Bisher sind nur Tatbestände aufgeführt, welche im Vsrecht unmittelbar eine Regelung gefunden haben. Bei den ungeregelten Fällen ist es vonnöten, sie unter Anwendung allgemeiner Rechtsgrundsätze einer der in Anm. 7—15 geschilderten Fallgruppen zuzuordnen. Erwähnt seien folgende Restfälle:

[17] 1. **Unwirksamkeit des Vertrages.**

Betrachtet man die Nichtigkeitsfälle der §§ 51 III, 59 III, so wird ersichtlich, daß dem Ver die Prämie gebührt, sofern er — unwissend — faktisch die Gefahr getragen hat, nicht dagegen, sofern er bei der Schließung des Vertrags von der Nichtigkeit Kenntnis hatte. Dieser Grundsatz kann auch bei anderen Fällen der Unwirksamkeit der V angewendet werden, wobei es nur nicht möglich erscheint, die in den genannten Bestimmungen vorgesehene Unteilbarkeit der Prämie ohne weiteres dann zugrunde zu legen, wenn den Vmer kein Vorwurf trifft (wie im Falle der betrügerischen Über- und Doppelv). Ihre rechtsdogmatische Begründung findet die hier vertretene Auffassung in der Gefahrtragungstheorie: Bis zur Kenntniserlangung von der Unwirksamkeit beobachtet der Ver das für die Gefahrtragungsleistung typische Verhalten. Tritt ein „Vsfall" nicht ein, so ist dem Vertragsgegner die Herausgabe wegen der Beschaffung des Erlangten nicht möglich und er hat demzufolge nach § 818 II BGB den Wert zu ersetzen, welcher in der „vereinbarten" Prämie, ausgerechnet pro rata temporis, zum Ausdruck kommt. Zu denken ist an den Abschluß einer Lebensv durch einen Vertreter ohne Vertretungsmacht, sofern der Vertretene die Genehmigung verweigert: OLG Hamm 17. XI. 1939 JRPV 1940 S. 166—167 = HansRGZ 1940 A Sp. 215—216 will hier zu Unrecht nur § 818 III BGB anwenden, falls der Vertretene die gezahlten Prämien voll herausverlangt. Ferner ist zu denken an den Lebensvsvertrag eines Entmündigten, falls der Vormund die Genehmigung des Vormundschaftsgerichts (§ 1902 II 1 BGB) nicht eingeholt hat: KG 3. XI. 1928 JRPV 1929 S. 16—17 wendet auch hier zu Unrecht nur § 818 III BGB an. Schließlich sei noch des Falles gedacht, daß ein Geisteskranker eine Lebensv genommen hat: LG Berlin 12. XII. 1927 JRPV 1928 S. 249 schränkt obendrein die Anwendung des § 818 III BGB sehr stark ein. Alle zitierten Entscheidungen verkennen das Wesen der Gefahrtragungsleistung und übersehen, daß die Unwirksamkeit der Ven fraglos nicht geltend gemacht wäre, wenn der Vsfall eingetreten sein würde.

[18] 2. **Anfechtung durch Versicherungsnehmer.**

§ 40 I 1 behandelt nur die Anfechtung durch den Ver. Bei Anfechtung durch den Vmer muß die Lösung allgemeinen Rechtsgrundsätzen entnommen werden. Bei Irrtumsanfechtung kann der Ver geltend machen, er habe die Gefahr bis zur Anfechtung getragen. Ficht dagegen der Vmer wegen Täuschung oder Drohung an, so ergibt sich aus § 819 I BGB sowie aus Treu und Glauben, daß der Ver sich auf die Gefahrtragung nicht berufen kann. Näheres Anm. 4 zu § 22.

[19] 3. **Kündigung nach Zivilrecht.**

Dem Ver und dem Vmer können nach allgemeinen Grundsätzen des Zivilrechtes außerordentliche Kündigungsrechte zur Verfügung stehen, so bei Verletzung der Gefahrtragungspflicht des Vers, aus wichtigem Grunde oder bei Erschütterung der Geschäftsgrundlage (Anm. 24—26 zu § 8). Insbesondere ist der Fall des Unsicherwerdens des Vers zu erwähnen, der als Kündigung wegen zu vertretender nachträglicher Unmöglichkeit oder aus wichtigem Grunde zu qualifizieren ist, nicht als Rücktritt, etwa wegen positiver Vertragsverletzung. Der Ver kann hier die Prämie nach §§ 325 I 3, 323 I BGB nur solange verlangen, als er wirklich die Gefahr getragen hat, mag auch die Kündigung seitens des Vmers erst später erklärt sein (zu eng Prölss[8] Anm. 6 zu § 8, S. 73). Wendet man statt der Kündigungsgrundsätze Rücktrittsnormen an, so gewinnt § 346² BGB, auf den § 327¹ BGB verweist, Bedeutung: Die Gefahrtragung ist nach Analogie von Diensten oder Gebrauchsüberlassungen zu behandeln, der Vmer muß also die Prämie für die geleistete Gefahrtragung begleichen (so richtig für einen Fall ernstlicher und endgültiger Erfüllungsverweigerung durch den Ver: OLG Jena 8. II. 1928 VA 1928 S. 220 Nr. 1873, für einen Fall des Rücktritts des Vers wegen positiver Vertragsverletzung: LG Berlin 18. IV. 1934 JRPV 1936 Zus. S. 23—24 = HansRGZ 1934 A Sp. 406—407).

[20] **4. Aufhebung durch Vereinbarung.**

Wird ein Vsvertrag analog § 305 BGB durch Vereinbarung aufgehoben, so wirkt diese Aufhebung nur ex nunc. Ist also über das Prämienschicksal nichts vereinbart, so muß im Zweifel angenommen werden, daß dem Ver die Prämie bis zur Beendigung der Gefahrtragung pro rata temporis, nicht nach Kurztarif berechnet, gebührt (KG 5. II. 1930 JRPV 1930 S. 135). Unteilbarkeit der Prämie ist nicht anzunehmen (Prölss⁸ Anm. 2 zu § 40, S. 151). Es kann aber hinsichtlich des Eintrittes der Aufhebungswirkung und demzufolge auch hinsichtlich des Prämienschicksals etwas Abweichendes vereinbart werden. — Über das Prämienschicksal bei auflösend bedingtem Vsvertrag: RG 30. X. 1888 RGZ Bd 21 S. 329—330.

[21] **IV. Unabdingbarkeit.**

§ 40 ist nach § 42 im Bereiche der Beschränkungen der Vertragsfreiheit zugunsten des Vmers relativ zwingend: Die Unabdingbarkeit gilt aber nur für die durch § 40 selbst erfaßten Fälle, z. B. für § 40 II 2, so daß § 4 VI AKB unzulässig ist (LG Braunschweig 22. IV. 1954 VersR 1954 S. 363, vgl. auch AG Hamburg 6. VII. 1954 ZfV 1954 S. 418). Für die übrigen im Gesetz geregelten Fälle ist einzeln zu prüfen, ob die Prämienvorschriften unabdingbar sind (so z. B. §§ 51 I, II, 28 I, II, III nach § 68a). Für die gesetzlich ungeregelten Fälle gilt Vertragsfreiheit. Der Grundsatz der Unteilbarkeit ist vertraglich aufgestellt in § 8 IV Abs. 1 AFB, AEB, AHausratB, § 9 IV Abs. 1 AWB, ein Grundsatz der Prorataprämie ist enthalten in § 16 III Abs. 1 AUnfallB, eine Einzelregelung z. B. in § 1 II 5 AKB (Prorataprämie). Ein vertraglich aufgestellter Grundsatz der Unteilbarkeit kann insoweit nicht durchgreifen, als zwingende Bestimmungen entgegenstehen (so für § 68 II, III: Schmidt VW 1953 S. 141). Sittenwidrig ist der Grundsatz nicht (LG Berlin 26. X. 1953 VersR 1954 S. 8).

# § 41

[1] **Ist die dem Versicherungsnehmer bei der Schließung des Vertrags obliegende Anzeigepflicht verletzt worden, das Rücktrittsrecht des Versicherers aber ausgeschlossen, weil dem anderen Teile ein Verschulden nicht zur Last fällt, so kann der Versicherer, falls mit Rücksicht auf die höhere Gefahr eine höhere Prämie angemessen ist, von dem Beginne der laufenden Versicherungsperiode an die höhere Prämie verlangen. Das Gleiche gilt, wenn bei der Schließung des Vertrags ein für die Übernahme der Gefahr erheblicher Umstand dem Versicherer nicht angezeigt worden ist, weil er dem anderen Teile nicht bekannt war.**

[2] **Wird die höhere Gefahr nach den für den Geschäftsbetrieb des Versicherers maßgebenden Grundsätzen auch gegen eine höhere Prämie nicht übernommen, so kann der Versicherer das Versicherungsverhältnis unter Einhaltung einer Kündigungsfrist von einem Monate kündigen. § 40 Abs. 1 gilt sinngemäß.**

[3] **Der Anspruch auf die höhere Prämie erlischt, wenn er nicht innerhalb eines Monats von dem Zeitpunkt an geltend gemacht wird, in welchem der Versicherer von der Verletzung der Anzeigepflicht oder von dem nicht angezeigten Umstande Kenntnis erlangt. Das Gleiche gilt von dem Kündigungsrechte, wenn es nicht innerhalb des bezeichneten Zeitraums ausgeübt wird.**

**Prämienunzulänglichkeit, Prämienerhöhung.**

**Gliederung:**



[1] **Entstehung:** § 41 ist unverändert geblieben; nur § 41 II 2 ist durch die VO vom 19. XII. 1939 eingefügt. — Begr. I S. 51, III S. 10—11.

[2] **Schrifttum:** Anm. 2 zu § 16, Schmidt-Tüngler ZVersWiss 1942 S. 190.

[3] **I. Tatbestand.**

Ist eine vorvertragliche Anzeige nicht erstattet, so bleibt bei mangelndem Verschulden oder mangelnder Kenntnis des Vmers das Vertragsverhältnis so, wie es eingegangen ist, bestehen, ohne daß die berechnete Prämie der tatsächlichen Gefahrslage entspricht. Den Ausgleich hierfür bieten die beiden Rechtsbehelfe des § 41 I, II 1.

Beide Rechtsbehelfe sind bei drei Tatbeständen gegeben, von denen nur die beiden ersten gesetzlich geregelt sind, die dritte Fallgruppe ist entsprechend zu behandeln.

[4] **1. Schuldlose Nichtanzeige.**

Den Anzeigepflichtigen (Anm. 6 zu § 16) trifft kein Verschulden (Anm. 44—51 zu § 16) an der objektiv vorgekommenen Verletzung der vorvertraglichen Anzeigepflicht (Anm. 39—43 zu § 16): § 41 I 1.

Ist die Anzeigepflicht schuldhaft verletzt, dann bleibt der Ver darauf beschränkt, zurückzutreten oder wegen arglistiger Täuschung anzufechten (§§ 16 II, 17 I, 22). Dem Ver steht es nicht etwa frei, den schuldhaften Vmer als schuldlosen zu behandeln. Der Ver kann auch nicht Prämienverbesserung verlangen oder kündigen, wenn er nach eingetretenem Vsfall zurücktritt, aber zur Leistung verpflichtet bleibt (§ 21). Stellt sich ein Rücktritt als unbegründet heraus, dann kann später Prämienverbesserung verlangt (oder gekündigt) werden, wenn die hierfür vorgesehene Frist noch nicht abgelaufen ist. Es ist zulässig, den Rücktritt mit dem hilfsweisen Verlangen nach Prämienverbesserung zu verbinden (Kisch II S. 365), nicht dagegen kann in jedem Rücktritt stillschweigend das Verlangen erblickt werden (so Prölss[8] Anm. 2 zu § 41, S. 153).

Stellt sich eine Anzeigepflichtverletzung, die der Ver zunächst für schuldlos gehalten hat, als schuldhaft heraus, so schließt das Verlangen nach Prämienverbesserung tnicht den Rücktrit aus, solange die Rücktrittsfrist noch läuft. Liegen gleichzeitig eine schuldhafte und unverschuldete Obliegenheitsverletzung vor, so steht einem Rücktritt, der mit dem Verlangen nach Prämienverbesserung verbunden wird, nichts entgegen.

Prämienverbesserung oder Kündigung kommen nicht in Betracht, wenn der Ver den schuldlos nicht angezeigten Umstand kannte, denn hier fehlt es an einer objektiven Voraussetzung der Anzeigepflicht (Anm. 36—37 zu § 16). Desgleichen sind die Rechtsbehelfe aus § 41 I, II 1 nicht gegeben, falls bei schuldhafter Verletzung das Rücktrittsrecht wegen Ablaufes der Frist des § 20 I erloschen ist oder wenn der Ver auf das Rücktrittsrecht verzichtet hat (Prölss[8] Anm. 8 zu §§ 16, 17, S. 105). Bei einer Gefahrerhöhung nach Annahme des Vsantrags bestimmen sich die Rechte des Vers nach den §§ 23—29 (Begr. I S. 51). Bei einer Gefahrerhöhung des § 29a, also in der Zeit zwischen Stellung und Annahme des Vsantrags, kommt gleichzeitig eine schuldlose Verletzung der vorvertraglichen Anzeigepflicht in Betracht, es gilt sodann das in Anm. 7 zu § 29a Gesagte, zu weitgehend Prölss[8] Anm. 1 zu § 41, S. 153, wonach § 41 nicht für eine Gefahrerhöhung gilt. Prölss[8] Anm. 1 zu § 41, S. 153, sieht in dem Verlangen nach höheren Prämien im Falle der Gefahrerhöhung eine Kündigung nebst Angebot eines neuen Vertrages. Das ist auch außerhalb des § 29a bedenklich. Über eine vertragliche Prämienkorrektur bei Gefahrerhöhungen vgl. Anm. 39 zu § 23, Anm. 21, 23.

**[5] 2. Mangelnde Kenntnis.**

An einer objektiven Voraussetzung der vorvertraglichen Anzeigepflicht fehlt es, falls der Vmer die Gefahrumstände nicht (als gefahrerhebliche) kennt (Anm. 32—35 zu § 16). Hier greift § 41 I 2 ein, allerdings in der Krankenv dann nicht, wenn der subjektive Krankheitsbegriff maßgebend ist (VA 1953 S. 3 = VW 1953 S. 109—110).

**[6] 3. Gebotene Analogien.**

Prölss[8] Anm. 1 zu § 41, S. 153, wendet § 41 analog an, wenn der Ver „Kenntnis trotz rechtzeitiger Absendung der Anzeige erst nach dem formellen Vertragsabschluß erlangt". Hierzu ist einschränkend zu bemerken, daß die Analogie nicht geboten ist, sofern wegen § 29a der Ver Rechtsbehelfe wegen einer Gefahrerhöhung geltend machen kann. Vgl. auch Bruck HansRZ 1925 Sp. 181—182. — Darüber, daß es bei der Anzeigepflicht auf die Absendung ankommt, vgl. Anm. 8 zu § 16.

Dem Fall der Kenntniserlangung nach dem formellen Vsbeginn muß der Fall gleichgestellt werden, daß der Ver zwar vorher Kenntnis erlangt, aber nicht mehr in der Lage ist, den Vertragsabschluß aufzuhalten, etwa deshalb, weil die Annahmeerklärung bereits unterwegs ist und nicht mehr rechtzeitig widerrufen werden kann (§ 130 I 2 BGB) oder deshalb, weil der Ver ausnahmsweise Antragsteller ist (dazu Anm. 10 zu § 16), oder deshalb, weil bei Vertretung ohne Vertretungsmacht der vertretene Vmer erst bei seiner Genehmigung anzeigt (dazu Anm. 6 zu § 19).

Eine dritte Analogie ist geboten, falls der Ver nicht zurücktreten kann, weil er nach einem Umstand nicht ausdrücklich gefragt hatte und der Vmer nicht arglistig, sondern z. B. nur fahrlässig gehandelt hat (Anm. 9 zu § 18).

Eine weitere Analogie zu § 41 halten Bruck 7. Aufl. S. 168, 291—292, HansRZ 1925 Sp. 183, Prölss[8] Anm. 1 zu § 41, S. 153, für geboten, wenn bei einer V für fremde Rechnung der Ver sich nach § 79 II nicht auf die Kenntnis des Vten berufen kann. Aber hier dürfte § 41 I 2 unmittelbar angewendet werden können, da und sofern der dem Vten bekannte Umstand dem allein anzeigepflichtigen Vmer nicht bekannt war.

**[7] II. Rechtsfolgen.**

Ist einer der genannten Tatbestände gegeben, so kann — wenn nicht wegen unrichtiger Altersangabe in der Lebensv die Spezialvorschrift des § 162 (§ 3 II ALB) eingreift (Schmidt-Tüngler ZVersWiss 1942 S. 193—194) — der Ver Prämienverbesserung verlangen, u. U. jedoch kündigen. Entscheidend dafür, welchen Rechtsbehelf der Ver zur Verfügung hat, ist es, ob „die höhere Gefahr nach den für den Geschäftsbetrieb des Vers maßgebenden Grundsätzen ... gegen eine höhere Prämie ... übernommen" wird. Trifft das zu, dann kommt nur Prämienverbesserung in Betracht, trifft es nicht zu, so nur Kündigung. Entscheidend ist hier keine objektive Würdigung, sondern es wird abgestellt auf die für den einzelnen Ver maßgebenden Grundsätze, die primär seinem Geschäftsplan, sekundär aber auch den im übrigen niedergelegten oder praktisch befolgten Prinzipien zu entnehmen sind.

[8] **1. Prämienverbesserung.**

Ergeben die erwähnten Grundsätze nicht die Unversicherbarkeit, so muß noch speziell vorausgesetzt werden, daß „mit Rücksicht auf die höhere Gefahr eine höhere Prämie angemessen ist“ (§ 41 I 1). Es könnte sich ja ergeben, daß der nicht angezeigte Umstand zwar erheblich, aber doch nicht prämienbeeinflussend ist, zu denken ist an die Nichtanzeige von früheren Schäden (vgl. Schmidt-Tüngler ZVerWiss 1942 S. 195, 196). Handelt es sich um eine Nichtanzeige in Ansehung eines Teiles der vten Gegenstände oder Personen, so kommt auch nur eine teilweise Prämienverbesserung in Betracht, was § 30 nicht besonders hervorzuheben brauchte. Für die Prämienverbesserung gelten im Einzelnen folgende Grundsätze:

[9] **a) Rechtsnatur.**

Die Prämie erhöht sich nicht ipso iure, sondern die Erhöhung setzt ein Verlangen des Vers voraus, durch welches eine zusätzliche Prämienforderung entsteht (a. A. Schmidt-Tüngler ZVersWiss 1942 S. 194—195). Von künftigen Fälligkeiten bildet die Erhöhung mit der ursprünglich geschuldeten Prämie eine Einheit. Für die Vergangenheit muß man prüfen, ob die für die laufende Vsperiode geschuldete Prämie bereits bezahlt ist. Verneinendenfalls gilt das soeben Gesagte, es kann also auch der Prämienzuschlag zur Erstprämie zählen. Ist dagegen die Prämie bereits beglichen, so handelt es sich um eine selbständige Nachforderung, die als Folgeprämie zu behandeln ist, auch wenn sie auf die erste Vsperiode entfällt (a. A. Prölss[8] Anm. 2 zu § 41, S. 153).

Das Verlangen läßt nach alledem erst den Anspruch auf die zusätzliche Prämie entstehen, es wirkt insofern rechtsgestaltend, und zwar auf Grund der einseitigen Willenserklärung des Vers, so daß der Vmer nicht geltend machen kann, er hätte den Vertrag nicht zu der höheren Prämie abgeschlossen. Eine Irrtumsanfechtung seitens des Vmers ist nicht möglich, auch ein außerordentliches Kündigungsrecht verleiht das Gesetz nicht. Die Willenserklärung des Vers ist empfangsbedürftig.

[10] **b) Erklärender.**

Berechtigt zur Stellung des Verlangens ist der Ver, bei mehreren Vern muß jeder das Verlangen stellen. Der Ver kann vertreten werden durch einen Abschlußagenten (analog § 45), bei der Mitv kann der führende Ver die übrigen Ver vertreten, wenn die Führungsklausel es vorsieht.

[11] **c) Empfänger.**

Die empfangsbedürftige Willenserklärung des Vers muß dem Vmer oder sonstigen Prämienschuldner (Anm. 27 zu § 35) zugehen, es gilt Entsprechendes wie bei einer Kündigungserklärung (Anm. 32 zu § 8).

[12] **d) Inhalt.**

Die Erklärung muß unzweideutig erkennen lassen, daß und in welcher Höhe eine höhere Prämie verlangt werde.

Die geforderte Mehrprämie muß nicht nur überhaupt (§ 41 I 1), sondern auch in ihrer Höhe „angemessen“ sein, wobei den Maßstab die höhere Gefahr abgibt. Es darf also nicht die Gelegenheit des § 41 I ergriffen werden, eine sowieso niedrige Prämie zu erhöhen. Für die Beurteilung der Angemessenheit sind der Geschäftsplan des Vers und seine Tarife (Begr. I S. 51) bedeutsam. Ist der verlangte Betrag übersetzt, so wirkt das Verlangen nur in der Grenze der Angemessenheit. Notfalls wird die Bestimmung durch Urteil getroffen (entsprechend § 315 III 2 BGB). Über die Verbindung des Verlangens mit einem Rücktritt vgl. Anm. 4.

[13] **e) Form.**

Das Verlangen ist formfrei. Ist Schriftform vereinbart, so reicht nach § 127[2] BGB ein telegrafisches Verlangen aus, nach RG 27. II. 1923 RGZ Bd 106 S. 330—333 auch eine faksimilierte Unterschrift (a. A. Prölss[8] Anm. 3 zu § 34a, S. 133). Ist für die Willenserklärung ein eingeschriebener Brief vorgesehen, so gilt das in Anm. 34 zu § 8 Gesagte.

**[14] f) Frist.**

Das Verlangen muß nach § 41 III 1 innerhalb eines Monats von dem Zeitpunkt an erhoben werden, in welchem der Ver von der Verletzung der Anzeigepflicht oder von dem nicht angezeigten Umstande Kenntnis erlangt. Entsprechendes gilt für die Analogiefälle (Anm. 6). Im Falle schuldloser Verletzung der Anzeigepflicht braucht sich die Kenntnis des Vers nicht auf die Schuldlosigkeit des Vmers zu erstrecken (OLG Jena 3. I. 1941 JRPV 1941 S. 64, auch Anm. 5 zu § 20). Das Gesetz spricht von der Geltendmachung des Anspruchs auf die höhere Prämie, diese liegt jedoch in dem Verlangen.

Entscheidend ist die Kenntnis, nicht das Kennenmüssen derjenigen Personen und Stellen, deren Kenntnis auch bei der vorvertraglichen Anzeigepflicht bedeutsam ist (Anm. 36—37 zu § 16). Die Berechnung der Frist, welche eine gesetzliche Ausschlußfrist ist, ergibt sich aus den §§ 187 I, 188 II, III, 193 BGB. Es ist gleichgültig, ob das Verlangen vor oder nach Eintritt eines Vsfalles gestellt wird.

**[15] g) Wirkung.**

Das Verlangen wirkt prämienerhöhend für die Zeit „von dem Beginne der laufenden Vsperiode an" (§ 41 I 1). Für weiter zurückliegende Vsperioden tritt die Wirkung nicht ein, dagegen selbstverständlich auch für künftige. Ist eine Einmalprämie entrichtet, so muß eine einmalige Zusatzprämie (in der Lebensv berechnet nach dem Lebensalter zu Beginn der fraglichen Vsperiode) gezahlt werden. Im übrigen vgl. Anm. 9.

**[16] h) Beweis.**

Der Ver muß die Voraussetzungen der Prämienverbesserung: Abgabe, angemessenen Inhalt, Form- und Fristgerechtigkeit des Verlangens beweisen, der Vmer müßte beweisen, daß der Ver den nicht angezeigten Umstand kannte.

**[17] 2. Kündigungsrecht.**

Wird „die höhere Gefahr nach den für den Geschäftsbetrieb des Vers maßgebenden Grundsätzen auch gegen eine höhere Prämie nicht übernommen", so verleiht § 41 II 1 dem Ver ein Kündigungsrecht.

**[18] a) Rechtsnatur, Erklärender, Empfänger.**

Es handelt sich um ein gesetzliches außerordentliches Kündigungsrecht des Vers. Wegen des Erklärenden vgl. Anm. 31 zu § 8, wegen des Empfängers Anm. 32 zu § 8.

**[19] b) Inhalt, Form, Mitteilung.**

Hierzu vgl. Anm. 33—35 zu § 8.

**[20] c) Zeit, Wirkung, Beweisfragen.**

Das Kündigungsrecht kann rechtzeitig nur innerhalb eines Monats ausgeübt werden (§ 41 III 2), es gilt das in Anm. 14 Gesagte. Überdies muß zwischen dem Zugang der Kündigungserklärung und dem Eintritt der Kündigungswirkung nach § 41 II 1 noch ein Mindestzeitraum von einem Monat liegen. Hierzu vgl. Anm. 29 zu § 8. Tritt der Vsfall während der Monatsfrist ein, so ist der Ver leistungspflichtig.

Die Kündigungswirkung besteht in einer Aufhebung des Vsvertrages, die Gefahrtragung des Vers endet mit dem Ablauf der Kündigungsfrist von einem Monat, jedoch sind einheitliche gedehnte Vsfälle, z. B. in der Krankenv, auch über die Monatsfrist hinaus zu entschädigen. Das Prämienschicksal ist in § 41 II 2 durch Verweisung auf § 40 I geregelt (vgl. Anm. 7—8 zu § 40). Bei einer rückkaufsfähigen Lebensv hat der Ver den Rückkaufswert zu erstatten (§ 176 I, III, IV). Im Falle des § 30 I kann der Ver nur eine Teilkündigung erklären (Anm. 17 zu § 30).

Der Ver ist hinsichtlich der Voraussetzungen der Kündigung und der Kündigungserklärung beweispflichtig.

**[21] III. Unabdingbarkeit.**

§ 41 ist nach § 42 zugunsten des Vmers im Bereiche der Beschränkungen der Vertragsfreiheit relativ zwingend. Deshalb kann nicht wirksam vereinbart werden, daß bei einem gedehnten Vsfall in der Krankenv die Leistungspflicht des Vers entgegen dem in Anm. 20 Gesagten mit der durch Kündigung erfolgenden Beendigung des Vsvertrages erlöschen solle (so § 4 XI 1 GrundBed, Köppen VersR 1953 S. 354—355). Es dürfte jedoch unbedenklich sein, daß für den Fall einer Gefahrerhöhung, der in § 41 nicht behandelt ist, eine Prämienerhöhung im Vorwege vereinbart wird (vgl. Anm. 39 zu § 23, Anm. 23).

Wenn § 4 II 2 GrundBed vorsieht, die Leistungspflicht des Vers „erstreckt sich nicht auf Krankheiten und deren Folgen, die zwischen dem Zeitpunkt des Vertragsabschlusses und dem Beginn der Leistungspflicht ... dem Vmer .... bekannt geworden sind“, so ist diese Sanktion der Leistungsfreiheit deshalb bedenklich, weil bei vorvertraglicher Existenz der Gefahrumstände ein Fall des § 41 I 2 vorliegt, so daß der Ver nur Prämienerhöhung verlangen und allenfalls kündigen kann; liegt eine Gefahrerhöhung vor, so sind nur die §§ 27, 28, 29a anwendbar.

**[22] IV. Anhang: Prämienerhöhung.**

§ 41 I läßt einen Anspruch auf eine höhere Prämie kraft eines einseitigen Verlangens des Vers entstehen (Anm. 9), dabei müssen ganz bestimmte Voraussetzungen erfüllt sein. Kriegs- und Nachkriegsverhältnisse haben vielfach zu einer derartigen Verschiebung der Risikolage, zu Geldwertschwankungen usw. geführt, daß Prämienerhöhungen unumgänglich waren. Welche juristischen Wege standen und stehen hier zur Verfügung? Man kann zivil- und öffentlich-rechtliche Maßnahmen unterscheiden (vgl. schon Einl. Anm. 29 über Änderungen von AVB, Anm. 108—130 zu § 1 über nachträgliche Änderung von Vsverträgen generell).

**[23] 1. Zivilrechtliche Maßnahmen.**

**a) Vorweggenommene Vereinbarungen.**

Da Vertragsfreiheit besteht, kann im Vsvertrage vereinbart werden, der Vmer habe unter gewissen Voraussetzungen eine höhere Prämie zu zahlen. Solche Vereinbarungen, die immer häufiger werden, können auch für den Fall einer Gefahrerhöhung zulässigerweise getroffen werden (Anm. 21).

Was die Voraussetzungen und den Umfang der im Vorwege vereinbarten Prämienerhöhung (Prämienveränderung) anlangt, so kann es sich entweder um objektiv fixierte Maßnahmen handeln oder um eine Bestimmung durch den Ver oder durch eine dritte Stelle.

**aa) Objektiver Maßstab.**

Hier sind primär die Versuche zu nennen, mit Hilfe von Prämienindexklauseln Geldwertschwankungen Rechnung zu tragen (dazu Möller in: Roehrbein, Rechtsfragen aus der Privat- und Sozialv, Berlin 1953, S. 117—125). Hierbei können sich entweder auch die Vssummen, überhaupt die Vsleistungen verändern oder sie können konstant bleiben. Eine gleichzeitige Leistungsveränderung kennt z. B. weithin die öffentlich-rechtliche Feuerv, ferner die gleitende Neuwertv. Als Material vgl. für die Sachv Anonym VW 1951 S. 139—140, Der Volkswirt 1951 Nr. 23 S. 7, Berliner HansRZ 1923 Sp. 583—584, Helberg VA 1951 S. 58—59, Lauinger ZfV 1951 S. 148—149; VA 1922 S. 78—79, 1923 S. 13, 1925 S. 49, 1951 S. 49—51, 99 — gleitende Neuwertv —, für die Haftpflichtv Wendt, Die wesentlichsten Vorarbeiten für die Indexklausel, Hamburg 1921, S. 3—54; VA 1921 S. 113—116, 1922 S. 53, 1923 S. 26—29; für die Unfallv VA 1923 S. 29. In der Glasv gibt es die Naturalersatz- und Prämienklausel: VA 1953 S. 218 und dazu AG Bremen 5. X. 1950 VW 1950 S. 484, wo ein Kündigungsrecht des Vmers geleugnet wird.

Um einen rein objektiven Maßstab handelt es sich auch, wenn § 13 IV AHagelB besagt: „Nach Zahlung einer Entschädigung wird der Grundprämiensatz vom nächsten Jahre an um 10% .... erhöht.“

**bb) Bestimmung durch Versicherer.**

Diese Bestimmung kann dem Ver einen mehr oder weniger großen Spielraum geben, wobei § 315 BGB anzuwenden ist. Grade bei großem Ermessensspielraum ist es wichtig, ob vorgesehen ist, daß die Aufsichtsbehörden genehmigend mitwirken oder nicht.

Keine Mitwirkung war in folgenden Fällen vorgesehen: Bei einer frühen Kraftfahrhaftpflichtv hatte sich der Ver vorbehalten, ,,bei dem Inkrafttreten des neuen Automobilgesetzes, durch das eine Verschärfung der Haftung der Automobilbesitzer herbeigeführt wurde, .... den Prämiensatz zu erhöhen. Diese Erhöhung durfte jedoch nur in demselben Verhältnis erfolgen, wie die Haftpflicht der Automobilbesitzer durch das neue Gesetz verschärft wurde" (OLG Köln 28. II. 1912 VA 1912 Anh. S. 107—108 Nr. 694).

Gemäß § 8 II ADB gebührt dem Ver im Falle der Gefahrerhöhung eine Zuschlagsprämie, auch § 8 II 1—3 AHaftpflichtB ist hier zu nennen. Nach § 4 III ATierB kann der Ver ,,bei triftigem Grund den Beitrag vom Beginn des auf die Benachrichtigung folgenden Vsjahres erhöhen". In § 13 V AHagelB wird in Ergänzung zu § 13 IV AHagelB normiert: ,,Erweist sich eine über die Bestimmung der Ziff. 4 hinausgehende Erhöhung als erforderlich, so ist sie dem Vmer vor dem 1. April mitzuteilen."

Eine Mitwirkung der Aufsichtsbehörden sieht in der Krankenv — auch bei Aktiengesellschaften — § 6 VI GrundBed vor: ,,Die Grundbedingungen und Tarife können mit Genehmigung der Aufsichtsbehörde auch mit Wirkung für bestehende Vsverhältnisse geändert werden, soweit sie Bestimmungen über Leistungen des Vmers .... betreffen. Eine Erhöhung der Beiträge .... mit Rücksicht auf das Älterwerden der vten Personen während der Dauer des Vsvertrages ist ausgeschlossen." Diese Vorschrift enthält eine vorweggenommene Vereinbarung, bei welcher die Bestimmung der Leistung in der Hand des Vers liegt (§ 315 BGB), jedoch als objektivierender Faktor die Genehmigung der Aufsichtsbehörde vonnöten ist. Die Genehmigung ist auch erforderlich, soweit sie aufsichtsrechtlich an und für sich nicht vorgeschrieben ist. Die Voraussetzungen dafür, daß die Aufsichtsbehörde von sich aus mit Wirkung für bestehende Vsverhältnisse Maßnahmen ergreifen kann, brauchen nicht gegeben zu sein. Um dem Vmer keine unvoraussehbaren Belastungen aufzubürden, sehen einige der hier erwähnten Klauseln ein Kündigungsrecht des Vmers vor, so § 4 III ATierB, § 13 V AHagelB, § 2 II b Ziff. 2 GrundBed. Vgl. auch Anm. 25 zu § 8.

**cc) Bestimmung durch Dritte.**

Möglicherweise werden Voraussetzungen und Umfang der Prämienerhöhung (Prämienveränderung) durch Dritte bestimmt, so daß die §§ 317—319 BGB anwendbar sind. Als Dritte kommen besonders die Aufsichtsbehörden in Betracht, die insoweit nicht nur genehmigen, sondern bestimmen.

Das Hauptbeispiel bietet die Prämienausgleichungsklausel in der allgemeinen Haftpflichtv (§ 8 III AHaftpflB): ,,Die Folgejahresprämie .... erhöht oder vermindert sich gegenüber der Vorjahresprämie um den Prozentsatz, den die Vsaufsichtsbehörde nach billigem Ermessen und allgemein .... bestimmt und jeweils im April und Oktober im Bundesanzeiger bekanntmacht. Der bekanntgegebene Prozentsatz gilt für alle Folgejahresprämien, die in dem auf die Bekanntgabe des Prozentsatzes folgenden Kalenderhalbjahr fällig werden" (VA 1952 S. 121). Dazu z. B. die Bekanntmachungen: VA 1952 S. 122, 1953 S. 77—78, 212, 1954 S. 77, ferner Anonym BetrBer 1952 S. 589, Plath VW 1952 S. 65—66. Ein Kündigungsrecht des Vmers sieht vor: § 9 II 1 AHaftpflB (VA 1952 S. 121—122), dazu VA 1952 S. 122, VW 1953 S. 84.

Eine Gleichschaltung von preisrechtlichen Prämienveränderungen in der Kraftfahrtv und dem Inhalt der bestehenden Verträge sollten erreichen die Klausel: ,,Jahresbeitrag bis zur anderweitigen Festsetzung DM ...." und § 9a II AKB: ,,Änderungen des Einheitstarifs .... haben von ihrem Inkrafttreten an Wirkung auch für bereits bestehende Vsverhältnisse" (VA 1950 S. 131, dazu Anm. 31, VA 1950 S. 159—160, Möller BetrBer 1951 S. 37).

[24] **b) Nachträgliche Vereinbarungen.**

Nach dem Grundsatz der Vertragstreue muß bei Fehlen einer der in Anm. 23 geschilderten vorweggenommenen Vereinbarungen der Ver den Vertrag zu den verabredeten Bedingungen, also ohne Prämienerhöhung, erfüllen. Es ist dem Wesen des Vsverhältnisses als Dauerschuldverhältnis nicht zu entnehmen, daß der Ver unzureichende Prämien stets erhöhen könne (so anscheinend Jellinek VersR 1951 S. 4, Ebel VersR 1951 S. 6—7, dagegen BGH 11. XI. 1953 VA 1953 S. 265 = VersR 1953 S. 445, Möller ZfV 1951 S. 82—83).

Es kommt demnach primär darauf an, ob der Vmer sich gemäß § 305 BGB zu einer Vertragsänderung bereitfindet. Mit freiwilligen Teuerungszuschlägen ist während der Inflationszeit gearbeitet worden, wobei das RAA sie nur dann für zulässig erklärt hat, „wenn dem Vmer mit einer jeden Zweifel ausschließenden Deutlichkeit klargemacht wird, daß es sich bei dem Zuschlag um eine freiwillige Leistung handelt, zu der er vertragsmäßig nicht verpflichtet ist. Diese Aufklärung muß schriftlich erfolgen" (VA 1920 S. 112). Ursprünglich hatte das RAA sogar verlangt, daß auch der Vmer seine Willenserklärung schriftlich abgeben müsse (vgl. auch VA 1920 S. 190—191, 208—209, 1921 S. 110—111). Das BAA hat sich dagegen gewandt, daß ein Ver einen nicht vereinbarten „Teuerungszuschlag" derart erhob, daß es ihn auf den Prämienrechnungen mit belastete und unter Hinweis auf § 39 die übliche Frist setzte; es sei aus Aufsichtsgründen nicht zuzulassen, daß der Ver gemäß § 151 BGB einen Änderungsvertrag zustandekommen lasse, insbesondere auf den Zugang der Annahmeerklärung des Vmers verzichte (VA 1954 S. 36 = VW 1954 S. 212 und dazu Anm. 121 zu § 1).

In der allgemeinen Haftpflichtv ist 1949/1950 eine Prämienerhöhungsaktion unter gleichzeitiger Vereinbarung einer den Vmer besserstellenden Obhutsklausel durchgeführt. Vgl. auch Wilms VersPrax 1954 S. 35—36.

Läßt sich der Vmer auf einen Änderungsvertrag nicht ein, so fragt es sich, ob der Ver kündigen kann, um hierdurch die Basis zu neuen Abschlußverhandlungen zu gewinnen. Sieht man von einer ordentlichen Kündigung, z. B. im Rahmen der Verlängerungsklausel (§ 8 I) ab, so kann dem Ver ein außerordentliches Kündigungsrecht nur unter besonderen Voraussetzungen zustehen. Vertraglich war es früher in der Haftpflichtv vereinbart (dazu VA 1925 S. 39, 1939 S. 106—107, Oberbach II S. 304—305). Die Klausel setzte voraus, daß „infolge von Veränderungen der allgemeinen wirtschaftlichen Verhältnisse" oder „durch die Änderung bestehender oder den Erlaß neuer Rechtsnormen" die Grundlagen der Haftpflichtv allgemein derart erschüttert werden, daß bei unveränderter Fortsetzung der bestehenden Ven die Durchführung einer geordneten und den Interessen der Vten auf die Dauer gerecht werdenden Geschäftsgebarung des Unternehmens ernsthaft gefährdet erscheint. Nach der Streichung dieser Klausel kommt (auch in der allgemeinen Haftpflichtv) nur noch das außerordentliche Kündigungsrecht aus wichtigem Grunde oder wegen Erschütterung der Geschäftsgrundlage in Frage (dazu Anm. 25—26 zu § 8, 41 zu § 13). Es muß sich um eine „ganz unvoraussehbare grundstürzende Veränderung der wirtschaftlichen Verhältnisse" handeln (OLG Hamm 24. II. 1923 VA 1923 Anh. S. 62—64 Nr. 1320, auch VA 1921 S. 10—13, 111—113, 1922 S. 52—53, 1923 S. 29—30, 1924 S. 44—45, 1925 S. 38—39). Gerade beim Vsvertrag muß der Ver mit gewissen Schwankungen von vornherein rechnen. Das liegt im Wesen der Gefahrtragung und kann vstechnisch z. B. durch Schwankungsrückstellungen ausgeglichen werden.

[25] **c) Besonderheiten beim Gegenseitigkeitsverein.**

Beim Vsverein auf Gegenseitigkeit kann das Gleichgewichtsverhältnis zwischen Beiträgen und Gefahrtragung auf privatrechtlichem Wege dadurch gesichert werden, daß entweder nach dem Umlagesystem oder mit Nachschüssen gearbeitet wird (vgl. Anm. 11 zu § 35). Hieraus ergibt sich zugleich die Möglichkeit von Beitragserhöhungen. Nach § 27 II VAG soll die Satzung bestimmen, wie die Umlagen oder Nachschüsse ausgeschrieben werden, insbesondere durch welches Organ. In einem Jahr kann auch mehrfach eine Ausschreibung erfolgen (VA 1913 S. 21). Zu den Umlagen oder Nachschüssen haben auch die im Laufe des Geschäftsjahrs ausgeschiedenen oder eingetretenen Mitglieder beizutragen (Näheres § 25 VAG, Kisch Gegenseitigkeitsverein S. 200—203).

[26] Sind Nachschüsse ausgeschlossen (§ 24 II VAG) oder hat die Satzung für Nachschüsse oder Umlagen einen Höchstbetrag festgesetzt (§ 24 III 1 VAG), so ist dadurch die zivilrechtliche Möglichkeit von Prämienerhöhungen ausgeschlossen oder eingeschränkt. Dies gilt auch für Ven von Nichtmitgliedern „gegen feste Entgelte" (§ 21 III VAG), die es bei kleineren Vereinen nicht gibt (§ 53 1 2 VAG).

[27] Bei Mitgliedern fragt es sich, ob eine Satzungsänderung zu einer Beitragserhöhung führen kann, z. B. durch Einführung der bislang ausgeschlossenen Nachschußpflicht oder Erhöhung des Höchstbetrages oder durch Tarifänderung, falls der Tarif Bestandteil der Satzung ist. Nach § 41 III 1 VAG berührt die Satzungsänderung ein bestehendes Vsverhältnis grundsätzlich nicht. Das Gesetz kennt jedoch zwei Ausnahmen. Die erste gilt, sofern die Satzung ausdrücklich vorsieht, daß die Beitragsregelung auch mit Wirkung für die bestehenden Vsverhältnisse geändert werden kann (§ 41 III 2 VAG; dazu LG Berlin 17. X. 1925 VA 1925 S. 116—118 Nr. 1475). Ein Beispiel bietet § 11 I 2 Mustersatzung für kleinere Krankenvsvereine (VA 1951 S. 46: „Alle Änderungen der Satzung über... Beiträge... haben Wirkung auch für die bereits bestehenden Vsverhältnisse, sofern nicht die Mitgliederversammlung etwas anderes beschließt"; § $16^1$ Mustersatzung setzt die Höhe des Beitrags in der Satzung selbst fest). Eine zweite Ausnahme gilt nach § 41 III 1 VAG dann, wenn „der Vte der Änderung ausdrücklich zustimmt". Die ausdrückliche Zustimmung braucht aber nicht in Worten zu erfolgen, sondern kann auch schlüssigen Handlungen entnommen werden, z. B. der Zahlung des erhöhten Beitrags in Kenntnis der Abänderung (Rehm-Berliner-Fromm Anm. 3 zu § 41, S. 352).

[28] Es kommt auch in Betracht, daß ohne Vorliegen einer Satzungsänderung Beiträge erhöht werden, man denke an einen Gegenseitigkeitsverein mit ausgeschlossener Nachschußpflicht, bei dem die jährlich im Voraus zu erhebenden Beiträge nicht in der Satzung festgelegt sind und bei denen der Tarif auch nicht als Bestandteil der Satzung gilt. Hier wird man unterscheiden müssen. Ist für die Mitglieder beim Beitritt aus der Satzung oder sonstwie ersichtlich, daß der Tarif zeitgebunden ist und für jedes Jahr von einem Organ des Vereins neu festgesetzt wird, so sind die Mitglieder auch an Erhöhungen, die für ein neues Jahr festgesetzt werden, gebunden. Falls jedoch der Tarif nicht zeitgebunden ist, so ist die Frage so zu behandeln, wie wenn AVB geändert werden, mag auch der Tarif nicht zu den AVB gehören (§§ 5 III Ziff. 2, 10—12 VAG). Demnach berührt eine Tariferhöhung ein bestehendes Vsverhältnis grundsätzlich nicht; Ausnahmen gelten wieder nur bei einer entsprechenden Vorbehaltsklausel in der Satzung oder bei ausdrücklicher Zustimmung des Vmers (§ 41 III VAG). Die wichtige Frage ist leider gesetzlich nicht ausreichend klar geregelt.

**[29] 2. Öffentlich-rechtliche Maßnahmen.**

**a) Aufsichtsrecht.**

Eine Prämienerhöhung kann eine Geschäftsplanänderung darstellen, sofern die Prämienhöhe in der Satzung oder in den AVB geregelt ist oder sofern der Prämientarif zum Geschäftsplan gehört, was nach §§ 11, 12 VAG in der Lebens-, Kranken- und Unfallv regelmäßig zutrifft (Anm. 20 zu § 35). Eine Geschäftsplanänderung ist nach § $13^1$ VAG in den beaufsichtigten Vszweigen genehmigungsbedürftig und darf erst nach der Genehmigung in Kraft gesetzt werden. Die Genehmigung allein hat aber keine privatrechtliche Bedeutung, sagt insbesondere nichts darüber aus, ob die Genehmigung auch auf bestehende Vsverträge anwendbar ist. Hierfür bedarf es vielmehr eines besonderen Rechtsgrundes. Zu prüfen ist, ob aufsichtsbehördliche Maßnahmen nach folgenden Vorschriften in Betracht kommen:

**[30] aa) § 81 II 1 VAG.**

Danach kann die Aufsichtsbehörde Anordnungen treffen, die geeignet sind, Mißstände zu beseitigen, welche die Belange der Vten gefährden. Theoretisch ist es denkbar, daß die Beibehaltung des bisherigen Prämientarifes zu Mißständen führt, etwa einer dauernden Unterbilanz, welche auch die Belange der Vmer gefährdet (so auch Rehm-Berliner-Fromm Anm. 5 zu § 81, S. 530, VA 1925 S. 48). Von einer oberen und unteren Grenze der Prämienaufsicht sprechen VA 1938 S. 44—45, Starke in: 50 Jahre materielle Vsaufsicht, 1. Band, Berlin o. J., S. 85—86. Aber die Anordnungen nach § 80 II 1 VAG können sich nur an Inhaber und Geschäftsleiter der Vsunternehmen richten (§ 81 III 1 VAG), und diesen kann nicht ein juristisch unberechtigter Eingriff in die Privatrechte der Vmer befohlen werden (Rehm-Berliner-Fromm Anm. 4 zu § 81, S. 528, Starke VW 1949 S. 150; Beispiel: VA 1920 S. 209—210).

**[31] bb) § 81a² VAG.**

Hiernach kann die Aufsichtsbehörde einen Geschäftsplan mit Wirkung für bestehende Vsverhältnisse ändern, wenn es zur Wahrung der Belange der Vten notwendig erscheint. Vgl. dazu schon Einl. Anm. 29, Anm. 114 zu § 1, Anm. 43 zu § 13.

Ein Prämientarif gehört in der Schadensv regelmäßig nicht zum Geschäftsplan (Anm. 43 zu § 13, Anm. 20 zu § 35), nur in den Fällen der §§ 11, 12 VAG, also in der Lebens-, Kranken- oder Unfallv kommt danach eine Tarifänderung als Geschäftsplanänderung in Betracht (unzulässig daher VA Berlin 1948 S. 13—14, 1951 S. 126 für die Einbruchdiebstahl- und Hausratv). Eine Geschäftsplanänderung läge auch vor, wenn eine satzungsmäßige Ausschließung oder Begrenzung von Nachschüssen oder eine sonstige Satzungsbestimmung, welche die Beitragspflicht bei einem Gegenseitigkeitsverein behandelt, geändert wird. Zum Geschäftsplan gehören schließlich auch die AVB. Mit einem Rundschreiben VA 1950 S. 131 haben die Aufsichtsbehörden gemäß § 81a² VAG z. B. angeordnet, daß folgender § 9a II AKB auch mit Wirkung für bestehende Vsverhältnisse eingefügt werde: „Änderungen des Einheitstarifs für Kraftfahrven haben von ihrem Inkrafttreten an Wirkung auch für bereits bestehende Vsverhältnisse". Auf dem Umwege über eine Änderung der AVB, die zum Geschäftsplan gehören, sollten Tariferhöhungen eingeführt werden, obgleich der Prämientarif seinerseits nicht zum Geschäftsplan zählt. Hiergegen Möller BetrBer 1951 S. 37. Die Aufsichtsbehörden sind denn auch in VA 1950 S. 159—160 von dem ursprünglich eingenommenen Standpunkt abgerückt: „Mit der Einfügung ist nicht bezweckt worden, den Vsunternehmungen eine selbständige Grundlage für eine Prämiennacherhebung der erwähnten Art zu gewähren."

Außerdem ist zu beachten, daß § 81a² VAG den Aufsichtsbehörden kein Verordnungsrecht delegiert (Eversmann VW 1948 S. 392, Möller VW 1947 S. 1434, Starke VW 1949 S. 150—151, Wriede VW 1947 S. 288), daß Geschäftsplanänderungen wirklich „notwendig" sein müssen und nur „zur Wahrung der Belange der Vten zulässig sind", wobei es höchst zweifelhaft ist, ob eine Prämienerhöhung jeweils diesen Interessen dienen kann (verneinend Österreichischer Verfassungsgerichtshof 7. X. 1948 VW 1949 S. 61, vgl. Anm. 43 zu § 13).

**[32] cc) § 87 I VAG.**

Ergeben sich bei der Prüfung der Vermögenslage eines Vers so schwere Mißstände, daß eine Fortsetzung des Geschäftsbetriebs die Belange der Vten gefährdet, so kann die Aufsichtsbehörde wohl den Geschäftsbetrieb untersagen, auch nach § 87 II VAG Maßnahmen zur einstweilgen Sicherung des Vermögens ergreifen, aber keine Prämienerhöhung anordnen.

**[33] dd) § 89 I 1 VAG.**

Die Vorschrift setzt voraus, daß ein Ver für die Dauer nicht mehr imstande ist, seine Verpflichtungen zu erfüllen und das die Vermeidung des Konkurses zum Besten der Vten geboten erscheint. Liegen diese Voraussetzungen vor, so können den Vertretern der Unternehmung Befehle erteilt werden, jedoch ist es juristisch unmöglich, ihnen zu befehlen, sie sollten einseitig in bestehende Vsverhältnisse durch Prämienerhöhungen eingreifen. Die Aufsichtsbehörde selbst kann eine Prämienerhöhung nicht anordnen, vielmehr läßt § 89 II ersehen, daß nur eine Herabsetzung derVsleistungen und auch sie nur in der Lebensv in Betracht kommt. § 89 II 4 VAG betont für diesen Fall ausdrücklich: „Die Pflicht der Vmer, die Vsentgelte in der bisherigen Höhe weiterzuzahlen, wird durch die Herabsetzung nicht berührt". Ein Vmer soll nicht gegen seinen Willen mit erhöhten Verpflichtungen belastet werden, die er in seinem Haushaltsplan nicht vorgesehen hat.

**[34] b) Preisrecht.**

Es gibt im Bereiche der Privatv gebundene Preise, und zwar Festpreise nur in der Kraftfahrtv nach Maßgabe des Einheitstarifes (Quellen: Einl. Anm. 13).

Es war problematisch, ob und inwieweit erhöhte Festpreise mit Wirkung für bestehende Vsverhältnisse festgestellt werden können (dazu auch Ebel VersR 1951 S. 4—7, Jellinek VersR 1951 S. 3—4, Möller BetrBer 1951 S. 35—38, ZfV 1951 S. 81—83). §10 II Anordnung PR Nr. 30/49 normierte, bei laufenden Vsverträgen seien die Prämiensätze ab 1. IV. 1949 anzuwenden. § 4 II VO PR Nr. 51/50 besagte: „Der Einheitstarif für Kraftfahrtven 1950 ist auch auf laufende Verträge anzuwenden." § 3 II 1 VO PR Nr. 77/52 bestimmte seine Anwendbarkeit „erstmalig für die nach dem 31. XII. 1952 beginnende Vsperiode."

Das DOG 21. VI. 1950 VersR 1950 S. 129—132 hat zur Anordnung PR Nr. 30/49 die Grenze derart gezogen, daß es unter dem Gesichtspunkt der Enteignung Prämiennachforderungen ausschließt: Hat der Vmer am Tage des Inkrafttretens der VO bereits eine Prämie für einen gewissen künftigen Zeitraum beglichen, so hat er damit ein wohlerworbenes Recht auf eine nachzahlungsfreie Gefahrtragung des Vers für ebendiesen Zeitraum erlangt, das ihm nicht enteignet werden kann.

Der BGH 11. XI. 1953 BGHZ Bd 10 S. 391—399 = VA 1953 S. 264—265 hat zur VO PR Nr. 51/50 den Enteignungsgedanken beiseitegelassen und darauf abgestellt, daß das Prämienschuldverhältnis insoweit erloschen sei, als eine fällige Prämie bis zum Inkrafttreten der VO (23. VIII. 1950) beglichen sei (dazu Anm. 53 zu § 35). Die Rechtswirkung des Erlöschens könne allenfalls dann wieder beseitigt und rückgängig gemacht werden, wenn „ein Wille des Gesetzgebers zu einer solchen echten Rückwirkung des Gesetzes . . . in dem Gesetz selbst mit aller Deutlichkeit zum Ausdruck gekommen ist". Im konkreten Fall sei im Gegenteil eindeutig klargestellt, daß die VO erst nach der Verkündung in Wirksamkeit treten solle. Die VO gab den Vern also keinen Anspruch auf Nachzahlung von Prämien für die Zeitabschnitte, für welche die Forderung auf Prämienzahlung bereits am 23. VIII. 1950 infolge Zahlung erloschen war.

Es handelte sich um einen Musterprozeß, Vorinstanzen: LG Düsseldorf 20. XI. 1951 VersR 1952 S. 13—15 (Entscheidung zugunsten des Vmers), OLG Düsseldorf 29. VII. 1952 VersR 1952 S. 274—276 (Entscheidung zugunsten des Vers). Das Urteil des BGH ist im Ergebnis zustimmend besprochen von Büchel VersR 1954 S. 52—53 (mit selbständigen Gedanken zum Rückwirkungsproblem), ferner von Faulhaber ZfV 1953 S. 589—591, Pinckernelle Der Volkswirt 1954 Nr. 3 S. 15—16, Richter VersPrax 1954 S. 1—3.

Die Entscheidungen des DOG und BGH hatten nicht nur Bedeutung im Falle der Zahlung von ganzen Jahresprämien vor dem 23. VIII. 1950, sondern auch auf gezahlte Prämienraten waren Nachzahlungen nicht zu leisten. Die späteren Prämienraten mußten allerdings nach dem neuen Einheitstarif beglichen werden (AG Hamburg 14. XII. 1950 VersR 1951 S. 67, a. A. Prölss VersR 1950 S. 121—122, beide für die Anordnung PR Nr. 30/49). — Die Ver haben durchweg eingeforderte Prämiennachzahlungen, die nicht geleistet zu werden brauchten, nicht spontan zurückgezahlt. Der Nichtforderungsanspruch der Vmer verjährt als Bereicherungsanspruch in 30 Jahren (§ 195 BGB, vgl. Anm. 9 zu § 12). — Mindestens in Fällen des Prämienverzuges des Vmers dürfte der Ver nach Treu und Glauben verpflichtet sein, den Vmer auf die Möglichkeit der (völligen oder teilweisen) Aufrechnung hinzuweisen oder die Aufrechnung selbst zu erklären (vgl. für den Parallelfall eines zur Verfügung stehenden Gewinnanteils Anm. 27 zu § 39). Der Ver muß also vor einer Prämienmahnung prüfen, ob dem Vmer ein Bereicherungsanspruch zusteht. — Die Aufrechnung ist auch noch nach Ablauf der Zahlungsfrist und nach Eintritt des Vsfalles möglich (Anm. 62 zu § 35).

Die VO PR Nr. 77/52 hat bereits dem Standpunkt des BGH Rechnung getragen, indem sie sogar auf die gesamte nächste Vsperiode, nicht nur auf den nächsten Ratenzahlungszeitraum abstellt (Fälle, in denen die Prämie für mehrere Vsperioden schuldtilgend vorausgezahlt war, können praktisch außer Betracht bleiben; falls es sie gäbe, so wären Prämiennachforderungen unzulässig, a. A. das BAA VW 1954 S. 13).

Bei einer Verwendungsänderung des vten Kraftfahrzeugs erhält der Ver automatisch die dem erhöhten Risiko entsprechende höhere Prämie (BGH 2. IV. 1952 VersR 1952 S. 175 unter Berufung auf RG 12. III. 1943 RGZ Bd 170 S. 399 [Ausw 2] [Umstellung nach Einführung des Einheitstarifs], auch Weber VersR 1953 S. 123).

# § 41a

**(1) Ist wegen bestimmter, die Gefahr erhöhender Umstände eine höhere Prämie vereinbart, so kann der Versicherungsnehmer, wenn diese Umstände in der Zeit zwischen Stellung und Annahme des Antrags oder nach Abschluß des Vertrags wegfallen oder ihre Bedeutung verlieren, verlangen, daß die Prämie für die künftigen Versicherungsperioden angemessen herabgesetzt wird.**

**(2) Das Gleiche gilt, wenn die Bemessung der höheren Prämie durch irrtümliche Angaben des Versicherungsnehmers über einen solchen Umstand veranlaßt worden ist.**

## Prämienherabsetzung.

**Gliederung:**



[1] **Entstehung:** § 41a ist durch die VO vom 19. XII. 1939 eingefügt. — Begr. III S. 11.

[2] **Schrifttum:** Anm. 2 zu § 16, Schmidt-Tüngler ZVersWiss 1942 S. 190.

[3] **I. Tatbestand.**

Die Prämienherabsetzung stellt das Gegenstück zu der in § 41 geregelten Prämienerhöhung dar. Die Voraussetzungen der Prämienherabsetzung sind in § 41a ziemlich eng umschrieben; im Bereiche der Lebensv ist die Vorschrift nach § 164a überhaupt unanwendbar (dazu Begr. III S. 16—17).

Die Prämienherabsetzung ist für zwei Tatbestände vorgesehen:

[4] **1. Wegfall von Gefahrumständen.**

Beim formellen Vsbeginn setzt sich die Gefahrslage aus einer Vielzahl von Gefahrumständen zusammen. Dabei ist hier die Unterscheidung zwischen ungünstigen und günstigen Gefahrumständen (Anm. 23 zu § 16) bedeutsam sowie die Frage, ob ein ungünstiger Gefahrumstand dem Ver auf Grund einer vorvertraglichen Anzeige oder sonstwie bekannt geworden ist (Anm. 36—37 zu § 16). Nicht jeder Wegfall von Gefahrumständen führt zu einer Prämienherabsetzung.

[5] **a) Gefahrminderung.**

Es muß sich um den Wegfall eines ungünstigen, die Gefahr erhöhenden Umstandes, also im Ergebnis um eine Gefahrminderung handeln, wobei keine isolierende Betrachtungsweise gestattet, sondern eine gesamtheitliche Schau geboten ist: Fällt zwar ein ungünstiger Gefahrumstand weg, entsteht aber dafür ein anderer neu, so kann im Ergebnis von einer Gefahrminderung nicht gesprochen werden (entsprechend für die Gefahrerhöhung Anm. 6 zu § 23). Die Gefahrminderung muß als dauernde anzusehen sein, eine nur vorübergehende Risikominderung kann nicht zu einer Prämienänderung führen (Schmidt-Tüngler ZVersWiss 1942 S. 197).

Einem Wegfall von Gefahrumständen stellt § 41a I den Fall gleich, daß sie „ihre Bedeutung verlieren", also zwar bestehen bleiben, aber doch so vermindert werden, daß die höhere Prämie nicht mehr oder doch nicht mehr in dem vereinbarten Umfange angemessen erscheint.

[6] **b) Versichererkenntnis.**

Der weggefallene ungünstige Gefahrumstand muß dem Ver bekannt gewesen sein, als er seine Willenserklärung zur Prämienhöhe abgab. Denn nur dann kann wegen dieses bestimmten Umstandes eine höhere Prämie vereinbart sein. Aus diesem Grunde stellt § 41a I nicht nur darauf ab, ob ein Umstand nach dem formellen Vsbeginn weggefallen ist, sondern bezieht auch den Tatbestand des Wegfalls „in der Zeit zwischen Stellung und Annahme des Antrags" ein: Man denke daran, daß der Vmer hinsichtlich des ungünstigen Umstandes bei der Antragsstellung zunächst die vorvertragliche Anzeigepflicht erfüllt und der Ver den Antrag angenommen hat, bevor ihm der zwischenzeitliche Wegfall des ungünstigen Umstandes bekannt wurde.

[7] **c) Prämieneinfluß.**

Erforderlich ist weiterhin, daß wegen des ungünstigen, dem Ver bekannten Umstandes, und zwar wegen eines ganz bestimmten Gefahrumstandes (oder mehrerer bestimmter Gefahrumstände), eine höhere Prämie vereinbart ist. Der Vereinbarung muß also eine spezifizierende Prämienkalkulation zugrundeliegen, keine bloße Allgemeinvorstellung von der Schwere des Risikos. Eine spezifizierende Prämienkalkulation kann es bei allen Vsarten geben, die mit Tarifen arbeiten, welche Normalprämien und Zuschläge oder spezifizierte Tarifklassen kennen. Es kommt also darauf an, ob „der Tarif (oder die Tarifierung" — besser: Prämienbemessung — „außerhalb eines Tarifs) das Vorhandensein oder Nichtvorhandensein des betreffenden Umstands ausdrücklich berücksichtigt" (Prölss[8] Anm. 2 zu § 41a, S. 154). Wegen nur indizierender Umstände (Anm. 16 zu § 16) und wegen vertragsgefährlicher Umstände (Anm. 17 zu § 16) pflegen höhere Prämien nicht vereinbart zu werden (vgl. Schmidt-Tüngler ZVersWiss 1942 S. 196). Es ist unerheblich, ob das Zustandekommen der Prämienhöhe dem Vmer ersichtlich war, insbesondere braucht der Vsschein nichts hierüber zu ergeben.

[8] **d) Abgrenzung.**

Von einem Wegfall usw. eines Gefahrumstandes ist der Fall zu unterscheiden, daß nicht die Gefahr, sondern das Gefährdete, insbesondere das vte Interesse, wegfällt. Den Fall des vollständigen Interessewegfalls behandelt §68 II—IV; fällt das Interesse schon vor dem materiellen Vsbeginn weg, so greift § 68 I ein. Bei teilweisem Interessewegfall kommt eine Anwendung des § 51 I, II (Beseitigung einer Überv) in Betracht. Wird bei einer Grundeigentümerhaftpflichtv das Grundstücksgebäude zerstört, so fällt nicht das vte Interesse fort (wie OLG Hamm 9. III. 1950 VersR 1950 S. 85 angenommen hat), sondern es handelt sich um eine Gefahrminderung (BGH 24. I. 1951 NJW 1951 S. 314—315 = VersR 1951 S. 76, dazu Oberbach VersR 1951 S. 77—79, Bertermann JR 1951 S. 610—612). Desgleichen sieht mit Recht OLG Jena 3. III. 1942 JRPV 1942 S. 75 in der aus Anlaß des Krieges angeordneten Stillegung eines Kraftfahrzeugs in bezug auf die Kraftfahrzeughaftpflichtv keinen Interessewegfall, sondern eine Gefahrminderung. Zur Abgrenzung von Gefahrminderung zum Interessewegfall (§ 68) und zur Beseitigung einer Überv (§ 51) vgl. ferner LG Berlin 22. I. 1932 JRPV 1932 S. 141—142.

**[9] 2. Falschanzeige von Gefahrumständen.**

§ 41 a II setzt voraus, daß der Vmer irrtümliche Angaben über einen Gefahrumstand gemacht hat, was wiederum wegen dieses bestimmten Umstandes zur Vereinbarung einer höheren Prämie geführt haben muß.

Es muß sich um eine Angabe über einen ungünstigen Umstand handeln. Es reicht also nicht aus, falls der Vmer es unterlassen hat, auf günstige Gefahrumstände hinzuweisen, oder daß der Irrtum auf seiten des Vers liegt, welcher fälschlich angenommen hat, es lägen ungünstige Umstände vor. In beiden Fällen erscheint jedoch eine Analogie zu § 41 a II geboten.

Darauf, ob der Irrtum des Vmers (oder des Vers) verschuldet ist, stellt § 41 a II nicht ab.

Wiederum aber muß eine spezifizierende Prämienkalkulation (Anm. 7) erfolgt sein (so daß es im ersten Analogiefall darauf ankommt, ob bei Bekanntsein des günstigen Gefahrumstandes eine Prämienvergünstigung gewährt wäre).

**[10] II. Rechtsfolgen.**

Liegt einer der genannten Tatbestände vor, so hat der Vmer nur einen einzigen Rechtsbehelf: Er kann „verlangen, daß die Prämie für die künftigen Vsperioden angemessen herabgesetzt wird" (§ 41 a I 2). Insonderheit kann im Falle des § 41 a II der Vmer nicht wegen Irrtums anfechten.

**[11] 1. Rechtsnatur.**

Die Prämie ermäßigt sich nicht ipso iure, sonst müßte notwendig die Herabsetzung auch für frühere Vsperioden Platz greifen, z. B. im Falle des § 41 a II oder des Wegfalls der ungünstigen Umstände schon vor dem formellen Vsbeginn nach § 41 a I. Im übrigen könnte man zweifeln, ob es sich um ein Gestaltungsrecht des Vmers oder um einen obligatorischen Anspruch des Vmers auf Herabsetzung der Prämie handelt (letzteres nimmt Schmidt-Tüngler ZVersWiss 1942 S. 194—195 an). Der Fall unterscheidet sich von dem des § 41 I 1 dadurch, daß bei § 41 a der Verlangende und der die Prämie Korrigierende nicht identisch sind. Das spricht dafür, hier einen Anspruch des Vmers auf Prämienherabsetzung anzunehmen, der jedoch erst mit dem Verlangen existent wird (a. A. Schmidt-Tüngler ZVersWiss 1942 S. 195), denn sonst wäre es unerklärlich, daß das Verlangen — eine einseitige empfangsbedürftige Willenserklärung des Vmers — nur für künftige Vsperioden wirkt.

**[12] 2. Erklärender.**

Das Verlangen kann der Vertragspartner des Vers, also der Vmer, aber auch ein anderer Prämienschuldner (Anm. 27 zu § 35) stellen.

**[13] 3. Empfänger.**

Die empfangsbedürftige Willenserklärung muß dem Ver zugehen, nach § 43 Ziff. 2 ist auch ein Vermittlungsagent empfangsberechtigt.

**[14] 4. Inhalt.**

Das Verlangen muß unzweideutig erkennen lassen, daß eine Prämienherabsetzung verlangt werde.

**[15] 5. Form.**

Das Verlangen ist formfrei.

**[16] 6. Frist.**

Eine Frist für das Verlangen ist nicht vorgesehen. Unterläßt der Vmer die Geltendmachung bis zum Schluß der Vsperiode, so kann in der neuen Vsperiode die Herabsetzung wieder nur für künftige Vsperioden gefordert werden. Da es sich um einen Anspruch des Vmers handelt (Anm. 11), greift die Verjährung des § 12 I (zwei Jahre) Platz.

[17] 7. **Wirkung.**

Das Verlangen verpflichtet den Ver zu einer angemessenen Herabsetzung der Prämie für die künftigen Vsperioden (§ 41a I). Die Herabsetzung ist ein einseitiger Akt des Vers, gebunden durch das Merkmal der Angemessenheit. Nimmt der Ver die Bestimmung, welche durch Erklärung gegenüber dem Verlangenden zu erfolgen hat, nicht oder unangemessen vor, so ist sie durch Urteil zu treffen (analog § 315 II, III BGB); allerdings wendet sich Prölss[8] Anm. 2 zu § 41a, S. 154, gegen eine „richterliche Prämienschöpfung".

Für die Beurteilung der Angemessenheit ist die ursprüngliche Prämienkalkulation bedeutungsvoll, die auf Anforderung der Ver aufzudecken hat.

Das Verlangen wirkt nur für Vsperioden, die seinem Zugang beim Ver folgen. Ist die übersetzte Prämie vorausbezahlt, so kann der Vmer sie unter dem Gesichtspunkt der ungerechtfertigten Bereicherung zurückverlangen. Für die laufende und vergangene Vsperioden wirkt die Prämienherabsetzung nicht, auch dann nicht, wenn schon während ihres Laufes die Gefahr gemindert war (AG Detmold 20. XII. 1951 VersR 1952 S. 226).

[18] 8. **Beweis.**

Der das Verlangen aus § 41a Stellende muß auch die Voraussetzungen beweisen, was besonders schwierig sein kann, falls dem Vmer die Art der Prämienkalkulation des Vers unbekannt ist.

[19] **III. Unabdingbarkeit.**

§ 41a ist nach § 42 im Bereiche der Beschränkungen der Vertragsfreiheit zugunsten des Vmers relativ zwingend. Selbstverständlich können aber die Fälle der Prämienherabsetzung wegen Gefahränderung in den AVB vermehrt werden.

Das ist geschehen in § 4 I a AUnfallB, wonach bei Aufnahme einer neuen Berufstätigkeit durch den Vten, sofern sich für diese eine niedrigere Prämie ergibt, eine Prämienherabsetzung erfolgt; es bedarf keines Verlangens, sondern einer einfachen Anzeige. Auch § 8 II Ziff. 1 Satz 1, Ziff. 2 AHaftpflB geht zugunsten des Vmers über § 41a hinaus, und zwar in drei Punkten: Es wird jede Gefahrminderung berücksichtigt, es bedarf keines Verlangens seitens des Vmers, es erfolgt schließlich die Prämienherabsetzung nicht erst mit Wirkung für die folgende Vsperiode, sondern bereits für einen früheren Zeitpunkt: Bei einfacher Gefahränderung entsprechend dem Zeitpunkt der Veränderung (§ 8 II Abs. 2 Satz 1 AHaftpflB), bei Fortfall eines Risikos vom Eingange der Anzeige des Vmers ab (§ 8 II Abs. 2 Satz 2 AHaftpflB). Zu beachten ist übrigens die unterschiedliche Behandlung, die der „Risikofortfall" in den AHaftpflB erfährt: Im Falle des § 8 II Abs. 2 Satz 2 AHaftpflB bleibt der Bestand des Vertrages unberührt, es erfolgt nur eine verhältnismäßige Prämienherabsetzung. Bei dem Risikofortfall des § 9 III AHaftpflB dagegen tritt insoweit ein Erlöschen des Vertrages ein, die Prämie ist nach § 8 III Ziff. 1 Abs. 4 AHaftpflB für das laufende Vsjahr noch in voller Höhe zu zahlen. Diese unterschiedliche Regelung erklärt sich aus der verschiedenartigen Bedeutung, mit der das Wort „Risiko" in den Bedingungen gebraucht wird. Im ersten Fall ist die Risikominderung das Gegenstück zu den „Erhöhungen und Erweiterungen des vten Risikos" nach § 1 Ziff. 2b AHaftpflB. Im zweiten Fall handelt es sich hingegen um solche Gefahrumstände, die „bei Hinzutritt als neues Risiko im Sinne der Vorsorgev behandelt werden" (Oberbach VersR 1951 S. 77), § 9 III AHaftpflB ist also das Korrelat zu §§ 1 Ziff. 2c, 2 AHaftpflB.

[20] **IV. Anhang: Restfälle.**

Es gibt auch außerhalb des § 41a einige Tatbestände, an welche die Rechtsfolge einer Prämienherabsetzung geknüpft ist, sei es kraft Gesetzes, sei es kraft Vertrages.

Gesetzliche Tatbestände, bei denen gleichfalls ein Verlangen eine Rolle spielt, finden sich in § 51 I, II (Beseitigung einer Überv) und § 60 (Aufhebung oder Herabsetzung einer Doppelv).

Eine automatische Prämienermäßigung kennen nach einem Vsfall §§ $95^2$, 96 III 2, $119^2$.

In einem Vergleichsverfahren des Vmers kann der Vergleich auch Prämienforderungen eines Vers treffen (vgl. Anm. 23, 22 zu § 14), übrigens auch soweit es sich um Kraftfahrtvsprämien handelt; der Festpreischarakter des Einheitstarifes steht nicht entgegen.

Vertragshilfe zugunsten des Vmers gibt es bei Prämienforderungen nicht (Anm. 31 zu § 14).

Vertraglich gibt es eine Prämienrückgewährklausel in der Betriebsunterbrechungsv: VW 1953 S. 60.

Unzulässig waren VA Berlin 1948 S. 13—14 Ziff. IV, 1951 S. 126, wonach aufsichtsbehördlich Prämiensenkungen in der Einbruchdiebstahl- und Hausratv angeordnet sind unter Berufung auf §§ 81, 81a VAG.

# § 42

**Auf eine Vereinbarung, durch welche von den Vorschriften der §§ 37 bis 41a zum Nachteile des Versicherungsnehmers abgewichen wird, kann sich der Versicherer nicht berufen.**

**Unabdingbarkeit.**

**Gliederung:**



[1] **Entstehung:** Kraft der VO vom 19. XII. 1939 ist § 42 n. F., der auch § 41a mitaufführt, an die Stelle von § 42 a. F. getreten. — Begr. III S. 11.

[2] **Schrifttum:** Einl. Anm. 40.

[3] **I. Beschränkungen der Vertragsfreiheit.**

Der 3. Titel kennt eine absolut zwingende Bestimmung, ferner sind die §§ 37—41a für relativ zwingend erklärt (§ 42).

[4] **1. Absolut zwingende Bestimmungen.**

§ 35a dürfte für absolut zwingend zu erachten sein, dafür spricht das in § 35a I gebrauchte Wort „muß“: Das Befriedigungsrecht der begünstigten Personen ist also unausschließbar. Entsprechendes gilt für die Pfandrechtserweiterung des § 35a II, welche dem Pfandgläubiger nicht durch Abreden im Vsvertrag genommen werden kann (Anm. 11 zu § 35a).

[5] **2. Relativ zwingende Bestimmungen.**

§ 42 zählt die §§ 37—41a auf. Als geschützte Person, zu deren Nachteil die genannten Normen nicht voll wirksam abgeändert werden können, bezeichnet § 42 nur den Vmer. Jedoch kommen vielfach auch andere Prämienschuldner (Anm. 27 zu § 35) als geschützt in Betracht, vgl. Anm. 12 zu § 37.

Einzelheiten über die Tragweite des halbzwingenden Charakters der genannten Vorschriften in Anm. 12 zu § 37, Anm. 29—30 zu § 38, Anm. 52 zu § 39, Anm. 21 zu § 40, Anm. 21 zu § 41, Anm. 19 zu § 41a.

Über die Folgen der Verletzung — also auch Umgehung — relativ zwingender Bestimmungen vgl. Einl. Anm. 48, 49 und speziell für die qualifizierte Mahnung § 39 I 3 mit Anm. 25 zu § 39, aber auch Anm. 36—37 zu § 39.

**[6] II. Geltungsbereich der Vertragsfreiheit.**

Auch die §§ 37—41a sind nicht zwingend für die Binnentransportv von Gütern usw. gemäß §§ 187 I, II, 192 II, § 27 I 2 GüKG, vgl. Einl. Anm. 41.

Überdies finden die Vorschriften der §§ 38, 39, 42, soweit mit Genehmigung der Aufsichtsbehörde in den Vsbedingungen abweichende Bestimmungen getroffen sind, keine Anwendung auf Ven bei Werkpensionskassen mit Zwangsbeitritt, auf Ven bei einem kleineren Gegenseitigkeitsverein, auf die Kleinlebensv und die Unfallv mit kleineren Beträgen (vgl. § 189). Diese Einschränkungen des Anwendungsgebietes der halbzwingenden Normen sind höchst bedeutsam (vgl. Anm. 29 zu § 38, Anm. 52 zu § 39).

Nicht in § 42 aufgezählt und weder absolut noch relativ zwingend sind die §§ 35, 35b, 36. Über deren Abdingbarkeit vgl. Anm. 65 zu § 35, Anm. 7 zu § 35b, Anm. 14—15 zu § 36.

FSC
www.fsc.org
MIX
Papier | Fördert gute Waldnutzung
FSC® C083411

Kolibri 360 GmbH
Ferdinand-Jühlke-Straße 7
99095 Erfurt, Deutschland
produktsicherheit@kolibri360.de